World as a Perspective

世界作為一種視野

拆解反動修辭的大師

Albert O. Hirschman

赫緒曼思想傳記

An Intellectual Biography

米凱勒·阿拉切維奇
Michele Alacevich
——著

陳信宏
——譯

獻給伊麗莎白，我的第一位讀者以及評論者

改革者……的行為表現就像是一個在「客觀上」已經落敗，
但仍然凶猛地繼續奮鬥的國家或棋士，而且偶爾還會反敗為勝！

——赫緒曼，一九六三

目次

序

不必然是這樣。

——喬治與艾拉・蓋希文（George and Ira Gershwin），《波吉與貝絲》（*Porgy and Bess*）

不論就什麼標準而言，阿爾伯特・赫緒曼都不是典型的學者。出生為德國人的他，到了三十歲已參與過兩次世界大戰，也在三座不同大陸的七個國家居住過。他能夠以五種語言交談書寫，使用過多個筆名，而且能夠假扮成土生土長的法國人而不被發現。他從不曾獲得高級學位，卻任職於十幾所菁英機構。乍看之下，他的學術產出可能像是各種主題和方法論的大雜燴。然而，他卻是二十世紀最重要也最具影響力的社會科學家之一。

在他漫長的人生裡，赫緒曼於數十年間不斷對經濟學與社會科學做出開創性的貢獻。他的貢獻絕非一系列毫無道理的探索，而是共同呈現出一條智識發展路徑，帶有驚人的想像力與深刻的一致性。他的視野極為寬廣，能夠把所有的社會科學涵蓋在一套總體的學科範圍當中，從而改變那些學問本身的界限，因此他總是偏好談論一個**單一**的詮釋性社會科學。到了學術生涯尾聲，赫緒曼已是當時在世的思想家當中最受仰慕的一位，也是最難以模仿的一位。

赫緒曼在他的學術生涯裡雖然也不乏遭受批評，但他的著作受到的評價通常強調其原創性，甚至是其精妙之處，而淡化其中比較引人疑慮的面向。身為傳記作者，我承認自己不是完全客觀中立；但儘管如此，我在呈現自己的分析之時，還是盡量不迴避赫緒曼的著作裡所存在的問題。赫緒曼曾經把自己對於任何一項分析的思考方式形容為「不必然是這樣」。[1] 我也以自己的方式試圖採取赫緒曼的這種「不必然是這樣」的態度，效法他看待世界的觀點，而以不帶成見的方式看待他。我尤其試圖評估赫緒曼對於同時代文獻的貢獻：他的觀念如何受到同僚與決策人士的討論、採用，或是拒卻；他的觀念是否禁得起時間考驗；以及他與機構的關係如何演變。由於赫緒曼是一位深富原創性的思想家，因此我們很容易忍不住強調他的獨特性，而在無意間把他奉為偶像。我在本書裡著重的一大要點，就是把赫緒曼放在適切的背景脈絡當中，從他與自己的智識及政治同僚持續不斷的對話當中看待他。不是把他視為一個獨特的學者（儘管他**確實**極為獨特），而是他那個時代的智識與政治辯論當中的一個參與者。

由於本書是一部思想傳記，因此一大部分的內容都投注於探討赫緒曼的學術生涯。二〇一三年出版的《入世哲學家：赫緒曼的奧德賽之旅》（*Wordly Philosopher: The Odyssey of Albert O. Hirschman*），是一部極為優美又更加詳細的傳記，作者阿德爾曼（Jeremy Adelman）是普林斯頓大學的史學家，也是赫緒曼夫婦阿爾伯特與莎拉的好友。[2] 只要是對赫緒曼的生平與著作感興趣的人，阿德爾曼的那部傳記絕對是一本不可或缺的參考書。不過，阿德爾曼的那本書「不是赫緒曼著作的故事，而是那些著作背後的故事……是他一生思想的背景傳記故事」。[3] 相對之下，本書則比較是關於那些著作本身，關於那些著作所引發的辯論，以及那些著作試圖探究的問題；因此，阿德爾曼的那本書和我的這本書與其說是互相替代，不如說是彼此互補。我們雖然在許多面向有所重疊，卻也在若干地方強調不同元素。同樣的說法也可套用於其他作品，包括一群拉丁美洲的同僚與朋友在近期所進行的分析（他們對於赫緒曼與拉丁美洲的關係特別感興趣），以及若干在赫緒曼去世之後針對他的著作提出的讚譽。[4]

面對一個像赫緒曼這樣的思想家，如果要瞭解他的著作，尤其必須對他的人生採取全面性的觀點。歷史事件，特別是發生於赫緒曼人生前半段的歷史事件，在形塑他的世界觀當中占有主導地位。赫緒曼的人生無法劃分為早期的「行動生活」階段（vita activa）以及後期的「沉思生活」階段（vita contemplativa），儘管他自己提議過類似的劃分方式，在介紹他最新出版的論文集之時提及「我人生中的冒險性與沉思性面向」。[5] 赫緒曼的著作向來都與現實世界具有深刻連結，而他的學術產出也總是由特定問題引發，因為他希望能夠提出有用的想法，對問題的解決有所貢獻。赫緒曼絕非象牙塔學者，而是極為腳踏實地。

實際上，赫緒曼人生的前半段大體上漂泊不定，思想經常是透過行動而成形，像是他參與反法西斯的抵抗運動，或是在走訪哥倫比亞各地之時與農民以及市鎮首長談話。他總是非常關注歷史，因為歷史深深影響了他的思想、價值觀，以及他在自己所屬那個時代當中的生活方式。赫緒曼在他的職業生涯裡經常四處旅行，許多文章都是在世界各地受邀參加討論會而寫成的結果。這些文章也體現了赫緒曼的思考與行動之間的關聯，但比較屬於經常存在於學者人生中的這兩個領域之間的正常連結；至於利用帶有夾層的手提箱偷運宣傳小冊，則是另一回事。本書的第一部分在一定程度上仔細記述了赫緒曼的著作**以及**生活；至於他四十五歲以後的人生，則是比較專門聚焦於他的著作。

關注赫緒曼的個人生活，也表示我決定尊重他多次的改名換姓。在柏林出生時被命名為奧圖・阿爾伯特・赫緒曼（Otto Albert Hirschmann）的他，在一九四〇年有幾個月的時間改名為阿爾伯特・赫曼特（Albert Hermant），一九四一年之後則是改為阿爾伯特・赫緒曼（Albert O. Hirschman）。（他還有另外一個筆名，稍後就會在第一章談到，我不想提前爆雷。）阿德爾曼當初也決定採取同樣的做法，而我實在找不到比他傳達這一點更貼切的言詞：「以一般人最視為理所當然的日常舉動體現二十世紀的種種轉折，那項舉動就是我們受到稱呼的姓名。」[6]

既然本書是一部思想傳記，所以對赫緒曼的家庭生活也就幾乎毫不關注。這點就赫緒曼的太太莎拉・夏皮洛・赫緒曼（Sarah Chapiro Hirschman）而言尤其問題重重。莎拉不只是他終生的伴侶，而且如同赫緒曼在《反動的修辭》的題獻詞所寫的，也是他的「第一位讀者，同時又是五十年來的評論者」。此外，在構成赫緒曼著作基礎的許多旅程當中，她也扮演了共同研究者的角色，書寫實體筆記並且主動參與討論與訪談。她是赫緒曼最重要的智識對話夥伴，為赫緒曼引介了一套龐大的新文獻，例如人類學家的著作，而赫緒曼也持續不斷在他的寫作當中使用這些文獻。

不過，莎拉不只是一名盡心盡責的研究者以及富有同理心的伴侶，她同樣也生活在現實世界裡。她為了支持低收入成年西班牙語使用者的閱讀活動，而創立了「人與故事」計畫（People & Stories/Gente y Cuentos）。這項計畫非常成功，不但廣為擴展，也衍生出其他語言和形式的版本，以便造福不同的弱勢群體。這是草根社運的絕佳案例，赫緒曼本身也從中學到不少東西。如同阿德爾曼指出的，赫緒曼在一九八四年寫作《集體向前進》（*Getting Ahead Collectively*）的時候，莎拉的草根活動以及她「銜接識字與口語能力」的努力所造成的「深刻印記」，即可見於赫緒曼的實地研究做法以及寫作風格當中。[7]

他的女兒卡蒂亞（Katia）與麗莎（Lisa）所扮演的角色，在本書裡也不得不受到犧牲。書中唯一提到她們與父親之間的關係，是一封他在一九六五年寫給她們的信件，引用於第四章。赫緒曼在信中仔細解說了他為自己正在寫作的書所得出的若干最奇特的結論。不過，這封信只可讓我們稍微窺見一項充滿深情與智識交流的父女關係，而此一父女關係也再度顯示了赫緒曼如何以活力把他的學術生活與個人生活交織在一起。

在寫作本書的過程中，我累積了不少的人情債，我也很樂於在此列出。我所屬的學術機構波隆納大學政治與社會科學系，尤其是系上的前任與現任系主任Fabio Giusberti與Filippo Andreatta，都大力支持我的研究以及我為此經常從事的差旅。我也要向我的學系為我的海外之旅提供財務資助表達感激，那些資金則是來自義大利大學與研究部的二〇一八至二〇二二年卓越學系計畫。

出外遊歷表示我有福獲得別人的接待。我要感謝波士頓大學的全球發展政策中心在二〇一八年秋季接待我，只可惜那段時間實在太短。我尤其感謝該中心的主任Kevin Gallagher以及他的合作夥伴William Kring、Rebecca Dunn與Sarah Lattrell慷慨而熱情的款待。我也要感謝普林斯頓大學歷史學系，尤其是Jeremy Adelman以及系主任Keith Wailoo在二〇一九年夏秋兩季的親切招待。身為哥倫比亞大學研討會的成員，我得以持續使用哥倫比亞大學的豐富設施。如果不是因為這樣，本書的寫作必然會困難許多。最後，我還要感謝世界銀行集團檔案庫與我合作，讓我取用他們的檔案文件，儘管這絕非一件容易的事情。

我尤其要向我在下列機構當中遇到或者通信的檔案保管員以及圖書館員表達感激：波隆納大學的Nicola Matteucci圖書館以及經濟學系圖書館；普林斯頓大學的Firestone紀念圖書館

與Seeley G. Mudd手稿圖書館；哥倫比亞大學的Butler圖書館與古籍善本圖書館；加州大學柏克萊分校的Bancroft圖書館；波士頓大學的Mugar紀念圖書館；杜克大學的David M. Rubenstein善本古籍圖書館；位於華府的世界銀行集團檔案館以及美國猶太大屠殺紀念館。

Pier Francesco Asso、Ilene Grabel、Elizabeth Leake、George Owers以及另外三位匿名評論者閱讀了本書的全本草稿，並且提出非常珍貴的評論。Carl Wennerlind以他尋常的敏銳眼光與詼諧諷刺和我討論了第六章。他們全都令我獲益匪淺。Elizabeth Leake除了與我討論內容之外，也幫助我形塑整份草稿的形式和語言。她的意見回饋與建議對於本書極為珍貴。多年來和許多同僚所從事的談話與交流，也令我深深受益，他們因為各種原因而對赫緒曼的著作感興趣，其中有些還是赫緒曼的好友。這些人士包括Jeremy Adelman、Ana Maria Bianchi、Marina Bianchi、Tito Bianchi、Mauro Boianovsky、Victoria De Grazia、Neil De Marchi、Jean-Jacques Dethier、Osvaldo Feinstein、Carlo Ginzburg、Elisa Grandi、Ira Katznelson、Axel Leijonhufvud、Joseph L. Love、Charles S. Maier、Perry Mehrling、Luca Meldolesi、José Antonio Ocampo、Marta Petrusewicz、Sherman Robinson、Roger J. Sandilands、Nicoletta Stame、Paul P. Streeten、Claudia Sunna、Judith Tendler、Carlo Trigilia、Nadia Urbinati、Miguel Urrutia、Paola Villa，還有我在二〇一九至二〇二〇年於系上開設的社會科學經典著作研討會當中的博士生，尤其是Alice Fubini與Aidar Zinnatullin。由於我對赫緒曼的興趣早在就讀大學之時就已開始，所以希望我在此忘

了列出的其他許多人士能夠原諒我。

我非常感謝阿爾伯特與莎拉・赫緒曼的女兒Katia Salomon允許我引用赫緒曼文件的內容，那些文件分別收藏在普林斯頓大學的Seeley G. Mudd手稿圖書館以及加州大學柏克萊分校Bancroft圖書館的J. B. Condliffe文件當中的一個文件夾裡。此外，她也為本書提供照片，並且允許我使用其他與赫緒曼有關的照片。感謝James Fry允許我引用收藏在哥倫比亞大學古籍善本圖書館的Varian Fry文件當中的內容，以及使用那套收藏當中的照片。最後，我也要感謝Richard Turnwald允許我使用他的收藏當中的一張照片。本書原本打算由Polity出版社出版，我要感謝Jeremy Adelman向Polity推薦我，也要感謝該社的策劃編輯George Owers激勵我提筆寫作本書，以及助理編輯Julia Davies為我提供的幫助。在寫作過程中，本書的草稿從介紹赫緒曼的思想轉變為一部比較全面（篇幅也比較長）的思想傳記。我相當幸運，哥倫比亞大學出版社立刻就對這項寫作計畫表達了興趣，尤其是該社的編輯總監Eric Schwartz。能夠遇到一位像Eric Schwartz這樣對於本書抱持如此熱衷的編輯，而且他本身還精通赫緒曼的思想，對我而言實在是莫大的幸運。我還要感謝哥倫比亞大學出版社的Lowell Frye、Marielle T. Poss與Marisa Lastres・，審校本書草稿的Peggy Tropp・，以及Cenveo Publisher Services出版公司的Ben Kolstad以高度專業而又一絲不苟的態度督導本書製作過程的每個階段。

第一章

一位國際政治經濟學家的形成

奧圖．阿爾伯特．赫緒曼於一段危機與動盪的時期步入成年。在第一次世界大戰爆發將近一年的一九一五年四月七日出生於柏林的他，是一個中上階級的同化猶太人家庭的成員，在家中的三名子女當中排行第二，也是唯一的男孩。儘管因為年紀太小而對一戰缺乏記憶，赫緒曼的人生卻深受這場戰爭造成的後果以及兩次大戰的戰間期出現的轉變所影響。他成長於一個富裕而且思想開明的家庭，深受兩名姊妹與父母所愛，父母還賦予他良好的教育、共和價值觀、對於文化的欣賞，以及眾多的機會讓他培養自己的好奇態度。不過，一九三〇年代的文化與政治轉變導致生活愈來愈艱困，而在希特勒掌權才短短幾個月後，年輕赫緒曼的世界即告瓦解。一九三二年四月，他是法蘭西文理中學（Französisches Gymnasium）這所管教嚴格的高階資產階級學校裡的高中最後一年學生。一年後的一九三三年四月二日，尚未滿十八歲的他就已隨著第一波逃離納粹壓迫的德國流亡人士搭上了駛出柏林的火車。在一九三〇年代接下來的時間裡，一直到他在一九四〇年十二月離開歐洲遠赴美國為止，奧圖．阿爾伯特都深深涉入對抗納粹法西斯主義的政治抗爭當中。除此之外，他也讀書學習、結識新朋友、陸續旅居五個國家、與他的母親和姊妹保持聯繫，並且建立了職業人脈。

他必須快速成長，但他也在這樣的過程中產生一種在智識與個人方面保持彈性的傾向。由於他年輕時期在一九三〇年代的歐洲所經歷的生活，奧圖．阿爾伯特於是結合了幾項特質，包括對於自己的信心，植根於家人朋友對他的愛；還有扎實的教育和廣泛閱讀的習慣；以及一種把懷疑與好奇擺在那個時代的意識形態確定性之前的心態。如果說馬克思主義是一幢巨大堅實而且氣勢懾人的思想大廈，那麼赫緒曼反倒是發展出對於「小觀念」(petites idées)的偏好（他的朋友暨恩師科洛尼〔Eugenio Colorni〕稱之為「小城堡」〔castelluzzi〕），同時對於這類觀念實際上的穩定性帶有一絲反諷的自我懷疑。

這些智識傾向受到赫緒曼的先天性格所呼應。頗具揭露性的是，他喜歡「débrouillard」這個法語字眼，意指足智多謀而又獨立的人，能夠因應困難的情況：他認為這樣的特質可以套用在自己身上，而且對此多少帶有些微的自豪。除此之外，赫緒曼在那些年間也踏出了身為學者的第一步。他早期的作品明白顯示了一個仍在成形過程中的赫緒曼，仍在學習這項技藝，學思風格仍然深受他的老師影響。然而，這些作品不只有單純的紀錄價值，不只是呈現出這位學者年輕時期的特色而已。實際上，這些作品揭露了赫緒曼的思想發展軌跡，預示了赫緒曼若干後期的興趣，也揭露他為了更上一層樓而為自己創造職業機會的能力（實際上應該說是一種天賦）。一九三三至一九四〇年間在歐洲讀書以及從事反法西斯活動的那段時期，對於赫緒曼的形成至關重要，對於理解他的整個思想傳記而言也是不可或缺。

在進一步探究赫緒曼的成年初期之前，最後還有一點必須提出。我們得益於後見之明，所以早已知道這個故事的結局。赫緒曼不但在大戰當中存活下來並且移民到美國，現在還是公認二十世紀最具啟發性又有創意的社會科學家。不過，讀者在閱讀這部針對他的人生所寫的簡短記述之時，應該要記住一九三〇年代的奧圖．阿爾伯特．赫緒曼不只是一股等著實現的潛力。奧圖．阿爾伯特是個才華洋溢、善於挖苦、敏感又聰慧的青少年，但就像他結識的許多聰明又理智的人士一樣，也有可能迷失道路甚至落入更糟的下場。他之所以能夠活下來、成長茁壯，並且對世界做出貢獻，不只是因為我們在成就斐然的學者赫緒曼身上看到的那些特質，也是由於眾多無可預料的元素，亦即匯聚在那個年輕人身上的機遇、韌性、運氣、歷史的轉折、直覺反應與聰明才智。赫緒曼也理解這一點，所以才會在自己的思想體系裡為歷史賦予如此中心的地位。

柏林年間

奧圖·阿爾伯特的父親卡爾·赫緒曼（Carl Hirschmann）是一位備受敬重的神經外科醫師，懷有深切的同化渴望，希望融入德意志民族、上層資產階級、醫學行業，以及他太太的家族在好幾個世代以來都屬於其中的公務體系。相對之下，他自己的出身則是頗為寒微，他對此也總是避而不談。身為農夫或小生意人的兒子，他來自東部省分，也就是貧窮又缺乏學識的猶太社群成員的來源處。不過，他讀過書，而且從事一門重要又高度同化的職業。實際上，他的政治偶像是已故的德意志帝國第一任首相俾斯麥，他為自己的兒子命名「奧圖」，用的就是俾斯麥的名字。在他女兒烏蘇拉（Ursula）的記憶裡，他「為人謙遜，並且恪遵普魯士道德觀，彷彿那是聖經一樣」。[1]他贊同德皇威廉二世向俄羅斯與法國宣戰的決定；但在國內政治方面，他則是屬於溫和進步派。不過，他最主要是個沉默而勤奮的人。儘管他有時易於陷入沮喪和憂鬱當中，卻總是個盡責而又充滿愛心的爸爸，對兒子尤其如此，經常陪他從事體操運動以及討論閱讀心得。

母親海德薇·馬庫色（Hedwig Marcuse），大家習於稱她為海妲（Hedda），在大學裡先後修習過醫學與藝術史。熱愛歌劇和舞臺劇、對書本興趣缺缺，並且對政治激進主義抱持懷疑態度的她，是家中的核心人物，活力充沛又歡快開朗，而且善於籌辦派對，儘管她的子女也認為她難搞又「專橫」。[2]不同於赫緒曼家族，海妲所屬的馬庫色家族都是金融界與商業界的成員，自從好幾個世代以前就已經同化於當地社會，並且富裕而興旺。

奧圖・阿爾伯特與姊妹的感情非常好。他很保護小他五歲的妹妹艾娃（Eva），而大他一歲半的烏蘇拉則是成為他極要好的朋友。他們三人都受洗為路德派教徒，而且赫緒曼家族其實從十九世紀以來就認為自己「不屬於任何教會」，儘管阿德爾曼向我們提醒指出，改宗經常比較是一種加入國家文化的方式，不必然代表特定的宗教轉變。[3]「基督教與猶太教家庭都住在彼此隔壁，而且經常世代交好。一個人究竟出身基督教家庭還是猶太教家庭，可以從姓氏輕易看出，但許多猶太人在那個時候都已經受洗，」烏蘇拉在她的回憶錄裡寫道：「我當時認識的家庭所信奉的路德教派都非常開明，而幾乎全都是專業人士的猶太人，也不是非常奉行宗教習俗，頂多只是表面上遵行而已。基督教與猶太教家庭都點同樣的蠟燭，也都圍繞聖誕樹唱著相同的古老德意志頌歌。」[4]

卡爾與海妲在一棟都市別墅的一層樓當中建立他們的家庭，位於高雅的蒂爾加滕區（Tiergartenviertel），這個鄰近蒂爾加滕公園的鄰里過去曾是富有的柏林人購置夏季別墅的地方。到了一九一〇年代，這個鄰里已成為醫生、律師、大學教授以及政府官員的聚居地。除了住在這個高貴地段之外，對於藝術的愛好也是另一項地位表徵，而赫緒曼一家人就培養了對於古典音樂、歌劇以及舞臺劇的熱愛。音樂課是子女教育的基本元素（女兒彈鋼琴，兒子拉大提琴），他們也僱用專業畫家繪製家中成員的肖像。他們的家庭友人不是醫生和律師，就是藝術經銷商和藝術家。其中一人是名攝影師格蒂・西蒙（Gerty Simon），她拍攝過肖像的人物包括愛因斯坦以及演員暨歌手蘿特・蓮娜（Lotte Lenya），也就是寇特・懷爾（Kurt Weill）的妻子，在他創作的歌劇當中擔任主要詮釋者。卡爾也有一張由格蒂拍攝的照片。[5] 冬天，他們一家人會到瑞士與多洛米提山脈度滑雪假期，夏天則是到波羅的海、北海以及荷蘭的海灘度假。

不過，如同阿德爾曼指出的，他們的生活雖然優渥，卻也潛藏著一股脆弱或不穩定的隱憂。赫緒曼一家人「生活在既有體制的邊緣，而不是在體制裡面」。[6] 他們沒有自己的汽車，住的房子也不是屬於自己所有，卡爾與海妲一方面對於自己達到的成就頗感自豪，同時又渴望獲取更穩固的生活。烏蘇拉、奧圖・阿爾伯特與艾娃所屬的世代則是「成長於共和夢想的巔峰當中」，享有「充滿活力的都會式教養，帶有文明與資產階級共和主義的特質」，並且吸收了這種教養的所有特色，這樣的成長經歷就某方面而言影響了他們的一生。[7]

奧圖・阿爾伯特尤其「強壯又健康，非常喜愛我們爸媽提議的長途散步或者上博物館的活動」。[8] 他喜歡體能活動，但也一心追求課業上的良好表現。在他姊妹的記憶裡，他是個高度自省有時又頗為滑頭的青少年，極為注重自己的獨立與自由，先天擁有條理井然的聰明頭腦，並且決心要為自己建立多才多藝的文化涵養。

圖1.1 奧圖・阿爾伯特・赫緒曼，一九二四年。提供：Katia Salomon。

在一九二三至一九三二年間，奧圖·阿爾伯特就讀於法蘭西文理中學，這所學校抱持世界主義與寬容的精神，智識教育嚴謹，尤其著重古典學。在這段期間，奧圖·阿爾伯特閱讀了托瑪斯·曼（Thomas Mann）、杜斯妥也夫斯基、黑格爾的《精神現象學》、尼采，尤其是歷史書籍。他最好的朋友彼得·法朗克（Peter Franck）是著名印象派畫家菲利普·法朗克（Philipp Franck）的姪子，父親則在技術學院擔任化學教授。彼得的妹妹英格博是阿爾伯特最早的迷戀對象，後來成為東德的傑出雕刻家。另一名好友是布盧曼菲德（Alfred Blumenfeld），在戰後年間擔任西德的高階外交官。連同赫緒曼一家人，他們大部分的朋友後來都為了逃離納粹而流亡海外。

災難的目擊者

奧圖·阿爾伯特對於政治的興趣始於一九二〇年代尾聲，在他十四或十五歲之際。到了那個時候，威瑪共和的經濟、社會與政治面貌已出現迅速變化。他對政治議題之所以愈來愈感興趣，原因是他初步閱讀了馬克思、列寧、考茨基、馬克斯·阿德勒（Max Adler）與奧托·鮑爾（Otto Bauer）的著作。鮑爾在一九三〇至三一年冬季舉行於柏林體育宮的一場政治集會上尤其令赫緒曼留下難忘的印象。在那場集會上，鮑爾以長期經濟循環的角度解釋西方經濟體遭遇的危機，為瀰漫於威瑪共和的社會動盪與政治極端主義背後的經濟根源提出一項富有說服力的詮釋。赫緒曼因此首度發現政治經濟學是一項強而有力的分析工具。「如果說有哪一項單一事件說服了他研究經濟學，」阿德爾曼寫道：「那麼就是在體育宮的那一晚；過了五十年後，赫緒曼還是能夠閉上眼睛重述鮑爾那晚的表現。」[9]

這樣的廣泛閱讀是很重要的成長經歷，因為赫緒曼藉由這些閱讀而能夠自由探索許多不同的文化領域。套用阿德爾曼所言：「德語雖是他的母語（Muttersprache），卻不是他的家（Heimat）。」[10]另一方面，形塑自身教育的「Bildung」這種德國傳統，則一直都是赫緒曼抱持的核心態度。

威瑪共和不但深陷經濟與政治動盪，而且制度不穩，政府又孱弱。一次大戰後那些年的政治動盪與經濟危機，最後導致一九二一至一九二三年間的惡性物價膨脹。當時的一名目擊者回憶指出，眾人「一片茫然又深受物價膨脹震撼，根本不曉得那一切是怎麼發生的……他們喪失了自信，不再覺得能夠掌握自己的人生……也喪失了道德、倫理、正直等這類過往的價值觀」。[11]

政治上，威瑪共和仍是一項未實現的承諾，就算一九二〇年代的後半是一段經濟繁榮與文化狂熱的時期，那樣的復甦也是立足在非常脆弱的基礎上。[12]德國的工業家比較感興趣的經常是併購，而不是能夠增加產量的新投資。此外，資金主要來自國外，尤其是來自美國的大量流入。[13]紐約證券交易所在一九二九年十月底崩盤之後，對德國造成的影響極為巨大。美國的銀行開始回收資金，促使德國銀行取消工業部門的短期貸款。工業生產開始下滑，到了一九三二年已減少到一九二九年水準的六一%。在歐洲，只有波蘭的狀況比德國更糟。[14]失業率大幅飆升。到了一九三二年，工作人口當中差不多每三人就有一人登記為失業。就絕對數字而言，一九三〇年底有五百萬名工作人口失業，一年後又進一步增至六百萬人。一九三二年，失業人數以及仰賴他們撫養的家屬已占德國全國人口的五分之一左右。遭受衝擊的對象不只是工業勞工，還有白領工作者、政府員工、各式各樣的中產階級職業，以及小型家庭企業。社會安全網遠遠不足，尤其是因為這場危機整整持續了三年才開始逐漸消退。馬佐爾（Mark Mazower）指出，經濟衰退的時間極長，幅度也極大，工作機會的欠缺又令人深感絕望，以致社會生活的步調都開始改變。「對於男性而言，把一天劃分成一個個小時的做法在許久以前就已經失去意義，」針對馬利恩塔（Marienthal）這座小城市的失業狀況所寫的一份報告指出：「起床、吃午餐與上床睡覺已是一天生活中唯一剩下的幾個基準點。在這三項活動之間的時間，沒有人真的知道究竟發生了什麼事。」[15]窮困與絕望廣為普及，「空氣中總是瀰漫著可能迸發暴力與犯罪的氣息」。[16]

這場危機對赫緒曼一家人造成嚴重影響。卡爾雖然保住了工作，但家中的存款一掃而空。海德薇的娘家馬庫色家族也深受打擊，使得海德薇的母親不得不與赫緒曼一家人同住。

除此之外，對卡爾而言，職場的情形也開始走下坡。在這個身分政治突然快速成長的階段裡，猶太教與基督教醫院開始各自偏好僱用信奉猶太教與基督教的醫生。卡爾雖然深受敬重，卻發現自己的職涯發展陷入停滯，只見高階職務一再與他擦身而過，紛紛落入宗教資歷「無可挑剔」的年輕候選人手裡。[17] 當初的同化選擇反倒變成了一項不利的條件。

政治情勢迅速出現崩潰。社會民主黨雖是最大的政黨，氣勢卻不斷下滑。他們在一九二八至一九三〇年初主導的大聯合政府施政成效不佳，而他們猶豫不決又短視近利的政治立場也令愈來愈多的選民深感幻滅。在左側，共產黨日益壯大，也愈來愈偏激。納粹黨則是針對許多互相對立的不同選民族群以及利益團體量身打造政治訊息，而因此在眾多群體當中贏得支持，包括保守人士、民族主義者、反猶太人士、小資產階級與中資產階級，以及鄉下地區的居民：史學家伊文思（Richard J. Evans）稱之為「一個無所不包的社會抗爭政黨」。[18] 相對之下，傳統的保守派與中間派政黨則是大量流失共識，結果一九三〇年九月的選舉對它們施以一記決定性的重擊。在一九二八年得票率只有二．六％的納粹黨，到了一九三〇年已成為第二大黨，囊括一八．二％的選票。威瑪共和的民主制度愈來愈趨脆弱。街頭暴力以及互相對立的準軍事團體之間的衝突大幅增加，每年發生數百起政治暴動，造成數十人死亡。納粹黨在一九三二年七月的選舉成為國會最大黨，獲得三七．三％的選票，得票率比排名第二的政黨高出一五％以上（社會民主黨的得票率為二一．六％）。

一九三〇年的選舉是奧圖・阿爾伯特密切關注的第一場選舉。他就是在這個時候開始埋首閱讀馬克思的著作，引導他的，是他在法蘭西文理中學結識的一名年紀較大的朋友艾爾曼（Heinrich Ehrmann）。如同阿德爾曼指出的：「馬克思主義為赫緒曼與他的同學提供了一把新鑰匙……讓他們能夠理解發生於自身周遭的那些衝突。」[19]不過，最令赫緒曼著迷的不是馬克思身為革命家或者經濟學家的面向，而是身為史學家的面向（例如《路易波拿巴的霧月十八日》〔*The Eighteenth Brumaire of Louis Bonaparte*〕這部著作）：「他的歷史書遠遠沒有他的經濟著作那麼遵循正統。」[20]

赫緒曼也開始閱讀列寧的作品。列寧的政治分析強調歷史當中無可預測的轉折，全然展現了他對於不可違犯的歷史定律所抱持的強烈懷疑態度，令奧圖・阿爾伯特深感著迷。赫緒曼對於歷史進展以及決策過程的觀點，都受到馬克思與列寧的長久影響。他在六十年後回憶指出，列寧的影響「可以見於我著作當中的某些部分，例如我在《邁向進步之旅》（*Journeys Toward Progress*）當中談到如何在拉丁美洲推行改革。『兜售改革』的概念在某方面而言可以追溯到我早期對列寧的閱讀」。[21]

奧圖・阿爾伯特與烏蘇拉在一九三一年於社會民主黨的青年組織當中開始涉入政治運動，而社會民主黨不但遭受納粹黨的攻擊，也備受共產黨的鄙夷；共產黨員習於把社會民主黨人稱為「社會法西斯主義者」。這「絕對是任何人對於自己的敵人所能夠說出最難聽的話」，赫緒曼表示。社會民主黨與共產黨的願景和態度雖然嚴重分歧，他卻認定威瑪共和唯一的希望就是由這兩黨合作組成一道共同陣線對抗納粹。[22]

一九三二年，奧圖・阿爾伯特從法蘭西文理中學畢業，決定註冊就讀法學院，因為當時經濟學的課歸在法學院當中。他閱讀了古典政治經濟學的部分著作（並針對亞當・斯密與李嘉圖〔David Ricardo〕寫過短篇論文），但當時的整體情勢實在不利於求學。政治衝突、民族主義以及反猶太主義猖獗不已，右翼極端主義學生更在一九三三年五月攻占圖書館，把數以萬計的書本丟進火堆裡。赫緒曼於是把幾乎所有的時間都投注於政治鬥爭當中。[23]

希特勒在一九三三年一月三十日成為德國總理之後，才短短幾週威瑪共和即告瓦解。納粹突擊隊的政治暴力爆發於全國各地，襲擊工會、社會民主黨與共產黨的辦公室，還有著名左翼人士的住宅。反猶太活動也極為猖獗。二月二十七日，德國國會大廈遭到一名社會邊緣人縱火。希特勒隨即利用這個機會發布命令，禁止表達自由、新聞自由與集會自由。這項命令也允許警方在沒有法院裁定的情況下無限期拘押民眾。希特勒在一九三三年三月五日舉行的選舉，由於事前與事後都有大量的威嚇與暴力行動，納粹黨因此囊括了四三・九％的選票。選舉結束後不久，希姆萊（Heinrich Himmler）就宣布奧拉寧堡（Oranienburg）將設置一座關押政治犯的集中營。三月二十三日，國會通過所謂的《授權法》，賦予總理自行發布命令進行統治的權力，不需經過國會與總統同意，違背威瑪憲法的原則。原本是一項臨時性的緊急立法，卻成了「永久消除公民權利與民主自由的法律或偽法律基礎」。[24]希特勒就此成為德國的獨裁者。

隨著政治與個人自由迅速縮減，政治運動因此變得愈來愈危險。在沒有新聞自由而且禁止公開集會的情況下，奧圖．阿爾伯特、烏蘇拉與他們那個團體決定油印傳單挨家挨戶發放，藉此傳播政治理念。他們的複印機裝設在科洛尼（Eugenio Colorni）的房間裡：他是來自義大利的哲學家，也是烏蘇拉的朋友，當時在德國跟隨奧爾巴赫（Erich Auerbach）研讀，正在撰寫以萊布尼茲為主題的論文。赫緒曼後來回憶道，科洛尼的旅館房間「成了反法西斯活動與出版品的神經中樞」。[25]在此同時，奧圖．阿爾伯特的朋友彼得．法朗克遭到逮捕，他手上那些列有同志姓名的文件也遭到沒收。赫緒曼因此陷入直接的危險。

流亡

阿爾伯特的父親在一九三三年三月三十一日因癌症去世。四月一日，德國大學裡的猶太學生全部遭到開除學籍。受洗為路德派教徒的奧圖．阿爾伯特在一夕之間成了「法令定義的猶太人」。[26]四月二日，再過幾天就是十八歲生日的他離開了柏林，直到一九七九年才再度回到這裡。由於他懂得法語，又是個「相當程度的法蘭西愛好者」（他後來這麼說），因此選擇了法國作為目的地：對於反法西斯的流亡者而言，這是頗為常見的選擇。[27]他的母親與烏蘇拉還有妹妹艾娃留在柏林，但烏蘇拉在那年夏天也跟隨他的腳步。靠著他母親匯寄的小錢，還有一項獎學金，以及為巴黎資產階級家庭的男童擔任德語家教所賺取的收入（那些法國人有許多都成為他的朋友），赫緒曼展開了身為政治僑民的新生活。也許因為年輕，但也絕對是因為他的態度，赫緒曼對於自己的新處境並沒有徹底拒卻也沒有完全加以擁抱。如同阿德爾曼所言：「赫緒曼不是流落異地奮力想要返鄉的奧德修斯（Odysseus），也不是決心要在另一個地方重新開始的移民。」他的僑民處境比較帶有一種「四處徘徊的性質」。[28]

一九三三年十月，赫緒曼進入巴黎高等商業學院（École des hautes études commerciales）就讀。這所學校的名氣雖然比不上巴黎高等政治學院（Sciences Po，這所學校的重點比較在於培養高階政府官員與外交官，而對於一個年輕的德國流亡者而言，這樣的職業生涯無可諱言是不可能的事情），但仍然是一所高等學院（grande école）。阿德爾曼指稱赫緒曼在那裡得到的教育「低劣得可憐」，而且一九三〇年代的巴黎高等商業學院已瀕臨倒閉，註冊的學生人數極少，預算相當有限，基本上與現實世界脫節。[29]赫緒曼在一九八〇年代晚期表達了比較沒有那麼負面的觀點，但這有可能純粹只是受到當下情境的影響（赫緒曼在當時獲得高等政治學院頒授榮譽學位，而在那樣的場合批評高等商業學院顯然不是恰當的做法）。不過，可以確定的是，高等商業學院至少為年輕的赫緒曼提供了一個重要的機會：他得以跟隨德芒戎

（Albert Demangeon）學習經濟地理學。

德芒戎不是把貿易解釋為一種抽象模型，而是一種發生在不同地區之間的複雜活動。地形和距離都會造成影響，還有貿易在其中發生的經濟局勢也是。赫緒曼早已在柏林大學上過一些政治經濟學的課程，但巴黎高等商業學院對他後來看待經濟研究的方式產生了極為重要的影響。「我在實體的地理具體性方面接受的這項早期教育，」他後來指出：「大概是我後來拒絕純粹透過儲蓄、投資、所得與資本產出比率等總體經濟總量來解釋經濟成長與經濟發展的根基。」[30]在赫緒曼眼中，那些抽離地理層面的總量，並不足以用來分析能夠解釋國家經濟動態的實際機制。《經濟發展策略》（*The Strategy of Economic Development*）是赫緒曼探討經濟發展問題的第一本書，他在其中雖也採取模型與抽象分析，卻是奠基在對於一個特定國家的地理特色所擁有的深入知識之上，那個國家就是哥倫比亞。如同赫緒曼後來指出的，他在哥倫比亞對於投資決策如何受到國家的特定地形影響發展出深刻的瞭解。他說：「我之所以會想出向後關聯與向前關聯的概念，也許是因為兩種經驗之間的互動，一邊是五〇年代的哥倫比亞經驗，另一邊則是三〇年代的巴黎那些在我的腦子裡仍然留有鮮活印象的回憶。」那項概念是他身為經濟發展學者所提出的命題當中，最富有應用空間也最幸運的一項。[31]

巴黎的流亡者圈子，對赫緒曼而言並不是特別具有吸引力。「在許多面向上，」阿德爾曼寫道：「他甚至不把自己視為流亡者，而是一個『外國學生』。」[32]當然，他和其他德國僑民有所聯繫，其中有些人對於年輕的烏蘇拉和奧圖・阿爾伯特而言也是重要的參照基準，像是賴因（Raphael Rein；假名阿布拉莫維奇〔Raphael Abramovitch〕）。但整體而言，赫緒曼寧可和那個圈子保持距離。巴黎的政治圈也令人失望。儘管有少數人無疑頗具魅力與啟發性，例如非教條性質的團體「正義與自由」（Giustizia e Libertà）當中的許多義大利激進分子，或是少數幾名馬克思主義者，像是奧地利人蘭多（Kurt Landau）與德國人洛文海姆（Walter Löwenheim），然而許多左翼人士（尤其是共產黨員）都把心力完全投注於理論批駁與內部鬥爭，令人不禁深感沮喪。

一九三五至三六年，從巴黎高等商業學院畢業之後，赫緒曼橫越英吉利海峽到倫敦政經學院上課。經過一九三二年秋季在柏林上過的少數幾堂課，以及德芒戎在經濟地理學方面的非正統教導之後，赫緒曼在倫敦政經學院不只接觸到完整的經濟學，也見識了這門學問裡最新的辯論。經過他在巴黎的那些年之後，「倫敦政經學院充滿活力的氛圍」（赫緒曼後來這麼回憶道）是令他深感欣喜的改變。他上了勒納（Abba Lerner）的經濟學理論課程，還有惠爾（P. Barrett Whale）的國際貿易與外匯課程。他在惠爾的課程裡寫了一篇文章探討戰間期的法國貨幣史，尤其聚焦於在經濟大蕭條期間主導法國貨幣與政治論述的普恩加萊法郎（franc Poincaré）：這個名稱取自當時的法國總理普恩加萊（Raymond Poincaré），因為在他的掌政之下法郎於一九二八年貶值並與黃金掛鉤。普恩加萊法郎代表了法國貨幣當局堅守金本位制度的態度，但卻是建立在虛妄的前提上。這點可見於巴黎的高級百貨公司老佛爺百貨（Galeries Lafayette）的創辦人在一九三〇年七月所說的這段話：「根本沒有危機，危機其實不存在。所謂的危機，只是無能和永遠心懷不滿的人召喚出來的幻影而已。」[33]不過，即便是承認危機存在的人士，例如著名經濟學家瑞斯特（Charles Rist），卻也把那場危機解讀為生產過剩的問題，唯一的解方就是以通貨緊縮政策消除邊際生產者、耗盡庫存以及降低生產成本，包括工資在內。[34]結果，到了一九三〇年代中期，其他促使貨幣貶值的國家已開始出現復甦，法國卻深陷於蕭條之中。直到人民陣線在一九三六年獲勝之後，法郎終於與黃金脫鉤，進一步貶值。這是法國近代經濟史當中一個非常重要的主題，而赫緒曼寫的這篇文章在後來就成了他撰寫博士論文的起點。[35]

在倫敦，赫緒曼經常拜訪同是難民的蘭斯伯格（Hans Landsberg）與亞斯齊（George Jaszi）等人（他們兩人後來都成了統計研究的重要先驅），也獲得機會到劍橋拜訪斯拉法（Piero Sraffa），並且在那裡聽了凱因斯的一場講座。[36]凱因斯的《一般理論》（*General Theory*）出版於赫緒曼身在倫敦的那一年（他後來憶述了倫敦政經學院書店外大排長龍的景象），但奇特的是，隨之而來的抨擊謾罵卻沒有激起他的興趣。[37]我們應該要記住，赫緒曼並不是懷著充分的經濟學知識來到倫敦。因此，他沒有把羅賓斯（Lionel Robbins）與海耶克等倫敦政經學院經濟學家的理論視為一套被凱因斯「革命」推翻的老舊正統觀念。此外，海耶克的個人主義以及他對個人行為的難以理解所抱持的欣賞態度，還有他對於經濟過程的知識局限所從事的思索，也令赫緒曼頗感共鳴。[38]赫緒曼沒有在《一般理論》掀起的辯論當中選邊站，而是吸收了新觀點，並且以他自己那種兼容並蓄的方式將其結合起來。

一九三六年六月，赫緒曼搬回巴黎，但才過了一個月，佛朗哥（Francisco Franco）就反叛西班牙共和政府。赫緒曼加入支持西班牙共和國的國際縱隊，在阿斯圖里亞斯（Asturias）及加泰隆尼亞等地作戰。當初墨索里尼在一九二二年掌權，接著希特勒在一九三三年掌權，民主勢力都沒有提起武器捍衛民主制度，因此許多人都覺得西班牙終於提供了一個做出反應的機會。赫緒曼後來回憶指出：「我覺得有可能做些什麼事情，就把握了機會。」[39]他在前線待了三個月左右，所屬的部隊在一場「激烈戰鬥」當中遭受了「巨大損失」。[40]不過，赫緒曼對這段經歷的敘述僅限於此。阿德爾曼指出，赫緒曼終其一生都非常不願意談論自己參與西班牙內戰的經歷。阿德爾曼記述道：「他的太太莎拉發現他對這個主題保持沉默，因為感受到他的不自在，也就沒有進一步追問細節。」[41]

有過置身前線的初次經驗，赫緒曼返回巴塞隆納之後，原本應當加入馬德里的國際縱隊。不過，那些部隊當時已逐漸受到共產黨控制，赫緒曼也對此愈來愈感不安。結果他沒有前往馬德里，而是搭乘火車穿越法國前往義大利東北沿岸的城市第里雅斯特（Trieste）。

新手經濟學家

在第里雅斯特，奧圖．阿爾伯特與姊姊烏蘇拉會合，當時她已嫁給科洛尼。科洛尼在柏林的時候主要是烏蘇拉的朋友，後來在巴黎與奧圖．阿爾伯特發展出深厚的情感。對於年輕的奧圖．阿爾伯特而言，科洛尼成了一位良師益友。所以，這趟第里雅斯特之旅不但讓他與姊姊團聚，也強化了他和科洛尼的關係。

由於這點以及其他原因，在第里雅斯特度過的兩年對於赫緒曼的思想養成具有特別的重要性。他得以跟隨義大利一些最有才華的經濟學家、人口學家與統計學家繼續研讀，於一九三八年自第里雅斯特大學畢業。他也在這段期間寫出他最早的出版作品以及學術著作。不過，也許最重要的是，他和自己的姊夫建立了深厚的友誼。儘管他們相處的時間不長（赫緒曼在一九三五年只偶爾有機會和科洛尼相處，接著在一九三七至三八年才比較有機會連續見面），其重要性卻不因此稍減。科洛尼對於赫緒曼的成熟影響很大，也深深形塑了他的價值觀以及他看待人性、政治與智識的態度。

赫緒曼在一九三八年六月畢業，畢業論文探討普恩加萊法郎的變遷過程，奠基於他當初在倫敦政經學院跟隨惠爾學習之時所展開的研究。[42] 這份論文實際上不是正式的博士論文，因為當時義大利還沒有博士學位學程。不過，赫緒曼就讀巴黎高等商業學院的時候獲得了一些學分，而且又另外修了幾門課，因此後來得以把這部作品提交為博士論文。如同他在一九八三年寫信給他在第里雅斯特跟隨過的一位教授指出的：「我必須說，事後回顧起來，你（還有我的姊夫科洛尼，相信你還記得他）建議我務必要取得學位的忠告確實沒錯：這麼一來，我後來到美國的時候……就已經是『博士』，所以能夠選擇**不**攻讀哲學博士學位，而是著手**寫作**……我的第一本書：《國家權力和對外貿易的結構》（*National Power and the Structure of Foreign Trade*）。比起再寫一份學位論文，寫這本書遠遠有樂趣許多。」[43] 在第里雅斯特，赫緒曼的指導教授是富比尼（Renzo Fubini），一位對金融經濟學、金融史與經濟思想史深感興趣的政治經濟學教授。[44]

在那份論文裡（打字稿共有一百六十一頁，另外加上附表），赫緒曼把普恩加萊法郎的貨幣史緊密交織於法國的政治與經濟史以及相關的理論辯論（例如匯率的需求彈性）。[45] 赫緒曼的分析在形式與結構上都謹守必要原則：他只提出與討論直接相關的資訊，而且各節的內容都寫得很緊湊，相互之間也具有緊密的連結。儘管如此，赫緒曼還是得以藉由一九二〇與三〇年代的法國貨幣史而逐步揭露法國經濟與政治情勢的複雜性。

赫緒曼探討了一九二六至二八年間的外匯沖銷、一九三〇至三一年的銀行危機、一九三四至三五年的通貨緊縮，一九三六至三七年的通貨再膨脹，還有預算問題、公共債務成長，以及重貼現率政策的變化，總是與法國政府的需求、局限以及意識形態脫不了關係，而那十年間的法國政府又輪換得非常快速（共有二十二個政府，從普恩加萊在一九二六至二八年間主導的政府，到一九三八年由布魯姆〔Léon Blum〕領導的最後一個人民陣線聯合政府）。赫緒曼以貫串這整部作品的那種言簡意賅的風格，提出他自己對於特定辯論或政策所抱持的意見：例如他駁斥英國對一九二〇年代的法國貨幣政策所提出的批評，也指出工資面對通貨膨脹而做出的自動調整有其局限：

指數連動薪級的不便之處在於……有關當局預測並且接受物價上漲，工作人口則是對其不以為意，因為他們知道自己不會受害，但賣方覺得自己獲得授權可以調高價格，而且還知道需求不會減少。這麼一來，這項機制就成了促使物價上漲的重要心理因素，但物價上漲應該維持在其自然的界限之內，由進口商品的價格所設定。[46]

整體而言，這份論文極度明白地顯示了赫緒曼的「政治經濟」做法，也就是他針對貨幣與經濟事件以及政治與經濟過程當中無可預期的發展所採取的分析方式。他經常強調貨幣危機的基礎政治因素。另一方面，他也相當機警，懂得避免完全以政治能動性解釋這個複雜的故事。在一個頗具揭示性的段落裡，赫緒曼支持法國的立場，認為「貨幣因素在經濟體系當中的重要性，以及政府能夠對前者發揮的影響力」並沒有那麼高。[47]如同他在後續章節指出的：「我們絕對不能忘記公共財政的情勢，還有政府收入的下滑，都不過是結果，根源在於經濟危機。」[48]因此，赫緒曼投注了許多引人入勝的篇幅探討實體經濟的困境，尤其是農業與工業部門的特定動態。如同德切科（Marcello De Cecco）所言，這份論文的寫作風格看起來就像是貨幣問題的政府報告。實際上，就風格與內容而言，這份論文明顯可見是赫緒曼在一年後撰寫的一份實際報告的先驅：那份報告由國際聯盟的國際知識分子合作協會（International Institute of Intellectual Co-operation）委託，主題是義大利的外匯管制。[49]

除了為自己的論文答辯以外，赫緒曼也發表了他的第一篇學術文章。[50]他從近期公布的兩份婚姻表（nuptiality table）之間的差異談起，討論這些差異具有的理論意涵，以及不同公式應該如何應用在不同的目標上。這篇文章雖是純粹從統計學的角度針對一項狹隘的主題進行討論，卻是最早的一個例子，顯示了赫緒曼在統計分析方面的天分，而統計分析正是這位年輕經濟學家早期的熱情所在。

他當時也正針對結婚率和生育率等問題寫作一件探討範圍更廣泛的作品，其中顯示了義大利婦女的生育數帶有存活率遞減的現象。舉例而言，他指出生育六個孩子的婦女平均會有四個孩子存活下來，但生育七個孩子卻只會有三個存活。換句話說，生的孩子愈多，存活下來的孩子愈少。著名人口學家暨統計學家莫塔拉（Giorgio Mortara）是信譽卓著的《經濟學家期刊》（*Giornale degli Economisti*）的主編，他刊登了赫緒曼探討婚姻表的那篇比較學術性的文章，但建議他不要發表後續這件比較富有想像力又比較有趣的研究作品。明顯可見，以統計證據貶抑法西斯政府以提高生育率並且優待大家庭為目標的人口政策，這樣的論證一旦發表將不免帶來壓力，莫塔拉對此自然心知肚明。才一年前，魯扎托費吉茲（Pierpaolo Luzzatto-Fegiz）這位義大利最重要的統計學家之一，同時也是赫緒曼一九三八年那篇文章的指導者，雖然發現法西斯政府為了提高結婚率和生育率而推行的獎勵措施對於人口趨勢毫無效果，卻也覺得不能直接提出這項主張，必須以掩人耳目的說詞表示：科學分析的局限和「領袖的政治天分」的前瞻力必須分別看待。[51]

赫緒曼正在探究的想法才剛流傳出去，就立刻遭到義大利最重要的報紙《晚郵報》（*Corriere della Sera*）攻擊，這篇抨擊文章也隨即受到義大利首要的種族歧視雜誌《捍衛種族》（*La difesa della razza*）所報導。這篇文章評論了科洛尼和其他反法西斯分子在一九三八年九月初遭到逮捕的事，另外也聚焦於科洛尼的小舅，指稱他「滲透了大學，並且在最近答辯了他的論文，內容主張**婦女如果生育超過四個孩子，就會生下易於死亡或者罹患疾病的孩子**」，但如同我們已經看過的，赫緒曼的論文其實是以法國貨幣政策為主題。不過，混淆赫緒曼的論文與他的文章所探討的主題，對於攻擊猶太人大學教授而言是一項有用的手段。實際上，這篇文章接著指出：「奧圖．阿爾伯特．赫緒曼這個猶太人頗為精熟地寫出前述那份論文，這點並不令人意外。不過，我們倒是想要知道是哪一位教授接受了這個論文主題。」[52] 只要是需要知道的人，都可以一眼看出此處指涉的對象是富比尼與魯扎托費吉茲。魯扎托費吉茲出身於一個原本信奉猶太教但後來改信天主教的家庭，他雖然得以留在大學裡，卻遭到一名同事指控他與富比尼還有赫緒曼都是「國際錫安主義組織」的成員。[53] 富比尼在一九三八年八月發給教職員工填寫的種族歸納問卷當中沒有掩飾自己的猶太人身分，結果在十月遭到大學開除。[54] 他接著在一九四四年二月被捕，並且遣送到奧許維茲集中營，那年秋季就死在那裡。[55]

除了研究人口統計之外，赫緒曼也針對義大利的經濟與金融情勢進行了更廣泛的探究，據此寫出的報告以沒有署名的方式刊登於巴黎的經濟研究與資訊協會（Société d'Études et d'Informations Économiques）出版的《每日通訊》（*Bulletin Quotidien*），標題為〈義大利的金融與經濟：當前情勢與未來展望〉。赫緒曼後來又為這本期刊寫了另一份報告，標題為〈義大利的紡織業與閉關自守〉。[56] 他後來回憶指出，第一份報告在巴黎吸引到一些注意，因為這份報告描述了官方諱莫如深的義大利經濟與金融發展狀況。除了因為流傳義大利政權寧可對外界保密的資訊而享受到「智勝法西斯當局」的快感，赫緒曼也被認為是義大利經濟的專家，並因此在一九三八年中不得不搬回巴黎之後取得他的第一份工作。[57]

在這段時期，赫緒曼與姊夫科洛尼的關係愈來愈親近。[58] 奧圖・阿爾伯特在科洛尼的引導下持續擴展閱讀範圍，閱讀的作者包括福婁拜與德拉克洛（Choderlos de Laclos）、克羅齊（Benedetto Croce）與里歐帕迪（Giacomo Leopardi），尤其是蒙田。「赫緒曼對於潛藏在個人和群體行為背後的心理歷程所感到的興趣，從此奠定了基礎，」阿德爾曼寫道。蒙田「帶有高度個人色彩的軼事、沉思以及道德反省深深震撼了赫緒曼。……蒙田對於格言還有蒐集名言佳句的喜愛，立刻引起赫緒曼的共鳴，於是他也開始累積自己的名言雋語」。[59] 赫緒曼從這些閱讀當中受到的影響，明顯可見於他的第一本書《國家權力和對外貿易的結構》；不過，他在《激情與利益》（*The Passions and the Interests*）、《搖擺不定的參與》（*Shifting Involvements*）以及《反動的修辭》（*The Rhetoric of Reaction*）等後期著作當中所寫的散文，更顯示出那些書籍的風格對他造成的深刻影響。

身處第里雅斯特的兩年間，赫緒曼持續從事反法西斯運動，這次是主動為地下抵抗組織工作，經常夾帶文件穿越法國邊界。他使用一個底部帶有夾層的手提箱，或者應該說是「頂部帶有夾層。他知道海關人員……很快就會察覺到底部的夾層，所以他就單純把夾層換到頂部，結果他們從沒想過要檢查那個地方」。[60] 科洛尼的表親塞雷尼（Emilio Sereni；他是農業經濟史學家，也是當時並不合法的義大利共產黨的領導人之一）找上赫緒曼，請他負責文件遞送工作。不過，危險的地下活動在那些年間瀰漫著派系傾軋與充滿懷疑的氛圍，即便是塞雷尼這個無疑深具正統地位的友人，也不足以讓奧圖．阿爾伯特獲得共產黨內其他成員的信任。義大利共產黨的一份備忘錄譴責指出，「有某個名叫赫緒曼還是克緒曼」的人物把裝滿一個手提箱的黨文件帶給科洛尼，而科洛尼早已公開承認自己是托洛斯基派社會主義者，因此是高度可疑的人物。這份備忘錄寫道：「這個赫緒曼也是托洛斯基派的惡棍……他公開表達托洛斯基主義理念，反對共產國際的政治路線，聲稱這個路線對於勞工運動有弊無利，而且他還抨擊史達林。」這份備忘錄接著指出：「使用這個無賴，尤其他顯然對自己的意見也不加以掩飾，是極為嚴重的問題。這個惡棍直到一九三二年以前都還是德國社會主義青年的成員，他聲稱自己後來因為支持共產主義的傾向而被逐出那個組織。然後他在西班牙待了兩、三個月（原因不明），接著又搬到巴黎……一直都持有他原本的德國護照，最後才來到義大利，在這裡待了很長的時間。」[61]

一九三八年九月八日，科洛尼遭到逮捕，被流放於國內的文托泰內島（Ventotene）。當時懷了第二個女兒的烏蘇拉也跟著他一起去。在《經濟學家期刊》發表首篇文章的莫塔拉，幾天前就敦促奧圖．阿爾伯特出境避難（莫塔拉也遭到大學開除，一九三九年搬到巴西）。奧圖．阿爾伯特於是搬回巴黎，後來將這次經歷界定為「第二次移民」。[62]在此同時，他的妹妹艾娃則是移居到英國，在多佛開始擔任護士。發生水晶之夜事件（一九三八年十一月九日至十日）之後，也就是平民與準軍事部隊在德國各地屠殺數百名猶太人，並摧毀數以千計的猶太人住宅、醫院與猶太會堂，還監禁了好幾萬名猶太人男性，赫緒曼的母親海妲於是也決定離開，在一九三九年七月抵達英國與艾娃會合。

戰間期年間的貨幣與貿易

赫緒曼抵達巴黎，被視為精通義大利經濟的專家。《經濟活動》季報（*L'Activité Économique*）的總編輯馬若蘭（Robert Marjolin）邀請他定期撰寫關於義大利的報導。這項工作不但有趣又有酬勞，還幫助了赫緒曼擴展人脈：《經濟活動》是巴黎大學統計學院與經濟及社會研究科學院（Institut de recherches économiques et sociales，校長是瑞斯特）聯合出版的刊物。[63]後來在一九四八年成為歐洲經濟合作組織（OEEC）第一任祕書長的馬若蘭，在馬歇爾計畫年間受僱於美國聯邦準備理事會的研究部門，也是赫緒曼的重要人脈。

馬若蘭與瑞斯特在一九三〇年代晚期也為《新歐洲》（*L'Europe Nouvelle*）這本政治評論週刊供稿。一九三八年十一月十二日出刊的這一期，刊登了一篇署名尚恩·阿爾伯特（Jean Albert）的文章，講述義大利在東非的殖民地遭遇的危機。那位作者不是別人，正是赫緒曼。對於義大利以非洲為目標的帝國主義計畫陷入崩解，他表現出明顯可見的幸災樂禍。他指出，那個區域不只在義大利入侵三年後還未能恢復穩定，而且義大利想要掠奪資源獲取利益的盤算也淪為徹底的妄想。義大利政權雖然攫取了一片「陽光領土」，義大利工人卻不買單：一九三七年三月，東非原本有十一萬五千名義大利工人，但到了一九三八年三月已驟減至三萬六千人，四個月後只剩下二萬一千人。「所以，義大利這座新殖民地的現狀看來實在不樂觀，」尚恩・阿爾伯特／阿爾伯特・赫緒曼寫道：「該國經濟原本就處於成長緩慢的嚴重危機當中，現在又幾乎絲毫沒有機會喘息就又陷入負成長的危機，目前還看不到盡頭。」他在文章的結尾指出：「這項發展頗具教育意義的一個面向，就是這個國家雖然號稱實施調控經濟，嚴格管制法人團體……其經濟活動的震盪起伏卻達到了殖民史上前所未見的程度。」[64] 堪稱是一種禍害藏在尾端的措施。

赫緒曼為《經濟活動》所寫的報導，都是以五頁左右的篇幅針對義大利總體經濟的主要趨勢提出的統計摘要，討論農業與工業生產（如果可能的話，也探討紡織、冶金、化學等子部門）、就業率、進出口、銀行與貨幣政策的季度數據，還有閉關自守政策的進展與結果。簡短談論國際局勢（德奧合併、衣索比亞遭受入侵，以及國際貿易的演變）或者天氣對作物的影響，則是有助於把那些資訊放在背景脈絡中看待。閱讀這些報導，可以明白看出作者對於義大利的經濟必定擁有深切理解，尤其是他又有能力看穿政府掩飾真相的聲明，並且找出有用的資料來源推斷實際上的經濟趨勢。一九三八年底，赫緒曼充分呈現了義大利經濟深層的弱點：

> 義大利經濟……當前的水平遠低於一九三七年達到的最高水平。由於國家對經濟的控制以及許多目前正在施行的計畫，所以不太可能再出現顯著的下滑；不過，經過三年來遍

及所有領域的具體努力之後，當前的停滯注定將持續很長一段時間，除非外部事件造成義大利及其非洲殖民地能夠恢復成長。[65]

這些報導都是扎實的經濟評論作品。這位年輕經濟學家的求學過程雖然零碎又不完整，卻已經開始致力於從事嚴肅的經濟分析，展現出蒐集資料的優異能力，更重要的是還能夠討論資料背後的趨勢。

如果說結識馬若蘭為赫緒曼帶來了一份工作，那麼結識另一個人又對他造成更重要的影響。在巴黎，赫緒曼結識了來自紐西蘭的經濟學家康德里夫（John B. Condliffe）。他曾就讀劍橋大學，對於應用經濟學與統計學研究投入很深，特別是為國際聯盟的經濟情報局從事的研究。他為國際聯盟撰寫了頭六個版本的《世界經濟調查》（*World Economy Survey*），從一九三一／三二年版到一九三六／三七年版。[66]一九三八年，康德里夫在倫敦政經學院擔任商業教授，但在一九三九年接受了加州大學柏克萊分校的教職：這項職業轉變對赫緒曼造成的影響可能比對康德里夫自己還要大。[67]

為了國際知識分子合作協會在一九三九年八月於挪威卑爾根舉行的一場國際會議，康德里夫找了赫緒曼以及其他許多人幫忙準備部分初步文件，因為康德里夫是這場會議的整體報告員，也是議程委員會裡最重要的學者。國際知識分子合作協會是位在巴黎的分支組織，它的母組織比較有名（但大體而言效用不彰），叫作國際知識分子合作委員會，是聯合國教科文組織的前身。一九三〇年代期間，國際知識分子合作協會主辦了幾場探討國際議題的雙年會議（一九三一與一九三三年分別在米蘭與倫敦舉辦國家與經濟生活會議；一九三五年在哥本哈根舉辦集體安全會議，一九三七年則在巴黎舉辦和平變遷會議）。一九三九年卑爾根會議討論的主題是國家經濟政策與世界和平的關係。

為那場會議準備的報告討論了超過二十個國家的貿易政策，那些國家都是基於商業與政治上的重要性而受到挑選，包括西半球的加拿大、美國、墨西哥、巴西與阿根廷，以及西歐、北歐與東歐的許多國家，還有澳洲，日本則是亞洲唯一的代表。不意外，有些引人注意的遺珠，例如非洲就沒有任何一個地區受到挑選。[68]當時的希望是藉由這樣的比較能夠為現代世界的經濟與政治力量之間愈來愈多的衝突提供一種嶄新的分析。[69]

那場會議有一個比較具體但抱負極大的目標，就是準備一系列的研究，探究歐洲以及西半球幾個國家的外匯管制。經過十年來愈趨嚴格的管制，已難以繼續將這些管制視為只是「緊急措施」，而應當承認一套新的貨幣體系實際上已經取代金本位制。[70]這項研究於一九三七年底展開，是這場即將舉行的會議所推行的「重大計畫」，希望能夠藉此為更有效的國際貿易協定提供基礎，從而促成外匯管制的些微放寬：總而言之，就是當成強化國際經濟合作的第一步。這項政策目標雖然在國際緊張局勢日益升高的情況下顯得愈來愈不切實際，這個議題卻如同一份綱領性文件所言，對於「理解若干國家的外匯管制如何出現、其運作方式與近來受到的修改，連同進一步修正以及促成更多彈性的可能性」仍然極其重要。[71]

在一九三八年五月於布拉格舉行的準備會議裡，康德里夫堅持在卑爾根會議上發表的報告必須「簡潔、合乎事實並且採取描述性寫法」，而且每一國的小組委員會都應該準備一份綜合分析，分析該國的對外經濟政策，還有制定那項政策的主要動機以及賴以推行的行政機制。[72] 赫緒曼針對義大利的外匯管制所寫的備忘錄，除了可能不夠簡潔之外（他的報告長達九十三頁，是篇幅最長的一份），可以說是完全符合要求。

如同他為《經濟活動》撰寫的報導以及為《新歐洲》撰寫的文章，赫緒曼也決定隱藏自己的身分：他的備忘錄是唯一沒有署名的一篇。他針對義大利的經濟與人口政策當中具有至高重要性的主題所進行的研究，早已受到該國政權的打手注意，而他對於義大利及其殖民地搖搖欲墜的經濟還有義大利引人質疑的經濟政策所做的分析，也傳播了敏感資訊。如同正義與自由組織的領導者羅塞利兄弟卡洛與內羅（Carlo and Nello Rosselli）在一九三七年於諾曼第遭到刺殺的事件所示，法西斯政權已不忌憚在海外獵殺政治對手。在法西斯主義的反對者當中，赫緒曼雖然遠遠沒有那麼知名，但義大利政權仍然嚴格監控他。一九三八年九月八日，就在科洛尼被捕當天，第里雅斯特警察局長寫了一份「非常機密」的短箋，向義大利內政部政治警察部門通報「德國猶太人赫緒曼・奧圖」在巴黎的新住址：蒂雷納路（rue de Turenne）

四號。[73]在後續的報告裡，赫緒曼被描述為從事「陰謀活動」而「極度危險的人物」，於是義大利邊防單位與義大利北部的警察局也受到指示禁止赫緒曼入境。內政部發布的一項緊急指示又進一步指出：「他若是仍舊進入〔義大利〕王國而於〔貴單位的〕轄區被發現，尤其是在政府領袖閣下仍在下鄉期間，則貴單位必須立刻逮捕他並且通報本部部長。」[74]在那幾週，墨索里尼正在義大利東北部舉行一連串的公開露面活動，而赫緒曼顯然被視為對領袖的安全構成嚴重威脅。明白可見，赫緒曼不可能會知道前述的那些警方文件。儘管如此，他在書寫關於義大利的內容時，必定也覺得非必要的公開不是明智之舉。[75]

赫緒曼為卑爾根會議所寫的報告，詳細重建了義大利施行外匯管制的過程，還有該國的行政組織，以及銀行體系、中央銀行與支付系統所扮演的角色。赫緒曼指出，相較於其他國家，義大利立法採用外匯管制算是後進者：一九三四年中才開始，而不是在一九三一年。這點並不奇怪，因為義大利屬於所謂的金本位集團，而且里拉並未呈現那些迫使英國貨幣貶值以及迫使中歐國家建立外匯管制的弱點。[76]

實際上，赫緒曼在這份備忘錄一開頭所強調的第一項主要論點，就是我們不該誤以為義大利的外匯管制政策是義大利政府的威權與好鬥性質所造成的自然結果，更不該誤以為那是邁向侵略阿比西尼亞的第一步。如同他指出的：「這種回溯性的詮釋未免太過容易，甚至錯誤。」[77]義大利的外匯管制其實單純是對於國際收支失衡做出的回應，而且義大利政府是在不得已的情況下才「心不甘情不願」地予以採行。[78]不過，雖然不情願，這項政策卻是無可避免，原因是法西斯政府推行通貨緊縮的態度以及緊跟在一九二九年股災之後的世界危機所造成的雙重影響。如果在一九三四年進一步讓通貨緊縮，必定會對工業成長造成致命打擊，因此唯一的選擇就是貨幣貶值與外匯管制。

在赫緒曼看來，這些政治難題並不新穎。實際上，他撰寫學位論文的時候就已經研究過許多相同的問題，因為法國在一九三四至三五年經歷過通貨緊縮，接著又在一九三六年經歷貨幣貶值。[79]義大利選擇採取外匯管制政策，但這不過是同樣達到貶值結果的另一個方法而已。赫緒曼指出，這兩種策略都能夠藉著消除貨幣障礙而保障經濟復甦：貨幣貶值是直接方法，外匯管制則是間接方法。因此，就某方面而言，外匯管制有如「一種間接、隱晦而又零碎的貨幣貶值」。[80]不過，里拉終究在一九三六年十月貶值，就在普恩加萊法郎於前一個月貶值之後：[81]這是義大利經濟脆弱性的又一個徵象，儘管義大利經濟的脆弱早已明白可見。

赫緒曼也分析了外匯管制日益成長的機制如何與貿易政策互動。他尤其顯示了實體經濟對於貨幣動態無可避免的影響。里拉雖在一九三七年大幅貶值，進口的成長幅度仍然超過出口，原因是工業部門與農業作物對於原物料的需求（後者是由前一年特別嚴重的歉收所造成）。「我們必須知道這些『現實』因素，才能夠解釋對外貿易的動態。」[82]赫緒曼的分析所帶有的力量，不只在於他對義大利的管制機制懷有深切理解，也在於他面對一個像外匯管制這樣的艱難議題之時，能夠以令人信服的方式掌握其中的統計、法律、制度、政治與經濟等許多不同的面向。相較之下，美國經濟學家艾利斯（Howard S. Ellis）針對德國貨幣問題所寫的著作，雖然被視為優異的學術作品，其中對於德國外匯政策的探討卻遠遠沒有這麼細膩。[83]

除了探討義大利外匯管制的備忘錄以外，赫緒曼又為一九三九年的卑爾根會議準備了另一份研究：一份針對國際貿易的平衡與雙邊主義所從事的統計探究。[84]在這份簡短的研究裡，赫緒曼首先強調指出，世界貿易朝著平衡與雙邊主義發展的傾向雖被視為一體的兩面，實際上卻經常是互不相關的結果。他寫道：「朝向平衡的趨勢不必然表示捨棄三角匯兌，」而且同時「雙邊主義也不必然會帶來貿易差額的平衡」。[85]

赫緒曼的統計研究在許多方面都相當新穎。如同艾索（Pier Francesco Asso）針對一九三〇年代雙邊主義文獻進行的一項精妙分析所顯示，赫緒曼的簡短研究是最早的其中一項嘗試，企圖為一九二九年股災之後締結的數百項雙邊協議建構一種綜合性的表述。[86]此外，這項研究也顯示了經濟大蕭條那些年的重新調整過程當中兩項引人注目的事實。首先，雙邊主義熱潮對於創造一套具有合理穩定性的新國際貿易關係體系並不成功。第二，每個國家針對雙邊貿易關係進行調整的過程都非常相似，不論其政治體制有多麼不同。換句話說，雙邊主義不是政治流氓國家（相對於自由民主國家）所帶有的另一種負面特質。艾索總結指出：

經常被人與雙邊主義畫上等號的……極權主義德國，不只沒有在赫緒曼的雙邊國排名當中居冠，而且在那十年裡都一再落後於其歐洲對手。頗具意義的是，最極力支持多邊主義的英國卻是率先轉向雙邊主義的歐洲國家：儘管這個國家在短短三年前曾以傲慢的語氣回覆國際聯盟的詢問，指稱自己無法為雙邊主義提供有用的資訊，因為「英國政府沒有締結任何結算協議」。[87]

艾索斷定指出，赫緒曼的統計研究在這方面證實了愈來愈被許多人接受的觀點，亦即英國的對外貿易帶有強烈的雙邊色彩。[88]在一九二九至一九三七年間，英國的貿易關係尤其經歷了一段持續朝雙邊主義邁進的過程。至於其他國家，像是德國、荷蘭與瑞典，則是多邊主義又繼續發展了幾年，然後才開始衰退。[89]具體來說，如同赫緒曼總結指出的，「德國雖然以雙邊主義作為其商業政策的教條，卻沒有比其他國家更有效降低它的〔多邊主義〕指數。」[90]

國際政治情勢的迅速惡化，導致許多國家的代表團在一九三九年八月二十七日無法來到卑爾根。不過，那些報告在事前就已經提出，是少數出席者進行非正式理念交流的基礎，也為康德里夫在一年後出版的一部世界貿易困境研究著作提供了材料。[91]康德里夫的這部著作，將是理解赫緒曼的第一本書（《國家權力和對外貿易的結構》）當中的智識座標極為重要的讀物。

救援行動

國際知識分子合作協會在卑爾根舉行的會議才開幕五天，波蘭就遭到德國入侵，第二次世界大戰就此展開。和其他許多人一樣無法前往挪威的赫緒曼，隨即加入了法國軍隊。如同他在接受軍事訓練期間對一名友人說的，這是他的學術研究第三度遭到打斷：第一次在德國，接著是在義大利，最後這一次則是在法國，「而且根本上都是由於相同的原因」。[92]然而，赫緒曼卻不認為學術研究和入伍對抗納粹法西斯主義之間有任何「連續性方面的真正斷絕」。如同他在寫給康德里夫的信裡指出的：「我深深覺得我們當下的『任務』對於我們未來的工作具有絕對的必要性。」[93]

德軍的閃電戰迫使赫緒曼那支主要由德國與義大利志願者組成的連隊解散。巴黎在一九四〇年六月十四日遭到占領，法國則是在二十二日陷落。一名體貼的軍官召集這些外國志願者，向他們發放復員文件，文件上的名字由他們自己選，萬一遭到德國或義大利軍隊俘獲才不會被視為叛徒槍斃。赫緒曼決定取一個假名叫阿爾伯特·赫曼特（Albert Hermant）。接著他前往法國沒有受到納粹占領的地區，也就是由維琪傀儡政權統治的區域，先在尼姆（Nîmes）稍事停留，最後則是抵達馬賽。赫緒曼／赫曼特在那裡待了六個月，在美國記者弗萊（Varian Fry）領導的一項非法行動當中擔任主要幹部，協助猶太人與左派難民逃離納粹與

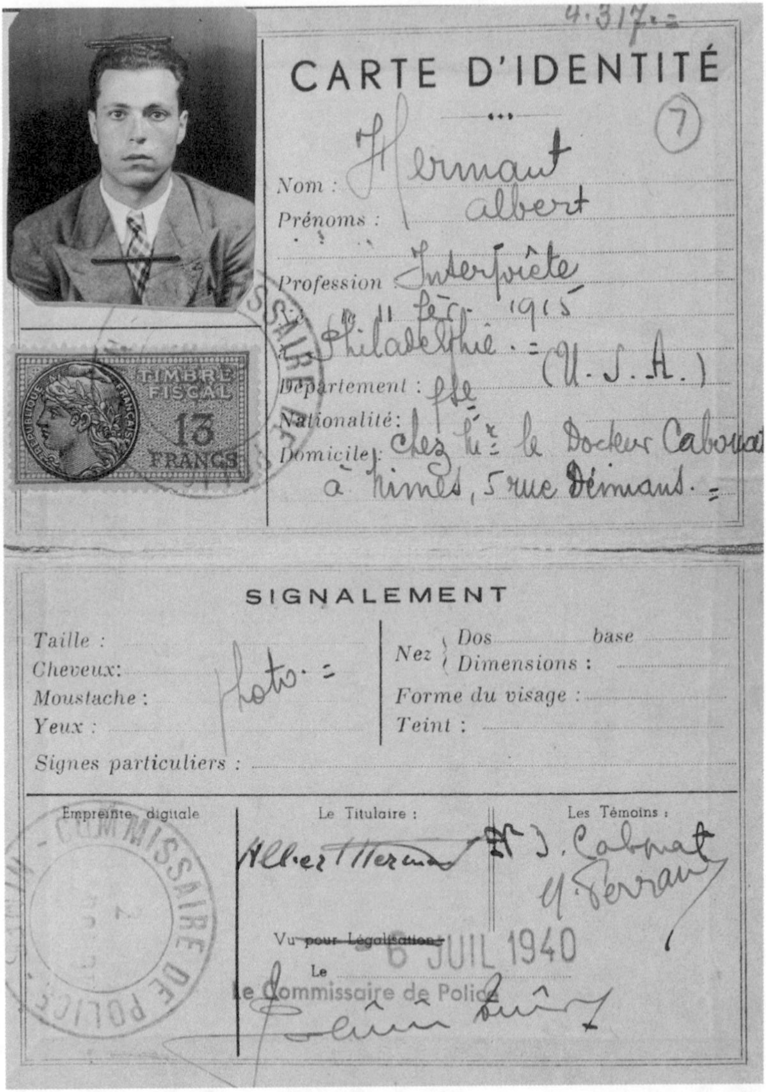

圖1.2　赫緒曼的假身分證件，他用的名字是阿爾伯特．赫曼特（Albert Hermant）。提供：United States Holocaust Memorial Museum, Washington, D.C。

法西斯統治下的歐洲地區。[94]

根據法德停戰協定第十九條的規定，維琪政府承諾依照納粹「提出的要求而交出」一切居住在法國及其領土當中的德國人（以及波蘭人、匈牙利人、捷克人、奧地利人與義大利人）。另一方面，貝當（Philippe Pétain）政府也關閉了邊界。來到法國避難的德國僑民因此被困在這裡，隨時可能因為納粹的一時興起而遭到監禁並且送回德國。

在紐約，一小群記者、宗教領袖、知識分子、藝術家與社運人士成立了急難救援委員會（Emergency Rescue Committee），協助被困在法國的難民。弗萊是記者以及雜誌與平裝書籍的編輯，不但沒有外交經驗，更遑論從事地下活動的經驗，但他卻是唯一自願以急難救援委員會代表的身分搬到法國展開行動的人。當時歐洲差不多只有里斯本這個港口還有船隻會航向美國。弗萊的工作是在財務上資助難民，而且最重要的是協助他們取得搭上赴美船隻所需的簽證。西班牙與葡萄牙的過境簽證雖然相對容易取得，出境簽證卻根本不可能申請得到，所以要離開法國只能以非法的方式進行。

矛盾的是，有一個大問題出現在逃難旅程的結尾。難民必須要有入境簽證才能進入美國，但美國的外來移民政策限制很大，執行上也很嚴格，入境簽證非常難以獲取。在法國遭到德軍占領的頭幾個月裡，每一百名申請者約有七人收到正面回應；這個數字後來甚至還進一步下滑。[95]弗萊的行動所遭遇的一大挫折，就是美國駐馬賽領事館的態度。在美國的公共輿論和政府機關當中，普遍都存在著反猶主義以及對於難民的漫不在乎甚至是缺乏容忍，而駐馬賽的總領事也積極反對弗萊的行動。實際上，國務院的助理國務卿隆恩（Breckinridge Long）還針對外來移民簽證的發放向他的幕僚提出這項指示：「拖延、拖延，再拖延。」[96]

弗萊在八月中旬抵達馬賽，成立了美國人民救援中心（Centre Américain de Secours）這個掩護機構，假裝只是協助難民在當地取得各種必需品，例如糧食與衣物。[97]他的工作當中最重要的部分則是暗中進行：找尋通往法國境外的非法路徑、為那些偷渡到西班牙的人創造新身分（其中許多人曾在內戰當中為共和政府而戰，因此不免為自己的安全感到擔憂）、在黑市購買護照及其他文件或者直接偽造、把美元換成法郎（同樣也是在黑市）、賄賂領事官員，並與所有相關的邊緣人物保持聯絡，包括走私客、線民、偶爾的間諜，甚至科西嘉幫派分子：總之，就是一座地中海大型海港城市裡典型的各路人物。如同弗萊憶述指出：「馬賽混亂不已，充滿了各種相互交織的組合，包括幫派與警察、警察與蓋世太保、蓋世太保與幫派等等。所以，我從來都不知道自己談話的對象究竟是友是敵。」[98]

赫緒曼／赫曼特抵達馬賽之後不久就受到弗萊招募，很快成了弗萊的副手，負責篩查左翼難民，因為他非常清楚他們的出身背景與人脈，而最重要的工作則是執行祕密行動：「他是我在非法問題方面的專家，」弗萊說。[99]這時二十五歲的赫緒曼／赫曼特通曉那些相關的語言，對於祕密反法西斯行動也有過一些直接經驗，不但熟悉德國與義大利僑民以及法國反

圖1.3 赫緒曼（圖右）在馬賽。提供：Varian Fry Collection, Columbia University。

法西斯人士的圈子，而且在政治上也相當機警。弗萊回憶道：他「那雙淘氣的眼睛和總是噘著的嘴，因為一瞬間就能夠轉變為一道大大的笑容」，所以被人暱稱為「笑臉仔」（Beamish）。[100]由於笑臉仔天生擁有「男孩般討人喜愛的笑容」，因此「令女人無法抗拒……也能夠讓男人著迷於他的魅力」，但他也「令人難以捉摸，而且總是領先別人一步」。[101]救援中心的一名女同事描述他是「一個英俊的傢伙，帶有相當深情的眼神……極為足智多謀，臉上總是掛著一道淘氣的微笑」。[102]簡言之，笑臉仔迷人又聰慧機智，「是個懂得怎麼鑽過漏洞、迴避管制並且照顧好自己的人物」：對於這項行動而言可說相當完美。[103]

赫緒曼在邊界沿線找到了幾個看來可以

偷偷穿越而且風險不會太高的地點，並與願意幫忙的當地人建立了聯繫。[104]其中一條路線從馬達姆堡（Bourg-Madame）通到巴塞隆納，另一條從佩皮尼昂（Perpignan）或濱海巴紐爾斯（Banyuls-sur-Mer）通到波爾布（Portbou）。他甚至嘗試安排船隻運輸，只是這種做法在初期那幾個月根本不可能。令人沮喪的是，新路線很快就行不通，不只是因為邊境警察發現了那些路線，也因為難民本身經常透露自己先前逃亡或即將逃亡的細節。「咖啡廳和馬賽舊港可以聽到各種話語，那些地方也正是線民聚集之處，」弗萊的一名合作者感嘆道。[105]赫緒曼說服了波蘭與立陶宛的領事賣護照給他（他自己後來也用了其中一本護照），甚至被譽為發明了「管報」（tubogram）這種把非法報告送到大西洋彼岸的祕密工具：也就是用保險套包覆訊息塞進牙膏的軟管內。[106]簡言之，如同一份報告概述的，「運用各式各樣的非法活動」。[107]

儘管有這個冒險面向，僑民的圈子其實瀰漫著恐懼和絕望。弗萊在一九四〇年九月針對史奈德（David Schneider）及太太與兩名子女的無常變化所寫的一封信，即可鮮明看出這種痛苦：

> 他們持有有效的波蘭護照，在四、五年前核發於巴黎。經過幾個星期的等待之後，他們終於取得美國的停留簽證；接著，他們又取得葡萄牙與西班牙的過境簽證。由於他們出生在受到俄羅斯占領的波蘭地區，所以他們又取得法國的「出境」簽證，然後前往塞爾

> 貝爾（Cerbere），再穿越隧道抵達波爾布。在那裡，他們四度遭到西班牙人「refoulés」〔拒絕〕。他們在馬達姆堡又試了一次，也同樣遭到「refoulés」。這還是經過好幾個星期的努力取得所有必要簽證之後的結果。他們現在還在這裡，處於瀕臨絕望的狀態。我們的另一個客戶班雅明．華特〔原文照錄；弗萊在此處指的明顯是華特．班雅明（Walter Benjamin）〕在幾天前自殺，因為他也經歷了和史奈德一樣的遭遇。這已經是我們名單上第三個自殺的例子，另外兩人是漢森克雷佛（Walter Hasenclever）與魏斯（Ernst Weiss）。[108]

班雅明不是最後一個自殺的人，而且還有其他失敗的案例。舉例而言，弗萊未能幫助布萊特夏特（Rudolf Breitscheid）與希法亭（Rudolf Hilferding）這兩位威瑪共和的知名政治人物安全逃離。曾任德國社會民主黨主席與國會議員的布萊特夏特，被視為「希特勒之前最著名的德國外交人物之一」。[109] 希法亭曾在穆勒（Hermann Müller）的內閣當中擔任財政部長，也是國會議員，著有《金融資本》（*Finanzkapital*）這部經典著作。布萊特夏特與希法亭嘗試了一切有可能取得出境簽證的合法方式，但致命的是他們拒絕以非法方式出境。在巴黎、馬賽與亞爾（Arles）等地待了將近一年之後，他們遭到逮捕並被送到維琪政府手上，接著在一九四一年二月十日被交給德國當局。[110] 希法亭不久之後於巴黎自殺，布萊特夏特則被送到布亨瓦爾德（Buchenwald），從此音訊全無。

一九四〇年十二月，警方到救援中心找尋赫曼特。他當時正好不在城裡，因此僥倖逃過一劫。不過，他顯然已經無法在馬賽待下去了。赫緒曼利用自己熟知的其中一條路線，翻越庇里牛斯山脈前往波爾布，接著取道巴塞隆納與馬德里而抵達里斯本。在那裡，他利用康德里夫協助申請的洛克斐勒基金會獎學金所隨附的美國入境簽證，搭上美國出口航運公司（American Export Lines）的神劍號（SS Excalibur）航向紐約。[111]二十五歲的赫緒曼抵達美國，人生的新階段由此展開。「我已經遭遇太多次的失敗，」他後來說道：「所以總算有一次能夠身在贏家這邊實在令我喜出望外！」[112]在移民局窗口前，奧圖・阿爾伯特・赫緒曼這個名字變成阿爾伯特・赫緒曼（Albert O. Hirschman）。

弗萊深受赫緒曼的離開所影響。「赫緒曼是我最要好的朋友，」弗萊寫信對太太這麼說：「他是那群人（亦即弗萊的合作夥伴）裡面最傑出的一位，我非常喜歡也非常依賴他。」[113]在他出版於一九四五年的回憶錄裡，弗萊提到「我後來深深依賴他，不只是依賴他為最困難的問題找出解決方法，也依賴他的陪伴，因為在法國只有他完全知道我在做什麼事情以及為什麼會做那些事情，所以也只有在他身邊，我才能隨時處於放鬆自在的狀態。……在笑臉仔面前，也只有在笑臉仔面前，我才能夠徹底坦率而自在地做我自己」。[114]

救援中心在春季月分發揮了極大的效果，但弗萊在馬賽的行動已愈來愈困難。國務院向急難救援委員會施加沉重壓力，要求終止弗萊的委任，美國的總領事也公開破壞他的工作。

圖1.4　一九四〇年美國出口航運公司的神劍號。船身側面的美國國旗表示這艘船屬於一個中立國。提供：Collection of Richard Turnwald。

弗萊在一九四一年八月二十九日被捕，在九月初被遣送出境。[115] 救援中心繼續運作了一年，最後在一九四二年六月初遭到法國警方關閉。[116]

根據粗略估計，救援中心運作的兩年期間處理了將近兩千件案子，受助者共計超過四千人。救援中心為超過一千人覓得離開法國的方法，目的地包括美國、拉丁美洲國家以及法屬非洲。另外有三千人獲得財務協助、在救援中心的幫忙下從獄中獲釋並尋得躲藏地點，以及獲得救援中心提供偽造文件。獲得弗萊及他的夥伴協助的人士包括夏卡爾（Marc Chagall）、柯斯勒（Arthur Koestler）、杜象（Marcel Duchamp）、蘇菲・陶柏（Sophie Taeuber）、馬涅利（Alberto Magnelli）、恩斯特（Max Ernst）、汪達・蘭道芙絲卡（Wanda Landowska）、漢娜・鄂蘭（Hannah Arendt）、馬塔（Roberto Matta）、布勒東（André Breton）、戈洛・

曼（Golo Mann）與海因利希・曼（Heinrich Mann）、赫塔・保利（Hertha Pauli）、西弗林（Jacques Chiffrin）、魏菲爾（Franz Werfel）、邁爾霍夫（Otto Meyerhof）、歐弗斯（Max Ophüls）、阿爾普（Jean Arp）、克萊伯（Otto Klepper），以及赫緒曼在柏林的朋友艾爾曼。[117] 被世人遺忘許久的弗萊，去世之後於一九九一年獲得美國猶太大屠殺紀念館委員會（United States Holocaust Memorial Council）表揚，一九九六年獲得耶路撒冷的以色列猶太大屠殺紀念館（Yad Vashem Memorial）選為「國際義人」（Righteous Among the Nations）。

第二章
權力政治

一九四一年一月十四日，神劍號駛入紐約港。「明天，」赫緒曼寫道：「我很有可能會踏上美國領土。」[1]不到兩個星期後，為了向急難救援委員會報告馬賽行動而滯留在紐約的他，已經一心想要恢復工作。他夢想著能夠「立刻……搭乘飛往舊金山的跨大陸班機」，把他盤算中的許多計畫列出來寄給康德里夫，包括針對世界貿易趨勢進行統計研究、寫一篇文章探討封閉經濟體系之間的資本移動，以及他在義大利深入鑽研的人口問題。實際上，確切的主題沒有那麼重要；如同他說的，「重點是要回歸工作。」[2]

赫緒曼在一九四一年抵達柏克萊（搭火車），發現康德里夫活動於其中的圈子是充滿活力又極為富饒的智識環境。幾年前才剛找了赫緒曼參與卑爾根會議的康德里夫，新近獲得加州大學柏克萊分校任命為商業與經濟研究辦公室的主持人，在那裡推行「貿易規範計畫」

（Trade Regulation Project），並且獲得洛克斐勒基金會資助。這項計畫延續了為卑爾根會議而展開的研究，探究國際貿易崩潰造成的影響。赫緒曼與他的研究同僚必須產出報告，可以的話就加以出版。赫緒曼確實加入了一群非常有趣的學者。

其中一人是出生於烏克蘭的格申克龍（Alexander Gerschenkron），他比赫緒曼大十歲，曾在維也納修習經濟學，接著到一家比利時摩托車公司擔任商業代表，然後加入奧地利社會民主黨而踏入政治界。德奧合併之後，他遷居美國，成為二十世紀下半葉最重要的其中一位經濟史學家。在柏克萊，格申克龍正在撰寫一份龐大的報告，題目是「國家貿易壟斷，或者國家作為貿易主體」。這份報告的其中一章，後來演變成為格申克龍的第一本書：《德國的麵包與民主》（*Bread and Democracy in Germany*）。[3]

當時三十一歲的諾妮·萊特（Nonny Wright）正針對國家在國際貿易當中扮演的角色撰寫第二份報告，題目極為詳盡：「國際貿易當中的國家哲學，包括產生自權力政治的衝突，以及國家貿易壟斷對商業組織造成的影響」。在巴黎、哥本哈根與牛津修習政治學與經濟學之後，她先是任職於丹麥國家銀行，接著進入丹麥外交部擔任貨幣與商業議題專員，然後又到布魯金斯學會（Brookings Institution）擔任駐日內瓦金融特派員。她後來成為丹麥史上第二位女性大使，是世界史上最早的其中一位女性外交人員。[4]

這個群體的另一名成員是巴什（Antonín Basch），這位捷克經濟學家在布拉格、維也納與

圖2.1　一九四一年於加州大學柏克萊分校教師會館舉行的會議。桌子彼端看著鏡頭的年輕人是赫緒曼。坐在桌前手握菸斗的人是康德里夫。提供：Katia Salomon。

柏林修習經濟學之後，打造了一段長久而成功的職業生涯，擔任工業主管，並且進入捷克斯洛伐克商會、商業部以及國家銀行擔任公務員。巴什在捷克斯洛伐克國家銀行擔任了八年的研究部門主管（一九二六—一九三四），然後進入聯合化學與冶煉廠（United Chemical and Metallurgical Works）擔任總經理，這是捷克數一數二大的重工業廠商。[5] 一九三九年，巴什離歐赴美，先後進入布朗大學與哥倫比亞大學任教。他為康德里夫的計畫寫了一份報告，題目是「德國與中歐的經濟關係」，後來演變為他在一九四三年出版的書籍：《多瑙河盆地與德意志經濟圈》（*The Danube Basin and the German Economic Sphere*）。赫緒曼在一九二〇年代結識於柏林的老朋友彼得．法朗克，同樣也在柏克萊。

這個群體的最後一位成員是史蒂文森（Alexander Stevenson），他在戰後加入世界銀行，並於一九七〇年代初期成為世界銀行發展經濟學部門的主任。

不過，比所有這些人脈都更重要的是莎拉．夏皮洛，一名比赫緒曼小六歲的文學與哲學生。赫緒曼在宿舍餐廳排隊吃午餐的時候認識了她。莎拉出身於一個富裕的資產階級家庭，是同化的立陶宛猶太人。她原本住在巴黎，只比阿爾伯特早幾個月逃出歐洲前往美國。「阿爾伯特發現莎拉與他志趣相投，」阿德爾曼寫道。[6] 他們擁有相同的文化、抱持同樣的喜好（小說、詩文與音樂），對於飽受摧殘的歐洲也同感擔憂。他們以法語交談，這個語言對他們兩人而言都相當於第二母語。他們在短短幾個星期後訂婚，在一九四一年六月二十二日結婚。他們的第一棟房子位在柏克萊校園與山丘之間的邊界上，雖然只是一間小小的平房，但他們別無所求。「身邊有著大自然、莎拉和書本，」阿爾伯特寫信向烏蘇拉指出：「我覺得非常自給自足。」[7]

赫緒曼與史蒂文森是那群人當中最年輕的兩位，他貢獻了幾篇針對世界貿易的統計分析，這些分析構成〈針對世界貿易趨勢（尤其是雙邊貿易）的量化分析〉（Quantitative Analysis of Trends in World Trade, Especially Bilateral）這份報告的骨幹。這份報告是一個中間步驟，介於另外兩件作品之間，前一件是他當初為卑爾根會議準備的〈針對對外貿易朝平衡與雙邊發展的傾向所從事的統計研究〉（Étude statistique sur la tendance du commerce extérieur vers l'équilibre et

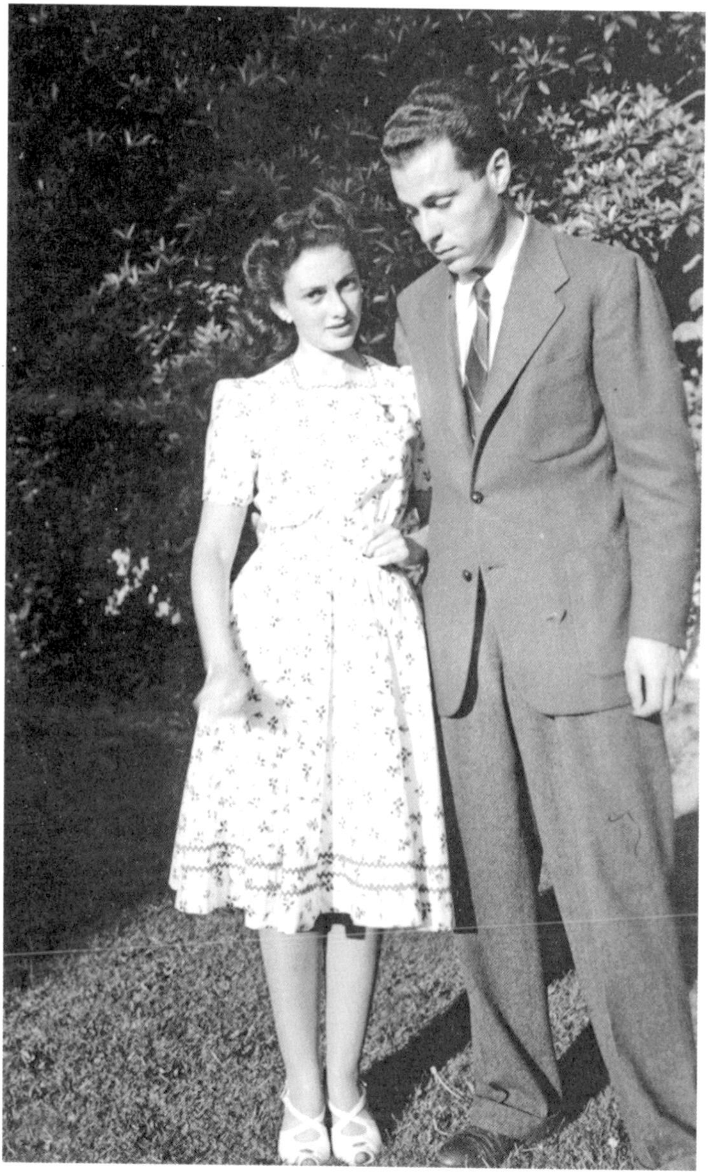

圖2.2 阿爾伯特與莎拉．赫緒曼，一九四一年六月。提供：Katia Salomon。

le bilatéralisme），後一件則是他在一九四五年出版的《國家權力和對外貿易的結構》書中第二部分的統計分析。[8]他還修習費納（William Fellner）與艾利斯的課，前者是一位匈牙利經濟學家，在布達佩斯經營家族製造公司十年，近來搬遷到柏克萊；後者是哈佛大學的博士，專長為貨幣問題與國際經濟。赫緒曼也持續修習應用統計學，他以英文發表的頭兩篇文章即是由此而來：一篇探討整體分配及其子序列的差異量數（dispersion measure）之間的關係，另一篇探討世界貿易的商品結構。[9]第二篇文章尤其重要，因為這篇文章試圖針對實際世界貿易流量提供比較好的描述。赫緒曼指出，這是要在比較堅實的基礎上重建戰後國際經濟秩序的必要步驟。這篇文章後來成為他書中的第三項統計研究。

國家權力與對外貿易

赫緒曼在柏克萊的重大計畫是準備他的第一部專著《國家權力和對外貿易的結構》，主要寫作於一九四一至四二年，於一九四五年出版。由於這部作品，他加入了一場熱烈的辯論，探討戰間期的危機，以及戰後國際秩序的計畫。[10]這場辯論當中特別引人關注的問題，是如何避免重蹈第一次世界大戰之後那些終究導致第二次世界大戰的覆轍。舉例而言，格申克龍堅守國家觀點，主張德國那些在易北河以東的區域擁有大片農莊的「容克」（Junker）貴族階級，必須為國內民主的崩垮以及德國對鄰國的侵略負起責任。他認定民主要在戰後德國蓬勃發展，唯一可能的途徑就是透過「消滅容克階級」。[11] 赫緒曼則是聚焦於經濟侵略的國際層面。如同他在起草那本書的過程中寫信向康德里夫指出的：「我深入探究一戰期間的戰後經濟規畫之後，使我對我們從事的這種工作所具有的用處大幅提高了信心。後來的災難幾乎全都可以追溯到戰爭期間有缺陷的規畫或是缺乏規畫。」[12]

《國家權力》顯現出第一部著作不免會有的各種局限，以及書寫過程中所處的特定情境。這本書的結構有些鬆散，包含一篇八十頁的長篇論文（書中的第一部分），加上針對世界貿易的特定面向所做的三項統計分析（第二部分）。第一部分的論文賦予了這本書《國家權力和對外貿易的結構》這個書名，這部分又分為四章，前兩章是粗略的歷史介紹，後兩章則是比較具體的分析。第一章討論十八與十九世紀的政治哲學家如何看待對外貿易與國家權力的關係，第二章依據當代經濟文獻對此一關係進行較為一般性的理論檢視。第三章探究經濟侵略的問題在一戰之前以及戰爭期間如何受到討論，第四章的目標則是要提供一項解決方案，限制二戰之後的經濟侵略。

赫緒曼的第一本書達到的成果優劣參半。其中終究只有幾章禁得起時間的考驗，主要是書裡第二部分的統計研究（尤其是後來在一九六〇年代初期廣受重視的一項統計指數）以及第一部分的核心章節，後來在一九七〇年代初期重新受到發現，被視為是當時新興的國際政治經濟學門的一項基礎分析。不過，儘管有其局限，這本書的歷久不衰絕非一項微不足道的成就。其中寫得最好的章節所提供的分析，即便在今天仍然深具影響力，而就算是說服力沒那麼高的章節，也還是提出了幾項非常有用的直覺推測，其中有些經過數十年後才開花結果。此外，赫緒曼招牌的寫作風格與學術探究方法，在這本書已經明顯可見。

康德里夫的作品對於理解赫緒曼的第一本書不可或缺。在他以卑爾根會議為基礎的一九四〇年著作當中，康德里夫提及現代世界的根本衝突，包括政治力量與經濟力量之間的衝突，還有國家與愈來愈跨越國界的經濟活動之間的衝突。「曾經有很長一段時間，」他寫道：「民族主義與工業主義似乎齊頭並進。」[13]這兩股力量在十九世紀同步前進，政府對於私人經濟活動也沒有太多干預。「不過，在現代世界，工業主義與民族主義卻出現激烈衝突，」原因是民族國家開始抗拒世界經濟當中日益成長的跨國層面，並且運用經濟國際關係追求國家權力的目標。[14]康德里夫結合英國史學家湯恩比（Arnold J. Toynbee）對於重新崛起的民族主義與權力政治所做的分析，以及美國經濟學家斯塔利（Eugene Staley）針對世界日益縮小以及經濟全球化所提出的理論，據以探討經濟的「政治化」，以及經濟從屬於國家政治目標的現象。[15]康德里夫密切觀察政治與經濟動態之間的關聯，對納粹侵略東歐國家的行為提出正確的解讀，認為那不只是軍事擴張，也是經濟帝國主義。他在一九四三年指出：「第二次世界大戰是在這個經濟戰線上展開的。」[16]

赫緒曼的《國家權力》也以差不多相同的論點開場：「把國際經濟關係大幅當成國家權力政策的工具使用，是……當今這場戰爭爆發前那段時期的一個主要特徵。」[17]探究此一交織關係的文獻數量龐大，赫緒曼試圖再添加一份針對一個特定根本問題所從事的分析：也就是國際貿易體系當中固有的弱點，致使其易於遭受政治操弄。換句話說，與其聚焦於經濟侵略與帝國主義的政治動機，赫緒曼的興趣在於調查促使這種侵略得以實現的特定機制，對於「對外貿易為什麼會……被當成國家權力政策的工具，又是怎麼被當成這樣的工具」提供系統性的分析。[18]這本書的部分原創性正是來自於這項做法，也就是利用國際經濟分析的典型工具，但是探討的不是常見的經濟問題（例如貿易利得與福利問題），而是具有高度**政治性**的權力問題。如同我們後續將會看到的，經濟與政治的密不可分在赫緒曼的思想當中一直占有核心地位。他的探究刻意限縮於一個因果向量：貿易關係如何能夠創造出讓一個國家在政治上支配另一個國家的經濟情勢。赫緒曼雖然明白相反的因果關係也相當重要（亦即權力分配的不平衡會影響貿易關係並且產生累積效應），但他的興趣在於探索對外貿易當中有可能使其成為支配工具的元素。就某個意義上來說，這是一種「結構主義」式的做法，儘管這個詞語在當時尚未出現。後代的學者就是從這個角度解讀並挪用赫緒曼的這種做法，尤其是在拉丁美洲。

對外貿易能夠增加可以強化國家軍力的商品供給，從而對國家權力帶來極大的幫助，這點長久以來都廣為人知。赫緒曼把這種關係稱為對外貿易的**供給效應**。不過，對於赫緒曼的分析更重要的是對外貿易的**影響效應**：也就是貿易的「政治化」(politicalization)，這是他翻譯德語的「Politisierung」而創造出來的新詞（這個詞語也令人聯想起他老師一九四〇年出版的那部研究著作）。[19] 透過分析國家之間議價失衡情形的幾個代表性案例，赫緒曼這本書的核心章節為這種影響效應提供了一項仔細的闡釋。

舉例而言，赫緒曼探討了這麼一個案例：一個國家如果為了提高自己作為另一個國家的貿易夥伴的重要性而操弄貿易條件，有可能因此降低自己在國際市場上的購買力，從而對自己的供給效應造成負面影響。這種取捨會促使其他策略受到重視，例如夥伴國若迫切需求這個尋求權力的國家所提供的特定出口商品，就與夥伴國發展貿易關係。這通常會導致，和比較貧窮又比較小的國家強化貿易關係，促使其經濟體系和比較強大的這個國家本身的經濟體系產生高度互補性，追求全然雙邊性的貿易關係；除此之外，這也會提供一個深具說服力的理由，促使這個強國阻擋弱小國家工業化，也阻止對方追求內部生產與對外貿易關係的多元發展。[20]

赫緒曼尤其檢視了追求權力的國家的舉措順序，先是和其他國家建立比較嚴格的貿易關係，然後隨著貿易夥伴已無法放棄對外貿易或者轉投其他市場，再逐步把整體的政治與經濟利得轉為對自己有利。於是，貿易的地理形勢就變得十分重要，因為這項因素能夠讓鄰國成為權力尋求國的受害者。[21]赫緒曼舉德國與保加利亞的貿易為例：一九三八年，保加利亞的進出口分別有五二%與五九%仰賴德國；另一方面，德國的進出口卻只有一．五%與一．一%仰賴保加利亞。[22]明顯可見，德國占據上風，也善加利用這項情勢。實際上，在赫緒曼討論的所有理論性個案當中，他都把納粹德國的貿易政策當成典型範例。

這當然是一項顯而易見的個案研究，也是最著名的一項。二十世紀國際經濟關係的傑出學者維納（Jacob Viner）如此描述德國在戰間期的策略：

德國起初針對外匯管制或易貨貿易而向巴爾幹諸國提議的特別貿易協定顯得非常吸引人。在頭一年、兩年或三年期間，大部分的巴爾幹國家在整體上都對自己和德國訂立的貿易協定深感滿意。……不過，德國藉著吸收這些國家愈來愈多的出口，使得這些國家愈來愈仰賴德國的出口市場之後，就掌握了愈來愈大的議價權。[23]

維納總結指出，德國「審慎巧妙但肆無忌憚地」運用自己的力量。[24]卑爾根會議期間人在現場的維納，回憶了當時討論的氣氛：

去年八月於挪威卑爾根舉行的國際研究會議上，引人注意的是聽到一個接一個的歐洲小國代表講述整體而言近乎相同的故事。它們起初和德國展開議價協商之時，雖然都是懷著疑慮和恐懼，但在締約的兩、三年之後，它們整體上對於結果都相當滿意。不過，德國逐漸加強施壓力道，而且施加的壓力在不久之後就不再限於經濟方面，也不僅限於讓德國獲取更好的貿易條件……而是要求這些國家在一定程度上接受德國對其國家政策的控制，包括掌控生產方向……捨棄製造業而著重於供應德國需求最迫切的糧食與原料。[25]

赫緒曼同意此一觀點。在一份一覽表當中，他顯示了德國如何利用幾乎所有可用的策略，強化它對中歐、東歐與東南歐的掌握。[26]赫緒曼扼要重述了供給效應與影響效應所有可能的型態之後，以帶有學術自豪的語氣總結他的主要分析：「從一般性的角度檢視了這兩項由對外貿易帶來的權力最佳的發展過程之後，我們同時也就自然而然描述了一個國家所採行的實際政策：這個國家在每一個領域採取的行動，都是以追求權力作為主要目標。」[27]不過，如同赫緒曼為卑爾根會議準備的那份雙邊主義統計探究所顯示的，在雙邊貿易協定基礎上愈來愈嚴重的貿易失衡並非「本質上屬於『條頓人』所特有」，而是民主與極權國家都牽涉其中的全面性變化的一部分。[28]

描述了對外貿易如何轉變為國家權力工具之後，赫緒曼接著探討如何化解相互缺乏信心、限制愈來愈多，以及戰後出現的經濟民族主義高漲等問題。他問道：「我們要怎麼避免一項從一場戰爭直接導致另一場戰爭的因果進程呢？」在赫緒曼眼中，自由貿易的好處與效益不只不切實際，而且「全然來自於幻想」。[29]世界如果要免於對外貿易帶來的惡果，那麼世界上所有的國家都必須具有相同的經濟重要性、具有相近的對外貿易量與國內生產多元性，而且每個國家都無法行使任何壟斷力。不過，現實世界卻是充滿了不平衡；赫緒曼指出，如果真要說的話，依賴情形通常具有累積性：依賴會產生更進一步也更深層的依賴。

赫緒曼的解決方案在於一項巨大的全面性轉變，從一個由主權國家組成的世界，轉變為一個各國願意把經濟主權交給超國家機構的世界。他的這項推論就像一組亞里斯多德式三段論那樣無懈可擊：如果貿易的「政治化」主要根植於一個國家透過貿易政策對於較弱的貿易夥伴加以支配的力量，而如果這種力量又是國家主權的一項特性，那麼要避免國家為了提高國際政治權力而操弄貿易的唯一方法，就是削減國家的經濟主權。如同赫緒曼在起草這一章的過程中所寫的，他的目標是堅持「國際經濟關係的管理必須**去國家化**」。[30]（我們在此處也許會看出科洛尼以及斯皮內利〔Altiero Spinelli〕計劃創立歐洲聯邦的影響。）赫緒曼針對這項政治綱領所提出的呼籲，傳達出這種分析在那些年間具有的迫切性以及願景層面：

> 納粹只是讓我們看到國際經濟關係當中固有的巨大權力潛力而已，就像他們也首度向我們實際示範了宣傳的力量一樣。我們不可能忽視或者消除這種能夠讓人支配別人的新式

權力；我們唯一擁有的另一個選項，是阻止這種權力被人用於發動戰爭以及奴役他人，並將其用於追求我們渴望的和平與福祉。

要做到這一點，唯一的方法就是正面攻擊讓國際經濟關係能夠被用來追求國家權力目標的那種制度，也就是國家經濟主權的制度。[31]

如同我們後續將會看到的，年紀較長之後的赫緒曼對於「正面攻擊」以及全面性的革命式解決方案轉而抱持反對態度，儘管此處所謂的革命僅限於制度層次。另一方面，赫緒曼從來不曾捨棄另一項概念：亦即願景式的提議可能實際上是恰當的，甚至是可行的。舉例而言，他與共同作者伯德（Richard Bird）在一九六八年提議徹底改革外援制度。他們十分強調自己提議的新援助機制的可行性，「不論這些機制乍看之下有多麼像是空想」。[32]

無論如何，根據赫緒曼的看法，安排與規範貿易的權力，應該從民族國家的手中取走，轉移給一個國際組織，由那個組織提供能夠讓國際貿易奠基於其上的必要機制。赫緒曼認為只有這麼做，那個超國家的權威才能夠實際管制國際貿易關係，並且對其行使非國家性的權力。

赫緒曼對於克服國家主權的可能性所抱持的信念，並沒有乍看之下那麼令人難以置信。舉例而言，康德里夫在一九四〇年那部著作裡已經主張，單純重拾自由放任的政策，不可能消除導致兩次世界大戰的那種民族主義趨勢，因為自由放任政策只會恢復促成國家經濟侵略的情勢。他主張，「自由放任論點所提倡的國際經濟合作，根本無助於改善這項無可否認的事實：亦即政府規範深深植根於國家市場當中。因此，各自獨立追求的國家經濟政策在實際上必然造成緊張的國際經濟關係，從而導致各方訴諸經濟民族主義措施。」[33] 要建立真正合作性的國際貿易機制，現代民族國家的體系顯然是錯誤的基礎。「目前的世界，」康德里夫寫道，「由各種大大小小的國家構成，那些國家在經濟發展的幾乎所有面向都不相同，卻都一致主張行使不受約束的主權。」後來赫緒曼在《國家權力》當中就幾乎一字不差地重複了這項論點。[34]

康德里夫寫道，「深度政治思考」以及「政治想像與發明」應當運用於規劃戰後時期。他那本書的最後一章完全在討論我們需要重新思考國家主權概念。不論贏得戰爭的是德國還是英國（康德里夫寫作那本書的時間是一九三九至一九四〇年，當時戰爭的最後結果還不確定），有一件事情在他看來都是明白無疑：「如果要有效安排國際合作，就必須朝著建立一個世界國家的方向採取長期性的步驟。這表示必須把經濟主權的許多面向轉移給某些國際權威。」[35] 大約在同一個時間，芝加哥大學政治學系主任雷夫斯（Walter Laves）呼籲「對國家的傳統主權施加自願限制」；而在國際關係研究中毫無節制地盲目支持現實主義的E・H・卡爾（E. H. Carr），則是認為成立一個歐洲規劃局是「除了重蹈過去二十年來的經濟民族主義之外的唯一選項」。[36]

因此，赫緒曼主張成立一個超國家當局的提議，並不是只有他一個人有這樣的想法。儘管最激進的捨棄國家主權提議（例如赫緒曼的提議就是）都在不久之後被人遺忘，這些提議試圖解決的問題卻是真實存在：最後，這些提議促成的解決方案也和這些早期的論述至少有些微相似之處，只是規模通常小得多。如果沒有這些對於全新的戰後機構組織的早期想像，赫緒曼在一九四九至一九五〇年有關歐洲支付聯盟（European Payments Union）的工作想必會困難得多。

實際上，每一位重要的社會科學家都討論過這類問題。英國經濟學家暨後來的諾貝爾獎得主米德（James Meade）在一九四〇年提出一項非常詳細的提議，建議成立一個國際銀行，能夠扮演世界中央銀行的角色：包括發行國際貨幣、管控每個成員國的貨幣供給，以及從事公開市場操作。這個銀行將與另一個國際組織合作，那個組織不但有權控制民族國家的對外貿易政策，包括確保「門戶開放」原則能夠落實於所有殖民地，以消除沒有殖民地的國家可能會懷有的不滿（米德稱之為「一套公正而有效率的國際經濟關係系統」），而且還有權監管不同國家市場當中的生產、銷售與價格。[37] 米德想法中的前提以及這些前提帶有的那種不證自明的色彩，預示了後來赫緒曼的立場。「如果沒有某種形式的國際組織，就不可能對經濟事務進行國際規範，」米德寫道。他接著指出，「一個國際組織如果要有穩固的經濟基礎，構成這個組織的成員國在經濟領域的國家行為就必須有所限制，並且把相應的經濟決策權授予那個國際組織轄下的適當機關。」[38]

這些立場無疑都相當激進，但即便是不願把主權交給超國家權威而寧可由霸權國家規範國際關係的人士，也同樣強調國際合作的必要性。「盛行於一九一四年以前那種世界經濟的自動運作，」巴什寫道：「必須由組織性的合作取而代之，包括信用與國際金融、落後地區的發展、原物料的管控等等。這一切都預設了世界經濟當中的所有重要要素都能夠真實團結起來，並且由美國負起這樣的責任，因為這麼做正合乎其經濟與政治實力。」[39]這項辯論演變得相當迅速，且正如懷特（Harry D. White）與凱因斯針對戰後多邊主義進行的協商所示，在貿易與經濟議題上全面放棄主權的想法很快就被視為不切實際。不過，比較有限的目標，例如由一個多邊組織來協調及管控匯率，則獲得廣泛認同。[40]實際上，盛行於戰後世界的就是這項願景。

《國家權力》的第二部分由三份針對特定貿易動態的統計研究構成。第一份研究描述一項偏好指數（preference index），顯示尋求權力的國家喜歡與只有少量對外貿易的國家從事貿易。換句話說，這項指數能夠驗證赫緒曼主張尋求權力的國家傾向於把對外貿易導向比較小也比較貧窮的國家這項論點。這些弱小國家的反應是第二項指數的主題。這是一項集中指數（concentration index），衡量一個國家和其他國家貿易的集中度。一個國家的貿易如果完全由另外一個國家壟斷，就達到完全集中（指數達到最大值的一百）。受檢視的這個國家如果和無數多的國家從事貿易，而且每個國家在其對外貿易當中的占比都是微乎其微，那麼這項指數就會降到零這個理論上的相反極端（實務上，這項指數的值總是會高於零）。如同先前提到的，這項指數在一九六〇年代初期受到廣泛重視。[41]

最後，第三份統計研究並非聚焦在貿易的地理分布，而是聚焦在貿易的部門分布：也就是檢視世界貿易究竟主要是在原料生產者與製造品生產者這兩方，還是說這種交易的兩邊都是工業國家。[42]這個問題在近數十年廣泛受到經濟學家與經濟史學家討論，但在一九四〇年代那個時候，赫緒曼的研究是最早出現的統計分析之一。他得出的結果也為這個問題添加了一項新觀點。根據他的計算，產品製造與原料之間的交易在世界貿易總量當中只占不到三分之一；不過，主張製造品主要只與製造品交易的論點也沒有通過驗證，因為這種交易實際上只在世界貿易當中占五分之一左右。赫緒曼發現，在世界貿易當中占比最大的是另一種遠遠沒有受到那麼多研究的交易：以糧食與原料換取糧食與原料。「認為世界貿易主要奠基於以製造品交易糧食與原料的這種傳統觀點，根本一點都不正確，」他指出。[43]

這個結論反駁了一般抱持的想法，亦即工業與農業國家的國際分工是擴張世界貿易唯一可能的基礎。正如赫緒曼的結論證明了貿易在原則上不必然是支配的工具，此一結論也預先提出了在不久之後大為盛行的那種分析，也就是分析「核心」國家與「邊陲」國家之間貿易條件的惡化。[44]

赫緒曼的結論為強國與弱國之間貿易關係的研究添加了些許複雜性，這有助於解釋赫緒曼與依賴理論家之間的矛盾關係。在一九五〇與六〇年代期間大為發展的依賴理論，主張國際貿易由「核心」國家與「邊陲」國家構成，其架構方式是犧牲邊陲經濟體而使核心工業國家獲利，把邊陲經濟體維持在依賴先進經濟體的狀態。依賴理論家同意赫緒曼對於國際貿易當中不對稱權力關係的分析，但他們的結論在赫緒曼眼中看來必定帶有太強烈的悲觀與決定論色彩，因為他的研究當中最引人注意的部分顯示，許多不同的平衡都是有可能達成的，藉由經濟政策追逐權力政治並不是一場結局早已預先決定的遊戲，因為弱小的行為者也有方法能夠捍衛自己的利益。[45]

赫緒曼對於時間維度的分析也相當重要。他指出，尋求權力的國家如果對一個國家提出停止或減少貿易的威脅，將會因為那個國家對新情勢做出的調整的性質而有極為不同的結果。赫緒曼指出，國際貿易的古典理論家雖然察覺到國內生產體系的短期重整與長期重整之間並不相同，實際上卻只研究了後者。不過，我們如果考慮到對外貿易的中斷有可能帶來重大的社會與政治影響，而且絕大多數政治人物的在任時間都不長，那麼短期維度的重要性就遠比通常認為的高出許多。赫緒曼下結論指出：「因此，一個國家如果停止貿易能對另一個國家造成愈大的**立即**損失，這個國家透過對外貿易能向對方發揮的影響力很可能就愈大」；

在現代民主國家以及「以完全就業為目標的國家政策架構當中」尤其如此（他提到完全就業對於國內政策的重要性這項說法值得特別強調，因為這項說法深具先見之明，預見了在戰後時期愈來愈強烈的這種心態）。[46]

除了一名評論者覺得書中的討論「經常令人失望」並且缺乏原創性之外，這本書引起的反應整體而言都相當正面，[47]被稱為「發人深省」、「非常有趣」，而且是對國際貿易關係研究的一項「極有價值」又「非常珍貴」的貢獻。[48]霍塞利茨（Bert Hoselitz）認為這本書「非常出色」，戈特利布（Manuel Gottlieb）稱之為「卓越」。[49]

令評論者感到不太信服的部分，除了這本書「有些雜亂」的結構之外，就是作者在他的分析以及引用的證明文獻當中都具有高度選擇性的傾向。這樣的做法讓人覺得赫緒曼的論點也許為了追求表面上的說服力而犧牲了分析的完整性。[50]另一方面，他在內容與寫作風格上的這些選擇，則是受到公認以驚人的清晰度開啟了新視野。這種褒貶參半的反應也可見於赫緒曼後續的著作。分析缺乏全面性以及過度依循特定思路，連同以高度選擇性的方式引用文獻，成了對赫緒曼的探究方式抱持懷疑態度的讀者對他的標準批評。實際上，赫緒曼自己也承認存在這些問題。不過，不論是在《國家權力》還是在他後續的著作當中，重點在於赫緒曼的興趣並非是從所有可能的觀點去探討一項主題，而是想挑選一個特定觀點，以便對重要問題獲得新的瞭解。赫緒曼為社會變革的分析帶來許多深具啟發性的貢獻，都是源自這種態度。他個人的天賦在於能夠以清晰而精妙的手法從事這些困難的探究。

這本書一致公認最薄弱的部分，是第一部分的結論。讀者覺得這些結論不切實際又過於天真。如同一名評論者指出的，赫緒曼成立一個超國家經濟當局的提議「在任何可預見的未來都絲毫沒有實現的機會，甚至可能永遠都沒有機會」。[51]另一名評論者認為，「廢止國家經濟主權必定需要事先或者同時透過創立一個世界國家而達成世界和平」，但這樣的目標要怎麼達成？[52]過了大約二十五年後，赫緒曼承認自己的提議在事後回顧起來顯得「天真至極」。如同他所體認到的：「我訴諸一個**天外救星**；一廂情願地排除我所發現的令人沮喪的現實，而不是進一步檢視以找尋某種可能存在於其中的修正元素或者解決方法。」[53]此外，他的提議也無法保證身為天外救星的那個超國家主權機關不會利用其優勢地位尋求自己的政治利益。一位目光清澈的評論家在這本書出版後強調了這個問題：「貿易一旦受到高度操控與嚴密管制……『政治』考量就幾乎可以確定必然會滲入管制者的許多決策當中。就算管制權握在一個國際當局手中，這點大半還是不會改變。」[54]無論如何，如同一位評論者說的，在幾年的時間裡，「朝向國家控制的對外貿易」已經不可逆轉。[55]到了一九四九年，國際貿易組織的設定雖然已比赫緒曼原本構想的權威當局弱了許多，卻還是未能成立。

一部經典著作得到的遲來肯定

如同阿德爾曼指出的，令赫緒曼感到失望的是，這本書很快就遭到遺忘。不過，其中有些直覺判斷與特點還是值得在此強調，以解釋《國家權力》雖然有其限制，卻仍然是一本頗有價值的研究著作，並且是赫緒曼職業生涯裡不容忽視的第一部專著。

讀者會注意到的第一件事，就是赫緒曼對於十六到十九世紀的道德哲學家與古典經濟學家十分熟稔，以及他對經濟思想史的仰賴。對於一本研究國際貿易關係的著作而言，這麼一個起點一方面頗不尋常，同時卻又極為自然，因為古典政治經濟學家習於把權力與經濟議題放在一起討論。這樣的視角在赫緒曼的分析當中仍舊是核心命題，也是他對於狹隘經濟觀點興趣缺缺的原因。他在《國家權力》裡寫道，「純粹的經濟關係」或者「純粹的經濟人」是一種抽象概念，對於經濟探究而言也許有其用處，但「極少見於現實生活中，尤其是在主權國家的往來當中」。[56] 在他漫長的學術生涯裡，他一再堅持這項論點。

赫緒曼也強調古典經濟學家之所以認為貿易是有益的活動，原因不是人類天性愛好和平，而是因為貿易在本質上就會建立一面廣大而複雜的相互關係網，於是國家將會愈來愈發現，如果要追求自己的權力野心，就不免嚴重損及自己的利益。如同赫緒曼指出的，從孟德斯鳩到彌爾（John Stuart Mill）這樣長長的一條思想傳承，一直堅持主張貿易的這種益處。這個想法後來成為赫緒曼最高學術成就的核心，那項成就即是他於一九七七年出版的著作《激情與利益》。

赫緒曼談及不平衡貿易關係當中一項格外重要的特徵，就是其累積效應。把世界各國劃分為大國與小國、富國與窮國、工業國家與農業國家，不只能夠解釋貿易不平衡，也會產生愈來愈嚴重的權力失衡。如同赫緒曼闡述的，「對一個或少數幾個市場的依賴，以及對一件或少數幾件產品的依賴，通常都帶有累積性。如此一來，對外貿易就會造成某些國家出現最大程度的依賴，不必然是其他國家刻意用政策造成的結果。」[57] 赫緒曼的這項分析，開創了後來在發展經濟學以及後續的經濟地理學這些新領域當中廣獲接受的概念。

最後，寫作這本書也加強了赫緒曼的信心，認為探究實現機會不大但仍然有可能發生的社會變革進程，比起只聚焦於分析發生機率高的事物，依舊有其價值。後者這條道路著眼於大目標：也就是發生機率高的結果、歷史上的重大規律。至於前者那條道路，則是比較顛簸難行也比較少有人走，其用意在於揭露某些機制，雖然比較不容易看見而且經常違反直覺，卻還是有希望開啟新的觀點與解決方案。畢竟，如同赫緒曼在他書中第一部分結尾引述梵樂希（Paul Valéry）的這句格言：「和平是一項實質的、靜默的而且持續不斷的勝利，由可能的力量壓制對發生機率高的事物的愛好。」[58]

《國家權力》先後掀起了兩波議論。第一波的範圍比較局限在技術方面，發生於一九六〇年代初期，當時有一些學者重新發現赫緒曼的統計研究，認為這些研究為經濟地理學與國際貿易的集中機制提供了重要而且有用的洞見。[59] 對赫緒曼的指數感興趣的一位先驅人物是斯托爾珀（Wolfgang Stolper），也就是著名的斯托爾珀—薩繆爾森定理的共同創立者。他在一九四六年指稱「這本書的核心由三份重要的統計研究構成」。[60] 他這項看法極為堅定，因此他在《政治經濟學期刊》（*Journal of Political Economy*）發表的評論完全只針對這本書的第二部分，對於第一部分則一字不提，甚至當作第一部分不存在。

第二波議論發生在一九七〇年代。當時因為布列頓森林體制瓦解、石油危機、對於新國際經濟秩序的討論，以及聯合國貿易暨發展會議當中的協商，使得這本書的核心主題再度切合時代需求。如果說在一九五〇與六〇年代的國際「鑲嵌式自由主義」當中（這是路吉〔John G. Ruggie〕的名言），外援政策與資本流動形塑了國際經濟關係的政治論述，那麼在一九七〇年代，「貿易以及貿易在其中運行的制度架構又重新受到了重視」。[61] 在一九六〇年代之前，國際關係領域當中的經濟學家與政治學家都嚴格遵循不同的路徑。如同英國學者蘇珊·史翠菊（Susan Strange）所言，他們展現了一種頑固的「學術散光」。[62]《國家權力》之所以迅速消失於學術辯論當中，就是這種缺乏跨學科混合造成的結果。在一九六〇年代中期最早重新發現這本書的鮑德溫（David A. Baldwin），認為國際關係教科書有沒有在參考書目當中列入這部作品可以當成一個簡便的指標，代表那些教科書在經濟國政方面的分析與理論深度。但他指出，在一九六〇年代末期印行的十六本教科書當中，只有一本通過這項檢驗。在一九五〇至一九七〇年間，旗艦級期刊《國際組織》（*International Organization*）當中對這本書的引用數為零。[63]

不過，到了一九六〇年代末期，經濟學家與政治學家已不再那麼壁壘分明，主要是因為政治學家開始察覺到先前只受經濟學家關注的議題，而此一趨勢在一九七〇年代又更顯強烈。因此，在國際政治經濟學這個蓬勃發展的新領域裡，國際經濟學與世界政治又重新結合在一起。如同這個領域的一位創立者所言，國際政治經濟學聚焦於「追求財富與權力的國際關係當中那種互惠而活躍的互動」。[64]赫緒曼的書於是受到重新發現，被視為這個學門的早期先驅。《國家權力》尤其為國際政治經濟學的現代研究開啟了大門，聚焦的主題包括國際金融關係的結構失衡、觀念的實際衝擊，以及國家與國際行為者形塑偏好的能力（例如透過「影響效應」）。不意外，對於採取所謂的開放經濟政治（Open Economy Politics）角度的國際政治經濟學者而言，這本書的影響就小了許多，原因是他們採用較為標準的新古典經濟學架構。如同近期一部國際政治經濟學史指出的，無論如何，《國家權力》在當今已「受到正確認知為一部經典著作」。[65]赫緒曼對於不對稱互賴關係的重視，後來成為基歐漢（Robert Keohane）與奈伊（Joseph Nye）的《跨國關係與世界政治》（*Transnational Relations and World Politics*）當中的主題，而這本書乃是國際政治經濟學這個新領域的基礎文本。[66]《國家權力和對外貿易的結構》受到重新發現並視為經典著作的現象極為明確，同樣也是國際政治經濟學先驅的克瑞斯納（Stephen Krasner）甚至把自己針對霸權與貿易之間關係所寫的重要研究文章取名為〈國家權力和國際貿易的結構〉。[67]

值得注意的是，金德伯格（Charles Kindleberger）《蕭條中的世界》（*The World in Depression*）是這門新領域的另一部基礎著作，其中也探討了一九三〇年代的危機，但不像赫緒曼在一九四一至四二年那樣將其視為一項近期事件，而是以歷史觀點看待。[68] 金德伯格對於戰間期的經濟蕭條所撰寫的這項影響深遠的研究，凸顯了霸權強國對於國際穩定的重要性。金德伯格受益於後見之明，在經過三十年的美國霸權之後，他的著作已能夠為赫緒曼在三十年前面對的兩難提供解方：也就是國際貿易體系如何能夠在不受任何國家的權力政治操弄的情況下運作。他提供的解方不是赫緒曼提議的那種不切實際的超國家主權，而是強調國家主權透過本身的霸權角色而發揮穩定國際秩序的力量。

國際政治經濟學者重新發現《國家權力》，也促成了對兩種觀點異同之處的省思：一邊是赫緒曼對於國際經濟關係的結構主義研究，另一邊是另一群結構主義者所從事的分析，也就是拉丁美洲的依賴理論家。他們雙方的相似之處主要在於三項互相關聯的元素。首先是一項可想而知的概念，亦即權力問題存在於國際經濟關係的本質當中。第二項是赫緒曼與依賴理論家同樣重視這些權力問題。對外貿易帶來的政治後果不只是一種副作用，而是赫緒曼與拉丁美洲結構主義者的分析當中的一項核心特徵。第三項元素則是雙方都認為不同國家之間的關係並不對稱。

不過，赫緒曼還強調了一些重要的差異：這些差異就算不是存在於依賴理論家和年輕時期的他之間，那麼也絕對是存在於依賴理論家與成熟的他之間。依賴理論家認為那種不對稱關係無法改變，而且全然有利於比較強大的國家，赫緒曼則指出比較弱的國家也能夠從中獲利，儘管它們獲得的利益同樣也不對稱。如同我們將會在第八章看到的，他後來強調自己與依賴理論家的分析之間的這項差異，頗為誇大地宣稱對方不屬於發展經濟學的領域。[69]然而，最重要的是赫緒曼主張依賴理論家由於認為結構層面不會變動也無法改革，因此堅守著他年輕時犯過的錯誤：也就是訴諸**天外救星**來解決那種不對稱關係。當初赫緒曼訴諸的天外救星是把國家主權交給一個超國家組織；依賴理論家訴諸的天外救星則經常是革命。[70]不過，我們要是找尋原本就存在於不對稱關係當中的改變機制呢？赫緒曼列出了幾個例子，其中原本的依賴狀態都能夠啟動固有的機制，朝向比較不受制於依賴的方向邁進。舉例而言，一個富含自然資源的貧窮國家面對打算前來剝削他們的外國企業，經常沒有什麼議價能力。不過，外國企業一旦興建了廠房，就某方面而言即成為窮國的「俘虜」，從而強化了窮國的議價能力。[71]

更廣泛而言，赫緒曼指出不對稱關係經常表示比較強大的國家對於這項關係比較沒有那

圖2.3 赫緒曼，一九四三年於柏克萊。提供：Katia Salomon。

麼投入，因為這項關係的經濟重要性對於強國而言遠比對於弱國來得低（例如德國與保加利亞的不對稱關係就是如此）。因此，「經濟差距會產生**關注程度**的差距」，但這種差距對依賴國有利，因為依賴國將會「尋求逃離支配，而且會比支配國遏阻對方逃離的努力更加主動積極」。[72]赫緒曼知道這些結果只是「有可能出現，而不是必定會發生」，但這正是他的重點所在：如他所言，依賴理論帶有「反可能性」的智識導向，導致這種理論的「智識報酬遞減」。[73]

鮑德溫強調赫緒曼對於貿易依賴性的探討與依賴理論家的另一項重要差異。赫緒曼的分析帶有一項強烈暗示，亦即依賴狀態與貿易利得直接相關，而且是正相關。因此，依賴理論家聲稱依賴國家在貿易當中不會獲得任何利得或是利得為負的主張難以維繫。如同鮑德溫在最後總結指出的：「赫緒曼對於依賴狀態與貿易利得的討論絕非這項主題的最後定論，但明智的討論必定不可能不至少把他的立場納入考量。」[74]

無論如何，這些辯論是很久以後的事情了。一九四一年十二月七日，日軍在這個星期日上午對珍珠港的美國海軍基地以及其他美國和同盟國領土發動攻擊。不到兩個月後，赫緒曼就志願加入美國陸軍。在等待徵召期間，他分別在哈佛、普林斯頓與芝加哥大學的研討會上發表自己的手稿，並且在芝加哥大學結識了維納。在此同時，康德里夫正在替赫緒曼進行遊說，讓他能擔任教授職務。他介紹赫緒曼認識史普羅（Robert Gordon Sproul）。史普羅不但是柏克萊校長，也是加州大學多校園系統的建構者（後來也成為加州大學的第一任校長）。史普羅不可能直接僱用赫緒曼，因為赫緒曼雖然持有立陶宛護照，恐怕還是會被視為敵國僑民。於是史普羅加入康德里夫的行列，支持赫緒曼應徵加州大學洛杉磯分校經濟學系的教職。經過一長串的艱苦爭取之後，赫緒曼差點得到他夢想已久的工作，而康德里夫的支持在其中扮演了不小的角色。「我可以再告訴你一次我有多麼感謝你為我做的一切嗎？」赫緒曼寫信向康德里夫表示，接著指出：「有一天能夠成為教授，是我已經放棄但從來不曾完全埋沒的長久夢想。我不記得是誰說過，拯救我們的夢想比拯救我們的性命更加重要，但我敢說你差不多拯救了我的夢想和性命。」[75]

不過，這些努力都無疾而終，於是赫緒曼為康德里夫正在籌備的一項計畫，開始研究中國貨幣政策的文獻與期刊，最終寫出一份四十頁的報告。[76]一九四三年四月，他追求一份新職業的問題「突然獲得解決」（這是他的話），原因是他受到美國陸軍徵召。[77]由於他的語言能力，他被指派到戰略情報局。一九四四年二月，他被派往阿爾及爾，在那裡悶了幾個月之後，接著又前往義大利，在那裡擔任軍隊翻譯官。

待在阿爾及爾期間，赫緒曼得知當時已經與烏蘇拉分居的科洛尼，在一九四四年五月三十日於羅馬遭到一群納粹幫伙殺害，就在美軍部隊解放那座城市的不到一個星期之前。赫緒曼因此大受打擊，整個人「徹底崩潰」，他這麼向莎拉表達自己的哀悼：「尤亨尼歐至今在我心目中仍然代表一個希望的泉源，他是我深為崇敬的模範，是我欽佩不已的偶像。」[78]他們兩人相識的時間雖然不長，科洛尼對赫緒曼而言卻是一位如假包換而且盡心盡力的人生導師，透過自己的榜樣、關愛，以及共同的政治與智識熱情而幫助赫緒曼確認了內心若干最深沉也最珍視的價值。二十五年後，赫緒曼即將獲得巨大學術聲望前夕，把自己最有名的著作題獻給尤亨尼歐：「他教導了我小觀念所具有的價值，以及那些觀念如何可能成長茁壯。」[79]

不過，傷逝不是這段時期唯一的遭遇。一九四四年十月，阿爾伯特與莎拉的女兒凱瑟琳·簡恩（Catherine Jane）出生於聖塔莫尼卡（Santa Monica），他們都稱她為卡蒂亞（Katia）。赫緒曼因為科洛尼喪生以及在北非被迫無所事事而深深鬱悶了幾個月之後，卡蒂亞出生的消息終於提振起他的精神。在戰爭結尾，赫緒曼設法造訪巴黎，然後前往倫敦探望將近十三年沒有見過面的母親（她後來和女兒艾娃一同搬往羅馬），接著又回到羅馬與烏蘇拉敘舊，最後才返回美國。他在一九四六年二月首度見到卡蒂亞。九個月後，卡蒂亞的妹妹伊麗莎白·妮可（Elisabeth Nicole）於一九四六年十月出生，家人都叫她麗莎。

聯準會時期

赫緒曼返回美國之後，發現自己非常難以找到工作。儘管政府官職大幅增加，也有不少新組織成立，赫緒曼的求職申請卻總是遭到拒絕。[80] 如同阿德爾曼所示，在赫緒曼不知情的狀況下，他先前在德國社會民主黨青年組織當中的活動、加入西班牙共和軍參與作戰，以及在義大利為反法西斯抵抗組織擔任文件遞送工作的經歷，使得美國當局懷疑他可能有同情共產黨的傾向。美國政府官員覺得「無法……確認〔赫緒曼〕的主要效忠對象是美國政府」，在二〇〇六年由阿德爾曼申請解密的一份聯邦調查局檔案這麼寫道。[81]

儘管遭受這些懷疑，他的人脈終究發揮了效果。在商業部國外交易結算處短暫工作一陣子之後，赫緒曼在華府的聯邦準備理事會取得了一項有趣許多的工作。赫緒曼在柏克萊的同事格申克龍在他之前就已加入聯準會，隨即在奈普（J. Burke Knapp）主掌的研究與統計部門當中成為國際處的處長。奈普後來轉往世界銀行任職，成為赫緒曼在世銀的重要資助者。格申克龍可以僱用自己手下的人員，而且對缺乏根據的忠誠問題嗤之以鼻。他因此安排赫緒曼負責西歐事務組。

赫緒曼對於義大利與法國的深入理解，尤其有助於他在聯準會的工作。起初，他的報告主要聚焦於這兩個國家的貨幣政策，但他很快就擴展了關注範圍，納入其他國家、納入與馬歇爾計畫相關的問題，更重要的是納入了歐洲整合的議題。[82]我們早已提到赫緒曼對於義大利經濟的深入認識，這點可見於他在戰前的分析。同樣的專精也明顯可見於赫緒曼為聯準會準備的報告，這些報告的專精程度還受到更加堅實並且意識明確的分析能力進一步提升。一九四〇年代晚期的赫緒曼，同樣是一九三〇年代晚期那個精明的經濟資料「偵探」，但也是一位更為完整而全面的學者。

他對於部分最重要的歐洲經濟體所具有的長期直接知識，尤其使他對於那些經濟體在戰後年間遭遇的特定問題極為敏銳。他在一九三八至四二年間對於外匯管制、對外貿易以及雙邊主義所做的研究，又進一步為他提供了一個強大的概念框架，能夠探討如何促成國際貿易的復甦。創意、彈性，以及不受限於教條，是探究這些問題的重要特質。

赫緒曼對於義大利在一九四六與四七年間的外匯管制演變所進行的研究，就充分示範了他採用的方式。[83]義大利的外匯管制是一項特別困難的分析主題，[84]相關資料不是無法取得就是不可靠，而且也非常難以蒐集。像義大利這麼一個受到地理區隔的國家，其南部、中部與北部各自經歷了非常不一樣的通膨動態，又因為每個區域具備的獨特性而導致問題更加複雜。此外，外匯管制與匯率的立法也變動得非常快。義大利直到一九四六年一月底才重新獲得對外貿易的主權。不到兩個月後的一九四六年三月，一項命令授權義大利出口商保有外匯收益的五〇%，不再需要像先前那樣完全繳交給義大利外匯管制機關。此舉的目標明顯是為了促進對外貿易，並且矯正極度僵化的規範所造成的部分重大扭曲。不過，這種局部自由化在實務上會產生什麼結果，則完全是另一回事。這項命令要在數度朝向更具限制性的方向修正之後，才真正發揮效果，這項命令也成為重新談判兌換美元官方匯率的基礎。

赫緒曼的分析之所以傑出，就在於能夠清楚概述這套所謂的五〇%制度的重大系統特質，並為它的目標與結果提出一項新觀點。赫緒曼強調這套制度的出現過程帶有些許偶然的成分。這套制度不是由一項決策過程產生而成，比較是許多缺陷共同造成的結果，包括徹底缺乏效率的國家外匯管制，乃至義大利對其最基本的進口商品缺乏掌控權，因為那些商品的控制者不是義大利政府，而是聯合國救濟與重建署。不過，這套制度開始施行之後，赫緒曼認為其施行狀況順利得出乎意料。最重要的是，這套制度把進口商的超額利潤轉給了出口商，從而有助於重新配置資源，造成有利於出口而不利於國內消費的結果，而且通膨壓力有限。乍看之下雖然只是資源的小小轉移，帶來的結果對於那個長期處於普遍美元短缺的情勢卻具有至高的重要性。

赫緒曼指出，這套制度有許多各自抱持不同理由的反對者，包括「義大利官僚與『總策劃者』，因為他們把任何種類的經濟自由都視為眼中釘」；還有與義大利訂有結算協議的國家；以及英國和其他英鎊區國家；以及義大利將在不久之後加入的國際貨幣基金組織（至少原則上是如此）。[85] 不過，赫緒曼摒斥他們的批評，認為這是一項非正統又富有彈性的成功策略：「雖然說即便是一個國家的貨幣體系也不可能無限期維持在『半奴役又半自由』的狀態下，但在創造出一套完全自由的體系所需要的基礎之前，如果說除此之外的唯一選擇就是回復到完全管制，那麼暫時讓貨幣體系處於那樣的狀態顯然是比較好的選擇。」[86] 在後續幾個月裡，赫緒曼也稱讚義大利讓里拉貶值超過二〇％的做法特別有助於該國的國際收支平衡。他寫道：「戰後的義大利匯率和外匯管制政策，就算不提其他優點，至少展現了非凡的新意。」[87]

對於義大利的貨幣與工業政策，赫緒曼也同樣提出一項高度創新的詮釋。許多觀察者都批評預算部長伊諾第（Luigi Einaudi）在一九四七年八月頒布的信貸限制令，指稱這種造成現金嚴重短缺的限制，將會對工業復甦造成負面衝擊。實際上，義大利工業生產驟然崩潰的危險確實迫使政府推出一項工業補助方案。赫緒曼承認義大利政府因此面對的矛盾，也就是「由工業部長抵銷預算部長所做的事情」。[88] 但他接著指出：「通貨緊縮加上在挑選過的特定領域當中採行擴張性措施，是義大利經歷了猛烈通貨膨脹之後的合理經濟政策。」[89] 他沒有在不同的政策做法當中選邊站（一邊是支持赤字開支，另一邊則支持正統的貨幣穩定做法），而是認為這兩種政策分別適合於義大利重建過程中的不同階段。首先，開放性的戰後通貨膨脹讓義大利得以迅速復甦，但付出了貨幣不穩定的代價。接下來，隨著通膨速度加快，投資也變得愈來愈浪費，信貸限制於是顯得「愈來愈容易，而且**可能相當誘人**」。[90]

此外，赫緒曼指出暫時的衰退也會帶來長期的效益，因為這樣能夠暴露出義大利工業先前被通膨壓力掩蓋的深層結構問題。如同他在多份報告當中探討過的，這項情勢為歐洲國家提供了出乎意料的機會，得以針對它們的工業結構進行必要的重新調整。[91] 赫緒曼主張，傳統經濟理論讚許的某些標準目標，像是抑制通膨以及維持國際收支的大致平衡，其實有可能「**太早**達成，因為當時比較根本的經濟與社會條件所出現的改善，都尚未達到合乎歐洲復興計畫廣泛目標的程度」。[92]

赫緒曼對於經濟發展策略在本質上帶有不確定性所抱持的堅定信念，以及他在貨幣與工業政策裡辨識出顛倒或非正統次序的能力，就在他為聯準會從事戰後歐洲重建研究工作的那些年間獲得大幅精進。他對於經濟規畫的效益所獲得的過度信心抱持懷疑，指稱「就算我們能夠在相當接近實情的程度上得知一個國家的國民經濟帳（national accounts），也還是不容易指出『正確』的投資數額。……先驗的推斷雖然頗具啟發性，卻只能得出極為粗略的猜測，無法取代嘗試錯誤的方法」。[93]如果說找尋「正確」的投資總量是一項「徒勞的追尋」，那麼「我們就應該專注於找尋特定的投資，那些投資能夠打破重要的瓶頸，從而對產出與效能造成超乎投資本身比例的提升」。[94]總而言之，在這些報告當中，赫緒曼已經預示了不平衡成長理論的許多核心主題，十年後這項理論將讓他在發展經濟學領域成名。[95]

戰後初年的經濟復甦之所以緩慢，源自於兩個彼此相關的問題：普遍美元短缺（也就是缺乏進口商品與原料所需的強勢貨幣），以及把貿易局限在準易貨（quasi-barter）基礎上的貨幣不可兌換性。歐洲各國政府都小心翼翼地守護著自己非常有限的外匯存底，因此從一個國家進口的商品，只會以自己對該國出口賺取的收入所能夠支付的金額為限。[96]於是，沒有一個國家能夠提高自己的外匯存底。況且，在貨幣不可兌換性的情況下，和一個國家貿易所賺取的貨幣也無法用來和另一個國家從事貿易。[97]各大貨幣區之間也是如此。如同國際貨幣基金的一名歐洲執行董事指出的：「我們有英鎊，但我們需要美元，因為我們沒辦法把前者兌換為後者。」[98]因此，歐洲內部貿易是由超過兩百項雙邊協議構成的一團「大混亂」，實際上是一個巨大、緩慢而且高度缺乏效率的易貨市場。[99]

這項經濟與社會的困境，又因為兩大超級強權的關係惡化以及冷戰的展開而雪上加霜。美國的回應是推出馬歇爾計畫：這項龐大的計畫將在一九四八至一九五二年間為歐洲帶來超過一百二十億美元的援助。此舉理當能夠克服一個典型的兩難困境，亦即歐洲國家必須出口才能累積外匯存底，但如果要有商品能夠出口，就必須先進口原料與機械。如同赫緒曼指出的，預算赤字是「所有戰後問題當中最頑強的一項」。[100]不論在哪裡，同樣都可見到預算低、財政系統紊亂以及重建支出極高的情形。因此，難怪歐洲各國政府會訴諸貨幣融通——也就是印鈔票。不過，美元短缺是另一項同樣急迫的問題。[101]在出口量能與機會減少的情況下，人道與生產需求造成的巨大入超只能藉由來自美國的龐大外援支應。

供應材料與機械是馬歇爾計畫協助振興歐洲經濟體的第一個管道。不過，許多評論者認為最重要的第二個管道則是提倡歐洲內部合作，結果因此形成歐洲經濟合作組織，還有一九五〇年成立的歐洲支付聯盟。任職於聯準會的赫緒曼，由於當初為一九三九年卑爾根會議撰寫那份研究以及最近剛出版《國家權力》而深深明白雙邊主義的經濟與政治局限，這份深刻的認識讓他強烈支持歐洲內部合作以及歐洲支付聯盟這個具體組織。

如同在負責執行馬歇爾計畫的經濟合作總署（經合署）擔任副署長的比塞爾（Richard Bissell）後來所寫的，馬歇爾計畫的關鍵成就是「在參與國的內部以及相互之間恢復市場經濟運作」。[102] 一九四〇年代晚期，經合署官員懷著愈來愈驚恐的心態提出警告，指稱歐洲經濟整合如果失敗，將會危及國際安全。多邊主義的重整必須克服國家經濟體的嚴密分工。要達成這個目標，必須創造某種制度機制，「藉由其本身的運作」就能夠在歐洲各國政府之間造成更緊密的連結。畢竟，歐洲各國政府截至當時為止對於歐洲內部合作仍然顯得興趣缺缺，令人不禁深感不安。[103]

成立於一九五〇年的歐洲支付聯盟，是重建歐洲多邊貿易所跨出的一大步。實際上，歐洲經合組織祕書長馬若蘭認為那是馬歇爾計畫最重要的成就，因為那個組織「創造了深厚的連結以及共同合作的習慣」。[104] 歐洲支付聯盟祕書長霍夫曼（Paul Hoffman），以及他的合作夥伴比塞爾、克里夫蘭（Harold Van Buren Cleveland）、特里芬（Robert Triffin）與蓋格（Theodore Geiger），都是馬若蘭的重要盟友。赫緒曼與他的老朋友馬若蘭還有歐洲支付聯盟的那些新同僚意見一致的程度，有時還更甚於他的直接雇主聯準會。[105]

一九四九年十二月，赫緒曼提出一份〈成立歐洲金融管理局提案〉（Proposal for a European Monetary Authority）。這個金融管理局的用途是要在國家主權特權的「縫隙」當中發展，對歐洲各國的貨幣與信貸政策發揮道德勸說的力量以及否決權，並且集中外匯存底以及依據歐洲和其他地區的關係而管理匯率。赫緒曼明白這麼一個機關的權力有限，而且在沒有財政聯盟的情況下，創立一個適用於全歐的歐洲貨幣絕對是徹底不切實際的想法。儘管如此，他並不害怕主張這是邁向歐洲政治統一這個明確目標的一個重要步伐。他指出，即便是這個金融管理局可能遭遇的失敗，也會帶來正面的外溢效應，因為這樣的失敗將會令歐洲各國政府意識到明確的政治行動是經濟整合的必要先決條件。[106]

他的這份文件裡有兩項元素值得強調。第一是其中明白呼應了歐洲聯邦主義的願景。赫緒曼非常熟悉此一願景，因為他當初就是直接從源頭吸收了此一願景的觀念，先是從科洛尼與烏蘇拉，後來則是從烏蘇拉的新伴侶斯皮內利。第二項元素是赫緒曼的特定興趣在當時已經逐漸成形，包括他對反向程序的興趣，以及為具有可能性並且值得追求的事物建構論述（而不只是為發生機率高的事物建構論述）的興趣。赫緒曼在最後指出，不論成功**還是**失敗，一個歐洲金融管理局都必然能夠發揮功效。如果成功，這個機構將會是邁向政治聯盟的一個直接步伐；如果失敗，則將會證明政治聯盟有多麼重要。

歐洲金融管理局沒有實現，但歐洲各國成立了歐洲支付聯盟，朝著多邊貿易關係邁出根本性的一步。這是一項「激進創新」，而且不只是赫緒曼這麼認為，因為這個組織一舉為歐洲抹除了雙邊主義造成的重大限制。[107] 經濟合作總署的支持，尤其是副署長比塞爾的支持，對於成立歐洲支付聯盟的計畫至關重要。經合署向歐洲經合組織提出的草案稱為「比塞爾計畫」，內容允許歐洲各國以自己和一個貿易夥伴的貿易盈餘抵銷和另一個夥伴的貿易赤字，並且為多邊貿易的淨差額提供一項清算機制。[108]

歐洲支付聯盟成立之後，赫緒曼與經合署團隊合作的首要任務就是評估歐洲各國在貨幣與經濟政策方面的協調有何進展。一如以往，他採取了兼容並蓄的立場。在貨幣問題方面，他雖然整體而言並不害怕通膨壓力，卻還是相當重視正統觀點的謹慎態度。在多份報告當中，他一再敦促避免「即便是只具有溫和通膨效果的投資」。在制度層次上，他針對歐洲內部政策的過度「調和」提出警告，指稱這樣可能會把支付聯盟轉變為一個過度僵化的工具。[109]不過，他也認知到唯有全部的歐洲支付聯盟國家一致採用相同的反通膨政策，支付機制才有可能行得通。因此，他偏好一定程度的強硬規範，強迫所有國家採用反通膨的財政與信貸措施，並且捨棄直接管制。要在局部互相牴觸的不同衝動當中取得艱難的平衡，必須以博採眾長的方式結合各種政策，並且持續不斷調整。[110]

歐洲支付聯盟雖然獲得成功，其成立過程與功能在美國的部分圈子裡卻備受爭議，尤其是因為這個組織恢復了歐洲各國貨幣之間的兌換性，卻不包含歐洲貨幣與美元的兌換性。這樣的情形導致美國產品在歐洲市場遭到實質上的差別待遇。不出意料，美國的不少政府機關都反對這項計畫，包括農業部、商業部與財政部，而聯準會雖然反應沒有那麼強烈，卻也一樣不表支持。[111]國際貨幣基金組織也抱持反對態度，但不是反對歐洲支付聯盟本身，而是反對它的差別性做法。如同戴博（William Diebold）所寫的：「歐洲支付聯盟的成立堪稱是對國際貨幣基金提出挑戰，因為國際貨幣基金致力於成就兌換性以及消除……會員國之間的經常性支付受到的管制。」[112]相對之下，歐洲支付聯盟則是在差別性對待美元的基礎上提供有限的兌換性。因此，也就難怪財政部官員會「氣憤不已」。[113]

支付聯盟的成立以及歐洲日益緊密的整合是復甦的根本元素，而且復甦狀況在一九五〇年之後顯得愈來愈扎實。如同赫緒曼在一九五一年三月的一份理事會內部備忘錄當中指出的，歐洲支付聯盟在發展結算功能方面極為成功。儘管有許多技術上的複雜問題，國際清算銀行（Bank for International Settlements）從事的結算運作卻進展得極為順暢，彷彿只是一件簡單的例行工作。相對之下，貿易與支付的自由化則是處於落後狀態。不過，赫緒曼認為這種情形不難理解，因為韓戰造成經濟氛圍的改變、重整軍備的趨勢，以及價格上漲與原料短缺的擔憂。[114]

歐洲支付聯盟的成立，是經濟合作總署團隊的巔峰成就。霍夫曼在一九五〇年離開，比塞爾及其他人則在一九五二年初跟進。聯準會與經合署的跨機關合作變得愈來愈困難。在此同時，冷戰日益激化，美國的反共氛圍也愈來愈強烈。文官委員會的忠誠調查委員會把目標對準赫緒曼，他知道自己有可能會喪失戰爭結束之時取得的工作以及美國公民身分。於是，他開始尋求其他選項。

在他聯絡的許多友人當中，有一人是羅希多利亞（Manlio Rossi-Doria）：一名農業經濟學家，曾是科洛尼的好友，兩人共同活躍於反法西斯運動，也一同坐過牢。[115] 赫緒曼寫給羅希多利亞的信件顯露了他在人生中這段時期對自己的職業前景感到的不確定感與焦慮。赫緒曼為了呈現出良好形象，不惜使用強調語氣的副詞以及恭敬的用語（稱呼對方為「您」）：

如同您從隨附的履歷中可見，我對貨幣政策與國際經濟非常專精。在聯邦準備理事會任職的過去這四年半裡，我全神貫注於研究美國對歐洲經濟援助的許多面向。我和經合署保持非常密切的聯繫，也是歐洲支付聯盟的開創者之一，還參與了其他許多工作。另一方面，我也發表了不少文章，我相信我可以說自己在這門「行業」建立了相當扎實的名聲。[116]

他在最後總結指出：「我在聯邦準備理事會擔任一項具有實質重要性的良好職務，而且可以任職終生。」[117]

然而，赫緒曼卻打算捨棄這一切，前往羅希多利亞擔任所長的拿坡里大學農業經濟與政策研究所擔任一項可能是由傅爾布萊特計畫（Fulbright Program）支持的為期只有一年的職務。他接著指出，他希望在那一年的時間裡「可以發表一些關於國際政治經濟議題的講座以做出貢獻；我甚至有可能成為世界銀行的顧問（我和羅森斯坦羅丹〔Paul Rosenstein-Rodan〕還有史蒂文森都很熟）」。[118]明白可見，赫緒曼雖然努力表現出樂觀的模樣，實際上卻覺得自己在聯準會的職位愈來愈艱困，而且無論如何也對他造成了難以承受的壓力。

赫緒曼為自己的決定明白列出了一串理由：

> 首先，我想到義大利住一陣子。第二，我想研究比國際收支平衡更活潑的議題。第三，我想對「落後地區」的經濟發展這個重大問題獲得一些瞭解，而且我相信如果真的要對這個領域有所理解，絕不能只是在華盛頓埋頭苦思，或者參與那些只持續三個星期的著名專家任務。最後，我想要獲得比目前更獨立的空間，擺脫這個世界的各大官僚體系的束縛。[119]

一個蓬勃發展的新探究領域所具有的吸引力，當然是一個重要動機，但如同我們已經看過的，其他理由也相當重要。他對一份愈來愈無趣的工作感到的不滿、對於政治氛圍惡化愈來愈深的擔憂，以及一項新追求具有的吸引力，不論這三項元素的組合比重如何，總之赫緒曼已決心離開。如同他在四十五年後回憶指出的：「當時……一出現離開華盛頓的機會，我就立刻加以把握，深深感到鬆了一口氣。」[120]

第三章

發展的先驅

如同赫緒曼人生中的許多事物，他成為發展經濟學家的職業生涯也不是任何規畫的結果。他任職於聯邦準備理事會期間雖然構思了許多後來在他關於經濟發展的著作當中占有核心地位的想法，但經濟發展議題並不存在於他當時的工作成果當中，也沒有人能夠預見到這種議題在後來會出現。在離開聯準會之前，赫緒曼只有一次提及低度發展國家，在一份一九五〇年的報告當中，次年發表於芝加哥的一場會議上。赫緒曼後來把這份報告稱為他對發展領域的首度接觸，但這份報告其實完全聚焦於對外貿易的結構，以及低度發展國家一旦普遍工業化，那麼對外貿易將會對**工業**國家的市場與出口能力造成什麼影響。[1]另一份與所羅門（Robert Solomon）合寫的報告間接探討了低度發展國家，但同樣也是聚焦於發展程度較低的國家在對外貿易上如何受到經濟強權（美國）的影響。這份報告堪稱是從《國家權力》

的觀點寫成，試圖分析以下這種情形所造成的後果：亦即「美國身為全世界首要的生產與消費國家所占據的支配地位」，而「世界其他國家則是高度依賴美國，不但將其視為一大市場，也是供給來源」。[2]

赫緒曼對於他人生中這段時期的回憶頗為輕描淡寫。在哥倫比亞，「有一個新的計畫委員會依據世界銀行的推薦而成立。……但哥倫比亞人說：『你們如果要我們成立一個新的計畫委員會，那就派一個能夠為我們提供指導的經濟學家過來。』世界銀行看了看四周，有人提起我的名字，於是我就做好了來到這裡的準備，而且也確實來了。」[3]他在世界銀行的聯絡人是柏克萊的老同事史蒂文森，一九四七年轉職到世界銀行的經濟部。史蒂文森向赫緒曼提及世界銀行與哥倫比亞的合作，建議赫緒曼與哥倫比亞駐華府的大使聯絡。結果，那名大使當下就詢問赫緒曼願不願意接下這份工作。

哥倫比亞任務

看在二十一世紀的人眼裡，一九五〇年代初期的哥倫比亞可能是一個頗為邊緣的地方，不像印度或印尼等其他開發中國家那麼重要。不過，哥倫比亞在戰後初年看起來卻是一個富含自然資源而且充滿潛力的國家。該國政府致力追求國家的現代化，並且在一九四九年接待世界銀行首度派往開發中國家的「全面調查團」，希望達成兩項抱負遠大的目標：提出「一項目的在於提高哥倫比亞人民生活水準的發展計畫」，並且為世界銀行將來對經濟發展程度較低的國家派遣調查團的做法建立模範。[4] 總而言之，哥倫比亞被視為一座界定發展政策的實驗室。

一九四九年的哥倫比亞調查團以勞克林．居里（Lauchlin Currie）為首，他是著名的新政擁護者，在一九三〇年代期間曾是聯準會的高階官員，後來成為小羅斯福的經濟顧問，也是小羅斯福派往中國的使者。在居里的領導下，這個調查團針對哥倫比亞的社會與經濟狀況進行透徹的研究，並且發表了一份厚重的報告，其中設想一項大型的全面投資計畫。[5] 如同居里在華府的一場會議指出的：「經濟、政治與社會現象深深相連而且緊密交織，因此如果要對經濟的一個部門做出重大而持久的改善，就不能對其他部門不予理會。……貧窮、健康不良、無知、缺乏抱負以及生產力低落不只會同時伴隨發生，實際上也會互相強化並且促成對方長久存續。」[6] 除了這些問題之外，我們應該再加上反對陣營領袖蓋丹（Manuel Gaitán）在一九四九年四月遭刺之後纏擾哥倫比亞達十年之久的廣泛政治與社會暴力：這是一場低強度的內戰，稱為「暴動」（la violencia）。

一九五〇年，哥倫比亞成立經濟發展委員會（Comité de Desarrollo Económico），以便把調查團的建議落實為政策。居里被任命為該委員會的經濟顧問，扮演技術祕書的角色，銜接調查團的研究階段與實行階段。在世界銀行的建議下，赫緒曼受僱為哥倫比亞政府的經濟顧問。他帶同家人在哥倫比亞住了四年，從一九五二到一九五六年。

赫緒曼擔任的顧問角色原本是要接替居里，至少這是世界銀行的想法。不過，隨著居里成為經濟發展委員會的新任政府顧問，他們的工作因此互相重疊。不久之後，這兩位經濟學家就走到水火不容的地步。居里與赫緒曼的意見分歧起初是圍繞在哥倫比亞的一九五三年預算所具有的通膨潛力，但他們的衝突很快就擴展到其他各種議題，因為他們各自都覺得自己對於經濟發展進程與決策動態所抱持的看法與對方相悖。他們的衝突主要不是在理論面，而是在實務面的分歧。此外，他們在私人層面也不對盤，兩人都各自致力爭取影響力與能見度。

赫緒曼向位於華府的世界銀行總部寫了不少信件，內容鮮明呈現了他的挫折感。如同他在抵達哥倫比亞幾個月後所寫的，事情的進展「不只緩慢，而且偶爾還頗為紊亂。……由於我們的意見不一定一致，所以我們在委員會的會議上已經針對財政與貨幣政策等事務有過幾次公開討論。不消說，這樣的討論不只不愉快……而且也造成委員會成員的困惑」。[7] 赫緒曼起初受到交付的任務是分析貨幣趨勢，但卻愈來愈感不耐。「我放棄我在聯準會的職務，不是為了向哥倫比亞提出存款準備金比率應該提高還是降低的建議，」他寫信向奈普指出。奈普曾經是他在聯準會的上司，但這時在世界銀行擔任負責西半球事務的主管，所以又再度成為赫緒曼的直屬上司。[8]

赫緒曼與居里的衝突不只不愉快，而且如他所言，還導致他的工作（以及居里的工作）難以發揮功效。他寫信向奈普指出：「我確信我們的哥倫比亞朋友並不介意委員會的人員組成本身即帶有衝突的可能性。他們就是喜歡挑撥外國專家互鬥……這樣可讓他們一方面表現出遵從外國專家意見的樣貌，同時又可以有藉口做他們自己想做的事情。」[9] 儘管赫緒曼清楚洞悉組織的社會機制，但卻於事無補：他有一種覺得自己被人操弄的不愉快感受。

不過，赫緒曼與世界銀行的關係卻仍然非常穩固，可能是因為赫緒曼先前在柏克萊與史蒂文森極為正面的共事關係，尤其他在聯準會與奈普共事的關係又更加正面。奈普對他深表同情：「阿爾伯特，我寫這封信的主要目的是要讓你知道，在世界銀行內部的我們都覺得……你遭到不公平的待遇，我們對於你必須面對的非凡困境都非常明白，也極為感同身受。我不禁納悶你對哥倫比亞的整體情勢所抱持的觀點，以及那裡的工作環境能夠讓你感到滿意的前景，在多大程度上會因為你的這些經歷而降低。」[10] 實際上，世界銀行這位權高勢大的主管很願意把赫緒曼調回華府：「我要你知道，你如果決定離開那裡，我很樂於讓你在世界銀行新成立的西半球部門擔任正式人員。」[11] 康德里夫從柏克萊寫信向赫緒曼提供一份教職（在他首度嘗試申請教職的十年之後），但赫緒曼沒有回應這項提議。只要他還有合理的機會可以針對真實問題從事有趣的研究，他就無意到大學教書。如同阿德爾曼指出的，教書對於赫緒曼而言是一項「創傷」經驗，是一種「令他反感的工作」，是「他永遠揮除不了的焦慮來

圖3.1 赫緒曼夫婦與聯合國的薩隆（Yves Salaün）合影，一九五三年於哥倫比亞的亞諾斯大草原（Llanos）。提供：Katia Salomon。

源」，並且是一門「徹底陌生」的職業。如同赫緒曼在哈佛教導過的一名對他深懷仰慕的學生後來對阿德爾曼說的，赫緒曼一直都是「一個糟糕透頂的老師」。他後來又在一九五六與一九五七年分別拒絕康德里夫與艾利斯向他再度提出的教職邀請，寧可到耶魯大學擔任一項不需承擔教學職責的臨時職務。[12]

為經濟發展委員會擔任兩年的顧問之後，赫緒曼終於受夠了，決定辭職。他以政府顧問身分發表的最後一份聲明，是針對自己這項職務的性質所寫的一篇短文。他使用「貨幣醫生」這個明顯頗為老掉牙的比喻：這個比喻至少自從普林斯頓大學經濟學家甘末爾（Edwin Kemmerer）在一九二〇年代為拉丁美洲各國擔任顧問以來即開始流傳。不過，甘末爾以一律開立相同處方聞名，像是嚴格遵循金本位制、自動預算穩定性，以及獨立的中央銀行；赫緒曼則強調「由直覺與經驗構成的『臨床敏感度』」是經濟決策不可或缺的技藝。如他所說，單靠統計與經濟資訊不可能產生任何有意義的策略。他寫道：「經濟學家總是不免遭遇自己無知的領域，遭遇事實有不同解讀方式的領域，遭遇可能令人遲疑並且需要討論的領域，這時他就必須憑藉自己的良好判斷力加以處理。」[13]

在這篇鮮為人知的文章裡，赫緒曼揭露了他最重視的一項方法論信念，亦即問題的診斷與處方雖然都是盡可能奠基在「客觀」的資料蒐集與分析之上，卻還是在極為重要的程度上必須仰賴也許難以言喻但畢竟不可或缺的「感覺」與「敏感度」，藉此判斷實際上發生的事情

圖 3.2 赫緒曼和女兒麗莎與卡蒂亞（身裹南美洲斗篷的兩個小女孩，由左至右）還有她們的朋友，一九五三年攝於哥倫比亞。提供：Katia Salomon。

以及必須採取什麼作為。我們在赫緒曼對於歐洲戰後決策的分析當中看過這種態度，後續也將會看到他把這種態度應用在經濟發展議題、民主程序、貨幣與財政政策，以及其他領域上。哥倫比亞的經驗深深強化了赫緒曼對於決策過程的本質所抱持的觀點。

赫緒曼沒有像奈普提議的那樣到華府加入世界銀行，而是決定待在波哥大擔任私人經濟與金融顧問，為有意獲取公共資金的銀行、公司與公用事業服務。[14] 他與同樣擔任過經濟發展委員會顧問的美國經濟學家卡爾曼諾夫（George Kalmanoff）合作，以經濟分析師的身分針對各種主題提供服務，例如卡利（Cali）的市政設施公司擴張之後的財務前景、卡利與考卡山谷

圖3.3 赫緒曼和女兒麗莎與卡蒂亞在哥倫比亞敦輝里多（Tunjuelito），一九五三年。提供：Katia Salomon。

省（Valle del Cauca）的天然氣市場、哥倫比亞的紙張與紙漿市場，以及私部門管理職位的薪資等級。（卡爾曼諾夫與赫緒曼的人生道路後來在一九五〇年代晚期與六〇年代初期又再度交會，當時他們兩人都加入哥倫比亞大學；赫緒曼認為卡爾曼諾夫「極為親和又富有才智，擁有大量的批判性常理〔和〕自主性」，並且支持他到世界銀行應徵一項職務，後來他就當上世界銀行工業計畫部門的副主任。）[15]

我們不禁納悶赫緒曼之所以不回應奈普的提議，而決定繼續待在波哥大，轉型成為私人顧問，會不會是因為他認為搬回遭到麥卡錫主義恐慌所摧殘的美國並不是一件吸引人的事情。在一九五四年中期，麥卡錫雖已因為他的做法而開始遭受攻擊，但仍然頗有勢力。赫緒曼對於兩年前自己在聯準會的處境如何在短短幾個月內變得極為艱難的經驗想必記憶猶新。另一方面，赫緒曼一家人則發現哥倫比亞是個相當美麗的國家；他們在那裡結識了新朋友，過著充滿趣味的生活。此外，在聯準會這種大型組織工作過之後，赫緒曼很有可能確實滿心嚮往從事比較獨立的工作。如果說從軍的經驗在他內心植入了一項信念，那麼這項信念就是「厭惡巨大的組織，欣賞個人的主動與負責」。[16]

他日益升高的挫折感無疑是他離開經濟發展委員會（當時已改名為規畫處）的一大原因。如同赫緒曼在寫給奈普的信裡指出的，規畫處並沒有發揮效用。由於規畫處未能與相關的政府部門建立有效的合作關係，因此經常遭到忽略，也被排除在決策圈外。赫緒曼描繪了一幅極度行政脫節與浪費的景象：

> 規畫處採取了最省力氣的做法，幾乎把所有的時間都投注在區域計畫上。這種做法實在是愜意得多：規畫處人員四處旅行，受到地方當局的隆重歡迎，因為他們對外國專家的蒞臨仍然深感興奮，儘管外國專家的光環在首都已經有些褪色。此外，這樣也可迴避與部會首長合作的種種棘手問題。接著，只需利用幾個星期的時間拼湊出一份報告，指稱該省在後續五年裡應該建設幾公里的道路、多少的發電設施、學校、醫院、住宅等等，並且向蒙昧無知的當地人口宣稱他們在許久以前就應該從山坡地遷往熱帶平原，然後這麼一份報告就會呈交給總統並公開發表。

這整個過程毫無意義，它所根據的是一項不切實際的想法，也就是規畫處的意見深受總統重視。真實的情形是，總統「**頂多**是把自己看也不看的報告交給能幹的部長」，然後那個部長就直接把報告丟掉。赫緒曼總結指出：「這整個過程會引起龐大的希望，接著隨即蒸發殆盡，只留下深刻的怨恨。」[17]

赫緒曼對於經濟發展規畫當局的工作毫無效果感到失望，但經濟發展規畫當局對他也有一樣的感覺，至少其中有些人是如此。也許是因為赫緒曼持續不斷與一位早已獲得哥倫比亞政府信任的經濟學家起衝突，所以他顯然從未能夠說服哥倫比亞的同行認同他的工作所具有的價值。在世界銀行擔任執行董事，負責掌管幾個拉丁美洲國家，同時也是哥倫比亞經濟發展委員會主席的多洛（Emilio Toro），就對赫緒曼特別感到失望。他在一九五二年底向世界銀行副總裁迦納（Robert Garner）概述了哥倫比亞高階官員的觀點：

> 赫緒曼在貨幣事務的有限領域是出色的人物，但身為計畫主任，負責規劃國家經濟發展的所有面向，他則是有所不足，而且是嚴重不足。他缺乏廣博的概念、領導能力、自主性、鮮明的性格，並且難以表達自己的想法，也難以吸引人考慮他的想法。我檢視〔世界銀行〕派往哥倫比亞的經濟代表團在四個月裡達到的成效、行政代表團在五個月裡完成的任務，以及經濟發展委員會在九個月裡提供的服務，這一切都是在居里的指導之下；然後我又比較了規畫處在赫緒曼領導下於七個月裡達成的結果，不禁大感震驚。[18]

實在很難想像比這更傷人的工作評價。波哥大與華府的評價落差如此之大，可見赫緒曼與經濟發展委員會確實從一開始就不對盤，然後又每況愈下。

不過，這項對比呈現出來的樣貌卻是對於決策所抱持的對立觀點。一方面，居里和世界銀行的其他經濟學家倡導廣泛而平衡的干預政策，涵蓋眾多部門，並且需要政府機關發展出強大的規畫技能。另一方面，赫緒曼則是偏好投資特定計畫，藉此刺激他後來所謂的「向後與向前關聯」(backward and forward linkages)而引發進一步的投資。

關聯提供了一個詮釋觀點，可以用來觀察發展過程當中一連串為數極多又無可預測的投資決策。赫緒曼的起點是強力反對在一九四〇與五〇年代的發展經濟學當中蔚為典型的全面計畫修辭。他第一項公開發表的批評出現在一九五四年的一篇文章裡，把整合發展規畫稱為「迷思」，終究只是徒勞無功，而且是奠基在各式各樣暫時性又不準確的預算數字之上。赫緒曼指稱這種計畫修辭與實際上推行的政策絲毫無關，有時更被用來掩飾欠缺願景與徹底混亂的狀況：「完全整合經濟規畫的虛偽表象可以和投資專案的實際推動與執行當中那種冥頑不靈的徹底臨時拼湊和諧共存，而且經常也確實會如此，甚至還可能會加以掩飾。」[19] 赫緒曼也懂得怎麼出語傷人。

在他的觀點當中，居里設想的那種全面性做法和當時驅動著發展經濟學的理論帶有同樣的缺陷。赫緒曼對這些理論的批評，在他的《經濟發展策略》這本書裡才完全成形。他帶著家人從哥倫比亞返回美國之後，在一九五六至五七年與一九五七至五八年(後面這段期間受到洛克斐勒基金會的支持)於耶魯大學擔任經濟學客座研究教授期間寫成這本書，然後在一九五八年由耶魯大學出版社出版。[20]

不過，如同本章最後一節顯示的，單純專注於對立理論之間的理論性辯論無法完全呈現出赫緒曼、居里以及其他許多人倡導的經濟發展決策所獲得的經驗。在理論上看起來雖然像是徹底對立的學說之間的衝突，在實務上卻是針對有限的特定政策選項所從事的更加細膩的討論。

高度發展理論：《經濟發展策略》

赫緒曼曾經幾次提到，是什麼樣的情境造就了自己對經濟發展議題的探索方式。在《經濟發展策略》裡，赫緒曼指稱這本書的主要目標是要「闡明我自己在一個所謂的低度發展國家當中的親身體驗」，也就是要「省思我的哥倫比亞經驗」。[21] 他在一九八〇年代寫道，他在哥倫比亞期間所做的觀察，「對於我在三年左右之後於《經濟發展策略》書中建構的概念結構而言，仍是其中的關鍵元素」。[22] 可以確定的是，這本書的醞釀時期相當長。早在一九五三年春季，在他任職於經濟發展委員會的工作接近尾聲之際，他就已經思考著接下來要做的事情，於是準備了一項研究計畫，打算探究工業、農業與金融投資方面的成功案例，以便為經濟發展程度較低的國家「找出發展政策的一些一般性教訓」。[23] 因此，赫緒曼探討經濟發展的後續著作所採用的明確前提，也就是使用特定專案的歷史作為廣泛歸納的基礎，在他早期的分析以及《經濟發展策略》當中就已經以假設的型態出現。也許更加重要的是，赫緒曼很早就認為自己的做法與標準發展理論大為不同：「比起只探究總量的理論，或是藉由國民所得為所有經濟變數進行分類的那種統計操弄，這類研究也許可以讓人對經濟發展的進程獲得更多瞭解。」[24]

發展經濟學當中盛行的理論，都以某種方式強調一個開發中經濟體的不同部門必須齊驅並進，以避免供給面或需求面的結構失衡所帶來的困難。這些分析被廣泛歸納在「平衡成長」學說的旗幟之下。如同赫緒曼再度指涉他的哥倫比亞經驗所強調的，「我因為發現自己在本能上與這種理論極為分歧，而意識到我對發展問題獲取了一種獨特的觀點。」[25]為了明白表示他對於自己認為具有缺陷的正統發展理論抱持反對態度，赫緒曼於是稱自己的觀點為「不平衡成長」理論。

後來被稱為平衡成長理論的發展觀點，它的第一項重大願景陳述是波蘭經濟學家羅森斯坦羅丹在一九四三年針對東歐與東南歐的工業化問題所寫的一篇開創性文章。羅森斯坦羅丹在第二次世界大戰期間寫下這篇文章，原因是他目睹了那個區域的政治、社會與經濟脆弱已兩度破壞整座歐洲大陸的穩定，並且引發納粹德國的帝國主義胃口，因此希望以這篇文章為那個區域的發展界定出一份藍圖。他在文章裡探討的幾個概念，在戰後成為經濟發展論述當中的標準元素。

戰後和平歐洲的政治經濟狀況，是吸引同盟國許多學者關注的最大問題。赫緒曼在《國家權力》裡研究德國和其國力較弱的鄰國之間的貿易關係。格申克龍聚焦於德國應該落實哪些社會經濟變革才能夠消解其結構上的侵略性，因而建議消滅東部的容克階級。羅森斯坦羅丹把注意力投注於強化那些淪為德國東侵目標的區域，因為他的文章是由他為倫敦的皇家國際事務研究所（Royal Institute for International Affairs，又稱為查塔姆研究所〔Chatham House〕）統籌的一項研究內容彙整而成，因此把焦點放在東歐與東南歐也就不令人意外。歐洲許多流亡政府都遷移到倫敦，所以那裡有一大群學者與外交官都是那些地區的資訊來源。更重要的是，英國在東歐的戰後重建當中打造自己的霸權角色會有直接利益。蘇聯對那個地區的掌控終究挫敗了英國的盤算，但在羅森斯坦羅丹從事這項研究的一九四一至四三年間，英國的設想仍有實現的可能。

羅森斯坦羅丹凸顯了中歐與東南歐「農業人口過剩」的問題，以及農業部門裡導致那些過剩人口的生產力趨近於零的「隱藏性失業」情形。[26]他認為解決方法在於把這些過剩人口轉移到新成立的工業部門。為了避免供需失衡危及新工廠的獲利能力，這個工業部門受到的對待必須要「有如一家巨大的公司或信託機構」。[27]

儘管羅森斯坦羅丹沒有明白提及「平衡成長」的政策，但他建議把工業部門當成一家不可分割的企業看待，實際上就是倡議平衡成長。他舉了一家鞋子工廠為例。如果只是個別看待，這麼一家工廠必定會因為需求不足而在不久之後倒閉，因為農民不會有足夠的收入能夠購買市場上的鞋子，而鞋子工廠的員工所構成的市場又不足以吸收工廠全部的產量。不過，在個體層次上注定失敗的做法，在總體層次上卻有可能成功。如同羅森斯坦羅丹指出的：「如果把田地上的一百萬名失業勞工轉移到不只是一門工業，而是轉移到一系列的工業裡，這些勞工會花費自己的工資購買的商品又大部分都是由這些工業生產，那麼在單獨一家鞋子工廠當中無法成立的狀況，在由眾多工業構成的這套體系當中就會成立：這麼一套體系將會創造其本身的額外市場。」[28]

羅森斯坦羅丹也堅持認為這個新的工業部門必須在有限的時間內透過巨大的投資成立，以免夭折。這種概念後來被人稱為「大推動」（big push），也就是一項密集的努力，在惰性與報酬遞減造成計畫失敗之前趕緊達到自我維繫成長的階段。

羅森斯坦羅丹的文章是一長串同性質研究當中的第一項。在早期發展經濟學當中最具影響力的一篇文章裡，路易斯（W. Arthur Lewis）把他的二元經濟模型（dual-sector economy）建立在與羅森斯坦羅丹相同的前提上，也就是有一群過剩人口存在於一個停滯部門當中（主要是農業部門，但在路易斯的模型裡也包括都市零工、小額零售交易，以及家事服務），並且把這批不具生產力的勞動人口轉移到一個新成立的工業部門。依照路易斯所言，把過剩人口從生產力低落的「維生部門」轉移到使用可再生資本而且生產力高的「資本化部門」，經濟發展就會因此發生。[29]在路易斯的觀點當中，同樣根本的因素是資本化成長的加速。在一句廣受引用的文字裡，他主張指出：「經濟發展理論的核心問題在於瞭解一個先前只把不到四%或五%的國民所得用於儲蓄和投資的社群，如何把自己轉變為一個自願性儲蓄達到國民所得一二%至一五%以上的經濟體。」[30] 這種儲蓄與投資率從低到高的轉變，是發展程度較低的國家出現經濟「起飛」的主要特徵。[31]

哥倫比亞大學經濟學家努克斯（Ragnar Nurkse）進一步闡述最早由羅森斯坦羅丹提出的互補概念，再度強調了在各種工業當中同步進行投資的關鍵重要性：「這是一個逃脫僵局的管道，結果就是市場的全面性擴大。」[32] 如同努克斯總結指出的，在個別投資無法克服市場限制而存續下來的情況下，「一項正面攻擊……在幾個不同產業當中發動一波資本投資」即是有利的做法。[33] 這種做法與標準的自由放任經濟政策天差地遠。不過，如同赫緒曼指出的，這些思考「本身雖然新奇又非正統，在一九五〇年代卻迅速發展成為一項新正統」。[34]

在一九五〇年代初期，赫緒曼直接目睹了那項正統的建構過程。努克斯探討低度發展國家的資本形成問題的著作於一九五三年推出，在這個領域掀起一陣轟動。一年後，路易斯的文章又掀起更大的轟動。在赫緒曼思考著該怎麼啟動哥倫比亞的工業與經濟成長之際，這些學者正在形塑這個領域，做法包括對發展進程的根本機制提出廣泛分析，以及提供打破惡性循環的方法。如果說經濟發展的文獻引人深思，那麼其內容經常是以籠統概括的方式提出。

赫緒曼面對這批文獻的同時，也正在理解一種非常特定的地方化情境。這無疑也是路易斯、努克斯與羅森斯坦羅丹等其他學者的經驗，因為他們都認真看待自己在實地當中獲取的經驗，並且在此基礎上闡釋他們的分析。赫緒曼在他寫給羅希多利亞的信裡把發展專家描繪成一群在華府舒適地坐在辦公桌前的人士，這對那些在「實地」忙碌探索的實踐者與學者而言並不公平；至少對早期那個世代的發展經濟學家而言並不公平。不過，赫緒曼置身於哥倫比亞的那些年間，必定感覺到那些因應經濟落後問題的早期嘗試過度強調了若干進程，同時又忽略了一整批不同的可能性。實際上，赫緒曼後來就把自己的態度概述為「對於可能性的熱愛」，與他不以為然的那些分析形成對比，因為他認為那些分析有所局限，經常過度專注於單純「發生機率高」的事物。[35]

赫緒曼在他一九四五年出版的《國家權力和對外貿易的結構》當中，大概也是在連接一些失落的線索。這部研究著作的歷史背景是納粹對東歐與東南歐國家的經濟帝國主義政策。他在一九四二年寫作這本書的手稿之時，分析了納粹德國和其國力較弱的鄰國之間的動態，藉以探討如何重整戰後貿易政策，使其不再那麼容易被國家用來遂行政治操弄。同樣在那幾個月裡，羅森斯坦羅丹也因為同樣的理由研究著同樣的主題：亦即想像一套比較堅實的國際平衡，讓一個國家對於鄰國的經濟野心不再能夠帶來實際利益。赫緒曼的研究著作的新意在於，利用傳統國際貿易理論理解國家之間的累積性不對稱權力關係。羅森斯坦羅丹與查塔姆研究所工作團隊則是援引一項非常不一樣的傳統，這個傳統深深植根於中歐經濟學家的著作當中，因為他們最早以落後與低度發展等觀點探討自身國家的經濟狀況，像是德國的李斯特（Friedrich List，他的重大著作出版於一八四一年）以及羅馬尼亞的馬諾萊斯庫（Mihail Manoilescu，他的主要貢獻出現在一九二九與一九四二年間）。[36]最重要的是，他們完全顛覆了標準的自由放任論點。由於中歐國家在工業生產方面缺乏任何比較優勢，自由放任主義的支持者因此主張這些國家通往繁榮的道路必定只能通過出口農業產品。羅森斯坦羅丹則認為，正因為這些國家的貧窮農業經濟，因此它們需要的乃是由國家資助的龐大工業化措施。換句話說，羅森斯坦羅丹把對外貿易的問題擺在一旁，而聚焦於東歐國家的內部發展。他的重要文章即是奠基在這項創新的改變之上，而在所有人當中，正是赫緒曼能夠欣賞羅森斯坦羅丹這篇一九四三年的非正統研究為一個新探究領域定調的力量。

第一代發展學者的分析所具有的共同特徵，就是堅持必須打破導致一個國家維持在貧窮與落後狀態的那種相互依存機制。他們經常提出的建議，就是對這些阻擋發展的許多障礙發動多方攻擊。打破惡性循環的標準策略，是一項持久而平衡的努力。一九五七年在里約熱內盧的一場會議上，羅森斯坦羅丹以「大推動」一詞概括了這種策略，而努克斯則在會議上插口稱之為一個「有趣的新術語」。[37]當時赫緒曼已在耶魯大學寫作他的手稿，但他也出席了里約的這場會議，而如同阿德爾曼所言，這場會議令他「大開眼界」，因為拉丁美洲的社會科學家都把結構不平衡強調為促發成長的機會。[38]有些研究者明確抗拒羅森斯坦羅丹與努克斯這派學者標舉的正統，認為經濟發展的過程實質上是不平衡的。一年後，赫緒曼與出生於奧地利的英國經濟學家斯特里頓（Paul P. Streeten）成為「不平衡成長」理論的兩位主要支持者。

在《經濟發展策略》裡，赫緒曼針對平衡成長理論的根本基礎提出質疑：

> 我主要的論點是，這項理論作為一項**發展**理論並不成功。發展理當是指一種**改變**的過程，從一種類型的經濟轉變成另一種比較先進的類型。不過，平衡成長理論卻把這種過程視為沒有希望達成而予以放棄，因為該理論覺得難以想像有可能在任何時刻突破「低度發展平衡狀態」。……平衡成長理論得出的結論是，一套全新而且自給自足的現代工業經濟必須疊加在同樣自給自足但陷入停滯的傳統部門上。[39]

相反的，不平衡成長則是基於這項假設：由於經濟不同部門與子部門的投入與產出之間的互賴，一個部門的成長一旦高於其他部門就會引發重新平衡機制，像是相對價格的改變或是更為直接的公共政策。圖三．四為這兩種政策提供了一項簡單的描述。

不過，赫緒曼後來意識到，在電力設施和運輸設施缺乏額外容量這種相當常見的情況下，一個部門的不平衡成長將會導致其他部門處於匱乏狀態而實際上陷入衰退。赫緒曼把這種可能性界定為對立成長（antagonistic growth）。這種情形與零和遊戲不同：經濟還是有所進

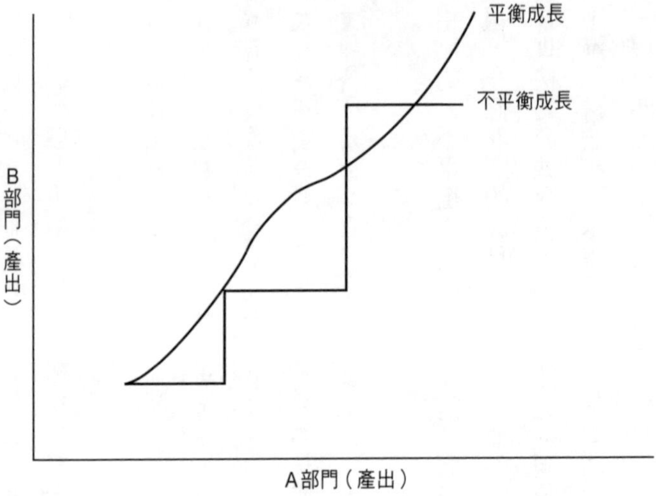

圖3.4 平衡成長與不平衡成長。來源：Hirschman 1984a, 107。

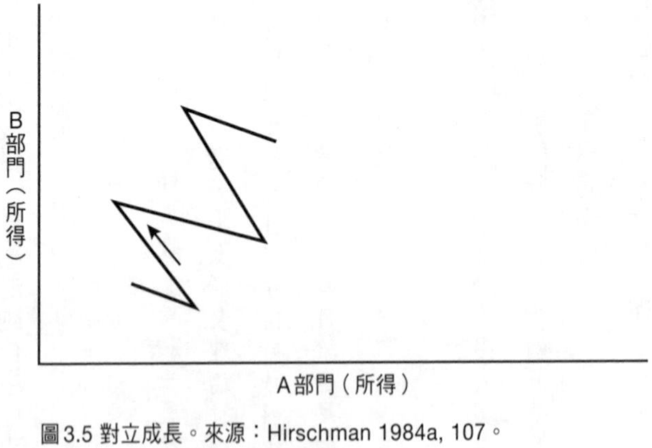

圖3.5 對立成長。來源：Hirschman 1984a, 107。

步，只是一個部門領先兩步，另一個部門落後一步，如圖三・五所示。

赫緒曼的對立成長概念，指的是資源有限的案例。如同戴爾德麗・麥克洛斯基（Deirdre McCloskey）後來指出的，在資源有限的案例當中，生產可能性曲線的外擴速度不夠快，因此會導致需求的巨大變動（圖三・六）。

不過，赫緒曼為不平衡成長提出的論據雖然明顯與資源可得性相關（如同對立成長的討論所示），卻又仰賴另一種不同觀點。實際上，赫緒曼的主要論點是，從資源不足（主要是資本不足）的角度呈現這個問題會造成誤導。他認為發展所必需的資源和元素處於潛伏狀態，但仍然存在。在一個著名的段落裡，他主張「發展主要仰賴的不是為既定的生產資源與要素找出最佳組合，而是為了發展目的而找出並且列出那些受到隱藏、四處分散或者未受良好利用的資源或能力」。[40] 因此，問題不在於欠缺那些一般認為對發展具有必要性的要素，而是必須推動一些方式來召集與結合既有元素。如同斯特里頓所寫的：「不平衡論據的一個面向是強調最迫切需要行動的地方，因此能夠節省一項經常供應不足的資源，也就是做出決策的權力。」[41] 赫緒曼的說法只有些微不同。不平衡成長理論家提出的診斷所具有的特殊性質，是他們關注的重點不在於一項或多項要素的欠缺，而是在於「結合程序本身的不足」。[42] 在一項與斯特里頓的觀點極度一致的論述當中，赫緒曼補充指出低度發展國家「在做出發展所需的決策方面，不論數量與速度都難以達到必要的程度」。[43] 發展經濟學家經常強調不同生產要

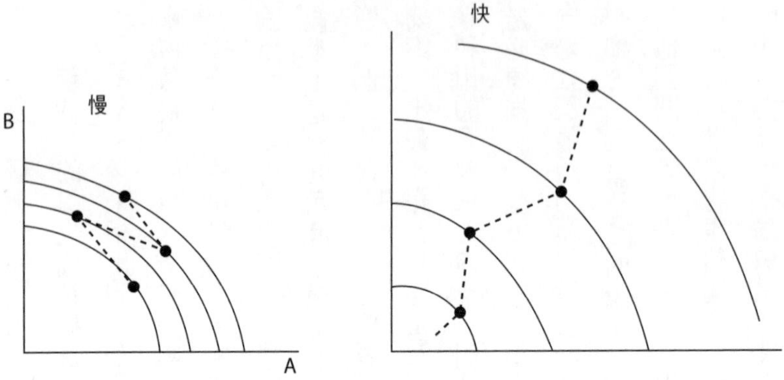

圖3.6 麥克洛斯基致赫緒曼，一九八二或一九八三年十一月九日。來源：赫緒曼文件（AOHP）。

素的稀缺或者有利經濟成長之元素的稀缺乃是經濟發展的關鍵障礙，在此被縮減為「一項基本稀缺」：也就是做出發展決策的能力。[44]

這樣的「還原到基本」（reductio ad unum），以及賦予決策機制優先地位，意思就是一般聲稱落後區域難以擺脫的許多發展障礙，其實都是受到過度強調。在《經濟發展策略》裡，赫緒曼否認了大部分既有發展文獻強調的「障礙」所具有的重要性，因為他認為這種說法傳達了一種有缺陷的觀念，亦即只要消除其中一項或者幾項障礙，即可釋放出截至目前為止一直遭到壓抑的活力，「就像賽馬在起跑欄升起之後的狀況一樣」。[45] 實際上，赫緒曼在後來的一篇文章裡主張，發展領域當中的障礙概念是相當薄弱的想法。所謂的障礙有可能其實是正面資產。大家庭就是這樣的例子。西方經濟學家通常認為大家庭是發展的障礙，會降低個人創業的誘因，原因是如同赫緒曼所言，西方經濟學家預設認為「沒有人會真心關懷六等親的福祉」。[46]「但如果『他們』其實會呢？」赫緒曼反駁道。這麼一來，大家庭就可能解放合作創業的資源，或者提升交易的便利性，而這是核心經濟單位做不到的。當然，實際上不必然會是這樣。大家庭還是有可能對發展造成阻礙。不過，赫緒曼的反駁降低了大家庭原本那種不考慮歷史與情境脈絡的障礙地位，為眾多不同的可能案例開啟了空間。

當然，不是所有的障礙最後都會被發現其實是正面資產。許多障礙不管從哪個觀點加以看待，終究還是障礙。然而，移除那些障礙並沒有我們可能想像的那麼必要：在許多案例當中，那些障礙都可以單純藉由改採不同的路線加以克服。資本累積就是一個例子。絕大多數的經濟學家、經濟史學家與發展經濟學家都認為資本累積是工業化與經濟成長的必要前提。不過，格申克龍在一系列出版於一九五〇年代的研究作品當中（其中最重要的一件作品發表於一九五二年由霍塞利茨籌辦、赫緒曼也有出席的會議）證明指出，許多缺乏原始資本累積的國家都透過他所謂的「替代要素」找到了繞過這個問題的其他道路。[47]當初促成英國工業革命的長期資本累積，德國的銀行與俄國的政府都在短上許多的時間裡達成。障礙也許存在，但並未消除，而是迴避掉了。最後，針對那些仍然有損於發展並且無法轉變為資產或者加以迴避的障礙，赫緒曼指稱至少可以延後再消除這些障礙。他主張指出，在一項障礙存在的情況下推動經濟進展，將有可能帶來兩種結果，一種是促成更強烈的嘗試以消除障礙（如

圖3.7 赫緒曼在哥倫比亞帕喬（Pacho）體驗不同觀點，一九五二年。提供：Katia Salomon。

果那項障礙確實會造成阻擋的話），另一種則是發現那項障礙其實沒有那麼重要，從而證明延後正面處理那項障礙是正確的選擇。[48]

回到低度發展的核心問題上（低度發展主要不是由於欠缺資源或者存在無可克服的障礙，而是更為根本地欠缺做出發展決策的能力），我們也必須認知到決策能力這種特定資源無法節約。每一項發展措施（私人投資、貿易協定、管理策略等等）都需要有一項決策加以引導。因此，赫緒曼那本書的關注重點主要在於探討「誘發機制」，因為這種機制會引發盡可能多的決策能力。[49]

對誘發機制或壓力機制的尋求，使得赫緒曼對於一切有利於投資決策的可能程序都特別敏感，不論其發生機率在表面上看來有多麼低。這就是為什麼在赫緒曼的詞彙裡，「隱藏理性」、「倒轉」或者「混亂程序」，還有「本末倒置程序」等用語會變得那麼重要。[50]這些用語全都指向他的目標，也就是建立一套發展策略，藉以增加觸發經濟發展決策的可能性。由於這些概念的性質，以及這些概念在一項主題所架構出的變體，因此不可能在此處讓讀者體會到那本書內容的豐富度。不過，還是值得稍微談談赫緒曼如何推論出誘發投資程序的有效方式：他透過「向後」與「向前關聯」的觀念徹底探究了這項概念。關聯的概念隱含了摒棄同步解決工業化問題的方案，代之以依序進行的解決方案，因為在開發中國家決策能力有限的情況下，這種解決方案要務實可行許多，風險也比較低，原因正是這種解決方案藉由依序進行的過程分配財務與行政資源，而不是同時把所有資源全部投注於一套全面性的計畫裡，另外也是因為這種解決方案留下了沿途調整的空間。[51]應該要指出的是，這種認為決策能力有限的看法，並不帶有任何瞧不起人的意味，也不隱含對於個人、政治菁英、企業家或者草根合作社的決策能力的評判；這樣的看法是在強調制度與經濟上的限制可能會導致決策程序變得更為困難。如同我們在下一章將會看到的，赫緒曼率先承認這種看法其實有過度簡化之嫌，他甚至因而把自己的下一本書投注於研究拉丁美洲的決策程序。

關聯效果本身並非全然創新的觀念。關聯效果相當於是對一種觀念的合理化，亦即認為大部分的經濟活動都會刺激投入的生產，不論是那些活動本身還是其他活動所需要的投入。前者那種關係稱為向後關聯，原因是這種關係強調一項經濟活動如何誘發一項新活動的成立，藉以生產對於原本那項經濟活動有用的投入。因此，這種關係會在生產鏈的上游引發新活動。後者的關係稱為向前關聯，因為這種關係顯示了一項特定的經濟活動如何在下游誘發新活動的成立。

赫緒曼的分析所具有的力量，在於他如何利用這些簡單的概念發展出一套分析架構，用以詮釋發展過程，甚至可能引導投資決策。如同他後來針對關聯做法在發展策略當中扮演的角色所提出的概述：「發展基本上是一件事物如何造成另一件事物的紀錄，而關聯就是那份紀錄。」[52]

從量化觀點衡量關聯是一件非常困難的事情。投入產出分析試圖這麼做，但即便是錢耐瑞（Hollis Chenery）與渡邊經彥所從事的最新研究，也只能夠對部分跨部門連結提供粗略的分析。[53]因此，關聯概念比較大的用處在於作為思考發展策略的一般性架構，而不是作為規畫發展投資的精確工具。這種做法尤其改變了投資決策的價值受到的看待，把重點從這種決策對於產出的立即貢獻，轉變為廣泛評估這種決策對於產出的直接貢獻以及促成進一步投資決策的**誘發潛力**。[54]

關聯架構讓人能夠辨識出低度發展國家的工業化所帶有的若干典型模式，例如在早期總是專精於把進口半成品轉變為最終財。只有到後期階段，這些國家才會開始嘗試在國內生產中間財，最後才是資本財。在這個方面，關聯架構對於進口在工業化當中扮演的角色提供了珍貴的洞見。

如同赫緒曼強調的，發生於特定部門當中的進口活動代表了對於特定產品的需求。進口的規模如果成長得夠大，那麼在國內生產那些進口產品就會變得方便。於是，和通常的分析恰恰相反，進口並不會取代國內生產，而是一個初步階段，可為國內經濟決策程序帶來重要資訊。從這個觀點來看，進口就不是像標準國際貿易理論主張的那樣，只是各個貿易國比較優勢的靜態分布。此外，進口也不像反對自由貿易的理論家堅稱的那樣，是工業實力強大的國家藉以殖民外國市場的工具。

關聯架構提出了一項比較多樣的敘事：進口扮演一種根本的訊息傳遞角色，針對可能的工業化策略向進口國家提供了極為重要的資訊。國內生產一旦達到損益兩平的門檻，這種生產就會認真展開，而在這個時候，也只有在這個時候，保護主義政策就有助於避免幼稚工業遭到國際競爭消滅。如同赫緒曼以一項看似矛盾的論點指出的：「國家傾向於在其進口的物品當中發展出比較優勢。」[55]保護主義政策應當依據其所引發或壓抑的誘發機制而逐步施行：「幼稚工業」階段如果需要保護主義政策，那麼「產前」階段就需要採取開放市場的做法。[56]

追求向後關聯動態的做法（從最終產品通往資本財的階段性依序進行路徑，以及保護主義政策在各階段的發展當中扮演的角色），後來普遍稱為進口替代工業化政策。這種政策在一九五〇與一九六〇年代許多經濟發展程度較低的國家扮演了重要角色，尤其是在拉丁美洲。此外，如同這個名稱明白顯示的，這種政策顯露出對工業部門的偏好。

在這方面，值得思考農業在赫緒曼的分析當中扮演的角色。如同他承認的，整體的農業，尤其是自給性農業，結構性地欠缺關聯效果。向後關聯不可能存在，除非是現代大型種植園當中的化學產品與機械等投入。向前關聯經常局限於某些加工活動，但生產結果的一大部分都注定用於國內消費或者出口。[57]農業部門裡唯一輕易觀察得到的關聯機制，是赫緒曼後來依據加拿大經濟學家瓦金斯（Melville H. Watkins）的仔細分析而稱的「消費關聯」。在這個案例當中，尤其是在貧窮國家，初級產品出口繁榮所帶來的收入增加，主要會促成糧食及其他初級產品的更多國內消費，從而造成額外的糧食生產。[58]

在《經濟發展策略》當中，赫緒曼主要是從工業部門的角度探討關聯概念，但這種概念後來又進一步擴大，以包含若干進一步的變體，像是消費關聯、財政關聯、內部關聯、外部關聯等等。[59]赫緒曼也提及負面關聯有可能會出現，而對發展進程造成破壞，但他一如往常決定不進一步闡釋。這是個適當的切入點，可以讓人理解赫緒曼寫作《經濟發展策略》這本書的一個重要面向，更廣泛而言也可讓人理解他在整個職業生涯中的個人態度：也就是深刻信奉改革導向的民主決策。

根據赫緒曼所言，可能具有破壞性的關聯與緊張是無可避免的現象。他指出，發展過程可以呈現為一項基本的「重大緊張關係」，影響及於整個社會。不過，比較沒那麼普遍受到瞭解的是，發展過程造成的緊張關係有可能產生出新的力量。他認為自己的工作是解釋這些力量與正面次序的重要性，依照關聯與誘發機制的分類加以分析。他希望這麼做所帶來的其中一項結果，就是擴大外援行為的分析範圍。他以滿懷希望的語氣寫道：

> 經濟顧問將不會那麼熱中於從外部決定優先順序……而是會致力於探究是什麼樣的壓力促使人採取行動，以及眾人已經受到驅使而邁出了哪些前進步伐。與其訂定「要事先辦」

的規則，他們會設法理解進步有時會怎麼迂迴穿越許多邊緣區域，然後才得以把中心位置當中可能根深柢固的落後性質去除掉。[60]

單是這項洞見，就是發展經濟學領域最為重大的一項結果。不過，赫緒曼還有更深層的擔憂。他擔心的是，如果未能精進我們對低度發展的分析，並且讓發展政策變得更有效果，恐怕會引來災難性的替代解決方案。「經濟政策有可能比無效還更糟糕，」他寫道：「徒勞有可能會突然被殘暴所取代，會被對於人類苦難、對於既得權利、對於法律程序、對於傳統價值觀的徹底漠視所取代。簡言之，就是徹底漠視『細薄珍貴的文明外殼』。」[61] 赫緒曼在哥倫比亞的「暴動」年間就是目睹了這樣的狀況。就某個意義上而言，徒勞與殘暴乃是同一種問題的兩面，也就是無法接受變革緩步漸進的本質，從而促成洋洋灑灑但徒勞無益的全面性發展計畫，或是造成暴力革命以及反民主政權。

赫緒曼的目標是為第三條道路開啟空間並強化其分析工具，這條道路就是一項深具改革性並且介於那兩個極端之間的中間政策，做法是探討變革進程能夠賴以推進的可能機制：有時是透過顛倒、非線性，以及帶有其他非正統特色的順序。

我們早已提過赫緒曼的這個改革主義層面：他把道德與政治層次嵌入自己的學術研究的

做法，在他對發展經濟學與社會科學的貢獻當中是一項極為關鍵的元素。實際上，這點對於赫緒曼而言非常重要，因此他在後來對《經濟發展策略》的重新評價當中又特別加以強調。在二十年後一篇進一步探討關聯觀點的文章裡，赫緒曼提及一項明白可見的矛盾：這項概念相當近似於「大宗物資命題」（staple thesis），亦即低度發展國家的發展深受本身出口的初級產品的特定性質所形塑；但另一方面也近似於「低度發展的發展」這項命題，亦即許多邊陲國家的低度發展之所以是如此難以克服的問題，正是初級產品的成功出口造成的結果。

這兩項命題堪稱徹底對立。如果說大宗物資命題描述的是初級產品出口如何促使發展成為可能，那麼低度發展的發展命題即是強調初級產品出口造成的低度發展影響。赫緒曼主張關聯觀點克服了這項對立，更重要的是他強調關聯觀點的改革主義印記。關聯觀點雖然認知到發展進程有可能偏離正軌，卻還是顯示出那些進程的正面潛力。因此，赫緒曼主張關聯觀點「堪稱比低度發展的發展命題更具有真正的辯證性質，因為那項命題徹底忽略了各個階段之間的緊密連結，而那些階段必須被理解為一項動態的進程」。[62] 當然，赫緒曼對於討論哪種觀點具有比較多的辯證潛力並不感興趣。對他而言，辯證潛力其實是一項檢驗，顯示這種特定的分析架構帶有改革主義的性質而不是革命的性質。

《經濟發展策略》的出版，使得赫緒曼置身在發展辯論的核心，而他採用的以關聯概念為首的術語，也立刻就成為發展經濟學標準詞彙的一部分。[63] 同樣重要的是，從純粹職業方面的角度來看，這本書令他獲得了哥倫比亞大學的終身職。《經濟發展策略》不只受到經濟學家評論，也受到政治學家與社會學家評論，從而確認了赫緒曼的分析具有範圍廣泛的特色，以及他參考的文獻廣及眾多領域。評論者強調這本書「充滿了新穎的想法以及看待經濟現象的新角度」，並且「深富可讀性……非常值得這門行業的仔細關注」。此外，這本書採取「具有原創性而且引人深思的探究方式……〔還顯示一股〕健康的懷疑姿態」。[64] 最重要的是，評論者讚揚赫緒曼的分析對於「發展是一個過程的理論做出了重大貢獻」，也是一項真正「有活力」的理論。[65]

波拉克（Jacques Polak）是國際貨幣基金組織最有經驗的一位經濟學家，他宣稱自己「對這本書從頭到尾著迷不已」，而佩魯（François Perroux）、拉尼斯（Gustav Ranis）、索耶（John E. Sawyer：他是耶魯大學的經濟學教授，後來成為威廉斯學院〔Williams College〕的院長以及美倫基金會〔Andrew W. Mellon Foundation〕的董事長）、康德里夫、漢斯・辛格（Hans Singer）與斯托爾珀等人也紛紛寫信恭維他的成就，其中許多都含有受到這本書所激發的長篇意見。[66] 哈羅德（Roy Harrod）雖然很晚才讀了這本書，卻是熱中不已。他在一九六三年寫信向赫緒曼表示自己終於讀了《經濟發展策略》，發現這是「我多年來讀過最有趣的一本經濟學書籍，也許是我好一陣子以來讀過任何主題的書籍當中最具啟發性的一本」，並且在最後指出：「我現在已經把這本書放在我的那堆**傳奇**當中，打算再讀一次，以便更加深入理解你的思想體系。」[67]

不過，這本書引起的反應不完全都是如此熱情。如果說所有人都肯定赫緒曼的新穎觀點，那麼也有不只一個讀者對於他們覺得過於誇大的單面性提出質疑。「他有時候是不是稍微有點太過頭了？」一名評論者問道。[68]加拿大政治經濟學家瓦金斯也提出同樣的論點：「反傳統本身是一種有用的矯正手段，但也有可能矯枉過正。」[69]如果說赫緒曼對於過度靜態的平衡成長觀點所提出的批評被視為有用並且令人耳目一新，那麼他堅持投資誘發機制和其他短缺的**對立**則是令許多人感到無法信服。史丹佛大學發展經濟學家錢耐瑞對這一點的批評特別嚴厲：

> 赫緒曼強調投資（或發展）決策的能力，造成了一項比較像是應用心理學而不是經濟學的發展理論。在這種觀點當中，由於資本和其他投入限制都只是幻象，因此經濟學家唯一能夠有效利用的對象就只有決策這種捉摸不著的性質。……不論把激勵因素納入一項經濟發展理論當中有哪些好處，赫緒曼無疑言過其實。就算他對投資者、管理者與官僚的反應所做的猜測全都正確無誤，決策能力的稀缺性也不能被當成發展政策的唯一指引，就像他所揚棄的資本稀缺性或者其他標準一樣。[70]

如同錢耐瑞的結論指出的：「把誘發性投資拉到最大的決策者，在設定優先順序的時候如果沒有把外匯、儲蓄或者技術勞工的短缺納入考量，必然也會遭遇這些問題。」[71]

實際上，赫緒曼並沒有排除常見的資本資源短缺以及其他類似狀況的可能性。他的重點是不再把焦點完全集中在這類狀況。錢耐瑞對於《經濟發展策略》的解讀頗為嚴苛，但赫緒曼的語氣無疑也經常頗為挑釁。如同一名評論者所說：「在寫作風格上，這本書似乎刻意採取唱反調的爭辯姿態。……一如李嘉圖，赫緒曼也是主張極端的立場，而限定條件則幾乎像是事後想到才草草補上。」[72]

更糟的是，赫緒曼的書幾乎完全沒有任何量化分析，以致他提出的許多問題終究都沒有受到解決。一名評論者諷刺道：「比起低度發展地區的資本更稀缺的東西，就是檢驗（赫緒曼的）假說所需的數據。」[73]希金斯（Benjamin Higgins）雖然非常欣賞這本書，卻也指稱其內容「充滿印象性、想像性與直覺性的色彩，而不是嚴謹並且條理分明」。[74]不過，這不能算是赫緒曼的錯。如同我們先前看過的，他相當善於從事統計分析。自從他待在第里雅斯特的那些年以來，這就是他的學術研究當中的重要元素，包括在他對義大利經濟的研究裡、在他為卑爾根會議撰寫的報告裡，以及他的前一本書《國家權力和對外貿易的結構》當中都是如此。不過，低度發展國家的統計資料經常並不存在，不然就是非常難以找回。在哥倫比亞，國民所得與資本形成的統計序列，以及許多不同經濟部門的基本資料，最早都是由居里代表團在一九四九年彙整而成。赫緒曼純粹就是沒有所需的數字，因而無法為他的研究提供量化基礎。至於少數實際上能夠取得的數字，則是太過總括，無法用於闡釋關聯效應與誘發機制。

發展規畫的政治經濟學

平衡與不平衡策略的支持者之間主要屬於理論性的衝突，和一項針對外援組織的貸款政策所進行的務實討論有所重疊：其確切內容有正反兩面，正面是資助全面性投資計畫的必要性，反面則是只對直接從事生產活動的特定專案提供貸款。

平衡發展有益於促成更多的全面計畫政策。我們早已看過，羅森斯坦羅丹建議把整個工業部門當成「一家巨大的公司或信託機構」看待。路易斯和其他人對於資本累積的理論性強調，也同樣促成計畫觀點的落實。就算路易斯拒絕「仔細的中央計畫」，認為這種做法「不民主、過於官僚、缺乏彈性，而且易於落入巨大的錯誤與混亂」，卻也強力支持他所謂的「零碎規畫」。不過，這表示必須控制以及操弄重要的總體經濟變數，諸如資本形成、出口程度，以及工業生產的程度。[75] 此外，路易斯為國家對於經濟的干預設想了一個重大角色。「個人可以改善自己的住宅，或者自己的小農場，」他寫道，但「最巨大的投資必然是在公共工程與公用事業」，尤其是各種基礎建設，像是道路、鐵路、港口與電力。[76]

當然，規畫不是什麼新論點。至少在一九三〇年代開始，就經常倡導規畫乃是所有成熟社會的必要政策，不論是共產主義獨裁社會還是自由民主社會。規畫可望帶來社會組織的巨大進步。舉例而言，在戰間期年間，曼罕（Karl Mannheim）示範了「社會技術的協調」如何能夠造成社會資源與機會的大幅增加。[77] 如果說蘇聯的實驗在大多數人眼中明白可見是高度約束性規畫的負面案例，那麼像斯塔利這種自由觀點的學者則把規畫視為「對經濟活動進行有意識的控制」加以倡導。[78]

在戰後年間，尤其是針對低度發展國家而言，支持規畫做法的發展經濟學家主要強調增加投資與提高勞動生產力的必要性，而造成投資減少的消費成長則被視為具有高度的危險性。[79] 高伯瑞（John K. Galbraith）主張，在私人企業貧乏而且市場機制微弱的國家裡，規畫是唯一可行的政策：「也許——只是也許，如果把發展交由市場誘因驅動，其進展說不定也會和受到政府主導一樣快，甚至更快。不過，假設實際上不是這樣。假設私人願景與企業精神有所欠缺，或是欠缺資本。誰能確定呢？……這麼一來，指望自由企業就會是極度冒險的事情。」[80]

因此，從規畫觀點來看，為落後經濟體挹注資本是必要的做法，但絕不表示有效率。鑒於市場的扭曲和弱點，一個計畫當局應該針對國家經濟的未來成長道路主掌資源的配置以及策略性決策。套用羅森斯坦羅丹所言，唯有藉由規畫才能提供「決定公共投資的數量、組成與時機所需要的指導方針或者原則」，並且界定「引導私部門的投資數量與組成所需的整套誘因與反誘因」。他下結論指出：「對於哪些部門應該以什麼速率成長，必須懷有特定的願景。『健全』經濟政策的一般原則本身只不過是不符文法的散文而已。」[81]

不令人意外，赫緒曼是這種做法最強烈的反對者之一。他在經濟發展方面的書寫，顯示他對於規劃可望帶來的成果一直都抱持懷疑態度。他在一篇發表於《經濟發展策略》出版十年後的文章裡概述了主要論點，系統性地列出他自從一九五〇年代中期就一再闡述的觀念。[82]赫緒曼的首要關注是，資助一套全面性計畫的援助將會太具侵擾性。這樣的計畫必須因應各種總體經濟類別，像是投資與消費之間的關係，或是匯率和物價水準之間的關係，因此將會直接裨益特定群體並且損及其他群體。於是，一套整體方案可能會引發強烈的內部反對，而一項單一專案則不會造成這樣的結果，就算是一項重要的單一專案也是如此。

第二，赫緒曼主張援助方案經常會有淪為多餘或者無用的風險。一個政府如果承諾推行某些總體經濟政策以換取一套援助，可能不論有沒有援助的承諾，實際上就已經致力於推動那些政策。如此一來，外援似乎只有一個用處，就是「在德行自行出現的情況下……予以獎勵」。[83]這項考量雖然明智，但應該指出的是，特定專案並不因此而能夠免疫於相同的批評。[84]

赫緒曼主張財務援助可以用來促使政府推行原本不包含在其施政計畫當中的總體經濟政策。這樣的工作將會變得「遠遠更加困難」，因為這種做法不只是獎勵既有的德行，而且還必須「把德行帶入這個世界」：這絕對是一種可敬的努力，但通常不免失敗。[85]如同哈柏格（Arnold Harberger）針對美國外援機關（國際開發署）指出的：「摩擦自然會伴隨計畫貸款與部門貸款而來。……國際開發署愈是深入干預受援國認為是它內部的事務，這種摩擦就可能會愈大。」[86]通常，為了避免提供援助與接受援助者的關係公開惡化，就會造成「心不甘情不願的持續遷就」這種狀況，導致一系列令人精疲力盡的協商並一再延後截止期限，幾乎是無限延長援助方案的持續時間。[87]

赫緒曼在哥倫比亞的那些年就注意到了所有這些危險，這也正是為什麼他選擇聚焦於「如何不規劃」。[88]在他的觀點當中，特定的專案貸款具有幾項優點，包括聚焦於當地、受到的技術評估比較沒有政治偏見，最重要的是尊重受援國的策略性決策。如同赫緒曼和許多的專案貸款倡導者堅持主張的，以特定投資專案為中心的援助政策雖然在目標與手段上的抱負比較沒有那麼宏大，但也正因如此而比較可行又比較有效率。對於一個像世界銀行這樣剛成立不久的援助組織而言，這點更是極為重要。世界銀行必須贏得北美投資人的信心（北美的投資人幾乎可說是國際組織唯一的財務資源來源），而一般認為只有明確並且受到充分監控的專案，才能夠向美國投資人保證那些貸款的運用遵循了負責任的經濟管理這種健全標準。

不過，其他學者認為，把貸款連結於一項界定明確的單一專案乃是一廂情願的想法。當初離開查塔姆研究所之後成為世界銀行的經濟學家，接著又在赫緒曼搬往哥倫比亞前夕離開世界銀行的羅森斯坦羅丹，就主張專案貸款提供的資金實際上不是在資助世銀正式撥款的專案，而是在資助受援國在未獲得世銀貸款的情況下原本會捨棄的**邊緣**專案。由於世界銀行不想資助高風險的計畫，因此會把援助導向足夠健全而得以在受援國的施政計畫當中占有優先地位的專案。換句話說，世界銀行的資金所資助的專案，其實是受援國本來就可能會自掏腰包推動的專案。這點合乎赫緒曼主張的資助既有德行的概念。不過，這樣也表示世界銀行一旦資助了受援國本來就會自掏腰包推動的專案之後，其他先前排除於資助範圍之外的專案即可因此獲得國內資源的挹注（通常是風險較高而得不到世界銀行支持的專案）。換句話說，專案貸款無法避免資金「可替代性」的問題：也就是資金能夠從一個專案轉移到另一個專案的情形。如同羅森斯坦羅丹在一項訪談中指出的，世界銀行可能認為自己資助的對象是一座水壩，但實際上卻是資助了一家妓院。[89] 實際上，這樣的結果不只相當於未能把德行帶入這個世界（這是赫緒曼對於計畫援助最嚴厲的批評），而且還成功引入了惡行！

即便是像赫緒曼與哈柏格這樣的計畫貸款批評者，也承認可替代性是個嚴重問題。[90] 從他們的觀點來看，解決方法不在於任何全面性的計畫，而是要大幅改善監控專案執行狀況的能力。不過，專案評估卻在超過十年之後才成為外援的重要主題；我們在下一章將會看到，赫緒曼在那項努力當中也扮演了開創性的角色。

平衡成長與不平衡成長的爭議，連同計畫貸款與專案貸款的爭議，就如一名參與者暨觀察者所說的，是「一九五〇年代發展文獻當中最著名的爭議」。[91]在發展經濟學的歷史、讀者與百科全書當中，這項爭議被稱為這門學科奠基時期的里程碑。[92]唯一重要性相當的議題，大概就是路易斯在一九五四年對二元經濟模型的闡述。實際上，克魯曼（Paul Krugman）把這些開創性的辯論稱為「高度發展理論的光輝歲月」，並且意味深長地把這段歲月的起點指為羅森斯坦羅丹一九四三年發表的那篇開創平衡成長文獻的文章，終點則是赫緒曼攻擊那篇文章的《經濟發展策略》，出版於一九五八年。[93]

理論與實務上的發展經濟學

《經濟發展策略》的概念結構奠基於赫緒曼在哥倫比亞的經驗，他在那裡發現自己和政府的其他經濟顧問意見深深分歧，尤其是勞克林．居里。如同赫緒曼在他書中的引言所寫，他在哥倫比亞對於既有的開發中國家成長理論感到強烈不滿；另一方面，他也開始發現自己的省思「愈來愈像是一項共同主題的變體」：換句話說，就是一項內部一致的新方法的各種元素。[94]

以上對這些衝突的陳述，包括平衡成長與不平衡成長之間的衝突，以及全面計畫與特定專案做法之間的衝突，主要都是依據出版著作當中呈現出來的樣貌，這兩種立場在那些著作當中都顯得無可調和。不過，我們要是針對這兩種無可調和的做法觀察其支持者的實際決策經驗，就會發現兩者的區別遠遠沒有那麼明確。這兩種原則上分別指向相反方向的分析，實際上卻有許多互相重疊以及一致之處。換句話說，那些衝突的性質與真實範圍通常被過度強調了。

這點其實沒有表面上看來那麼令人不解。當然，差異確實存在。不過，如果要對事情實際上的發生狀況做出比較完整的陳述，就也必須認知到從實地實踐到理論闡述這種邏輯與修辭上的跳躍，有可能帶來實務上的高度趨同與理論上的高度分歧。造成這種結果的部分原因，是把自己和別人的立場區分開來所造成的影響。但更重要的是，這是抽象思考的一種固有性質。如果想要更進一步理解這些動態，值得仔細觀察派駐於哥倫比亞的赫緒曼和居里怎麼檢視一國經濟工業化的其中一個指標產業：鋼鐵工業。

國內鋼鐵生產經常被視為一項首要的國家戰略利益，戰後的哥倫比亞也不例外。居里率領的世界銀行代表團特別仔細研究了這個議題：這個代表團在一九四九年抵達哥倫比亞之時，在內陸區域貝倫希多（Belencito）的帕斯德里奧（Paz del Río）這座城市附近興建一座一貫作業鋼廠的專案已經執行了相當程度。結果，代表團對於這項專案的兩個要點都提出負面評價。首先是興建一座一貫作業鋼廠的決定，因為這是一項資本密集的解決方案，必須產量極高才有可能達到損益平衡；第二是興建地點選在該國內陸。內陸雖有煤層存在，但技術與地理方面的考量，尤其是原料品質低落、缺乏可為冷卻系統供水的水道，以及海拔太高而導致燃燒困難，都使得這項專案的推動顯得不智。此外，貝倫希多區域距離該國的主要交通路線極為遙遠，因此要把產出送往目的地既費力又昂貴。世界銀行代表團指出，由於帕斯德里奧的所在位置，這座城市絕對不可能吸引其他重工業進駐，導致這裡無法形成「生長點」，也無法善加利用鋼鐵生產的副產品。[95]

世界銀行代表團指出，在內陸興建一貫作業鋼廠的做法並不經濟，但在哥倫比亞北部沿海的巴蘭基亞（Barranquilla）興建一座小型鋼鐵廠為進口廢金屬加工則是合乎經濟邏輯的做法。由於這樣的廠房不必設置焦化廠與高爐，因此比較簡單，成本也比較低廉。此外，巴蘭基亞位於加勒比海沿岸，又是哥倫比亞一條主要鐵路線的終點，所以具有絕佳的戰略地位，能夠同時供應國內與國際市場。[96]有些考量使得哥倫比亞政府在政治上不願接受這項解決方案，於是代表團提出一項折衷建議。帕斯德里奧的一貫作業鋼廠還是依照原定計畫興建，但縮小規模，並且簡化其中的技術，好讓這座廠房能夠由哥倫比亞的企業負責建造。[97]這麼一來，即可滿足該國不依賴國外供給的廢金屬而生產一項戰略商品的需求，又不必從事缺乏經濟效益的巨大投資。此外，由於這麼做有可能讓哥倫比亞在國內生產大部分的機械，因此外匯損失也會減少。最後，一座比較小也比較簡單的廠房將有助於管理階層與當地勞工獲取專業技能而不至於犯下重大錯誤。做中學的原則將會是一項漸進策略的基礎，從小層次進展到大層次，從相對基本的技術進展到比較高深的技術。[98]

在一篇發表於一九五四年的文章裡，赫緒曼提出他自己對帕斯德里奧爭議的想法。[99] 他批評追求「全面計畫」的普遍趨勢以及居里代表團不支持那座一貫作業鋼廠的特定決定：

> 儘管有這一切對於「全面」規畫的堅持，我卻還沒看過有一項策劃良好的專案……在考量貨幣穩定與「平衡」發展需求的情況下，因為所需的投資太大而遭到捨棄。在哥倫比亞，就我所知截至目前為止有納入這種考量的唯一一個案例，就是帕斯德里奧的煉鋼廠。[100]

赫緒曼主張，由於「向後關聯」與「向前關聯」的效應，新產業的發展因此必須受到動態檢驗，把那座主要工廠成立之後跟著出現的衛星產業與非衛星產業納入考量。

不過，居里報告裡那些技術上與地理上的考量，凸顯了帕斯德里奧那項投資對其他工業部門只有微弱的刺激效果。如同先前提過的，那座城市非常難以形成「生長點」，而居里和赫緒曼都一致認為生長點的形成乃是最理想的結果，赫緒曼甚至在《經濟發展策略》投注了一整章的篇幅討論這項概念。[101] 後來他們發現帕斯德里奧這座廠房不可能不建之後，即設法改採漸進發展的方式，藉此減低選址不當所造成的不利影響，同時也讓這門產業在此一初始障礙之下仍然能夠壯大。隨著管理人員與勞工習取專業技能，廠房本身也獲得更大的市占之後，即可出現逐步的成長。

這樣的推論和赫緒曼試圖揭開一項發展進程背後的「潛藏合理性」並沒有太大的不同。居里代表團扮演中間人的角色調解兩種立場之間的衝突，一邊是政治意識形態或遊說的需求，另一邊則是技術與經濟問題。換句話說，這個代表團把自己置於結構性決策過程的中心：正是斯特里頓與赫緒曼強調在落後國家觸動發展程序最必要（也是最罕見）的元素。

總而言之，世界銀行代表團與赫緒曼兩者採取的根本做法其實頗為相似，不像許多發展經濟學家在事後對那些辯論的重建所顯示的那麼不同。明顯可見，他們雙方的做法並非完全一致，但不同立場之間也不是那麼清楚分明的互相對立，而且雙方對於經濟發展的根本願景更是遠比他們願意承認的還要近似得多。舉例而言，居里代表團的報告支持了其他不少有用的專案，而且提出的論點基本上就相當於不平衡成長倡導者廣泛使用的關聯和聚集過程等概念，同時也高度聚焦於特定專案。整體而言，在計畫觀點當中，專案的用處在於它們是推行計畫的基石。舉例而言，印度的進階計畫報告就詳細列出許多工業專案。[102]因此，只要分析理論思考如何與經濟建議的實踐互相融合並且緊密交織，即可發現這兩種看似無可調和的觀點其實沒有那麼明白的對立。面對哥倫比亞的鋼鐵工業這項議題之時，居里和赫緒曼都省思了產業極化的機制、誘發機制，以及向前與向後關聯。他們其中一人把這些條件指為「平衡」

發展計畫當中的元素，另一人則強調這些條件在經濟上扮演的「不平衡」角色。但在實務上，他們兩人看到的其實是大致上相同的東西，他們的差異主要在於語調，而不是在內容。

科學社會學家莫頓（Robert K. Merton）主張社會科學家之間的許多衝突其實都不涉及互斥的實質性假設，而是涉及智識資源該投注於哪個問題這種範圍頗為有限的特定議題。一項衝突一旦公開化，就會轉變為一場爭取地位的戰爭。「隨之而來的極化，」莫頓指出：「會促使每個群體……主要針對對方言行的刻板形象進行回應。」[103]當然，這些刻板形象確實有些真實基礎，但有可能被放大到讓人認不得的程度。每個陣營的社會科學家

都會對另一個陣營當中的實際狀況發展出選擇性的觀點。他們在對方採取的做法當中，主要會看到帶有敵意的刻板印象促使他們看見的東西，然後立刻把這樣的局部樣貌誤當成整體。在這個過程中，每個群體……都會愈來愈沒有動力研究對方的做法，因為這麼做顯然毫無意義。他們只會簡略看一看另一個群體的著作，目的是為了下一次的批評找尋材料。[104]

平衡做法與不平衡做法的支持者之間的辯論，就充分示範了這種莫頓模式。差異確實存在，但立場卻迅速出現激化，導致他們對於對手的主張的理解僵化成為刻板印象。如同一名

發展經濟學家所說：「作者無可逃避的命運，就是眾人只會記得他們提出的中心觀點，而不是他們精心添加的那些限制條件。」[105] 實際上，最先忘記限制條件的人乃是這門學科裡的同僚。因此，針對一項案例當中可能可以採行的政策所進行的辯論，雖然經常僅是針對特定情境而言，範圍非常有限，卻不免成為看似相互對立的廣泛分析立場的基礎。對於發展經濟學這門學科的開創世代而言，這點可能特別重要。這個新領域在當時仍處於成形階段，而他們各自主張的智識正當性地位則如莫頓所言，被視為「互斥並且相互對立」。[106] 實際上，赫緒曼就對平衡成長理論的正當性提出質疑。相信讀者還記得他主張平衡理論「作為一項發展理論並不成功」，從而剝奪這種理論為這門學科做出貢獻的基本權利。[107]

當代讀者也注意到了這一點。在針對《經濟發展策略》所寫的一篇洞察力深刻的分析當中，沈恩（Amartya K. Sen）坦承自己對於平衡成長與不平衡成長的爭議「有點不解」。他寫道：「就其原本的型態而言，這兩種學說看起來都沒錯；但以雙方各自的觀點互相看待對方，兩者看起來就都徹底有所不足。」然而，他覺得這兩種學說其實有「相當程度的共同點」。[108] 實際上，沈恩強調了莫頓所分析的其中一項策略：「我們不禁……覺得赫緒曼教授誇大了他的論點。……我相信這是經濟思想的進展方式：我們發現問題至今為止隱藏起來的一個面向，然後將這個面向變成問題的**本質**，甚至是**整個**問題本身。」[109]

在《經濟發展策略》第二版的序，赫緒曼基本上接受了這個論點，不再把兩種做法呈現為相互對立的理論，而是呈現為發展程序分析的兩種互補觀點。「我完全不否認平衡成長理論極為重視的各種經濟活動之間的相關性，」他寫道：「相反的，我提議善用這種相關性，探究把這些相互關聯的活動凝聚在一起的結構。」如果說平衡發展觀點因此為發展動態提供了一個總體觀點，「那麼檢視不平衡成長就代表……**從個體角度**檢視發展過程的動態。」[110]

時間和距離顯然證明了沈恩的解讀是正確的。認識赫緒曼數十年的戴博，針對赫緒曼在一九八〇年代重新探討不平衡成長理論的一篇論文評論指出：「鑒於你過去和勞克林．居里的歧見，我不禁注意到你提出的部分論點……有多麼近似於勞克林在他的書中提出的論點。」[111]戴博提及的這本書，是居里在不久之前針對經濟顧問在開發中國家的經驗所寫的著作，他也在最後總結指出：「你們兩人之間進一步的觀點交流，以及和許久以前的觀點進行比較，將會對我們所有人有所啟發。」[112]戴博的建議一直沒有受到採納。

即便是斯特里頓，他雖是赫緒曼在不平衡成長陣營最重要的盟友之一，卻也降低了在一九五〇年代期間界定發展經濟學的那場論戰所具有的理論重要性。他決定在一篇文章裡提出這項觀點，而那篇文章正是為了向赫緒曼致敬的一部紀念文集所寫。斯特里頓特別聚焦於決策和理論之間的重要差異。「我們的概念與政策，」他寫道：「乃是誕生自實踐與經驗當中，」而「宏大理論只是把這些實際經驗濃縮起來，或是在真實的日常工作、錯誤與成就上方編造一套神學」。[113]斯特里頓進一步強調實踐者與學術上的發展經濟學家在策略方面的一些差異。

在決策當中，若能對特定做法取得共識，經常都是藉由「模糊區別以及避免細微分辨」而達成，在價值前提上尤其如此。相反的，經濟理論的目標不是要在一項做法上取得實用的共識。因此，在理論領域裡，「釐清概念」以及針對不同理論「做出更細微與更鮮明的區別」是特別重要的事情，但在實務領域卻幾乎不可能做到。[114]

許多發展經濟學家都同時屬於這兩個領域，一方面是實踐者，同時也是學者；他們的研究也受到這兩種有時會互相衝突的不同衝動所形塑。那些衝突是他們工作性質的一部分，敏銳的經濟學家對此都心知肚明。問題之所以會出現，原因是觀察者沒有認知到發展經濟學家的研究具有理論與實務這兩種雙重層面，先入為主地將發展經濟學描述為互不相容的理論之間的激烈鬥爭。不過，我們一旦把理論與實務同時納入考量，就會發現這兩者以複雜的方式共同界定了發展經濟學這個領域。如同斯特里頓所言：「事後回顧起來，平衡與不平衡成長之間的爭議有一大部分在我看來都是假爭端。……這兩者在實務上經常遠比在理論當中更加彼此一致。」[115]這項洞見也能夠用來闡明當代發展經濟學現行的辯論。

第四章

重塑發展經濟學

戰後早期的發展理論都高度抽象。那些理論探討低度發展的一般典型「條件」，試圖提供用於消除經濟落後的一般性架構。不過，到了一九六〇年代中期，發展領域開始出現深刻改變。廣泛又無所不包的發展理論逐漸被更注重細節、針對特定國家與時間的分析所取代。[1]

這個時候發展經濟學已經超越奠基階段，新一波的研究也增加了分析的複雜度。廣泛的概括論述被視為不足以因應每個國家不同的瓶頸；必須要有更加具體並且針對性的分析，才能夠成功應對低度發展的挑戰。此外，人均所得也逐漸不再是核心的發展指標，因為其他因素也開始納入考量，諸如營養、公共衛生、教育，以及住宅供給。[2]

發展研究當中的新做法

赫緒曼是發展經濟學這個新階段的領導人物之一。他不但在「舊世代」當中扮演了異議者的角色，這時也是最早提出新假說的其中一人，藉此框架並檢驗發展程序以及經濟與社會落後的肇因。前一章提及格申克龍對歐洲資本累積的歷史研究，其中以富有說服力的方式證明了不同國家的經濟成長進程並未依循相同的模式，而是各以不同的方式進展。赫緒曼意在針對發展議題進行一項類似的研究計畫。他愈來愈認定唯有透過歷史重建才能揭開發展的機制，於是在一篇文章當中（亦即他為茱蒂絲·滕德勒〔Judith Tendler〕的著作所寫的前言，那部著作探討巴西電力部門的科技選擇所造成的經濟與政治後果）明確探討了這項議題：

低度發展被診斷為一種具有眾多面向、纏結不清而且根深柢固的問題，因此經常有人斷定這種狀況只能以革命解決，必須在富國與窮國之間出現巨大的財富與權力重分配，至少也必須透過高度有效的中央計畫來對廣泛存在的落後現象進行協同攻擊。然而，要是完全沒有這些天上掉下來的解決方案能夠妥善處理問題呢？要是低度發展的堡壘極為堅固，無法由正面襲擊加以攻克呢？說來不幸，這種情形相當常見，而在這種狀況下，我們就必須知道更多圍困這座堡壘的方式，藉由滲透或顛覆的方式加以削弱，並且終究以類似的間接策略與進程予以攻陷。我建議我們對經濟發展的理解，現在就必須以仔細研究這類進程作為主要的知識來源。[3]

茱蒂絲．滕德勒於一九六八年出版的這本書，是她在哥倫比亞大學接受赫緒曼指導的博士研究最後的產出結果，也是開創這種新做法的另一部研究著作。這本書討論水力與火力發電還有電力分配如何影響了一九五〇與一九六〇年代期間的巴西經濟發展。滕德勒追隨赫緒曼的腳步，對一個部門的發展進行歷史分析，把科技選擇與機會、職業誘因以及政治行為都納入考量。[4]

赫緒曼首度應用自己的新做法，聚焦於發展程序的細節所寫的重大著作，是一九六三年出版的《邁向進步之旅》。這本書有三分之二的內容都是詳細的歷史分析，分析三個不同國家各自施行的經濟政策在漫長的時間當中如何演變。赫緒曼檢視了巴西東北部的乾旱問題、哥倫比亞的土地改革，以及智利的通貨膨脹。如他所言，「本書的精華在於三則故事的流動」。[5]赫緒曼認為，如果要理解拉丁美洲的經濟決策者所面對的問題，「找尋答案最好的方法就是仔細查看幾個有紀錄的具體問題，而且是持續時間漫長又極為重要的政策問題」。[6]偏好採取基於歷史的分析、甚至是偏好採用備受鄙夷的事件史（histoire éveénemetielle）這樣的傾向，從此在赫緒曼的研究方式當中成為一項重要特徵。如同他在一九八〇年一場會議上指出的：

> 仔細檢視一場革命的過程，能夠讓我們強烈感受到歷史上許多原本可能發生的事情，包括差點可以實現卻令人慨嘆地錯失掉的機會，還有出乎意料但令人額手稱慶地避開了的災難，這是結構主義觀點無法讓我們感受到的；因此聚焦於事件的史學家比較不可能像社會學家那樣宣稱：由於某種結構條件，所以結果早已預先注定。〔這種〕對於革命過程的強調……實際上承諾了稍微恢復我們原本恐怕會遭到結構主義者剝奪的自由。[7]

赫緒曼接著在一九六七年出版《發展專案觀察報告》(*Development Projects Observed*)，其中的研究也採取相同的方式。這本書雖然沒有講述他所分析的個別專案背後的故事，但其中的研究「對『個案』有深切的關注」，而書中檢視的專案之所以會受到挑選，也是因為那些專案具有「漫長的歷史」。赫緒曼總結指出：「沉浸於個別細節當中，已證明……是發掘任何普遍情形的必要方式。」[8]

個別細節與普遍情形兩方之所以會產生這種緊張關係，原因是實作者與學者對於經濟發展的知識狀態感到迷惘困惑。經過將近二十年的發展援助之後，結果卻是參差不齊，而且戰後早期的發展經濟學也被視為有所不足，不但無法有效分析援助政策，也不足以作為援助政策的基礎。也許更根本的問題是，究竟有哪些措施受到推行，又得到了哪些結果，都沒有明確的紀錄。

把焦點轉向歷史：《邁向進步之旅》

在《邁向進步之旅》當中，赫緒曼的興趣在於拉丁美洲公共當局的問題解決能力如何發展及運作。就某個意義而言，這是他對發展進程加以思考的自然演變。在《經濟發展策略》裡，赫緒曼聚焦於有可能取代投資決策能力的誘發機制以及向後與向前關聯。在《邁向進步之旅》當中，他的注意力則是從經濟部門轉向政治領域。在因應**社會經濟**問題的時候，**政治**決策怎麼發揮作用？

因此，赫緒曼對智利、哥倫比亞與巴西的三項重大政策問題展開詳細分析。不論特定問題的歷史紀錄有多麼獨特，赫緒曼的興趣乃是在於找出能夠在未來增進政策改革效果的元素。他雖不認為有任何「鐵律」支配了社會、經濟與政治動態，但他這項研究的目標卻是要理解他的國家研究所詳細分析的那些決策過程背後的典型特徵。

從赫緒曼的用語選擇，即可看出他相當清楚從個別案例當中歸納出一般原則有多麼困難。他預測自己的分析只會得出「暫時性」而且「零碎」的發現，並且主張自己的目標不是要提出一項決策理論，而是要描繪出「拉丁美洲針對大規模政策問題加以處理、理解，以及找出解決方案的特有『方式』」。[9] 找尋一種「拉丁美洲方式」，和推測一座大陸的性質不一樣。在赫緒曼的觀點當中，這種方式的基礎在於這座大陸的問題與社會的深層結構。他指出：「方式應該要在最大程度上產生自問題的特質以及問題解決過程本身。」[10]因此，赫緒曼的分析聚焦於哪種問題通常會被列為最重要的政策目標，以及因應那些問題的決策過程所具有的特質。

赫緒曼指出，低度發展社會的特性在於大眾與政府之間的溝通相當簡陋，而且經常缺乏效果。在這樣的情況下，暴力與大規模抗議經常是長久以來遭到忽略的問題能夠吸引主政菁英注意的唯一方法。一項特定問題如果沒有引發群眾抗議，很可能就不會受到重視。這種由下而上的二元狀況唯一的例外，當然就是由上而下的政令，也就是透過決策者的直接主動措施，而把大眾的注意力導向先前沒有受到處理並且遭到遺忘的議題。之所以會採取這種做法，可能是因為解決這些議題似乎可望化解其他造成群眾抗議的問題，或是因為政治情境改變，所以先前被視為重要性不高而且就算延後解決也不會引起政治反彈的問題，在這時對決策者而言已變得比較容易處理。

問題如何受到全國注意的這種模式，也影響了這些問題受到處理的方式。被視為「急迫」的問題，不論是因為這些問題造成社會與政治動盪，還是因為這些問題被視為國家現代化的重大障礙，都經常會引起反應，促成解決這些問題的嘗試，但不必然是基於對問題根源的真實理解。換句話說，如同赫緒曼總結的，「動機」經常先於「理解」。這種動態的效果明顯可見於低度發展國家：也就是一種追求宏大目標的傾向，總是正面應付大問題，而不理會比較有限但也許比較容易處理的目標；總是推出全面性的計畫，打算一次解決所有的問題；經常成立新組織以求徹底解決一項根深柢固的問題；過度依賴從外部引進的解決方案，但這類解方只是因為「外來」而顯得萬能；最後，也總是不免出現突然的巨大政策轉向以及重大的意識形態衝突。

根據赫緒曼所言，意識形態尤其是一種基本觀點，唯有藉此才能理解拉丁美洲的發展辯論以及拉丁美洲方式的問題解決與決策做法。在他一九六一年編纂的《拉丁美洲問題》（*Latin American Issues*）書裡，赫緒曼特地在序章當中觸及意識形態在拉丁美洲扮演的角色。[11]這本書收錄了一系列的文章，探討拉丁美洲的通貨膨脹、區域貿易和土地改革等問題。值得注意的是，這些問題雖然都非常實際，赫緒曼的引言卻聚焦於意識形態在形塑這項辯論本身所扮演的角色。如同阿德爾曼所言，「經濟學家如果習於認為自己是以社會之外的身分從事觀察，就像醫生檢查病患一樣，那麼赫緒曼即是把他們轉變為主體。」[12]

赫緒曼在《邁向進步之旅》當中分析意識形態以及決策的其他元素之時，發現那些元素呈現出若干引人注意且頗有可為的特質。拉丁美洲決策當中看似功能失調的特徵，並非毫無希望的負面性質，而是實際上提供了一個管道，可讓國家在缺乏一套能夠確保大眾與決策者互相對話的政治體系的情況下察知到特定問題，並且致力加以解決，儘管解決過程也許不免磕磕絆絆。舉例而言，在《邁向進步之旅》出版的幾個月前於里約熱內盧舉行的一場會議上，赫緒曼針對貨幣主義與結構主義學者對於通貨膨脹的不同觀點提供了一項詮釋，奠基於這兩個群體在其各自的社會政治情境裡發展出來的特定問題解決方法。在貨幣主義觀點的主要來源國家當中，幾乎所有利益團體都有和決策者溝通的管道；在結構主義觀點的來源國家裡，遭到忽略的問題唯有與決策者關注的問題有所關聯才有可能受到考慮。因此，前者針對通貨膨脹提出的解決方案，是純粹貨幣主義的財政政策；而後者則堅持通貨膨脹與供給滯彈性（supply anelasticities）、制度剛性以及結構瓶頸的關係。[13] 赫緒曼似乎暗示這兩者的差別比較不是基於理論差異，而是基於他們在不同制度環境當中形成的意識形態架構。

在這個觀點當中，全面計畫尤其有助於把遭到忽略的問題連結於一項已經受到關注的迫切問題。因此，「全面計畫」（這種觀念認為，除非以協同方式同時處理一整批的問題，否則任何特定問題都不可能得到解決）在赫緒曼的觀點當中成了「一種對於繼子問題間接達成認知的普遍性手段」。[14] 在里約熱內盧的那場會議上，赫緒曼強調全面計畫的另一項優勢，但是和剛剛提及的那一項優勢多少有些牴觸：由於計畫涉及龐大的財務投入，因此對決策者而言可以是一項有用的「戰術武器」，用來遏阻那些要求未經協調又缺乏規畫的額外支出的壓力。[15] 換句話說，一項全面計畫將有助於決策者劃定一條界線，把兩大組政策與問題區分開來，一組必須立刻處理（在計畫的界線範圍內），另一組則必須延後處理（在界線範圍外）。

赫緒曼在《邁向進步之旅》當中對全面計畫的稱許，和他在短短五年前的立場相較起來

圖4.1 一九六二年，赫緒曼夫婦為《邁向進步之旅》進行實地考察期間，前往拜訪哥倫比亞農業改革研究所（Instituto Colombiano de la Reforma Agraria）。提供：Katia Salomon。

不免令人大感震驚。相信讀者還記得，赫緒曼因為厭惡全面發展計畫，而在《經濟發展策略》當中對平衡成長做法提出嚴厲批評，並且提議另一種不平衡的做法。不過，赫緒曼在當時是參與一項分析辯論，探討發展程度較低的國家的工業發展機制，而在《邁向進步之旅》當中則是討論另一組非常不一樣的問題。在經濟上缺乏效率，甚至可說是完全無用的全面計畫，在決策觀點當中卻是一項重要的策略工具。面對如何誘發經濟創業這個問題，全面計畫可能顯得毫無意義又僵化，但問題一旦轉變成如何推進政治決定，全面計畫就變成一件豐富又有彈性的工具。

同樣的，這種「拉丁美洲方式」的其他特質也有其作用。赫緒曼認為，誇大的改革承諾通常會帶來令人失望的結果。然而，「決策的烏托邦階段」卻經常具有一大優點，也就是能夠催生立法，這樣的法律雖然起初沒有受到執行，卻還是「白紙黑字」存在。在後續的改革努力當中，這項處於休眠狀態的法律就有可能獲得實行，從而為本來可能會被視為不切實際的政策倡議提供法律基礎。赫緒曼舉哥倫比亞的戰後土地改革為例，指稱此一倡議從一九三六年憲法裡一個被人遺忘的條款獲得出乎意料的支持，因為那個條款允許在特定狀況下進行土地徵收而不必提供補償。那個條款當初通過的時候也許顯得過於烏托邦，結果卻在數十年後為土地徵收（有補償的土地徵收）提供了堅實的基礎。[16]

許多拉丁美洲國家的巨大政策擺盪都帶有一種奇特的組合，一方面毫不留情地批評先前的政策，另一方面卻又以盲目的信心全力支持新措施，而這種組合也同樣具有若干出人意料的正面面向。首先，認為政府的所有改革嘗試終究不免失敗的這種習慣，削弱了反對改革的力道。但這麼一來，失敗的修辭反而為實際改革開啟了空間。另一方面，伴隨新政策而來的誇大宣告即便不切實際，對決策者也還是有激勵效果；對於先前失敗的選擇性失憶，使得採取新嘗試成為有可能的事情。

赫緒曼的樂觀心態似乎在此處勝出，因為失敗與成功的修辭這兩者的正面組合只是其中一個可能的結果。原則上，這種組合也可能造成徹底反動的結果。這兩種效果如果要共同促進改革，那麼失敗的修辭就必須主要只適用在改革的反對者身上，而成功的修辭則必須適用在主持改革決策的人士身上。不過，要是改革反對者認定新的政策提議其實有可能如其支持者承諾的那般獲得實現，而改革支持者反倒只是口頭上採用成功修辭，內心卻其實認為不會有任何改變，那會怎麼樣呢？在這種情況下，我們即可預期一項強烈的先發制人反應，目的在於捍衛現狀。

然而，赫緒曼的樂觀其實有其方法。我們必須把《邁向進步之旅》視為一項嘗試，企圖解釋**未達革命程度**的經濟與社會改革背後的機制。我們不該忘記，革命在一九六〇年代初期的拉丁美洲是一項頗為時髦的概念，最成功的例子就是不久之前的古巴革命。不過，赫緒曼不是革命分子；他認為革命不僅沒有必要，而且在分析上也有其缺陷。革命沒有理解及因應社會變革的問題，而是「兩個靜態社會之間的一段災難性插曲」：其中一個社會是前革命社會，腐敗、不公正，又對改革毫無反應；另一個社會是後革命社會，公正又和諧，並且不再需要進一步的改進。

如同赫緒曼對平衡成長做法的批評，亦即平衡成長把高度發展社會的夢想強加在落後的現實之上，卻沒有說明該怎麼從一種狀態進展到另一種狀態，所以他也認為革命觀點未能說明真正值得注意的問題，也就是社會與政治變革是怎麼發生的。赫緒曼的研究著作是為一種

「兜售改革手冊」發掘材料的方式，那種手冊的服務對象乃是堅定且努力不懈的改革者。如同他指出的：「書寫這麼一部文本的時機也許已經成熟，可以為許許多多針對革命、政變與游擊戰技術所寫的手冊提供一些競爭。」[17]就這方面來說，《邁向進步之旅》對於赫緒曼在五年前於《經濟發展策略》當中展開的那項研究而言，乃是一部自然而然的後續作品。在這兩部著作當中，赫緒曼都明白指出一種中間立場，介於維持現狀以及發動革命之間（如果採用《經濟發展策略》的用語，則是介於「徒勞」與「殘暴」之間）。《經濟發展策略》聚焦的是經濟發展過程，《邁向進步之旅》聚焦的則是兜售政治改革的過程。

赫緒曼沒有迴避分析若干暴力形式，他發現有些決策程序同時帶有「改革與革命的元素」。[18]顯然，在某些案例當中，暴力本身也有可能成為改革的要素。舉例而言，哥倫比亞的農民經常占據無人耕種的土地。不過，那些暴力情形的爆發根本沒有促進革命，還使得改革派政府能夠對土地重劃進行立法；而且，要不是那些農民透過暴力占據土地而引發改革進程，這樣的立法根本無法想像。赫緒曼對於哥倫比亞人發明的這種「高度混亂程序」頗感莞爾。哥倫比亞農民並未依循一般預期的程序，先發起革命，然後在新的後革命秩序架構當中進行土地重劃，而是先從事分散式的非法土地重劃，然後才因為改革派政府的干預而獲得合法化。[19]更廣泛來說，赫緒曼凸顯了改革行動在拉丁美洲國家的高度複雜性以及改革政策的混合性質，亦即那些政策似乎由敵對與非敵對性動態共同構成。

這整本書以及其所奠基的研究（赫緒曼與太太莎拉還有政治學家林布隆〔Charles E. Lindblom〕這位同事暨好友，在一系列前往拉丁美洲的旅程當中進行了這些研究）是一項毫不妥協的嘗試，企圖把公共政策分析引進發展經濟學的領域。赫緒曼對於有效的公共決策機制被貶抑為僅僅只是經濟成長的「前提」感到不滿，於是決意在《邁向進步之旅》當中證明這一點：決策與問題解決的過程不論有多麼混亂和違反直覺，畢竟還是在發展的所有階段當中扮演了決定性的角色。他把這個目標明確連結於他的前一本書，也就是《經濟發展策略》，因為他在那本書裡研究了各種能夠取得企業資源而推進經濟發展的誘發機制。他在《經濟發展策略》當中雖然批評政府以全面計畫的觀點看待決策過程的傾向，卻沒有排除公共決策有可能對發展過程做出的貢獻。如同他在《經濟發展策略》當中寫的：「有人主張指出，像是公共當局對於電力短缺所做的反應這種非市場力量，和私人企業家對於自家產品價格上漲所做的反應相比之下，前者的自動程度不必然比後者來得低，也不是在本質上一定會如此。」[20]記錄這項主張的渴望，把赫緒曼引導到《邁向進步之旅》的核心問題：也就是「研究公共決策者在問題解決情境當中的行為」。[21]

也許不在意料之外的是，赫緒曼把經濟與政治分析連結起來的嘗試最受政治學家欣賞，而同行經濟學家則是提出了不只一項批評。奧爾森（Mancur Olson）認為《邁向進步之旅》可能是近幾年來針對經濟發展與政治過程的雙向關係所出版的著作當中最優秀的一部。如同奧爾森指出的，這項連結非常重要，卻極少受到研究。[22]不過，有幾位經濟學家卻批評書中三項個案研究的經濟分析有所不足，有時也缺乏說服力，而且無論如何極度有限。如同席爾斯（Dudley Seers）在一篇大體上給予正面評價的評論當中指出的：「指稱經濟理論必須把政治因素納入考量是一回事，但是幾乎全然把經濟學排除在外又是另一回事。」[23]

在這篇精闢的評論裡，席爾斯讚揚了赫緒曼的探究方式具有的新意、他共同分析政治與經濟議題的決心，還有他對於政治與社會過程的複雜演變以及經常違反直覺的模式所懷有的敏感度。簡言之，赫緒曼的著作「對於改革者而言是一本有用的手冊，是一部與馬基維利的《君主論》互相對應的『進步』著作」。[24]另一方面，赫緒曼對於解譯拉丁美洲政治經濟當中那些出人意料而且違反直覺的效果所具有的用處信心滿滿，但在席爾斯眼中看來只能說是問題重重。就某個意義上而言，席爾斯納悶赫緒曼試圖對不可預測的事物進行預測，會不會終究在實務上淪為毫無意義。

如同我們後續將會在《發展專案觀察報告》當中看到的，赫緒曼著迷於不可預測、不確定而且出乎意料的事物，經常會招致別人批評他的論點毫無意義。席爾斯指出：

> 赫緒曼對於社會變革的方式抱持的觀點可能也過於簡化；進步的一大動力正是人所懷有的信心，也就是相信特定政治計畫將會依照預期造成改變，而且這項過程將會比實際上

有可能的還要更容易也更快。如果想要達成重大的進步，大眾與政治領袖就都必須對世界抱有多少帶點天真的觀點（就像哥倫布必須以為亞洲位於大西洋上，才有可能「發現」美洲）。奪走大眾的幻想不但會導致那些幻想難以實現，也會導致事態連稍微改善都不可得。[25]

反諷的是，席爾斯對於赫緒曼的社會變革觀點提出的批評，其仰賴的想法後來成為赫緒曼的隱藏之手原則背後的中心思想。

《邁向進步之旅》的出版，確立了赫緒曼身為發展經濟學界最具洞察力也最引人注目的學者這項地位；早在書評開始出現之前，哈佛大學經濟學系就私下詢問過赫緒曼是否有興趣到系上任教。在柏克萊與聯準會曾與赫緒曼共事過的格申克龍，在一九六〇年代中期是哈佛經濟學系最具影響力也最受敬重的教授之一，他就堅持校方應該把赫緒曼從哥倫比亞大學手中挖過來。[26]哥倫比亞大學雖然願意提供與哈佛相同的條件，然而赫緒曼在一九六四年三月同意前往麻州劍橋擔任哈佛大學的政治經濟學教授。由於他早已和世界銀行以及布魯金斯學會排定從事一場漫長的研究旅程，探究世界各地的發展專案，因此哈佛為赫緒曼提供了非常貼心的安排：他在一九六四至六五年休假，次年只需在劍橋教導一門以他的研究為主題的研究所專題研討課並且撰寫他的著作，直到一九六六至六七年才需要負擔正常的教學工作。[27]

莎拉也在劍橋展開一項小規模的試行計畫，引導成年波多黎各女性閱讀文學文本。莎拉先向參與的女性唸出一則短篇故事，由她們拿著自己手上的文本跟著看，然後她再促成對話。這項稱為「人與故事」的計畫，最早在一九七二年於麻州的一座公共住宅以西班牙語舉行。經過一段時間之後，這項計畫逐步擴展到紐澤西、布宜諾斯艾利斯外圍的基爾梅斯市（Quilmes）、佛羅里達州、德州、紐約，以及波多黎各，並且從一九八〇年代中期開始以西班牙語和英語舉行。[28]後來，這項計畫又另外成立了一項青年計畫，也在愈來愈多的地方成立個別專案，對象包括監獄囚犯、人口販運性工作受害者、遊民安置中心住民，以及低收入的成年人。

聚焦於專案之上

《邁向進步之旅》才剛出版，赫緒曼就開始規劃他的下一項寫作計畫。他在一九六三年春季聯絡了當時已是世界銀行副總裁的奈普，提議針對世界銀行在開發中國家資助的專案進行一項遍及全世界的深入實地調查，以便驗證《經濟發展策略》與《邁向進步之旅》當中闡述的假說。赫緒曼的計畫是要從事廣泛的實地調查，聚焦於「專案本身的維護與績效，還有專案所振興（或者摧毀？）的經濟活動，同時也在相當程度上聚焦於專案在經濟、社會與政治上造成的廣泛影響，諸如其教育效果，以及專案對於當地或國家新菁英的形成有什麼貢獻」。赫緒曼還有另外一個目的，就是在寫了兩本大量奠基於拉丁美洲案例之上的著作之後，他想要藉著接觸亞洲與非洲以擴展自己在發展議題方面的專業。[29] 從一九六四年初開始，赫緒曼的研究即重新框架為一項布魯金斯學會的計畫，受到世界銀行支持，並且由卡內基基金會與福特基金會資助。

套用赫緒曼所言，他這項研究追求的主要目的是「仔細探究一項專案對於經濟與社會會產生哪些直接效果，又會帶來哪些廣泛影響」，以便「對於專案評估與選擇的過程有所改進」。[30] 目標是要深刻理解一項專案的主要特色，包括在規畫階段以及專案執行完畢之後。赫緒曼選擇分析世界銀行資助的專案，不是令人意外的事情；世界銀行長達二十年的經驗含有「對於這個地區最豐富、多元而且詳細的資訊來源與紀錄」。[31] 此外，所有挑選出的專案在執行過程中都有遭遇嚴重問題。因此，這組樣本雖然數量有限，卻可能有助於這項研究的目標，也就是針對專案融資當中產生的問題建立概括性的論述。在更為根本的層面上，比較不同專案將可凸顯專案經驗當中的相似處與差異處，藉以發現那些專案是否能夠「追溯到……其所謂的『結構特質』」。[32] 這些結構特質包括經濟、技術、行政與組織特徵，並與廣泛的社會政治環境緊密相關。

赫緒曼針對專案有效性的問題與分析劃分出三個領域。第一個領域是受援國的決策過程。誰主導這項專案？這項專案受到哪些政治團體與利益團體的支持或反對？其中有沒有哪些團體改變了自己起初對於這項專案是否明智所抱持的立場？第二個焦點領域是世界銀行內部的決策過程。在這方面，赫緒曼也強調比較的重要性，也就是比較世界銀行的初始立場以及事後考量。更明確來說，他的目標是形塑一種方法，讓專案規劃者能夠探究一項專案的績效本身具有的不確定性，並且預測有可能出現的行為方向。

第三個焦點領域是事後回顧專案。相關的問題包括檢討建構階段造成的影響（包括描述出乎意料的事件，乃至於在建立當地的工程、管理與計畫能力上所產生的直接與間接效果），以及專案對於受援國的社會與經濟造成的最終影響。當然，赫緒曼感到好奇的是可能從專案的建構或推行過程中產生的關聯效果，例如一項專案的建構或者推行是否引發了其他經濟活動的建立。最後，赫緒曼建議針對各種後果進行分析，就算是最深遠的後果也不例外，像是專案對於受援國的財富、所得與權力分配所造成的影響；還有公部門與私部門新發展出來的企業與行政能力；以及引進「根本的結構性變革」。[33]

要納入赫緒曼這項研究裡的候選專案，必須符合三項基本標準：在部門與地理位置的分布上必須具有多樣性；必須已經推行幾年的時間，如此才能夠重建其歷史演變過程（我們先前已經看過，詳細的歷史分析極為重要）；也必須是可以辨識的活動、需要持續不斷的維護，而且帶來了可見的關聯效果。水力發電專案、特定的公路或者產業都是自然而然的候選對象，至於融資從事一般性的公路重建以及維護活動、採購農業機械，或者達成國際收支平衡的目的，這類措施則被排除於候選對象之外。[34]在世界銀行的官員協助下，赫緒曼挑選了一批專案。

來自世界銀行內部的意見回饋整體而言極為正面。阿夫拉莫維奇（Dragoslav Avramovic）這位備受敬重的資深經濟學家指出：「在基礎建設領域當中針對專案進行考核的當代理論與實踐，也許是首度在廣泛的基礎上受到系統性的事後方法論檢視。」[35]由於這些高度的期待，世界銀行投入這項研究的程度因此異常之高，尤其鑒於這項研究乃是由一名外部研究者主持。身為布魯金斯學會的重要官員，並且在赫緒曼這項研究裡與世界銀行合作的艾舍（Robert Asher）指出：「世界銀行竟然願意向一名外部研究者公開其專案檔案、為他提供一名助理、要求成員國政府和他合作，並且做出世銀在這個案例當中同意做出的其他一切事情，實在是非比尋常。」[36]

不過，有些官員則對赫緒曼打算檢視的那批雖然多元但為數不多的樣本具備的代表性抱持懷疑。一名官員寫道：「鑒於專案的高度多樣性，以及世界銀行……各成員國極為不同的經濟與政治背景，因此從三百件左右的專案當中挑出十幾件的這麼一批小樣本，也就不禁讓人納悶是否足以得出令人信服的一般性結論。」[37]經濟學家史基林斯（Robert F. Skillings）也依循類似的思路，提議聚焦於一個特定部門（例如電力或者道路），針對世界銀行在那個部門當中資助的所有專案進行透徹分析。[38]這項提議在當時沒有受到採納，但也沒有遭到遺忘：世界銀行新成立的工作評估部門（Operation Evaluation Division）在一九七〇年代初期資助的第一批研究當中，就有一項是針對世界銀行在電力部門獲致的成果進行透徹分析。[39]

世界銀行與赫緒曼在布魯金斯學會的研究當中結合彼此的力量，是一項適時的合作。如同其他若干機構，世界銀行也愈來愈體認到有必要建立以及精進一套方法，用以評估它本身的政策對於發展程度較低的國家所造成的影響。早期的專案評估都是奠基於針對受檢視案例所寫的厚重敘述，經常以敘事方式寫成。一名後來當上評估部門主管的人士回憶道，「在以前」，官員「會針對世界銀行與一個國家之間關係的歷史寫出一本書。那是很優美的歷史著作，實際上是很扎實的作品」。[40]不過，問題是那樣的做法無法對資訊進行任何的一般化或是互相結合，也只能為比較分析提供有限的基礎。

阿爾伯特與莎拉．赫緒曼在一九六四年七月至一九六五年八月間花了一年的時間走訪四座大陸。莎拉不只是隨行的配偶，而是如她在阿爾伯特的著作當中經常扮演的角色那樣，是實地研究的夥伴以及重要的智識對話者。她對《經濟發展策略》的貢獻本就極為重要，協助阿爾伯特納入與發展研究特別有關的人類學文獻。同樣的，她在一九六〇年夏季期間也參與了墨西哥、哥倫比亞、智利、阿根廷以及巴西的實地研究，那些研究後來就成為《邁向進步之旅》的基礎。[41]在一九六四至一九六五年，莎拉再度成為「『團隊』成員」。[42]只要是熱中於挖掘檔案的人，必定會在許多實地筆記當中看到她的筆跡。

從這場實地旅程回來之後，赫緒曼就傳布了一份有著若干初步觀察的備忘錄，聚焦於他所謂的發展專案在幾個不同部門當中的「行為特徵」。他寫道：「在短時間內連續瞭解各種不同專案之後，我開始注意到不同專案的施行過程相較之下具有的典型優勢或劣勢，例如電力專案與灌溉專案互相比較。」[43]

赫緒曼的這些初步觀察，明顯可見是以方法論為其首要目標。他完全沒有探究一般的典型問題，像是世界銀行的貸款帶來的經濟報酬，或是各種傳統區別，諸如基礎建設相對於農業與工業專案，或者人力資本與物質資本；而是強調改變觀點的必要性。他聲稱真正會影響專案的因素，是專案的不確定程度：「導致專案偏離原本劃定路線的那種未知、不確定以及出乎意料的元素，在所有專案裡都占有可觀的地位。不過，那種元素在某些專案當中的重要性高過其他專案，世界銀行也許會想要大致理解這種不確定性的主要決定因素。」[44]

在這些決定因素當中，赫緒曼列出了在專案一開始推行即可完全籌劃專案內容的能力（例如電力專案就比農業改善專案來得容易籌劃）；專案造就的新供給與吸收這些供給的實際需求之間的直接關聯（一座發電廠的不確定程度會隨著所在區域的經濟發展程度而異）；以及經濟、社會與政治變遷對於專案實行造成干擾的程度（例如勞動成本上漲對灌溉專案會造成多大程度的影響，或是專案有可能在多高的程度上排除政治干預）。[45]在這場實地旅程當中

表4.1 赫緒曼的旅程與專案融資目的

薩爾瓦多	一九六四年七月二十日至八月一日	電力
厄瓜多	一九六四年八月三日至二十日	瓜亞斯省（Guayas）的道路
祕魯	一九六四年八月二十一日至九月十一日	聖羅倫索（San Lorenzo）的灌溉系統
烏拉圭	一九六四年九月二十日至十月七日	牧場改善
西巴基斯坦	一九六四年十月二十八日至十一月八日	戈爾諾普利（Karnaphuli）造紙廠
印度	一九六四年十一月九日至十二月十六日	達莫達爾河谷（Damodar Valley）的開發
東巴基斯坦	十二月十七日至一九六五年一月三日	戈爾諾普利造紙廠
泰國	一九六五年一月四日至二十八日	昭披耶河灌溉系統
印度	一九六五年一月二十九日至二月二十五日	邁索爾（Mysore）受到印度工業信貸投資銀行資助的幾種產業
義大利	一九六五年四月二十六日至五月二十八日	南義大利的灌溉系統
烏干達	一九六五年五月二十九日至六月十八日	電力輸送與分配
衣索比亞	一九六五年六月二十一日至七月九日	電信
奈及利亞	一九六五年七月十日至八月十二日	鐵路現代化與博爾努鐵路延伸段

資料來源：Albert O. Hirschman, “A Study of Selected World Bank Projects-Some Interim Observations,” August 1965, World Bank Hirschman Folders Vol. 1.

注：義大利是在事後才因為幾名世界銀行官員的建議而添加於這份名單上，因為他們堅稱世界銀行提供給義大利南方基金計畫（La Cassa per il Mezzogiorno；義大利國內負責開發義大利南部的機關）的貸款將會與赫緒曼的研究極為有關；見Douglas J. Fontein to Prof. Gabriele Pescatore, April 9, 1965, World Bank Hirschman Folders Vol. 1。

寫下的筆記，也闡述了在若干種類的專案當中計算以及量化效益所遭遇的困難。赫緒曼藉由衣索比亞強調電信這個案例：「你要怎麼計算通訊變得較為容易、把稀缺的管理才能散播於廣泛區域的能力，以及更佳的市場資訊等等所帶來的效益？」[46]因此這類專案經常受到忽略，儘管這類專案可能最有成效。

這種觀點的改變，也要求世界銀行的行為必須出現相應的改變。赫緒曼寫道，世界銀行應該避免對專案前景表現出「確定無疑的感覺」，而是應當揭露潛藏在專案當中的不確定性，探索各種可能的結果。此外，世界銀行應該將其貸款的分配效果乃至更廣泛的社會與政治效果納入考量。實際上，一項專案的效益如果分配得過度不平均，除了會危及政治與社會穩定之外，也很可能會對專案本身造成威脅。舉例而言，一項新的道路專案將會造成新的土地受到農業開發。根據赫緒曼所言，世界銀行應該明確處理那些土地的所有權問題，目標在於把專案的效益盡可能散播到最多的人口身上。當然，赫緒曼明白效益的擴散可能需要時間：一項專案在一開始通常只會對一個國家裡最先進的區塊帶來發展的貢獻，到了第二個階段才會擴展到更廣大的人口以及貧困地區。舉例而言，這種擴散機制在發電廠的設立上更是明顯可見，因為發電廠通常是為了服務最大的城市而設立，經過一段時間之後才得以把供電範圍擴大到其他比較小的城市或者鄉下地區。儘管如此，赫緒曼還是認為「這種第二階段的專案效益擴散……必須在事前明確預見，或者至少仔細監控其可能的出現，而在這種機會實際發生的時候善加把握」。[47]赫緒曼也批評專案分析對於社會與政治因素缺乏充足的考量。他認為，許多專案之所以在推行過程中遭遇巨大困難，原因是那些專案對於其政治與社會環境的分析太過草率。區域之間、部落之間，或者中心與邊緣之間的對立，以及特定利益團體的政治力，都是會對特定專案的成功或失敗造成影響的重要因素。

除了社會與政治因素可能對專案造成的影響之外，赫緒曼也對於研究相反情形深感興趣：有沒有可能辨識出哪些專案能夠有助於發展政治技能以及促使不同團體達成意見上的一致？赫緒曼夫婦在他們的旅程上注意到灌溉專案經常會帶來新的資源，而且那些資源起初都被認為數量極為有限：灌溉幾乎立刻就會造成對於水分配的爭執，連同與此相關的行政問題以及不同群體之間的協調問題，包括工程師與農民之間、不同的農民組織之間，以及不同的推廣服務等等。另一方面，這些問題也可能產生出乎意料的正面溢出效應，因為這些問題具有「名副其實的教育效果，能夠讓人學會怎麼從事討價還價以及調整等等」。[48]

烏干達一項電氣化專案的案例，為專案管理可能造成社群建構的結果提供了另一個例子。在馬薩卡（Masaka）這座城鎮裡，印度人與非洲人過著互不相干的生活，從事各自不同的經濟活動，而且他們的都市遷徙與定居模式也各不相同。印度人全都居住在城鎮裡，只要支付極低的費用就可以連接電網；另一方面，非洲人則是分散於鄉下地區，為了連接電網必須付出的費用可能是印度人的五倍以上。因此，烏干達電力分配專案高度加劇了這個國家裡不同族裔群體之間的衝突。另一方面，赫緒曼也注意到這項專案有重新架構的空間，可以讓印度人與非洲人共同合作管理這項專案，或者由這兩個社群協調不同地區的管理工作。赫緒曼夫婦大膽提出這樣的希望：「共同任務的技術本質有助於促使這兩個〔族裔群體〕『忘記』對方的膚色。」[49]只要經過適切的重整，烏干達電力專案可望產生強大的社會效益。

在專案具有建構制度的潛力這一點上，一個與前者完全相反的例子也許可以說是公路。公路建設總是有許多的空間可以讓人臨場發揮、草率應付、偷工減料，以及為了量而犧牲品質，但沒有任何特定的誘因能夠促成發展出更有結構也更有效的制度。[50]此外，道路建設沒有任何自然或技術上的限制，因此特別容易受到政治壓力以及政治鬥爭對國家團結的破壞效果所影響。相較於水力發電，火力發電也具有與公路建設相同的這種性質。水力發電受限於自然資源的可得性，火力發電卻幾乎是想要建造在哪裡都可以。因此，火力發電廠的投資看來也就更加容易遭到政治壓力影響。以赫緒曼的用語來說，這是「四處為家」（道路與火力發電）與「受制於資源」的公用事業這兩者之間的對立。[51]我們如果從制度建構的觀點考量專案，那麼灌溉能夠產生的效果最大，公路最小，而鐵路與發電廠則是介於其間。[52]

儘管如此，公路對於社會現象與經濟發展之間的關聯而言仍是一項值得注意的個案研究。赫緒曼指出，道路維護經常是由實體衰敗與大眾抗議這兩者的結合所促成：卡車司機因為道路狀況惡劣而拒絕支付過路費，會對修補道路所需的財務資源造成負面影響；另一方面，他們的行為也顯示路況的衰敗已到了不可接受的程度，於是這種情形就可能會誘發反應（亦即道路維護）。[53]在《經濟發展策略》裡，赫緒曼詳盡討論了發展程度較低的國家所欠缺的資源經常不是資本或者其他任何實體資產，而是做出決策的能力，因此他敦促以「誘發機制」的個體化取代這項欠缺的能力。由（一）道路使用、（二）缺乏維護、（三）道路敗壞、（四）大眾抗議，以及（五）道路維護這幾點構成的循環機制，就是這種誘發機制的一個例子。這個觀點是一顆種子，造就了赫緒曼的智識旅程當中特別富有成效的一枚果實。我們在下一章將會看到，赫緒曼後來在一九七〇年出版的《叛離、抗議與忠誠》（*Exit, Voice and Loyalty*）這部著作裡對社會互動的分析，就以這個觀點作為討論「抗議」的起點。

赫緒曼在他的「初步觀察」裡主張世界銀行忽略了重要的問題，而且「專案似乎完全只以其技術優點受到評斷」。[54]此外，如同莎拉在他們的筆記當中所寫的，「要衡量投資的社會可欲性，不能單純以獲利能力作為標準」。[55]

赫緒曼也聚焦於世界銀行的特定政策，這些政策通常被當成貸款的前提要件：包括世銀偏好在不涉及國家政府的情況下直接與發展機關交涉，以及與透過國際招標篩選出來的承包商交涉；世銀堅持透過其貸款建立的公用事業應該要讓政府獲利；並且堅持對借貸國的內部行政程序施行嚴格控制。赫緒曼強調的，則是依據當地狀況調整貸款程序的必要性。[56]

在他的旅程當中，赫緒曼注意到有些機關雖然原則上應該獨立於國家政府之外自主運作，但實際上卻因為其委員會混亂又不團結而導致決策效能有限，反倒是政府部門裡較為簡化的指揮系統可能還比較有效。在其他案例當中，自主當局則是逐漸轉變為半封建式的權力中心。[57]發展機關的行政獨立性未必是正面的性質，而是必須依據個案分別評估。至於世界銀行想要控制借貸國內部行政程序的嘗試，赫緒曼指出這點經常根本不可能做到：受援國內部的困境以及政府內部的衝突都是借貸國常見的特徵，而這些困境的第一個受害者就是與外部主體之間可靠而開誠布公的溝通。[58]

赫緒曼大部分的觀察都遭到世界銀行官員斥為顯而易見或者並不正確。有些批評者強調指出，赫緒曼數度僅對特定事務進行局部分析就提出結論。「至於『把所有專案的前景都染上確定無疑的色彩』這種傾向，」一份評論指出：「博士也許確實言之有理。但必須記住的是，我們的專案報告並不是經濟學論文。那些報告必須簡短，而許多我們考量的要點都不一定會包含在報告裡。」[59]

巴蘭汀（Duncan S. Ballantine）是世界銀行的官員，曾在麻省理工學院與哈佛大學擔任歷史教授。他以比較不那麼尖銳的語調針對許多報告表面上的偏見提出了富有說服力的闡述：「為了向〔執行〕董事提出積極的行動建議，一份報告必須表現出肯定的姿態……而不免犧牲若干不確定性。儘管如此，在這種無可避免的簡化之前的考核過程裡，工作人員……確實會『持續不斷努力設想』那些不確定性。」[60]鑒於赫緒曼的研究向來對決策與「兜售改革」的過程深感興趣，因此值得注意的是世界銀行官員做出的反應，都強調他未能理解依據受眾與情境調整訊息的必要性。

批評者指出，赫緒曼要是把更多元素納入考量，也許就會發現自己的提議其實與世界銀行的思維與實踐方式相當一致，或是如同另一名官員所言，「（赫緒曼的）觀察當中大部分的內容，原本就都是世界銀行人員在專案工作過程中會正常納入考量的要素。」[61] 舉例而言，赫緒曼談及世界銀行與借貸國可能會在借貸方做出關鍵人事調動之前必須諮詢世界銀行的義務這一點上發生衝突，而強調「應當致力把事前諮詢的要求限縮於確實認定為必要的少數幾項事務」。[62] 一名批評者隨即指出世界銀行早就已經採取赫緒曼提議的做法：「赫緒曼博士不太明白世界銀行在諮詢方面的做法。在近五年來發出的二百五十三筆融資與信貸當中……只有四十份融資與信貸協議要求從事諮詢……這些就是『認定為必要』。」[63] 在技術營運部門負責考核農業發展貸款的高級農業專家麥米坎（Campbell Percy McMeekan）說道：「世界銀行確實只依據建議行事。」[64] 身為運輸專案權威的漢斯・阿德勒（Hans Adler，他與赫緒曼一樣是逃離納粹德國的難民）總結指出：「他有些建議本來就是我們的考核程序當中正常的一部分。所以，赫緒曼也許應該閱讀一些我們近期的報告。」[65]

在另外一些案例裡，赫緒曼的假設則被視為完全錯誤。他在「初步觀察」當中提及世界銀行的任務是「承接對私人資本缺乏吸引力的專案，原因是那些專案獲致成功的不確定性太高」。[66]一名官員以尖銳的言詞指出，「世界銀行的政策是**不**為那些成功不確定性太高的專案提供貸款，原因是唯有讓借貸者把世界銀行的錢投資在健全的專案上，對於借貸者的福利與發展才會最有幫助。」[67]至於世界銀行與發展機關的協商方式，有幾名官員指稱他們的做法一點都不教條，而對赫緒曼挑選的那些例子最熟知的人士，也認為他的選擇「極度不恰當」。[68]有些官員也認為，世界銀行如果在專案考核當中把政治與社會因素明確納入考量，恐怕不會是有助益的做法。世界銀行的人員認為這個機構相對而言不受制於政治壓力，主要採取技術官僚式的做法。一旦在專案考核當中明確納入政治與社會考量，世界銀行就會「抵擋不了成員國的各種反應，從而喪失目前這種幸運的地位」。[69]

這些批評出現的一個重要肇因，是赫緒曼對於量化評估表現出徹底不感興趣的態度，只聚焦於質化分析，或是如他所寫的，只聚焦於「針對不同部門的專案比較其『個人檔案』」。[70]對這個官僚組織而言，由於他們預期赫緒曼的研究能夠闡明一些問題，像是衡量專案的間接經濟效益，以及把影子價格套用在產品與生產要素之上的可行性與效果，因此這樣的結果令人深感失望。[71]此外，赫緒曼聲稱自己的思考乃是「純粹政策導向」，因此對世界銀行的貸款政策具有立即影響，這點也可能激化了批評的強度。至於世銀的許多人員，則認為那些觀察沒有任何實用性。[72]世界銀行的一名工程師指出，赫緒曼「不太明白世界銀行面對的選擇」。[73]

發展知識的難題：《發展專案觀察報告》

世界銀行的人員雖然猛烈抨擊赫緒曼的初步觀察，但他的研究最後於一九六七年由布魯金斯學會出版為《發展專案觀察報告》之後，他們卻沒有抱持特別嚴厲的批評態度；如同一名官員所言，赫緒曼的結論「實用度非常有限」。[74] 一名高階主管認為這本書的第一章〈隱藏之手原則〉「內容有些薄弱，尤其是對那些必須決定是否該推行、接續或者完成一項專案的人士提供相關指引這方面」。[75] 布魯金斯學會的一名資深研究員表示認同，指稱赫緒曼的論點「對那些想要為外援獲取資格尋求更明確標準的人士而言……令人感到困惑」。[76] 在〈隱藏之手原則〉裡，赫緒曼主張低估問題是一項強大機制，能夠誘發專案的推行；因為要是所有的困難都能夠事先預見，那些專案就根本不會啟動。赫緒曼指出，專案在實行過程中遭遇的問題，通常會引發富有創意的解決方式。不同於湯恩比的挑戰與反應理論，赫緒曼的原則假設「人之所以承接新工作，不是因為遭逢挑戰，而是因為他們以為**沒有**挑戰」。[77] 根據赫緒曼所言，湯恩比的論點是事後的合理化，「是對真相的美化」。[78]

這項原則雖然修辭強而有力，帶有濃厚的「赫緒曼色彩」（這是沙蘭特〔Walter Salant〕的用語），卻令許多人覺得難以信服。即便是對赫緒曼的做法比較偏好的布魯金斯諮詢委員會當中的成員，像是沙蘭特或者梅森（Edward Mason），也認為這項原則流於片面。[79] 舉例而言，沙蘭特指稱這項原則並沒有像赫緒曼似乎有所暗示的那樣提供了一套一般性的分析架構，只不過是兩種評估之間眾多可能關聯的其中之一而已：一方面是對於問題的評估，另一方面則是對於自己解決那些問題的能力所進行的評估。問題當然有可能受到低估，但也同樣有可能受到正確評估或者高估；至於解決問題的能力也是一樣。實際上有九種可能的結果，包括隱藏之手帶來成功，乃至徹底的災難（也就是一方面低估了問題，另一方面又高估了自己解決問題的能力）。[80]

多年後，赫緒曼承認自己那本書的開場章節「近乎挑釁」。聲稱低估一項專案的成本或困難偶爾會有助於引發在其他情況下可能永遠不會出現的創意能量，就『操作用處』而言絕對是最無用的論點」。[81] 不過，這正是重點所在：奠基在行為者的無知之上的隱藏之手原則，本來的用意就不是要作為政策工具。赫緒曼只是藉此闡述世界銀行有必要把不確定性以及有限理性納入其知識論當中。這項原則的最終名稱雖與亞當・斯密的「看不見的手」相當近似，其原本的名稱也許更具揭示性：赫緒曼在一九六五年一月從東巴基斯坦寫信到紐約給他的兩個女兒卡蒂亞與麗莎，在信裡詳細解釋了這項理論，當時他稱之為「幸運無知理論」：

戈爾諾普利造紙廠這項巴基斯坦專案也許最為有趣，因為由此可以看出要把一門產業從一個國家「轉移」到另一個國家並沒有那麼容易。表面上**看起來**不難：同樣的機器在東巴基斯坦為什麼不該運作得和在瑞典一樣好？不過，實際上卻有許多差異，包括原料（只有竹子，沒有松樹）乃至市場需求；尤其是市場需求可能比該國預期的還需要更多的「創意」適應。這種情形讓人不禁覺得，他們當初要是知道自己會遇上這麼多麻煩，絕對不會成立這個產業。不過，在已經成立的情況下，他們就設法一一解決了那些問題。因此，創意的祕訣就是讓自己置身於必須發揮創意的情境當中，但人只有在事先不知道自己必須發揮創意的情況下才做得到這一點。之所以如此，原因是我們低估了自己的創意能力；這點其實相當適切，因為我們只有在實際體驗過之後才有可能相信自己具備那樣的創意；這麼一來，由於我們必然不免低估自己的創意能力，因此我們也就不會刻意從事自己知道必須動用這種能力的工作。所以，我們唯一能夠促使自己發揮創意能力的方法，就是同樣低估一件工作的難度。82

赫緒曼在此處所談的，乃是經濟發展知識在最微觀的層次上無可避免的難題。就其本質而言，經濟發展知識不是一項原本就可由發展社群或者企業家那裡取得的資本資源，而且又更不容易轉移。在發展領域長達十五年的經驗，讓赫緒曼知道持續從事成功的努力是多麼困難的事情。在《經濟發展策略》裡，他聚焦於如何引發以及促進經濟決策，原因是問題不在於缺乏任何特定的生產要素，而是欠缺一種比較根本的能力：也就是做出發展決策的能力。

換句話說，赫緒曼聚焦於誘發機制，認為這種機制可讓經濟行為者繞過無法獲得可行的發展知識這個問題。《邁向進步之旅》奠基其上的研究則是這個問題的變體，只不過是套用在決策過程上。在《發展專案觀察報告》裡，赫緒曼面對了在專案的基本層次上創造發展知識的問題，但焦點不是在發展程序本身，而是在那些程序的根本建構單元：也就是讓人能夠針對散布於發展路途上的特定問題找出解決方法的那些創意行為。因此，也就難怪赫緒曼會對哪些條件比較能夠誘發創意反應以及創意的本質這兩個問題特別感興趣。

赫緒曼也強調他所謂的「副作用的中心性」，並且在《發展專案觀察報告》當中把專案考核描述為一門具體想像專案的技藝。在他的定義當中，副作用不只是「次要效果」，不只是一項專案的溢出效應或者影響。副作用更常是「專案要實現其首要效果與目的所不可或缺的投入」。[83] 副作用被稱為「效果」，而不是「條件」或者「前提要件」，原因是那些副作用是「最終要求」：在一開始並不需要，但隨著專案起步並且逐漸成熟為長期活動之後，對於專案的存續就會變得不可或缺。發展公路（相對於鐵路）的專案就是一個例子。

一般都認為對公路的投資有助於貨運產業的發展，因此能夠促進企業發展。不過，這種次要效果可能會帶來更廣泛的後果：「企業發展代表政治權力，而政治權力又可對運輸領域的規則做出決定性的改變，使其有利於公路發展。」原本看似僅是次要的效果（促進企業發展）因此變成決定性要素，把發展公路而非鐵路的決策變為無可逆轉。[84] 副作用一方面不可或缺，另一方面也無法預測，並且在赫緒曼的觀點裡具有中心地位：「尋求間接效果是受到推薦的做法，間接效果可以是一種啟發的手段，藉以辨識專案獲致成功的若干基本條件。」[85]

根據赫緒曼所言，成本效益分析以及這種分析對於投資的次要效果做出精確計算的嘗試，把這種對次要效果的尋求轉變為一項過度僵固的過程，遭到太多武斷的假設所阻礙，並且把追尋獨特的排名變為一種徒勞的行為。赫緒曼抗議指出：「怎麼會有人預期得到，發展專案竟然有可能把每個專案的所有不同層面結合成一項單一指數，然後放在單一尺度上進行排名？畢竟，簡單許多的日常選擇，要求的是在衡量不同目標以及那些目標的取捨之間運用個人或集體判斷力，」尤其是成本效益分析的目標看起來並不是要促進決策者的知情判斷，而是要促使他徹底捨棄這種判斷。[86] 以下這段文字鮮明呈現了赫緒曼這種無系統的觀點，亦即認為不可能找出一套對所有專案一律適用的標準：

> 經過檢視之後，每一項專案都有一套**獨特**的經驗與後果，以及直接與間接的效果。這種獨特性一方面來自於專案的結構性質之間形形色色的相互作用，另一方面也來自社會與政治環境。為了促進我們對這種相互作用的理解，我因此聚焦於……專案的各種性質（主要是不確定性與自由度），那些性質會形塑專案**整體**的行為與生涯。……我無意把專案行為的這些繁多面向確立為應該適用在所有專案上的正式標準，而是希望為專案規畫

者與營運者提供一大套各式各樣的眼鏡，藉以辨識出可能的專案行為方向。這種做法抱持的預期是，對於每一項專案的分析都需要用上這些眼鏡當中各自不同而且頗為有限的鏡片。[87]

在赫緒曼開始寫作那本書的手稿之時，已經明白可見他的研究目標與世界銀行的目標完全不同。一名高階官員指稱那本書不含有「任何對營運有用的分析」，以失望的語氣總結指出：「我個人從本書當中並沒有對專案準備與評估的過程獲得重要的新洞見。」[88]

赫緒曼對於專案考核的觀點，是他先前著作的自然演進結果，並且與發展理論的早期辯論愈行愈遠。如同基利克（Tony Killick）所言，「有些早期觀念未能成為**實際**政策解決方案」，促成了赫緒曼對經濟決策機制的詳細探究，以及世界銀行在一九六〇年代進行的早期評估研究，也促使世界銀行與赫緒曼一致認為必須發展出更加系統性的考核方法。[89]不過，對於哪些做法有其必要抱持共同觀點，並未使他們對於該如何滿足那項需求獲致共識。

赫緒曼試圖轉變世界銀行的**世界觀**以及世銀對專案的設計、管理與考核方法。在這一方面，他不是完全聚焦於建立評估程序，而是添加了更多在本質上具有策略性的問題。此外，他的部分洞見（例如必須仔細考慮可能會對專案造成影響的社會與政治因素）雖然具有開創性與創新性，另外有些思考卻顯得過度學術性，例如他對區域發展機關獨立於政治領域之外的程度所進行的討論就是如此。

最後，赫緒曼忽略了世界銀行對評估程序的討論乃是奠基在極為實際的需求上。世界銀行預期赫緒曼在沒有任何觀點變革的情況下分析其專案，致力把專案設計與管理改造得更具可衡量性、可預測性，甚至可能具有可複製性。范德塔克（Herman van der Tak）建議赫緒曼「把各種類型的專案當中的正面與負面面向概括」成為「一套比較具有可操作性的『摘要與結論』，……作為實踐者的指導方針」。[90] 世界銀行的經濟部門終究試圖寫出這麼一份操作指引，從而造就出一項混合式的結果，一方面是如范德塔克提議的那樣供實踐者參考的「摘要與結論」，另一方面則是如赫緒曼針對專案提出的一系列「注釋性問題」。不過，赫緒曼的研究從未出現一項適切的操作性版本。

世界銀行雖然因為赫緒曼的省思看似缺乏實用性而頗感頭痛，成本效益分析卻從其他多邊組織從事的研究當中獲得巨大助力。成本效益分析成形於一九二〇與三〇年代，原本是水資源發展的一項技巧，主要由工程師開發應用，對公共投資決策進行經濟分析，並且從追求公眾「效用」最大化的角度評估各種不同專案。不過，由於將專案效果量化有其先天上的困難，再加上美國主掌水管理的不同官僚機關各自抱持不同觀點，以致成本效益分析一直到一九六〇年代之前都無法產生各方都認同的標準方法。[91]

此外，如同馬格林（Stephen Marglin）指出的：「成本效益分析的出現，只是一種為專案

『合理化』的手段……而不是專案規畫的工具；在美國的實踐當中（相對於理論而言），成本效益分析經常只是用來粉飾專案，那些專案的計畫早已制定完成，而且沒怎麼考慮經濟準則。」[92]追求標準化與一致性的努力直到一九四〇年代末期才出現，在一九五〇年代期間更是受到大力推行，目的是為了解決機關之間的衝突，但也是因為經濟學家對於成本效益分析愈來愈感興趣。福利經濟學這門新學科在第二次世界大戰結束後的發展，為一項嘗試賦予了智識正當性，這項嘗試正如一名評論者所言，乃是把「粗略估計專案前景或者針對一項專案的各種不同執行方式進行比較的有用做法」，轉變為「達成整體經濟效率的精密工具」。[93]

在一九六〇年代末期至一九七〇年代初期之間，出現了新一波的成本效益分析研究。一九六八年，經濟合作暨發展組織（Organisation for Economic Co-operation and Development，經合組織〔OECD〕）的發展中心發表了《開發中國家工業專案分析手冊》（*Manual of Industrial Project Analysis in Developing Countries*）的第二冊。當初第一冊從經合組織的觀點聚焦於工業投資的獲利性，由利托（Ian M. D. Little）與莫里斯（James A. Mirrlees）執筆的第二冊則聚焦於社會成本效益分析。利托與莫里斯合寫的這部在一九七四年又推出了一個大幅修訂版本，立刻就被視為是對開發中國家專案考核的開創性貢獻，尤其是那些國家使用影子價格的做法：影子價格能夠反映出專案的社會影響，而不只是其私人獲利。[94]在短短幾年內，這種觀點就成為一門「學派」，直接影響「在開發中國家參與規畫的經濟學家所採取的思考方式」。[95]一九七二年，聯合國工業發展組織發表了專案考核的另一本重大著作，由達斯古普塔（Partha Dasgupta）、馬格林與沈恩合寫而成。[96]這本書與利托—莫里斯的觀點之間的差異雖然重要，但這兩種觀點仍然有足夠的共通處，能被視為「在某些直接意義上彼此相似」或者「具有近似的精神」。[97]當然，這兩種觀點都討論了不確定性在專案設計與考核當中扮演的角色。不過，在實際事務上，這兩種觀點則傾向於把不確定性一詞和一般所謂的「風險」混為一談，而風險乃是可以衡量的。赫緒曼依循奈特（Frank Knight）的觀點（還有凱因斯與海耶克的觀點），把「風險」與「不確定性」區分開來，認為不確定性是一種不可能衡量的性質。在一九六〇年代初期與政治學家林布隆合寫的一篇文章裡，赫緒曼更為廣泛地闡述了決策當中不可避免的未知事物：「各項政策在不同情況下……的最佳推行強度顯然不可能在事前確知。因此，促進經濟發展的藝術……即是對那樣的強度抓到某種感覺。」[98]

當然，除了赫緒曼以外，也有其他人對成本效益分析的限制進行省思。舉例而言，聯合國教科文組織一場專家會議的最後報告，就不只強調把所有社會選擇因素化約為單一尺度的限制，也強調實際上無法化為市場價格的社會目標（例如獲取新價值觀以及強化社會關係）不可能化約成一項財務尺度。聯合國教科文組織的這份報告尤其進一步強化了赫緒曼的主要批評論點，亦即成本效益分析是一種非常反政治的做法：「把所有因素化約成一個最小公分母，只會把政治與社會辯論的複雜過程取代為技術官僚獨斷的平衡與衡量。理性的工具看來被當成迴避政治選擇的手段。」[99]薩塞克斯大學發展研究所的沙弗（Bernard Schaffer）與蘭姆（Geoff Lamb）進一步闡述了成本效益分析的限制，像是這種分析無力衡量發展專案的重分配效果。[100]都市和區域計畫專家霍爾（Peter Hall）在他書名聳動的《規畫大災難》（*Great Planning Disasters*）這部著作裡，就把第一章投注於探討不確定性所扮演的角色，建議規畫者在設想情境裡納入赫緒曼針對專案考核當中的不確定性的研究。[101]不過，抱持這種立場的人士仍屬少數，對於發展辯論的影響不大。

到了一九七〇年代初期，赫緒曼的著作已經完全遭到遺忘。利托—莫里斯的一九七四年著作將之貶抑為「一份深富啟發性的論文，主題是任何評估都不免遺漏某些事物」，而其他文獻則是徹底予以忽略。[102]世界銀行在一九七五年仿照利托—莫里斯的傳統發表它自己的專案考核參考文本，更是絲毫沒有提及赫緒曼為世銀從事的研究。[103]英國海外開發署（Overseas Development Administration）的評估部門主管把《發展專案觀察報告》描述為「一本富有娛樂性和煽動性的讀物」，但把整本書和探討隱藏之手原則的第一章混為一談，將該書貶抑為缺乏根據的空想臆測：「一項專案的原始構想或設計當中只要存有一項基本錯誤，經常就不免損及其後續的成功機會。」[104]

明顯可見，賦予隱藏之手原則重要地位這項書寫策略造成了反效果。那一章的探討焦點是意料之外的問題所扮演的有利角色，但這種觀點根本不可能應用於組織的常規裡，所以也就無法說服讀者。除此之外，另外還有一個問題，就算不是造成赫緒曼的著作遭人遺忘的原因，至少也促成了這部著作在世界銀行引起的反應：這個原因比較關乎組織的社會學，而不是發展經濟學的歷史。世界銀行若干官員對赫緒曼這部著作的嗤之以鼻，可能是因為他以外部人士的身分評論（以及批評）世界銀行的核心活動，以及該行人員辨識並且解讀發展模式的能力。這種不信任最早出現在赫緒曼所傳布的「初步觀察」裡。當時有一名世界銀行的人員對於赫緒曼的觀察頗不以為然，用鄙夷的語氣指稱他對世銀的政策提出的評論「重複了我們在圈外最常聽到一再有人提起的那些抱怨，但只有圈外的部分人士，不必然是具有代表性的人士」，並且指控赫緒曼的論點過度片面，也無意理解世界銀行的觀點。[105] 世界銀行的另一名人員指出：

〔赫緒曼〕想做的事情，是針對我們的運作當中存在的若干陷阱喚起我們的注意。……能夠獲得一名外部人士的提醒並且受益於他的觀點，的確是一件好事。不過，我們應該要確保赫緒曼先生在完成他的書之前能夠得知所有的事實以及所有的觀點。在學術與文學領域裡，批評似乎會比稱許得到更高的分數，而赫緒曼先生雖然博學又能幹，卻也可能抗拒不了這種誘惑。[106]

至於其他人士，就算不懷疑赫緒曼是想要藉由不分青紅皂白的批評博取讚揚，也還是不免擔憂他的學術觀點會導致他的努力對於像世界銀行這樣的發展機構一無所用。本身也曾是學者的巴蘭汀，指稱赫緒曼試圖「結合兩種本質上不相容的觀點：一邊是決策者的觀點，另一邊是學者或真理追尋者的觀點」。[107]他雖然認知這種做法有其價值，但學術觀點的盛行卻很有可能淪為不切實際。一般的論點認為，外部人士沒有能力理解世界銀行的運作。

除了抗拒外部人士的評論之外，世界銀行官員大部分的批評都顯得合理而明智：不論赫緒曼的洞察力有多麼深刻，他無疑還是沒能為營運評估提供任何具體的工具。另一方面，除了赫緒曼以外，外部人士提出的評論、批評與建議所具有的正當性，也是位於評估功能核心的一項敏感議題；世界銀行官員的反應凸顯了意見回饋機制是大部分組織的軟肋。即便是對於世界銀行內部（但獨立運作）的營運評估部門而言（這個部門現今的名稱是獨立評估小組），要一方面保持獨立與客觀，另一方面又要和營運及評估人員維持合作與溝通，尋求這兩者之間的平衡向來都是一大挑戰。這種平衡極不穩定，也經常會出現擺盪。有時候，評估功能顯得缺乏足夠的獨立性與可信度。如同一名世界銀行官員在二〇〇三年強調指出的，缺乏獨立在原則**以及**實務上都削弱了評估功能：「世界銀行的品質保證小組提出的最新審查結果，顯示在去年開始推動的世界銀行專案當中，有九三％令人滿意。你要是提出一份報告顯示你的專案有九三％令人滿意，那麼你有沒有可信度的問題？」[108]另外有些時候，獨立性必須付出引來敵對反應的代價。如同世界銀行營運評估部門的一名主任所寫的，營運人員的典型反應是「爭論事實細節，並且質疑研究結果的用處，以及抨擊營運評估部門的方法論」。[109]難怪赫緒曼也經歷了類似的批評。

布魯金斯學會出版社在二〇一五年出版了一個新版本的《發展專案觀察報告》，重新引起眾人對這本書的注意，儘管這樣的注意當中也許帶有過度激烈的爭辯。哈佛大學教授桑思汀（Cass Sunstein）在他為這個新版本所寫的一篇熱切不已的前言當中，強調了隱藏之手原則頗為近似於行為經濟學在晚近獲致的若干洞見，諸如「樂觀偏誤」與「規畫謬誤」。桑思汀指出，赫緒曼「大可被視為一位早期的行為經濟學家」，《發展專案觀察報告》「也可合理視為一部行為經濟學的著作」。[110]選擇桑思汀撰寫前言也許顯得相當合理，因為他曾在《紐約書評》當中對阿德爾曼的赫緒曼傳記提出非常正面的評論；但這項選擇其實也有些矛盾，因為桑思汀長期以來都在現代管制型國家的研究當中從事成本效益分析。[111]在《發展專案觀察報告》裡，赫緒曼特地試圖抗拒成本效益分析成為專案考核標準做法的這項趨勢。如同我們所知，他的這項嘗試最後以徹底失敗收場。不過，現在卻是由一名成本效益分析的長期倡導者與重要擁護者把這本書頌揚為經典之作。

實際上，桑思汀在他的寫作當中為成本效益分析提供了一種較為細膩的版本，不但明白瞭解成本效益分析當中夾雜的價值判斷具有的爭議性本質，也知道我們對許多關鍵變數都所知有限。桑思汀也強調規範管制的效果未必能以金錢的方式呈現，而且對相關效果的質性描述仍然應該具有最高的重要性。[112]然而，桑思汀在不久之前出版了《成本效益革命》（*The Cost-Benefit Revolution*）這本書名毫不含糊的著作，內容以他在歐巴馬政府擔任資訊與管制事務辦公室（Office of Information and Regulatory Affairs）主任的經歷為基礎，他在書中指出：「成本效益分析反映了我們對**民主的技術官僚概念**抱持的堅定信念（而且為此充滿自豪）。」[113]赫緒曼雖然極為重視能力，我們卻不禁注意到他正是認為這種技術官僚式的自豪並不恰當又具有誤導性。

近來針對這本書而掀起的論戰，同樣又是圍繞著隱藏之手原則為中心。這次的主要批評者是傅以斌（Bent Flyvbjerg）。他是牛津大學的管理學教授暨巨型專案專家，著手以匯聚自世界各地超過二千項專案的龐大資料集（相對於赫緒曼的十一項專案）來驗證赫緒曼的原則。在幾份刊物當中，傅以斌聲稱赫緒曼的隱藏之手在歷史上引發的負面效果遠多於正面反應。

這種批評並不新穎，因為有其他幾名學者也強調過隱藏之手原則帶來的有可能不是富有創意的有益反應，而是災難性的後果。一九八四年，斯特里頓提出「隱藏之拳原則這個與墨菲定律有關的概念，而墨菲定律的論點就是：『如果有任何一件事情可能會出錯，那就必定會出錯』」。此外，皮喬托（Robert Picciotto）也指出，隱藏之手在幾個案例當中成了「尋租者與發展騙子採用的花招」。[114]皮喬托明智地指出，「通往發展的道路滿布著失敗專案的屍體，而支持那些專案的領導者都高估了自己克服問題的能力，也低估了專案的風險與成本」：這其實就是桑思汀在先前提及的樂觀偏誤，而且沙蘭特早在一九六七年就強調過這一點。皮喬托接著警告道，在評估隱藏之手可能帶來的影響之時，「必須辨別……受到隱藏的是**什麼**、加以隱藏的是**誰**，又是**為了什麼**」。[115] 桑思汀提及「惡意的隱藏之手」，也就是赫緒曼那項原則的邪惡雙胞胎。「惡意的隱藏之手也會隱藏障礙與困難，但在那種情境裡，要不是創意不會出現，不然就是出現得太晚，再不然就是無法扭轉局勢。」史翠斯克萊大學（University of Strathclyde）的桑迪蘭茲（Roger Sandilands）曾為勞克林．居里這位與赫緒曼對立的哥倫比亞顧問寫作傳記，他把《發展專案觀察報告》描述為「不只在經濟學方面拙劣，在道德上更是低落」。[116] 皮喬托顯然與桑迪蘭茲一樣，把赫緒曼這項主要屬於描述性的原則視同全然規範性的原則，從而針對在發展專案當中運用隱藏之手原則的機會提出質疑：「就短期而言，設定過度樂觀的目標也許有利於獲取支持。不過，如果要能夠持久，社會挫折感就必須降到最低，並且透過切實可行的目標以及明白解釋其風險與成本而保住信任。」[117]

傳以斌的抨擊掀起了些微的騷動，引來其他學者批評他本身的前提與結論。在這項爭論當中表現最精湛的是桑思汀，他一方面在自己為赫緒曼的書所寫的序裡讚揚了隱藏之手原則，另一方面又在一篇與傅以斌合寫的文章裡加以批評。那篇文章為這項爭論下了結論，亦即重申赫緒曼的原則頂多是特例，而不是典型狀況。[118]

實際上也許的確是如此。不過，我們不禁覺得這整項爭論只不過是小題大作。加斯帕（Des Gasper）提出了一個比較平和的論述。他在東安格利亞大學（University of East Anglia）攻讀博士學位之時，於一九八六年為文指稱隱藏之手原則應該被視為「只是討論專案現實的一個切入點」。根據加斯帕所言，赫緒曼的主要用意是「利用專案經驗以更加瞭解專案過程，從而改進專案的設計、挑選與管理」。[119]

整體來看，二〇一五年的這場辯論錯失了一項更大的重點。這場辯論的所有參與者顯然都理所當然地認定隱藏之手原則是赫緒曼對於專案考核最重要的貢獻。不過，這是一項引人質疑的觀點。實際上，隱藏之手原則以迷人的方式為我們引介了一個更大也更加重要的問題：也就是根深柢固的不確定性在專案設計與實行當中無可消除的存在。赫緒曼對不確定性的討論占據了許多頁的篇幅，探討不確定性在供給與需求面的普遍存在，還有在各個不同領域當中，諸如財務、行政、技術以及研發。同樣的，赫緒曼也詳盡討論了專案的哪些特定性質可能有助於在設計與實行當中減少不確定性並且強化控制：所以他才會討論專案設計的空間、時間以及制度上的「自由度」與「紀律」，還有專案設計當中的「屬性接受」（trait-taking）與「屬性創造」（trait-making），以及專案考核當中的「副作用的中心性」。

沒有人認為赫緒曼是提議我們以起步失誤、低估成本，以及意料之外的危機為樂，即便是他在世界銀行的批評者也不這麼認為。更確切來說，他們質疑的是赫緒曼的解讀如何有可能常規化：包括赫緒曼把專案解讀為「一套獨特的經驗與後果，以及直接與間接的效果」，還有組織過程當中出乎意料的創意回應。這是赫緒曼沒有解決的問題，而且至今對於世界銀行的官員以及發展機關而言也仍然是一個重要問題。

世界銀行的內部人員拋下了他們對這本書在五十年前初次推出之時所採取的論戰語調，回頭利用赫緒曼的思索進行自省，檢視這兩者之間的關係：一方面是他們自己的實地經驗，另一方面則是世界銀行藉由考核與評估過程而生產有用的知識並且加以常規化的結果。經濟發展的實踐者捨棄了過度自信的現代化推動者抱持的那種驕傲自大，想要對制度性學習的過程獲得更深入的理解。兩名世界銀行官員近來把他們的研究描述為一項追尋，追尋的目標是「一項有結構的累積性實驗的過程，一方面承認不確定性的存在，但同時也認知既有的知識，並且加以擴展」。他們的結論指出：「在這種情境下，赫緒曼探討社會學習的主題仍與我們息息相關。」120

第五章

一門跨學科的社會科學

一九六〇年代下半是赫緒曼極為多產的一段時期。《發展專案觀察報告》是他針對經濟發展所寫的第三部書籍長度的作品，這本書出版之後，他又接著發表了幾篇對這個領域具有重要貢獻的文章。他在一九六五至一九七〇年間發表的七篇文章，由於發表時間與內容都極為相近，因此如他自己所言，「逐漸成為一本成形中的書本的章節」。[1]這些文章的篇幅共達一百八十頁，足以構成一本書，但赫緒曼決定把這些文章和他先前針對發展所寫的其他文章集結成一本文集，在一九七一年出版為《抱持希望的偏見：拉丁美洲發展文集》（*A Bias for Hope: Essays on Development in Latin America*）。[2]

不過，一九六〇年代末期也是赫緒曼的一段關鍵時期，可以見到他跨出發展領域的區域和學科界線，開始探討社會行動的一些基礎過程，可以適用於各式各樣的案例，包括在已開發國家與低度發展國家、在私領域和公領域，以及在國家與市場當中。赫緒曼想要探究的一般性議題，是個人對於公共服務、市場產品以及組織行為的各類「衰退」會做出什麼反應；個人在哪些情況下會集結起來表達他們的不滿，或是默默「以腳投票」(他稱為叛離〔exit〕)；以及不同衰退案例會允許什麼樣的「康復」機制。以上對於赫緒曼這項新研究計畫的綜述雖然無疑頗為抽象，但由此可以看出這項研究的範圍極廣，並且確實跨越了學科界線。由此產生的結果，就是赫緒曼出版於一九七〇年的《叛離、抗議與忠誠》這本小書，堪稱是他最知名也最重要的著作。[3]

這本書代表了赫緒曼從政治經濟學家轉變為一位深深跨越學科界線的全面性社會科學家。從這時開始，他對學術與公共辯論的貢獻雖然總是與經濟學這門學科以及發展領域有關，卻也會觸及極度廣泛的各種主題，一方面提供引人入勝富有新意的分析，同時也持續展現真正跨學科的學術思考具有的潛力與力量。

由於赫緒曼的新舊興趣在時序上有所重疊，而且這兩個階段又在他的學術生涯裡帶有明確的差異，因此很難在一個章節裡綜述所有這些分析。就一方面而言，赫緒曼在一九六〇年代晚期針對發展主題所寫的作品比較傾向於前一個時期，而他針對叛離與抗議所寫的作品則是下一個階段的首度展現。這兩個階段的深層連續性與赫緒曼的性格、寫作及學術風格、思考方式、好奇心、態度以及其他許多無形的要素有關，因此試圖全數列舉乃是徒勞。

不過，《抱持希望的偏見》當中的引言是這兩個階段之間的明確連結，其中的第一部分就聚焦於經濟學與政治之間的關係。這篇標題為〈政治經濟與可能主義〉的引言寫於一九七○年，也就是《叛離、抗議與忠誠》剛付印之時，其中條理分明地探究了赫緒曼先前所有研究裡的一項根本要素：也就是拆解經濟學與政治學之間的學科分界。赫緒曼在這篇引言裡問道：「經濟學家與政治學家對於自身學科的自主性所抱持的偏狹自傲，如何才有可能加以克服，又如何才有可能超越致力於把這兩個學科連結起來的……那種粗略嘗試？」[4] 對於赫緒曼而言，《叛離、抗議與忠誠》主要是一種新的分析，目標在於打破經濟學與政治學之間的「根本分裂」，但此書絕非這種做法的首例。[5]

在〈政治經濟與可能主義〉裡，赫緒曼提及這兩種觀點之間顯而易見的連結，可以明白見於大規模的現象當中，像是通貨膨脹與大規模失業這種情形與政治共識之間的連結。不過，這些籠統的分析要不是太簡單又太乏味，不然就是其中的分析細節太過複雜，以致難以理解又缺乏定論。赫緒曼指出，一個前景比較看好的做法，就是不要分析粗略的輪廓，而是分析「經濟情勢的細微特徵」，並且把注意力集中於歷史細節以及界線清楚明白的社會機制所發揮的特定功能。[6] 不意外，赫緒曼認為自己對經濟現象的政治影響感到興趣至少始自他在一九四五年出版的《國家權力和對外貿易的結構》，但也提及他對若干議題的討論，包括計畫與專案援助（我們在第三章檢視過這一點）、進口替代工業化政策，以及經濟情境的變化與決策者觀感之間的落差（這點將在本章第一部分討論），全都是「市場與非市場力量互動」的例子，也全都提供了「可觀的政治思考材料」。[7]

因此，這個轉型期的一貫原則可以在赫緒曼一項愈來愈強烈的衝動裡察覺到，也就是他愈來愈致力於直接並且明確探究經濟分析與政治分析互相分立的問題。赫緒曼極少撰寫綱領性的文章，至少在一九七〇年代初期以前都是如此。因此，決定寫作一篇方法論的文章可以解讀為一項進一步的證明，顯示他愈來愈渴望拓展自身研究的學科界限，而且明白表態自己這項意圖的時機已然成熟。

本章將聚焦於這段複雜的轉型期，始於赫緒曼在一九六〇年代晚期探討發展議題的文章，而終於《叛離、抗議與忠誠》這部他在一九七〇年出版的傑作。

改革主義道路：反對失敗情結

如同我們在第四章看過的，到了一九六〇年代中期，發展經濟學領域的實踐者對於發展工作的結果愈來愈感到挫折。首先，成果的紀錄模糊不清。對於哪些政策有效、哪些無效，以及哪些制度環境有助於發展、哪些又沒有等問題，不只是個別學者缺乏一份明白的地圖，就連組織也是如此。即便是在個別專案的層次上（亦即發展援助的基本單位），情勢也遠非清楚明白。舉例而言，世界銀行是以投資報酬率衡量自身的行動是否成功，但受援國政府幾乎都會償還賒欠世界銀行的債務，而這點並不足以證明專案的實際成效。投資報酬率衡量的不是專案在經濟上的效用，而是世界銀行對成員國所握有的政治權力，因為沒有一個國家膽敢不履行賒欠世界銀行的債務。

前一章討論的針對專案考核與評估的辯論，即是對這種缺乏明晰的現象做出反應的嘗試。值得注意的是，許多不同的發展組織都是在一九六〇年代末期至一九七〇年代初期之間同時出現評估問題。這不是偶然的現象。墨菲（Craig Murphy）在他講述聯合國開發計畫署歷史的著作裡，提到該署第一任署長（也是馬歇爾計畫的前負責人）霍夫曼所說的一句頗具揭示性的話語：「我們的工作要是做得好，那麼我們過不了二十五年就會失業了。」[8]

當然，事情實際上並沒有這麼發展。不過，「高度發展理論的光輝歲月」之所以有可能充滿活力，正是因為發展問題的解方總是顯得近在眼前。促進發展的高度困難要是從一開始就明顯可見，那麼說不定許多學者在嘗試探究這種工作之前就會先感到徹底喪氣，起初投入發展的智識精力也就會少得多。就這個意義上而言，赫緒曼也許可以這麼安慰自己：他的隱藏之手原則就算未能成為外援與專案考核工具箱裡的分析工具，至少也有助於解釋專案考核為何誕生得那麼晚，在早期的樂觀心態逐漸衰退，而且發展經濟學也首度面臨嚴重危機之時才出現。

那項危機一方面是理解危機，同時也是信心危機。從一九四〇年代晚期到一九六〇年代期間，有幾個低度發展國家被視為發展政策的「實驗室」或者「測試案例」，其中的假設是這些國家將可為更加系統性的全球行動提供藍圖。可惜的是，發展實驗室經常產生出過度自信的診斷者，提議過於籠統的解決方案。唯一明顯可見而且廣受認同的結論，就是「低度發展國家」這個分類含有許多不同的案例，以致根本毫無用處。

赫緒曼感嘆指出，發展程度較低的國家已淪為「模型建構者與典範鑄造者恣意操弄的對象，達到了不可忍受的程度」。[9] 在這些過度自信的發展「專家」眼中，低度發展國家顯得清楚易懂，其「運動定律」固定且又可以預測，解決其困境的方法也可輕易界定：實際上，赫緒曼主張這樣的界定太過輕易。「為什麼整個拉丁美洲都應該不斷陷身於某種無可避免的重大兩難當中？」他抗議指出：「任何理論、模型或者典範如果主張只有兩種可能性：一邊是災難，另外一邊是一條通往救贖的特定道路，那麼我們就應該對其抱持懷疑態度。畢竟，通往地獄的途中**還有**煉獄這個地方，至少也會在那裡短暫停留！」[10]

此外，發展政策也是爭論焦點，這和政策結果難以評估有關。一九五〇與六〇年代的重大辯論，涉及工業化政策以及海外直接投資在發展程度較低的國家所扮演的角色。赫緒曼認為大眾對於這些政策的局限以及因此得到的正面結果缺乏足夠的認知，因此用一系列的重要干預試圖矯正這種資訊欠缺。在整個一九六〇年代期間，他藉著一篇接一篇的文章而在徹底失敗主義以及對發展體系明顯可見的局限抱持否認態度這兩個極端之間打造一條改革主義的道路。

赫緒曼認為，他在自己的拉丁美洲同僚當中觀察到的那種把批評加以誇大的傾向，是他所謂的「想要完成工作的狂熱」（la rage de vouloir conclure，這是他借自福婁拜的話）這種心態所反映出來的態度。[11] 一旦遭遇現實的複雜性，以及實際問題沒有模型預測的那麼容易控制的事實，這種衝動就會產生失望、挫折，以及徹底失敗的感受這類自然的副作用。赫緒曼認為這種高度不穩定的循環模式，也就是在完成工作的狂熱後面緊跟著失敗感的情形，是拉丁美洲和其他低度發展區域的典型現象，經常促成那些國家當中非常極化的政治循環。在興奮熱切之後接著徹底失望的這種一再反覆出現的經驗，在拉丁美洲發展思想當中造成了一種根深柢固的失敗情結，赫緒曼後來稱之為「fracasomania」，意為「堅持經歷再一次的失敗」。[12]

相對於這種失敗情結，赫緒曼對拉丁美洲工業政策的解讀則是樂觀得多。他體認過往的成長政策有其局限性，但也看到其中的正面面向。在這些政策當中，進口替代工業化在一九五〇年代曾是非常流行的策略。根據當時的想法，從十九世紀中葉到經濟大蕭條這段期間的拉丁美洲經濟體都基於糧食與初級產品的出口而經歷了長期的成長階段。兩次世界大戰以及一九二九年的股災，顯示了高度依賴國際市場提供原料以及依賴製造品進口的經濟體所帶有的局限。第二次世界大戰結束後，普雷畢齊（Raúl Prebisch，任職於拉丁美洲經濟委員會）

與漢斯・辛格（任職於聯合國）針對初級產品相較於製造品在國際市場上的貿易條件逐步惡化提出了重要研究。他們的論文後來雖然遭到經濟史學家質疑，卻在一九五〇年代為一項主張提供了根本基礎，也就是應該捨棄出口帶動經濟成長而改採國內市場擴張來帶動經濟成長。[13] 後者這種策略將有助於克服國際市場貿易條件的惡化（這是需求面的問題）以及國內過度專注於生產初級產品（這是供給面的問題）。

在一九六八年的〈拉丁美洲進口替代工業化的政治經濟學〉（The Political Economy of Import-Substituting Industrialization in Latin America）這篇長文裡，赫緒曼反對這種為不同政策區分階段的簡化做法。首先，他主張進口替代工業化政策的優勢沒有評論者描述的那麼絕對，因為出口帶動經濟成長在戰後的數十年裡對若干國家而言也是一項成功的根本策略。第二，更重要的是進口替代工業化政策在不同國家裡各有非常不同的起源。這種政策在某些案例當中是由國際收支平衡問題所引發，在另外一些案例裡是所得逐漸成長的結果，還有一些案例則是由政府以直接行動刻意施行。不同的起源表示不同的演變軌跡：源自政府規劃的進口替代工業化政策通常比較傾向於生產資本財；源自國際收支平衡問題的這種政策則傾向於偏好在國內生產非必要奢侈品。以一視同仁的姿態批評所有的進口替代工業化政策沒有什麼意義。在某些國家，這種政策有助於擴張工業部門以及大批人口的收入；在其他國家，這種政策則是只造成製造業的有限發展以及擴大所得不平等。

赫緒曼並且指出，進口替代工業化政策並沒有因為據稱的進口替代可能性耗竭以致轉為無效（這是著名的巴西經濟學家富塔多〔Celso Furtado〕以及其他人的論點），而是實際上促成了一系列新的投資機會，可能是因為所得成長為新的消費產品創造了需求，也可能是因為新的生產引發向後關聯（也就是為終究能夠在國內生產的投入創造了額外需求）。[14] 從這個角度來看，即便是利基產品或者奢侈品也都可能產生有益的效果，只要這些產品能夠帶來額外需求而促成新的進口替代工業建立即可。因此，赫緒曼對於「瓶頸產業」的分析，或是分析非必需品生產對於工業擴張的必要性（儘管這點看似矛盾），其實就是對關聯概念的進一步闡釋。[15]

如果說進口替代工業化政策在不同國家的各種經驗當中可以找到一項共同的性質，那麼就是一種以階段進行的傾向。進口替代工業化通常始於消費製造品的生產，到了後續的階段才會進展到生產中間財，最終再到資本財（不同階段的持續時間與重要性隨國家而異）。這點使得這項過程具有高度序列性，而且也比在英國與法國等早期工業國家當中更為順暢，因為當初那些國家的中間財與資本財生產必須和消費品的製造同時進行。早期的工業國家無法從其他國家進口資本財。

赫緒曼指出，這種序列性的性質不但是進口替代工業化政策在許多拉丁美洲國家得以輕易推行的原因，也是那些國家的工業化過程帶有若干典型局限的原因。一項局限是缺乏科技創新的訓練，因為大部分的科技都是進口而來。也許更加重要的是國家工業部門的轉變與社會及政治結構轉變的脫節。

新興工業化國家在經濟、社會與政治結構上出現全面轉變的這種觀念，長久以來一直都是現代化理論的一項基本宗旨。這種觀念認為，經濟發展將會造成社會結構的深度轉變（從大家庭轉變為核心家庭、從奠基在親屬關係上的人際關係轉變為奠基在合約上的關係、從宗教價值觀轉變為世俗價值觀等等），以及現代政黨制度與民主制度的發展。不過，許多開發中國家的工業成長現實卻揭露了現代化理論的真實面貌：引人注目的分析搭配規範性的偏見。如同赫緒曼所言：「進口替代工業化能夠相對輕易地納入既有的社會與政治環境當中，也許正是這種過程引起廣泛失望的原因之一。工業化原本被寄望能夠改變社會秩序，結果卻只是供應了製造品！」[16]

赫緒曼指出，進口替代工業化這種不起眼的性質掩蓋了其所帶來的正面變革。[17] 如同他在一九六八年另一篇文章裡所寫的，「在拉丁美洲以及其他發展程度較低的地區，變革的障礙都與變革**觀感**的大量障礙緊密交織」。[18] 這種思考脈絡與赫緒曼在《邁向進步之旅》當中闡述的省思有關，而且又受到他在一九六八至六九年間於史丹佛大學休假期間對社會心理學重新感到的興趣所強化。正如他在《邁向進步之旅》當中試圖辨識拉丁美洲決策「方式」的典型特徵，他在後來的這些省思當中也停下來考慮低度發展國家是不是有一種認知變革的典型方式（或是一種無力認知變革的結構現象）。

根據赫緒曼的說法，還有一項議題使得對於變革的認知在低度發展國家比在先進國家更為困難。由於低度發展國家在某些方面「依賴」超級強權，因此必須以小規模或者偷偷摸摸的方式推動變革，以避免自己的國內事務引起那個強大盟友的過度關注（甚至是直接侵擾）。赫緒曼指出，這就是為什麼依賴國經常會「掩飾變革」。那些國家採取一種「**隱密**的變革方式」，就是為了避免先進國家的干預。[19]（赫緒曼在二十年後指出，有些評論者認為冷戰的結束對第三世界有害，原因是西方資本、企業與注意力都轉向新開放的東歐國家，但實際上是那些評論者未能看出這種「忽略效應」的有益面向。[20]）不過，這樣的掩飾一旦太成功，就也會消除變革機會受到的認知。[21]就一方面而言，成功的掩飾恐怕會變成自我實現的預言。

在一九六〇年代晚期，赫緒曼對進口替代工業化政策提出的辯護，主要訴求對象是左派拉丁美洲經濟學家以及各種組織，前者如富塔多、塔瓦列斯（Maria da Conceição Tavares）與馬卡利歐（Santiago Macario），後者則是像拉丁美洲經濟委員會這個拉丁美洲的結構主義思想大本營。[22]不過，在短短幾年之後，對進口替代工業化政策的主要批評便開始是來自於學者，那些學者聚焦的不是國家工業化的模式，而是國際貿易的模式。在這場辯論開出第一槍的是《部分開發中國家的工業與貿易》（*Industry and Trade in Some Developing Countries*）這部由經合組織於一九七〇年出版的劃時代著作，作者為利托、西托夫斯基（Tibor Scitovsky）與史考特

（Maurice Scott）。在這本書之後，接著就湧出大量的類似研究，批評的不是進口替代工業化政策逐漸衰退的效果，而是其理論基礎，強調那些理論基礎對於貿易與國內的工業化模式具有的扭曲效果。[23]不過，國際經濟環境在一九七〇年代變動得很快，於是進口替代工業化政策的持久度因此降低，不只是因為這種政策遭到意識形態觀點的攻擊，也因為國際資本流動的愈趨自由化。

改革主義道路：追求新的外援政策

赫緒曼認為低度發展國家的工業政策受到過度悲觀的解讀，但他雖然反對這種解讀，卻不表示他不認為那些政策還有改進的空間。在他的職業生涯裡，他曾經數度提出帶有明顯挑釁性的想像政策建議，藉此引發討論，甚至也許擴大改革主義政策的空間，而此時就是他這麼做的其中一個例子。他認為海外直接投資扮演的角色以及外援組織的運作是主要的問題。

海外投資具有一段充滿爭議的歷史。一方面，海外投資對於受投資國的經濟帶來正面貢獻毋庸置疑，因為這樣的投資提供了資本、創業與管理能力、科技，還有市場管道等要素。在最佳情境裡，海外投資甚至扮演了傳遞有用知識的媒介，從而有助於改善國內生產要素的品質。至於負面面向，赫緒曼及其他人則是強調海外投資對於國內企業環境的影響，尤其是當地能力遭到取代，例如地方企業遭到海外投資排擠的情形。[24]

對於這項議題，赫緒曼最新穎的貢獻跟政策結論有關。首先，他以我們現在認為屬於他的招牌推論方式區辨了發展過程的不同階段，顯示海外投資的負面影響如何只出現在一個國家的經濟成長的部分特定階段。赫緒曼的批評目標不是所有的海外投資，而是海外投資對發展過程的特定階段造成的影響。他的第二項貢獻是為了矯正這個問題而提出的一項具有深刻制度面向的提議。

根據赫緒曼的觀點，一個國家的經濟成長過程中，海外投資會因其在何時做出干預而產生不同的影響。他指出，海外直接投資在發展過程的初期階段產生的影響通常是利遠大於弊，因為這種投資能夠提供生產要素以及各種能力，要不是該國欠缺的能力，就是與該國既有的能力互補。在後續的階段當中，負面影響會逐漸壓過正面影響。如同赫緒曼的分析當中常見的情形，他的重點是要排除兩者擇一的問題（海外直接投資帶有正面還是負面的影響？），而是聚焦在發展出敏感度，對於發展過程的不同階段該推行哪些政策有所察覺。如同我們在第三章看過的，赫緒曼（與林布隆）反對仰賴任何確切的決策公式。「各項政策在不同情況下……的最佳推行強度顯然不可能在事前確知，」他們寫道：「因此，促進經濟發展……以及建設性決策的藝術，即是對那樣的強度抓到某種感覺。」[25]

赫緒曼以同樣的理路指出，海外投資「可以發揮其最佳的創造效果，也就是在窮國的發展初期階段帶來『欠缺』的生產要素，與當地既有的生產要素彼此互補。海外投資扮演阻礙角色的可能性會在後續出現，也就是在窮國開始產生其本身的企業家、技師與儲蓄者之時，而這樣的發展在很大程度上無疑是海外投資的先前挹注造成的結果」。[26]換句話說，每個階段都帶有自我摧毀的種子（這是赫緒曼相當喜歡的一項馬克思主義概念），每個新階段都是源自前一個階段。困難之處在於對這樣的程序會怎麼進展抓到感覺。赫緒曼總結指出：「當然，要判斷海外投資會在什麼時候以這種方式從發展的推動力轉變為阻力，是極度困難的事情，尤其是在後者這個階段當中，海外投資的貢獻在表面上看來仍然會是正面的。」[27]因此，海外投資在赫緒曼眼中利弊參半，對於一個國家的發展有何貢獻必須仔細測定。

無論如何，如果說海外投資的微調在原則上很困難，那麼到了一九六〇年代末期，已經明白可見對於海外投資的一大部分進行清算（或是如赫緒曼所稱的撤資）的時機已然成熟。要達到這一點，應該利用「制度想像力」設計一個機關，具備金融中介、仲裁者與擔保人的功能，一方面協助海外投資者撤資，同時也等待國內投資人接替他們的位置。[28]由於赫緒曼的焦點主要是在美國與中南美國家的關係，因此他提議成立一家泛美撤資公司扮演緩衝的角色，處理撤資者與新投資者之間的協調問題。這家公司也會協助政府診斷哪些部門最迫切需要撤資：「就像醫生問病患身上哪裡痛，這家公司也會定期詢問政府哪些企業受到海外持有的情形令人感到懊惱。」[29]

根據赫緒曼所言，比起單純把持有權從海外投資者轉移到國內投資者手上，成立一家撤資公司可望達成更遠大的目標。舉例而言，這麼做將可創造出適當條件，擴大工業持有權的基礎，讓小投資者能夠參與購買股份。工業持有權與財富的結構將會變得更民主也更平等，在此之前被視為金額太小又過於零散的全新資本來源也可受到善用。

最後，透過精心重整企業的持有權，一家泛美撤資公司將可在不同國家的工業部門之間創造出一套財務與管理關係的網絡，從而奠定基礎以供發展真正屬於拉丁美洲的跨國企業。如同赫緒曼所言：「撤資一旦與一定程度的『拉丁美洲化』結合，而不只是單純的國有化，即有可能為整合運動注入急需的動力。」[30] 赫緒曼暗示指出，一家撤資公司將能夠把一段對於拉丁美洲而言相對停滯的階段轉變為一個機會，不但在國家層次上重整財富分配，也重整拉丁美洲整座大陸的經濟環境。

這的確是大規模的制度想像。不過，這也是赫緒曼在過去十年來針對美國的拉丁美洲外交政策所提出的幾項高度政治性批評的一個比較超然的版本。早期一個招致公開批評的場合，是副總統尼克森在一九五八年走訪幾個拉丁美洲國家的「善意」之旅，結果淪為一場災難。尼克森在行程上的好幾個停留點都遭到示威群眾的憤怒質疑。根據一份對這場旅程提出的詳細分析，在卡拉卡斯有「數百人怒吼著要尼克森夫婦滾回國，並且在機場航站上方的一座瞭望臺上朝著他們吐口水及丟擲垃圾」。[31] 尼克森想要淡化記者李普曼（Walter Lippman）所謂的這場「外交珍珠港」，於是故作輕鬆地宣稱美國應該要「擁抱拉丁美洲的民主領導人」，結果總統艾森豪的弟弟暨拉丁美洲事務重要顧問米爾頓．艾森豪（Milton S. Eisenhower）竟然建議把這樣的「擁抱」確立為「對拉丁美洲領導人與國家的正式政策」。[32]

赫緒曼對於這項提議的「天真」大感震驚。他以幾乎不敢置信的語氣寫道：「沒有人想到『民主領導人』可能不是特別想要我們的擁抱。」[33] 赫緒曼後來又針對甘迺迪在一九六一年三月十三日發表的演說重申了這一點，因為甘迺迪在那場演說中向拉丁美洲各國的大使提議建立一個新的「爭取進步聯盟……也就是一項龐大的合作計畫，具有無與倫比的宏大規模與崇高目的，藉以滿足美洲人民對於住宅、工作與土地、健康與學校的基本需求」。[34] 赫緒曼譴責這些提議的自以為是，但他認為更糟的是這些提議將會適得其反。堅持採用美洲各國團結的修辭，或甚至展現出上對下的施恩姿態，大概只會惹惱拉丁美洲各國的許多改革主義團體，導致他們反對美國所支持或者直接施加在這些較為貧窮的南方鄰國身上的政策。由於赫緒曼對兜售改革的政治經濟深感興趣，因此對於美國的拉丁美洲外交政策造成的政治力重組懷有高度警覺。他省思指出：「爭取社會改革的奮鬥號召了一群特定類型的支持者，其中有些人很可能會因為這項奮鬥獲得所有掌權當局的支持而失去興趣。民族主義團體必定會對美國支持的任何改革吹毛求疵，也必定會因此改變立場，不是轉而捍衛現狀，就是擁護更激進的措施。」[35]

美國不但沒有強化和拉丁美洲各國的關係以及改善自己的形象，反倒笨手笨腳地錯失了機會，而未能採取更有意義的步驟，不論是具有高能見度的作為，像是把巴拿馬運河交給一個多邊的泛美組織管理，或是抱負比較沒那麼宏大的問題解決活動。美國與拉丁美洲的關係真正需要的不是擁抱，而是保持一個尊重對方並且互相合作的距離。

一九六〇年代晚期還有另一項針對國際經濟關係的基本機制進行改革的提議，由赫緒曼與伯德共同闡述。伯德在哥倫比亞大學曾是赫緒曼的學生，後來因為獲得赫緒曼在世界銀行的老友史蒂文森推薦，前往哈佛大學擔任經濟學講師。[36]這項提議的起始假設是赫緒曼原本就對國家權力與經濟國際關係這兩者之間的關聯懷有的興趣，只不過這次他們關注的焦點是外援，而不是對外貿易。「在一個由主權國家組成的世界裡，」赫緒曼與伯德寫道，外援「是一件國家政策工具，富人可以用於獲取影響力並且增加自己的權勢」。[37]這篇標題為〈對於外援的批評與建議〉（Foreign Aid-A Critique and a Proposal）的論文，由兩個不盡連貫的部分構成。我們已經在第三章討論過批評的部分，其內容是對計畫貸款的抨擊，藉此為特定專案的貸款辯護。

至於建議的部分，則是另一項深富想像力的嘗試，目標在於徹底改革外援的國際組織。這項計畫的本質，就是把富國的外援支出決策從政府轉移到個人手中。標準做法是由富國的國家政府利用稅收的一部分挹注外援計畫；在赫緒曼與伯德的方案中，決策權掌握在個別納稅人手中，由他們決定自己的所得應有多少部分投注於外援專案（也許設定五％的天花板，以免富人發揮過大的影響力）。納稅人這麼做，可以獲得國稅單位提供稅額減免，誘因則是取得「發展股份」，每年可以領到一小筆報酬。這麼一來，外援將與富國對國際影響力的追逐脫鉤，因為資金將會直接由個別納稅人投入特定的區域發展公司（在赫緒曼與伯德的最終版本當中，是「世界發展基金」），那些公司將會互相競爭而促進效率。[38]

如同赫緒曼與伯德承認的，把資金目的地的最終選擇交給個別納稅人，將有可能帶來非常不確定而且無可預測的結果。但他們主張再怎麼樣也不可能比現狀更糟，因為當前的援助政策只不過是冷戰策略的工具而已。他們指出，在過去的二十五年裡，美國最高比例的人均雙邊援助對象是韓國、臺灣、約旦與希臘。[39] 明顯可見，國家權力考量強烈影響了外援的結構。赫緒曼與伯德試圖想像一套體系，能夠把關注焦點從國家權力轉為低度發展地區的發展。

赫緒曼與伯德在外援讀書會的成員之間流傳了一份手稿。當時這個讀書會的聚會都在哈佛大學舉行，匯集了一小群發展研究的菁英。在一九六七年十二月初討論赫緒曼與伯德這篇論文的參與者當中，包括了梅森（他是哈佛大學公共行政研究所的前所長，現在那個研究所改名為甘迺迪政府學院，他也在一九六三年創辦了發展諮詢服務處，現在改名為哈佛大學國際發展研究所）、帕帕內克（Gustav Papanek；他曾任國務院亞洲技術合作計畫經理，後來又當過哈佛大學發展諮詢服務處主任）、巴托爾（Francis Bator；曾任詹森的副國家安全顧問，也是美國國際開發署的高級經濟顧問，新近才來到哈佛）、法爾康（Walter P. Falcon；他當時是哈佛大學的國際農業專家，後來轉到史丹佛大學）、羅森斯坦羅丹（他當時任職於麻省理工學院國際研究中心），以及一群年紀較輕的經濟學家，包括記錄員羅賓遜（Sherman Robinson；他當時是哈佛大學的經濟學博士生，後來在倫敦政經學院、普林斯頓大學與加州大學柏克萊分校擔任教授）。[40]

這場討論必定相當激烈。羅賓遜在紀錄當中對於那篇論文的「批評」部分受到的討論概述指出：「一切的騷動平靜下來之後，赫緒曼與伯德對於專案與計畫援助的區別似乎已完全遭到推翻。」建議部分得到的反應也沒有比較好：各方提出的評語包括「政治上不切實際」、「科幻小說」，以及「愚蠢」。[41]世界銀行官員強調這場討論「了無新意」，還有援助政策受到的「誤解」，並且對這種新方案表達高度懷疑。「這種方案真的是政治上的一個『啟動器』嗎？」評論者當中比較客氣的人士這麼納悶道。[42]史蒂文森向他的朋友提出警告，指稱世界銀行對於這篇論文的反應「有些強烈」。[43]比較正面的反應來自普林斯頓大學。身為普林斯頓大學經濟學系國際金融組組長的傑出經濟學家麥克魯普（Fritz Machlup）寫信向赫緒曼指出，由於他發現這篇論文的讀者報告評價極佳，因此「我自己都還沒讀過之前」就先決定加以出版。[44]

不過，這只是些微的慰藉而已。赫緒曼與伯德確實沒有預期自己的提議會輕易受到任何一個援助國採用，但他們希望的是能夠引起比較有建設性以及想像力的討論，而不只是介於鄙夷乃至不屑之間的評語。畢竟，如同赫緒曼所寫的，外援與發展經濟學的危機明白可見，所以「烏托邦式思維也許再度有其可以扮演的角色」。[45] 赫緒曼在寫給海伯納（Robert Heilbroner）的一封信裡說明指出，他把那兩篇文章視為說服文。他已經做好自己大部分的提議可能都會遭到拒絕的心理準備，但也認為有「這種『天真』烏托邦主義」的存在空間，因為既有利益與權力位置的一切限制在原本具有或者看似具有的約束力，都可能終究會因此而減弱。赫緒曼充滿自豪的烏托邦主義不只是以開玩笑的姿態反對既得利益，也是基於他的這項深刻信念：「正常的限制一旦突然停止作用，非凡的歷史事件組合就會造成改變，所以在前一天先準備好看似帶有烏托邦色彩的提議乃是一件好事。」[46]

不過，這終究仍是烏托邦思維，而赫緒曼的改革主義立場又再度同樣無法滿足現狀支持者與革命人士這兩個極端的群體。赫緒曼提議在低度發展國家施行撤資的制度機制已有多年的時間，但像是附屬於世界銀行的國際金融公司這類大型多邊組織的反應卻是興趣缺缺。[47] 相對之下，像是年輕的鮑爾斯（Sam Bowles）這樣的左翼同僚，則是把赫緒曼的改革主義視為一種強化國家資產階級的方法，因此會強化資本主義發展。但鮑爾斯指出：「另一種觀點也許會主張海外投資占據支配地位而削弱國家資產階級是一件好事，因為這樣幾乎可以確保那個國家的民族主義運動不但會反帝國主義，也會反資本主義。」[48] 改革主義者想要避免遭到這兩個極端的夾殺而保有自主的政治空間，並不是簡單的事情。如同赫緒曼向他極為敬重的鮑爾斯解釋的，他的目標不是要排除革命，只是不希望革命成為「絕對的前提要件」，就像他也總是反對資本主義現代化有其必要前提要件的這種概念。赫緒曼只是想要「盡量增加選項」，因為革命如果是一種解決方式，「也不是經常發生。所以，在此同時也就值得思考其他促成前進動態的方法」。[49]無論如何，赫緒曼不是革命分子，也深知宏大的轉變計畫有可能會造成慘重的人命代價，而且這樣的情形也確實發生過。

儘管有這些努力，那些年間卻沒有出現一家泛美撤資公司，也沒有出現資助以及管理外援的新方案，連發展領域的其他小型改革都沒有。實際上，對發展經濟學而言，一九六〇年代晚期的確是變動的前夕，但不是改革，而是反改革。

赫緒曼從未放棄他對發展議題的興趣，在他的學術生涯活躍期間也一直不斷針對這類議題熱切從事書寫。不過，從一九六〇年代末期開始，經濟發展在他的思索當中已不再占有首要地位。一九六〇年代末期發生在美國以及國際上的政治與社會動盪，使他對於自己在過去十五年來的改革主義主張產生懷疑。在赫緒曼眼中，革命的捷徑仍然不吸引人，但他也認知到自己的改革立場愈來愈薄弱。關於赫緒曼在一九六六至一九六八年間的不安感受，以及他難以把這種感受架構成一個可以處理的問題，阿德爾曼的著作提供了詳細而令人沮喪的描述。[50]

差不多就是在那個時間，赫緒曼與同僚格申克龍針對競爭與獨占、消費理論，以及消費者行為等等議題進行初步對談，開始闡述一個更大的問題，也就是個人如何在組織衰敗之前就開始形塑並展現他們的不滿，那些組織不必然是市場上的企業，也有可能是公共服務、鄰里社群或族裔社群、政黨、教會、國家，以及大學。[51]如同他寫信向姊姊烏蘇拉指出的，他的思考開始邁向「一些沒有預見的方向」，儘管他愈來愈明白理解到自己必須打破學科界線，甚至主張如果要探究一九六〇年代晚期的社會與政治動盪，不同學科之間的互相交流乃是根本要件。[52]在一九六八至六九學年獲邀加入史丹佛大學行為科學研究中心，正提供了他所需要的機會，讓他得以把這些沉思形塑成一本小書，結果這部名為《叛離、抗議與忠誠》的著作立刻就受到肯定為社會科學的經典之作。在這部著作裡，赫緒曼探索了更加廣大的智識領域，但切入點仍然是經濟發展，精確說來是他在《發展專案觀察報告》當中提出的一項觀察，內容是關於奈及利亞的鐵路運輸，以及當地使用者對於其表現衰退做出的反應。

表現低落的問題

在這個所有專案規畫者都受到隱藏之手原則欺瞞的世界裡，赫緒曼認為要改善專案設計的一個重要問題，就是如何在兩種有問題的專案之間走出一條可行的道路：其中一種專案的問題在於完全接受其推行區域的低度發展狀況，因而先天上就無法對現狀造成任何改變；另一種專案的問題則是完全致力於改變現狀，卻毫不考慮既有的限制。赫緒曼借用價格理論的術語，指稱發展專案如果要獲得成功，專案的行為就應該要結合「屬性接受」與「屬性創造」這兩種性質。換句話說，專案應該要能夠納入或者**接受**社會、經濟與人性現實的屬性，也就是存在於專案推行之處而且被視為不可變的那些屬性；同時也修改（**創造**）其他若干比較具有可塑性的屬性。不出意料，赫緒曼認為這個問題的重點在於培養出一種敏感度，能夠察知哪些活動在什麼情況下屬於「接受」面或是「創造」面。

赫緒曼指出，一個特別潛藏不露的問題存在於只有隱然具有「屬性創造」性質的專案當中：也就是說，這種專案看似僅具有安全的「屬性接受」性質，實際上對於社經環境造成的改變卻遠遠多於起初看起來的模樣。赫緒曼提出的典型案例是奈及利亞只補助博爾努鐵路延伸路段，而沒有補助公路興建（以及貨車業）。奈及利亞社會的若干特性，包括部落間的高度敵意、普遍的貪腐，以及在一九六〇年代初期充滿鬥爭的獨立過程，使得擴張鐵路的新投資問題重重，原因是比起鐵路網這種權力更往中央集中而又脆弱的系統，小型貨車業更加能夠適應群體之間的對立以及貪腐的環境。如同赫緒曼提出的結論：「鐵路要發揮教育效果，促成揮棄貪腐、不同部落之間的和平共存，以及其他類似的根本行為改變，我們必須認定這樣的機會很低。」[53]

的確，一九六六年一月，赫緒曼夫妻造訪該國僅僅五個月後，一場軍事政變就帶來一段愈來愈不穩定而且充斥大規模屠殺的時期，造成奈及利亞東南部的比亞弗拉（Biafra）企圖脫離該國而獨立，以及一九六七至一九七〇年間的內戰。赫緒曼夫妻沒有預見到這場危機。如同阿德爾曼所言，我們可以說「赫緒曼的樂觀導致他未能看出逐漸累積的緊張關係……他對於出人意料的正面效果抱持的希望，掩蓋了他的所見所聞」。[54] 實際上，鐵路延伸段不但不太可能促進族裔之間的和平共處，反倒還帶來了「災難性的後果」，直接促成國內不同區域和黨派之間愈來愈激烈的衝突。[55]

除了奈及利亞陷入內戰所引發的震驚以及人道擔憂之外，赫緒曼也持續思索另一項導致鐵路難以和公路競爭的元素。他尤其注意到有些服務無法容忍低落的表現，而有些服務對於表現衰退則是有大上許多的容忍空間。航空運輸就是前者的絕佳例子，道路則是後者的例子。飛機如果沒有受到良好保養，災難幾乎就是可以確定的後果。相對之下，道路的衰敗雖然會增加車輛的耗損、降低平均行駛速度，並且造成更多的小型車禍，卻極少會導致重大災難。

對衰敗沒有容忍空間的服務，是強烈的屬性創造者，因為這種服務會把自己的特性強加於社經環境上。一般人經常會接受道路衰敗的情形很長一段時間，然後才會爆發公眾抗議；但航空公司只要發生致命事故，即可預期有關當局會立刻做出反應，而且也會有強烈的大眾壓力，要求立刻處理及解決這個問題。在《經濟發展策略》裡，赫緒曼短暫討論了這種存在於特定科技當中的「強迫維護性」，將其指為誘發機制的一個例子。在那本書中，他也提及鐵路的強迫維護性比公路強，「因為鐵路缺乏維護所造成的意外比較嚴重」。[56]

不過，奈及利亞似乎違反了這項結論。就奈及利亞鐵路而言，一套發展完善的道路網絡以及道路運輸業導致鐵路運輸的屬性創造特徵顯得**更不**吸引人，原因是另一個既有選項的存在，使人更容易聚焦於鐵路系統的缺點。如同赫緒曼所寫的，「比起鐵路在長程運輸當中具有獨占地位的情形，在同時有卡車與公車運輸的狀況下，鐵路服務的衰退就遠非那麼嚴重的問題，能夠長時間忍受」。[57]此外，國家補助為鐵路提供了保護，使其得以避免營收減少的問題。這點也進一步表示鐵路的效率改進可以推遲而不至於造成嚴重後果。

這項看似不重要的小觀察，雖然只是一項小觀念，卻為赫緒曼思想的重大突破種下了種子。他在自己還沒有理解到的情況下，無意間得出了一項分析洞見，具有能夠解釋各種經濟、政治與社會現象的潛力。鐵路服務衰退引發的公眾抗爭，就是赫緒曼所稱的「抗議」(voice)。至於捨棄這項令人失望的服務而改採另一個選項（在奈及利亞的例子裡，就是捨鐵路而採公路），則是他所稱的「叛離」(exit)。

赫緒曼任職於史丹佛大學行為科學高等研究中心之時，於一九六八至六九年的休假期間寫下他的新手稿。《叛離、抗議與忠誠》在一九七〇年出版。這本書的副書名：「對企業、組織與國家衰退的反應」(*Responses to Decline in Firms, Organizations, and States*),明白指涉了赫緒曼這項省思的根源,但我們在下一節將會看到,鐵路與公路在破碎而充滿衝突的社會環境裡如何互動的這個問題雖然範圍狹窄,卻能適用於更大的規模與範圍。

最著名的三要素:《叛離、抗議與忠誠》

如同赫緒曼在《叛離、抗議與忠誠》的引言當中所寫,他的目標是要提出一種「統一觀點,能夠用於看待各式各樣的問題,像是競爭以及兩黨制度、離婚以及美國的民族性、黑人力量以及『不滿』的高層官員未能因越戰問題辭職的情形」。[58]這項寫作計畫絲毫不乏宏大的抱負。

這類浮誇的宣告通常來自於「經濟帝國主義者」:這類經濟學家致力於擴張新古典經濟分析的範圍,納入經濟學原本沒有涵蓋的領域,像是家庭或種族群體動態。這是一個特別新穎的例子,顯示芝加哥大學經濟學系在這門學科轉向愈來愈注重經濟學的個體基礎這項發展的前線位置。貝克(Gary Becker)在一九五七年發表了一份探討種族歧視的博士論文,從此展開他被一名熱切的評論家稱為「帝國主義運動」的研究事業。[59]貝克把「對歧視的喜愛」視為個人效用函數的一部分,用經濟學對其他任何財貨的分析方式來分析歧視:理性而且追逐效用極大化的個人，將會願意付費以求取得或者行使歧視。[60]

乍看之下，赫緒曼這種大膽的「統一」做法可能會被人指為近似於經濟帝國主義者的做法。但儘管如此，他在一項訪談裡被人問到自己是不是確實對經濟帝國主義「多少抱持批判態度」，卻使用了「強烈許多」的字眼描述自己的反對姿態：「我對那種做法絕對深懷敵意。」[61]畢竟，赫緒曼在他先前的著作裡一再展現出以不同觀點互相感染的傾向，而不是只在一種方法論的涵蓋範圍裡進行分析。赫緒曼的「統一」做法不是基於一門學科對其他學科的帝國主義征服，而是恰恰相反：奠基在真正的跨學科交流之上。他之所以使用「叛離」與「抗議」這類概念，目標是要打破經濟學與政治之間的「根本隔閡」。

這本書首先提出一項觀察，也就是一個組織的表現一旦令人失望，有些個人會捨棄那個組織（或者不再購買那個組織的產品）；在赫緒曼使用的詞彙當中，那些人就是採用了叛離的選項。一如典型的市場環境，**叛離**有著在市場上做出的選擇所具備的特徵：包括離散性（要嘛購買，要嘛不買；要嘛離開，要嘛留下）、客觀性（不必提出解釋），以及間接性（藉由叛離，個人只是單純向組織傳達該組織出了問題的信號）。另一個選項是**抗議**，這個選項的性質恰與**叛離**相反。抗議具有連續性，因為這種行為可以從低聲埋怨演變到高聲抗爭；抗議也具有直接性，亦即這種行為有其內容，而不只是傳達信號。赫緒曼總結指出，**抗議**是「最極致的政治行動」。[62]

不過，赫緒曼認為經濟學家與政治學家似乎不只是無力分析市場與非市場機制（套用赫緒曼採取的新詞彙，就是**叛離**與**抗議**的選項），而且是對此完全不感興趣。經濟學家只聚焦於擴張市場機制，就像傅利曼（Milton Friedman）的著名提議：對父母發放能夠「花用」在教育服務上的現金券，讓他們藉此表現自己對特定教育供應商的偏好，而不必透過「麻煩的政治管道」表達觀點。[63] 另一方面，政治學家則是傾向於強調政治衝突，把叛離貶抑為一種單純的反社會選項。赫緒曼希望證明這兩種觀點其實都有其用處。他尤其以經濟學家為對象，指稱「從國家到家庭的種種人類制度裡，抗議不論有多麼『麻煩』，通常都是其成員唯一能夠採取的做法」。[64] 換句話說，市場與非市場機制並非歸屬於不同的學科領域，而是共同並存。這些不同機制之間的相互作用，將會顯示「經濟分析的特定工具對於理解政治現象有其用處，**反之亦然**」，從而促使我們對社會變革的過程獲得更完整也更平衡的瞭解：這是單靠個別的經濟學分析、社會學分析或者政治學分析無法達到的結果。[65]

赫緒曼的首要目標是要解釋消費者與公民所使用的反應路徑。不過，他也明顯熱中於提倡不同學科的真正混合，藉此「向政治學家示範經濟概念的用處，**也向經濟學家示範政治概念的用處**」。[66] 如同此處字體強調所顯示的，《叛離、抗議與忠誠》也試圖矯正經濟帝國主義浪潮造成的社會科學之間不平衡的關係。赫緒曼寫道，把經濟學的分析架構套用在權力關係與民主程序等政治現象上，經濟學家「成功占領了這門相鄰學科的大片領域，而由於政治學家在擁有豐富工具的經濟學家面前懷有的自卑情結，只有經濟學家在物理學家面前感到的自卑堪可比擬，因此也就擺出了樂於受到殖民的姿態」。[67]

這點確實是真的。不過，比較有爭議的是赫緒曼是否達成了他矯正這兩門學科的平衡關係這項目標。他無疑成功混合了在經濟學與政治學的不同學科領域裡經常受到分別分析的元素。他對**抗議**的分析，尤其把這項概念在政治學與經濟學論述當中提升到中心地位。這點對於赫緒曼而言特別重要，因為如同他在一九七三年一場研討會當中所說，他的目標「同時是實證性的與規範性的」：他想要顯示**抗議**會在什麼樣的情境下出現，但也主張在若干情境下「必須調整制度誘因的適當平衡，以便強化**抗議**在**叛離**面前的地位」。[68]

不過，提醒經濟學家注意**抗議**這種政治概念的重要性，不必然代表為這兩種學科觀點賦予平等的地位。在這一點上，政治學家意見分歧。巴里（Brian Barry）是他那個世代的首要政治哲學家之一，他在一篇富有見地的評論裡指出，顯示政治**概念**的實用性不等同於建立一項真正跨學科的**分析方法**。巴里主張指出，赫緒曼的目標雖然是希望經濟學家關注政治概念以及讓政治學家關注經濟概念，並且希望他們體認到這兩種概念的緊密交纏，但此一目標仍然是奠基在市場與非市場機制這種明顯可見的「經濟觀點」上，尤其是以經濟觀點看待抗議這種特別屬於政治領域的機制。[69] 相對之下，國際政治學會的會長洛肯（Stein Rokkan）則堅稱赫緒曼的著作「不只是另一項把經濟學的概念工具用於分析政治過程的嘗試」，而是「也許代表了把政治反應模型有效應用在經濟行為分析當中的第一項系統性努力」。[70]《叛離、抗議與忠誠》當中所有的分析都奠基在這項根本的觀察上：亦即衰退的過程在人類社會裡普遍存在又無可避免，而且沒有任何最大化、理性與效率的概念能夠抵銷這項令人不快的事實。赫緒曼在這本書的引言第一頁就提出了這項概念：

> 在任何的經濟、社會或政治體系裡，個人、企業與組織都不免偶爾偏離具有效率、理性、守法、有德，或者其他富有功能性的行為。不論一個社會的基本制度設計得多好，必定都會有些行為者未能達到預期的行為，就算只是因為各種意外的理由，結果畢竟也還是一樣。每個社會都會學習接受一定程度的這種失序行為或不當行為；不過，為了避免這種不當行為不斷增加而導致普遍的衰敗，社會必須要能夠集結其內部的力量，促使盡可能多誤入歧途的行為者回復至正常運作所需的行為。……
>
> 道德家與政治學家雖然向來都高度注重如何促使個人避免敗德的行為、促使社會避免墮落，以及促使政府避免腐敗，經濟學家卻極少關注經濟行為者可以修補的過失。[71]

兩個彼此相關的理由可以解釋這樣的忽略。第一個理由是經濟模型都預先假設完全理性。因此，經濟行為者在表現上的衰敗或衰退乃是某種外生事件造成的結果，而且那種外生事件依照定義而言是無法改變的。第二個理由是，在競爭性經濟裡，一個衰敗的行為者會留下空間，讓新的行為者得以出現。換句話說，修補過失根本沒有必要，因為整體的經濟不會出現過失：或者，依照熊彼得式觀點，經濟正是因為一波波的「創造性破壞」而得以進步。然而，赫緒曼的改革主義與社會民主觀點卻讓他能夠從另一個不同的角度觀察市場機制。他寫道：「即便在活躍的競爭廣為盛行的情況下，不去關注暫時落後的企業有無可能恢復活力也難謂合理」，因為「恢復機制對於避免社會損失以及人類困苦極為有用」。[72]

單單採取可修補過失這個新觀點，赫緒曼就得以重新檢視企業與消費者的市場行為當中的若干面向。舉例而言，在一個競爭市場當中，消費者原本偏好一家特定企業生產的一件產品，後來卻因為那件產品的品質衰退而導致消費者轉向另一家企業生產的另一件產品。在什麼樣的條件下，原本那件產品有可能會恢復先前的品質？消費者需求對品質的變化如果高度缺乏彈性（也就是說，如果不論產品的品質如何，總需求基本上都維持不變），那麼管理階層就沒有理由對品質衰退做出反應。在這種情況下，只要管理階層是依賴需求趨勢衡量大眾對其產品的喜好（以此代表其品質），他們甚至可能根本不會注意到自家產品的品質有所下降。不過，如果需求對品質衰退的反應極大（以經濟學術語來說，就是需求彈性大），那麼消費者就會在管理階層還來不及反應之前即轉向其他產品。如此一來，這家企業還來不及恢復就會遭到市場淘汰。赫緒曼因此斷定指出，我們如果有興趣瞭解暫時過失的恢復機制，那麼品質衰退的需求彈性必定處於中等程度，也就是不至於低到不會對需求造成重大改變，也不至於高到會導致企業還來不及做出反應就陷入破產。我們可以這麼描述這種中間狀況：也就是一家企業擁有各種不同的顧客，其中有些對品質極為敏感（他們會立刻叛離，傳達出產品有必要恢復品質的信號），有些則是無動於衷（他們忠誠的需求，可讓產品在企業採取品質恢復措施之際繼續保持在市場上）。

如同這個例子明白顯示的，把競爭視為市場運作主要機制的這種傳統想法必須大幅改變。完全競爭與市場效率沒有直接的線性相關。相反的，赫緒曼指出：「把競爭視為一種恢復機制可讓我們看出這一點：部分顧客的叛離雖是引發此一機制的必要條件，但同樣也相當重要的是其他顧客必須對品質衰退無所知覺或者不以為意。」[73]

那麼，品質衰退如果擴展到一整個工業部門，這時競爭又如何呢？那麼一來，奠基在顧客叛離之上的常見市場機制就只會造成相互競爭的企業之間彼此交換對方心懷不滿的顧客。在這樣的案例當中，失望的顧客對於更好產品的追求將會是慌亂而又徒勞。與其仰賴沒有效果的叛離，顧客比較好的做法應該是仰賴另一種不同的機制：也就是直接施壓要求改善品質。如同赫緒曼所言，這種情形相當常見，不只是在市場上，還有政治體系也是如此，因為在許多心懷不滿的公民眼中，互相競爭的各大政黨都沒有為人民提供真正的選擇。這樣的考量會把我們帶領到赫緒曼的分析當中的第二個術語：抗議。

抗議應該廣泛定義為一種嘗試，也就是試圖「從內部」改變令人反感的狀況，而非採取叛離的做法（叛離就是離開一個組織，或者決定購買另一件產品）。因此，抗議乍看之下乃是叛離的殘留結果，因為不叛離的人就會留下來表達他們的不滿。不過，比較好的看待方法其實是把抗議視為叛離之外的另一個選項。抗議要獲得合理的成功機會，一個組織的成員就必須選擇留下來奮力促成發自內部的改變，而不是離開。當然，選擇留下也是選擇忠誠的另一種說法。這是在政黨當中常見的經驗。

赫緒曼感興趣的主要對象，是叛離與抗議之間複雜的互動。他在這樣的基礎上顯示了經濟學與政治學研究如何能夠進行最好的互動，並且提供可以應用在許多不同情境的實用分析。赫緒曼的分析具有的高度複雜性以及細膩度，可以從他的個案研究當中看得出來，例如他討論叛離與抗議如何有助於以視覺化的方式呈現出美國黑人人口獲得解放這項艱困過程的動態，或是討論叛離如何能夠解釋美國意識形態當中某些根深柢固的元素，亦即他所謂的「美國人奇特的因襲盲從」。[74]

抗議實際上有沒有因為存在著叛離這個選項而受到強化或削弱，有一項簡單的互動與此有關。出走的可能性無疑會促使某些個人選擇叛離，而不是利用抗議的方式面對所有的麻煩問題。另一方面，抗議也會因為叛離選項的存在而顯得更具可信度。不過，我們如果嘗試歸納出什麼樣的人在什麼情境下會傾向於叛離，什麼樣的人又會傾向於抗議，那麼就展開了一項更為複雜的分析。

標準的經濟分析主張價格一旦上漲，邊際顧客會率先退出。此處的「邊際」指的是顧客對於價格抱持的立場。換句話說，邊際顧客願意以特定價格購買一件產品，但絕不願多付一毛錢。價格如果上漲，他們就會叛離。在這樣的案例當中，對這件產品沒那麼感興趣或者無力負擔價格上漲的顧客就會離開。不過，發生的變化如果不是價格上漲，而是品質衰退，那麼最在乎這件產品及其品質的顧客就會先離開（前提是有另一件產品存在，而且他們負擔得起比較高的價格）。從經濟的角度來看，我們可以說品質的衰退對於這些顧客而言就相當於價格大幅上漲，但此處的重點是不同群體對於價格上漲以及品質衰退各有不同的敏感度。如同後續的例子明白顯示的，赫緒曼也受到社會心理學的文獻還有他與史丹佛大學心理學家的交談所影響，像是費斯汀格（Leon Festinger）與金巴多（Philip Zimbardo）。[75]

想想學校的例子。一所公立學校的品質如果衰退，對子女教育品質不感興趣或者無力負擔私立學校學費的家長會讓他們的孩子留在那所公立學校。相對之下，希望讓子女享有高品質教育的富裕家長則是會立刻對公立學校的品質衰退做出反應，把孩子轉學到教育品質至少不遜於公立學校原有水準的私立學校。這麼一來，有幾個後果將會接著出現。首先，家長在公立學校的抗議力道會降低，原因是其中有許多人已經帶著孩子離開。此外，離開的那些人就定義而言乃是品質導向人士，所以由他們對品質衰退提出抗議，才會產生特別重要的效果。

赫緒曼建構這項分析也是為了把標準的經濟觀點複雜化，因為經濟觀點僅關注於邊際顧客對漲價的反應，而沒有像赫緒曼嘗試的那樣把品質衰退納入考量。赫緒曼沒有真的討論這項事實：主要對價格敏感的消費者可能也對品質敏感，只是他們可能無法對品質衰退做出反應。換句話說，市場上很可能有貧窮的「鑑賞家」，雖然懂得欣賞精品財貨，卻負擔不起。赫緒曼非常明白這一點，但沒有加以理會，因為他認為這與他對於該如何超越標準經濟學做法的討論無關。

第二個後果和私立學校的教育品質也有可能還是會衰退有關。在那樣的情況下，學生會再轉回原本那所公立學校嗎？這項選擇因為兩個彼此相關的原因而不太可能。第一，那所公立學校的品質可能還沒改善。第二，那所公立學校的品質必須改善到高於私立學校的水準，因為如果沒有一個品質更好的既有選項，那麼品質敏感的顧客就會傾向於行使抗議而非叛離。他們一旦轉到一所品質比較好的私立學校，結果那所學校的品質又出現衰退，那麼品質導向的家長就會留在那所學校裡發起抗議，而且要經過很長一段時間之後才有可能會徹底喪失希望。因此，他們的選項並不對稱：品質一旦衰退，而且又有另一個品質較好的選項，他們就會立刻選擇叛離。如果沒有另一個選項，他們就會選擇抗議。在富裕而且品質導向的家長眼中，公立學校的品質恐怕會衰退得很快，而且要極為吃力才有可能再度恢復競爭力。[76]

赫緒曼心中想到的，就是美國資金嚴重不足的公立學校體系（他的女兒卡蒂亞與麗莎在美國接受了初等之後的教育），還有許多非常昂貴的高品質私立學校。在他的例子裡，公立學校品質愈來愈趨衰退以及失去抗議這種修復機制的累積過程，再加上富裕家長對於私立學校可能出現的品質衰退在反應上較為頑固，不會立刻轉回公立學校體系，因此造成公立學校的慘淡命運以及私立學校的亮眼表現這兩者之間的分歧愈來愈大。赫緒曼指出，最注重品質的家長要是能夠忠誠於公立學校，也許就比較不會有那麼多人傾向於叛離，並且會有更高的誘因使用抗議的做法，從而避免公立學校的累積性衰敗；不過，忠誠度在實際上卻是很低。[77]

赫緒曼的分析帶來的影響極為巨大，因為他闡明了一旦把抗議納入考量，在市場環境當中競爭就不必然是最佳的解決方案。至少對某些觸及範圍可能及於全民的服務而言，就必須要有獨占的體制才能夠確保管理階層會在抗議與強大壓力的督促下致力維持品質：或者，更精確來說，是對可能的過失與衰敗做出有效率而又迅速的反應。在這個意義上，獨占可以替代忠誠。赫緒曼重提《發展專案觀察報告》當中的一項中心概念，指稱忠誠或者獨占性忠誠有助於啟動創意資源，進而發現有效施加壓力以矯正表現過失的新方法。[78]

此外，不同於標準經濟理論，一小群競爭者對抗巨大的獨占者不必然是比毫無競爭更好的安排。由於競爭有可能大幅降低抗議的力量，從而造成品質導向的顧客對品質衰退做出叛離的反應，因此對於能夠容忍一定程度衰退的準獨占者而言，即便是一小群競爭者的存在也有可能產生弊大於利的影響，因為叛離將會導致抗議的弱化，卻又不至於對龐大準獨占者的生存造成嚴重威脅。在這種情況下，競爭不但無法遏止獨占，而且還會為其剔除比較難搞（或謂抱持改革主義）的顧客。如此一來，如同赫緒曼所言，帶有些微競爭的獨占會變成「無能者對於弱者的壓迫，以及懶惰者對窮人的剝削，這種情形不但**缺乏抱負又可以逃避**，而且也更加持久又令人窒息」。[79]

舉例而言，這種情形經常可見於開發中國家不可靠的電力公用事業，其中要求較高的顧客會在品質衰退達到一定程度後決定安裝自己的獨立發電機。美國郵局是「懶惰獨占者的另一個例子」：市場上存在比較有效率但價格較高的競爭者，能夠幫郵局達到雙重目標，也就是一方面排除比較挑剔而且要求比較嚴格的顧客，同時也壓迫那些認為叛離至另一項服務並不可行或者成本太高的顧客。同樣的這種機制也存在於政治當中，例如拉丁美洲的獨裁政權促使政治對手自願流亡，雖是藉此保全自己的性命，卻也因此在地方層次上削弱了抗議的力量。[80]

最後，鑒於在所有會對個人與家庭的生活品質造成影響的服務當中，對抗品質衰退都必須要由抗議提供助力，而高社經階層的抗議強度與表達明白度又勝過低階層，赫緒曼因此下結論指出：「上層社會的生活品質與中下階層之間的分歧，將會變得愈來愈大。」[81] 換句話說，不同社會群體在叛離與抗議方面所面對的不平衡選項，是強化社會不平等的一項強大機制。

此外，在向上社會流動趨勢較強的社會裡，低下階層喪失抗議能力的情形可以預期會比在較為階層化的社會更嚴重，因為在社會流動性高的環境裡，私人叛離的嘗試比較有機會成功；而訴諸抗議的做法，則是在階層化社會的每個層級當中都會有比較高的誘因。這項分析對於所謂的美國夢具有的社會永續性提出了一些嚴重的問題，因為由此可見社會流動與社會正義有可能互相牴觸。如同赫緒曼在結論裡指出的：「要在這個文化裡提出這項觀察並不容易，因為這個文化長久以來都認為機會平等與向上社會流動的結合必可確保效率和社會正義。」[82]

有一個章節討論企業與政黨在雙占體制（duopoly）當中的行為，赫緒曼以特別敏銳的洞察力討論了抗議扮演的角色。此處，標準理論以霍特林（Harold Hotelling）一九二九年發表於《經濟學期刊》（*Economic Journal*）的一篇文章為基礎，預測指出在特定假設之下，例如需求彈性為零（此處的概述經過稍微簡化），那麼任兩家互相競爭的企業將會把自己定位在空間分配的左半邊與右半邊的中間（如同霍特林描述的：「一座城鎮裡的主要街道或者一條橫貫大陸的鐵道」）。這麼一來，這兩家企業即可將社會報酬最大化，因為顧客與任一家企業的距離都會縮到最短。[83] 霍特林探討的是經濟雙占體制，但這個模型也可輕易用於分析投票行為，只要我們把企業換成兩個政黨即可（這麼一來，政黨的政見與人民距離的遠近就相當於企業與顧客距離的遠近）。霍特林指出，企業（或者政黨）為了獲得極大化的利潤（或者選票），就會傾向於移往分布區域的中間地帶，因為這樣即可保有自己在分布區域一端的顧客（或者選民），同時又挖走競爭對手的顧客（或者選民）。84

霍特林的模型曾數度受到批評與重新界定，但其架構一直是對於政黨趨向政治光譜中間這種傾向的根本理論描述，儘管這個模型在事實面前經常證明是錯誤的。赫緒曼指出，抗議的概念可以解釋霍特林模型與政治事件之間的許多歧異。赫緒曼主張那套模型主要的錯誤，就是把受限的消費者或選民視為無能為力，只能無法抗拒地和距離自己比較近的商店或政黨連結在一起。這種想法是基於標準的市場行為，亦即消費者會藉著用腳投票而對企業施加壓力：也就是說，他們會叛離一家企業而購買另一家企業的產品。不過，實際上「沒有其他地方可去」的選民會把抗議的力量發揮到最大（他們別無選擇），並且運用各種影響力阻止政黨改變立場。因此，向中間移動雖然不會立刻損及得票數（因為選民沒有別的選擇，至少就短期而言是如此），但由此造成的政治代價可能會在長期變得相當重要。

此外，最堅定的支持者通常也是聲音最大的一群，而且從抗議的概念加以延伸，他們也是最活躍於政治遊說的一群。由此可見，對一個政黨而言，激勵其活躍分子才是比較重要的事情。赫緒曼因此指出：「採用一項為了爭取中間選民而設計的政見，有可能造成反效果。」85明顯可見，設計一項具有可信度、一致性而且又吸引人的政見是很不容易的工作：軟弱的政黨領導階層有可能過度屈從極端活躍分子的要求，導致矯枉過正，提出疏離了所有非極端分子的政見；或者，需求在政治光譜的兩端也可能變得彈性極大，亦即只要稍往中間靠近一步就有可能導致黨內的極端分子分裂出去。

那麼，三要素當中的最後一項又如何呢？在赫緒曼的分析裡，忠誠具有兩種功能。首先，忠誠有助於限定叛離與抗議當中的部分機制。舉例而言，杯葛經常是忠誠的一項特定副產品，也就是個人實際上不想叛離，於是採用這種發自內部的策略，以便促成政策改變。忠誠的元素也有助於我們理解使用抗議的不同階段。抗議在某些案例當中有可能沒有受到充分使用，但在其他案例又可能特別激烈，例如在加入門檻或者加入費用很高的組織當中。[86]

第二，也更重要的一點是，赫緒曼利用忠誠的概念提出社會層面占有特別重要地位的幾個案例，例如個人的叛離會造成產品或服務品質的進一步衰退，個人便因為這個理由而決定避開叛離這個選項（並且可能會運用抗議）。其他例子則是涉及公共財，因為公共財根本沒有叛離的選項。不過，把忠誠視為叛離與抗議二分法的限定條件，實際上卻是這本書的一大弱點。阿德爾曼寫得極為正確：「在這本深具影響力與啟發性的書裡，忠誠是一個盲點，」因為赫緒曼實際上沒有對忠誠本身提出任何真正的理解。[87]應受譴責的忠誠表現，像是政府官員即便面對自己完全不同意的政策也還是不願辭職，就是一個典型的例子。赫緒曼當時就可以在詹森政府當中看到這樣的例子，亦即許多高官在越南情勢升溫的情況下仍然緊抓著自己的官位不放。他把這些例子解釋為延後或者受到否決的叛離，以及遭到噤聲的抗議，但是卻未能從忠誠的觀點加以探討。

不過，忠誠的問題在赫緒曼的思想中仍然具有重要地位，主要是從公民對於國家「社群」的忠誠這種政治觀點加以看待。叛離與抗議如果代表對於消費者與企業（或是公民與政府）相互衝突的觀點做出的不同反應，那麼忠誠顯然就是代表無衝突的情境。不過，赫緒曼愈是省思民主的問題，愈發現衝突對於民主非但不危險，反倒還是民主的一種根本功能型態。我們要怎麼解釋衝突不斷的民主架構當中的忠誠？在一九九四年的一場演說裡，赫緒曼復興了一項存在已久但經常遭受忽略的思想傳統，也就是反對將衝突與社群精神對立起來，而強調正是努力因應衝突與協商妥協這種反覆不斷的經驗，產生了把社會凝聚在一起的「社會資本」，在西方的市場社會更是如此。如同赫緒曼針對這方面的文獻概述指出的：「社會衝突本身會產生把現代民主社會維繫在一起的珍貴紐帶，並且為現代民主社會提供其所需要的力量與凝聚力。」[88]從這個觀點來看，缺乏衝突不但不是團結和忠誠的徵象，反倒可能代表了政治與社會冷漠，也就是一種劣質化的忠誠。

當然，赫緒曼很清楚社會衝突也有可能猛烈爆發，從而消滅一切形式的國家社群甚至公民習慣。南斯拉夫在一九九一年爆發的內戰，就是一個明白可見的駭人案例：這場內戰裂解了這個國家，在為期十年的敵對衝突當中殺害了十四萬人左右（單是塞拉耶佛圍城戰役就造成超過一萬四千人死亡，雪布尼查大屠殺〔Srebrenica massacre〕則殺害了超過八千人）。赫緒曼提醒指出，衝突究竟會促成崩解還是會強化社會凝聚的這個問題，「不能一概而論」。[89]如同他常說的，只有對一個社會當中的特定分歧進行仔細的情境分析，才有助於辨別衝突可能的結果。

不過，赫緒曼也指出，在多元化的市場社會裡頻繁出現的衝突，其所涉及的議題經常可以找到折衷的解決辦法；因此，情境一旦出現改變，這些議題也可能會受到重新協商。這種衝突通常會成為民主社會的支柱，因為這種衝突對民主市場社會所需的社群精神具有決定性的貢獻。赫緒曼下結論指出，在衝突面前召喚社群精神是錯誤的做法，就像是召喚天外救星一樣。如同我們在其他案例當中看過的，一個問題如果存在一項解決方案，那麼就是存在於找尋那項解決方案的過程中：「面對社會在發展過程中遭遇的新問題，如果想要獲得進步，實際上需要的是政治企業家精神、想像力，在某些地方需要耐心，在某些地方需要急切，還有德行與運氣的其他各種變體。」[90]

叛離、抗議與社會科學

到了一九六〇年代晚期，赫緒曼已是備受敬重且知名的發展經濟學家。《叛離、抗議與忠誠》的出版不只把他從發展經濟學的領域當中解放出來，還使他的知名度躍升到全然不同的層次。赫緒曼藉由這本書創造了一套新詞彙，讓經濟學家和其他社會科學家能夠討論橫跨不同學科領域的問題。

伊利諾大學發展經濟學家貝爾（Werner Baer）是最早評論這本書的人之一，他稱之為「一部充滿想像力的作品，探究我們的概念架構如何經由修正與延伸……使得理論更能夠解釋改變以及對改變所做的反應」。[91]另一位評論者聲稱這本書提供了過去二十年來的政治經濟學文獻當中「最廣泛的論述之一」，是亞羅（Kenneth Arrow）出版《社會選擇與個人價值》（*Social Choice and Individual Values*）這部為現代社會選擇這個貫串經濟學分析與投票理論的新領域奠定基礎（並且為他贏得諾貝爾獎）的著作之後最廣泛的論述。[92]哈佛大學政治學家杜意奇（Karl W. Deutsch；他和赫緒曼一樣是來自中歐的政治流亡人士）指稱這本書顯示了部分首要經濟學家如何趨向更明確思考政治問題，並且界定此書「也是對政治理論的傑出貢獻」。[93]這不是赫緒曼首度嘗試「逾越」學科界線（套用他自己的說法），但絕對是他在跨學科方面的最高成就，並且可以預見其適用範圍之廣將會令人深感興奮。

實際上，這本書不只評價極高，許多不同領域的學者也都立刻將其挪用為一套可以廣泛應用並適合他們自身需求的概念架構（如同巴里指出的，在美國尤其如此，在英國則沒有那麼熱烈）。《叛離、抗議與忠誠》成了一套觀念庫，受到專業人士與相關學科內部成員共用，並且被視為一種重要的知識，有如「一面徽章，把專業人士以及有意躋身專業層級的人（高等研究生），和半吊子的業餘人士、輟學者以及熟悉內情的人物區分開來」。[94]這本書是巴里所謂的「時髦」著作，特點是「其中的理論用寥寥數語即可陳述，同時又有無限大的應用範圍」；這本書的名聲主要是透過口耳相傳散播開來，不是藉由期刊評論這類比較制度性的管道；再加上所有人都覺得自己必須看過這本書才能夠「跟上領域的發展」。[95]

一九七三年，國際社會科學理事會（International Social Science Council）與國際政治學會針對《叛離、抗議與忠誠》舉行了一場研討會，出席的學者皆是一時之選，包括奧爾森、威廉森（Oliver Williamson）、洛肯、薩托利（Giovanni Sartori）、科爾曼（James Coleman）、艾森史塔特（Shmuel Eisenstadt）以及古迪（Jack Goody），並且介紹這本書為「開創性的著作」，走在「社會科學的最前沿」。[96] 一九七五年，經濟學社群也肯定赫緒曼這本書具有中心地位，在年度會議當中針對這本書的影響舉行一場座談會，顯示這本書能夠應用在勞動市場當中的工會行為以及都市治理，並且凸顯赫緒曼這本書與威廉森在比較晚近的一九七五年出版的《市場與層級》（*Markets and Hierarchies*）之間的互補性。[97]

叛離與抗議的二分法隨即受到學者廣泛應用在許多不同的問題。叛離與抗議這兩種選項在當今看來可能顯得明白易見，在先前卻從來不曾受到足夠明確的表達，因而未能釋放這兩種選項可以應用於各種不同現象的潛力。意識到促成叛離將會弱化抗議、或是造成抗議更難以發生，尤其是一項非常有用的認知。在美國，這項機制在《叛離、抗議與忠誠》出版之前就已經凸顯於一種抵換現象當中，一方面是黑人從美國南方大量出走，另一方面是沒有出走的黑人人口在種族與政治方面獲得解放的可能性。如同馬修斯（Donald R. Matthews）與普洛斯羅（James W. Prothro）在一九六〇年代中期主張的，南方黑人人口恐怕損失了三分之一至二分之一受訓程度最高的成員；因此，留下的人口「對政治的參與不論是頻繁還是有效的程度都不免下降」，於是他們爭取解放的能力也不免有所弱化。[98]

一九七二年，歐貝爾（John Orbell）與烏諾（Toru Uno）以赫緒曼的叛離與抗議重新框架這個問題。在《叛離、抗議與忠誠》出版之時，這兩位政治學家正在研究俄亥俄州哥倫布的都會鄰里動態，於是他們重寫了自己比較晚近的研究，以便納入赫緒曼這套強大的新術語。他們注意到赫緒曼對於城市僅是順口提及，但發現他的概念架構非常適合描述都會環境裡的人口看待政治運動的不同態度。他們的假設是，最有助於為都會鄰里帶來改善的力量是抗議，而不是叛離，但叛離的選項將會掏空問題地區最需要的復原工具，也就是抗議。歐貝爾與烏諾針對不同群體的行為（白人與黑人、高社會地位與低社會地位者、市區居民與市郊居民、年長世代與年輕世代）進行了複雜的統計研究，得以顯示出不同群體如何傾向叛離、抗議，或是階段性的結合這兩者。根據他們的樣本，高社會地位的白人選擇抗議的機率通常高於叛離，這種情形在市郊又更甚於市區；至於低社會地位的白人，則是通常會覺得自己無能為力，因此選擇叛離而不考慮抗議。相較於這兩個群體，居住於類似地區而且處於類似社會地位的黑人則比白人更傾向於以抗議的方式因應問題。[99]

叛離與抗議也被人用於分析巴勒斯坦人口的組成變化以及巴勒斯坦人在以色列與占領區的政治鬥爭動態，還有世界各地的衝突情形與難民行為。[100]不過，叛離與抗議受到使用的範圍還不僅限於此。只要在網路上稍微搜尋近期的文獻，即可看出赫緒曼的架構無所不在，不管是研究愛爾蘭醫生的工作條件、研究瑞典的住宅翻修、研究國家與國際刑事法院的關係、研究受害於氣候變遷的人口為何繼續住在原處而不搬遷到氣候比較宜人的環境、研究可口可樂公司在過去百年來的市場策略，還是研究曼聯足球隊在二〇〇〇年代初期被一名美國商人買下之後的球迷反應。

對赫緒曼的三分架構有一項抱負特別宏大的應用，是政治學家洛肯從事的研究。他的目標是把這套架構與帕森斯（Talcott Parsons）的功能分化典範結合起來，用於檢視現代西歐國家形成過程的政治制度差異。藉由這樣的做法，他得以把赫緒曼的分析應用在不同的對象，不是赫緒曼分析的那種由下而上的動態，諸如消費者或公民對企業或公共行政的品質衰退所做的反應，而是用來分析由上而下的機制，例如中央權威（在洛肯的研究中，就是現代歐洲的各個權力中心）如何影響低層行為者（邊緣社群）的叛離與抗議。[101]

叛離與抗議的概念散布到不同的主題，也鼓勵了對這項分析架構的進一步複雜化。舉例而言，學者詳細闡述了赫緒曼只是順口提及的內容：叛離雖然比較能夠輕易視為一種二元選擇（要嘛叛離，要嘛不叛離；但這樣的說法也是一種簡化），抗議卻可以用不同程度的音量與形式行使。同樣的，不同程度的抗議造成的效果差異，可能不只在於接收抗議者的回應程度高低，而是也涉及回應內容的「構成」（例如一定程度的抗議強度造成略加回應的機率比較高，而不太可能引來認真的回應，或是與此相反；明顯可見，不同程度的回應與抗議程度的配對組合會隨個案而異）。

品質衰退與賠償的動態也有可能更加複雜。舉例而言，品質衰退不必然表示賠償是可能的事情。依據衰退——賠償過程當中這個第二階段的狀況不同，抗議有可能會比較強烈、比較微弱，或者根本不出現，而且抗議的缺席也不必然有助於叛離的發生（近來針對氣候變遷與受影響人口的遷徙行為所從事的研究，似乎就證實了這一點。）

另一項將赫緒曼的分析架構複雜化的研究，可以見於巴里的著作。他把沉默這個鏡像類別對立於抗議，注意到赫緒曼在抗議當中把兩種非常不同的現象混為一談：一種是群體動員以追求集體的善這種社會抗議，另一種是追求個人利益的個人抗議。提出這項複雜化的巴里甚至認為，赫緒曼如果把自己的分析與奧爾森的《集體行動的邏輯》（*Logic of Collective Action*）結合起來，必可因此獲益。[102] 這項提議雖然引人注目，但恐怕說服不了赫緒曼，因為他對奧爾森那本書懷有偏頗而簡化的觀點。這是基於赫緒曼對搭便車者幾乎本能性的厭惡，也是基於奧爾森對某些事物確實頗為負面的描述，包括政治團體、致力於「注定失敗之事」的人士，甚至是群眾運動：他認為群眾運動不但「無理性或不理性」，而且具有疏離性，還狂熱奉行特定意識形態，是社會當中的「偏激邊緣」。[103]

實際上，赫緒曼帶有偏見的觀點源自於他個人偏好把抗議運用在集體努力上的傾向。在後來的一場訪談裡，他被問到哪些人是他的智識敵手，赫緒曼的回答是：「人經常會寫文章反對別人，就算這麼做是在沒有意識到的情況下造成的結果。」接著，他提及奧爾森與他的搭便車概念。赫緒曼指出：「我已經花了幾年的時間這麼主張，尤其是對經濟學家，也就是說集體行動確實存在，而且眾人確實會參與其中。」[104]舉例而言，赫緒曼把他對於市場機制的經濟觀點和公共選擇理論家對於公眾動員基礎的觀點區分開來。不意外，公共選擇的創始人之一杜洛克（Gordon Tullock）對於赫緒曼的分析並不信服。杜洛克主張赫緒曼對叛離的批評帶有偏見，因為他探討的主要都是叛離無法改善供應者效率的案例，原因是那些供應者可以仰賴其他收入來源，例如政府補助。此外，杜洛克對於赫緒曼探討奈及利亞鐵路的起始點也不感信服。杜洛克指出，就算缺乏相對有效率的卡車服務，鐵路也還是能夠向納稅人強索更多錢以改善服務，或者單純轉變為其他形式的缺乏效率。[105]缺乏效率可能持續下去的論點不無道理，但杜洛克與赫緒曼的觀點單純相距太遠，無法形成任何有效對話的基礎：杜洛克甚至沒有提及赫緒曼的興趣，也就是公眾動員藉以發生的機制；而赫緒曼則是把自己排除於公共選擇理論的範圍之外。時任公共選擇學會會長的奧爾森下結論指出：「他們兩人的意識形態落差太大，根本無法彌合。」[106]

如同赫緒曼所言，像是公園或警察這類公共財的成本其實相當明確。不過，我們考慮的如果不是公共財，而是公共政策，那就不是這麼一回事了。爭取能夠強化「『大眾的善』或者『公共福祉』」的政策所必須付出的成本，無法與擁有這些財貨清楚劃分開來，因為如同赫緒曼所說，「對公共福祉的追求經常不會讓人覺得是一種代價，而是最接近於公共福祉的替代品」。[107]他觸及了一項大約十年後在《搖擺不定的參與》受到更完整探討的主題，堅稱在我們對公共福祉的追求當中，成本會以某種神祕的方式轉變為利益：「在歷史上深富決定性的大眾能量突然爆發，正是必須由這種徵象的改變加以解釋，也就是一般原本會被視為成本的東西，卻轉變為一種利益，一種令人滿足的經驗，一種『追求的快樂』，讓人不能不和別人分享。這種變異的可能性對於理解政治變革具有根本重要性：要達成變革，經常需要這樣的變異。」[108]

赫緒曼本人後來又回歸他的叛離—抗議二分法，將其套用在一項想必特別歡欣的思索之上，也就是探討一九八九年的柏林圍牆倒塌以及兩德在後續的重新統一。如同赫緒曼指出的，在整個冷戰期間，叛離與抗議在東德的運作方式和他原本在一九七〇年那本著作裡想像的情形一模一樣，也就是兩股經常互相牴觸的力量。政治異議（抗議）不受容忍，因此個人要展現自己不受政權控制的完全獨立性就只能叛離。叛離在一開始相當簡單，但隨著柏林圍牆在一九六一年興建完成，叛離就必須冒上相當大的個人危險。一九八九年的事件顯示了這兩種機制之間一項出人意料的關聯。那年春天，叛離現象（取道匈牙利、波蘭與捷克斯洛伐克）變得無可阻擋。政權無力對這種現象做出反應，因此暴露了本身的弱點，並且為國內抗爭這樣的抗議開啟了新空間。[109]

不過，這樣的概略解釋並不足夠。由於赫緒曼訪問了許多東歐逃亡人士（這是他最後一項實地調查工作），因此注意到叛離與抗議之間還有另一項更直接也更引人注意的關聯機制。[110]如同赫緒曼所言，對於「一九八九年事件的真實謎團」來說，這也許是個更為因狀況而異但卻更深層的解釋，亦即叛離這種純粹**私人**的行為，轉變成為一項**大眾**抗爭的運動。[111]赫緒曼猜測認為，儘管想要逃亡的人士把這種行為全然視為個人的私事，但流動規模之大使得他們無法不改變觀點：「太多人都有相同的想法，而且……他們的移動太成功，無法維持在私人的祕密狀態。」[112]突然間，想要叛離的個人紛紛匯聚在邊界、火車站以及大使館等交會點，從而得知自己並不孤單，並瞭解到他們的私人計畫其實是龐大的公眾努力當中的一塊塊小拼圖。私人叛離轉變為公共叛離的新現象，這種現象又進而促成並強化了抗議。對於赫緒曼而言，這種情形未免太過美好，但同時也真實無虛。他的祖國因為希特勒那些凶殘的犯罪計畫而分裂為二，但他卻在七十五歲那年目睹了那兩半的和平統一：「我們發現，在某種重大的匯聚當中，叛離有可能與抗議合作，抗議有可能從叛離當中產生，而且叛離也有可能強化抗議。」[113]

《叛離、抗議與忠誠》的主題最引人注意的變體，也許來自於歐唐奈（Guillermo O'Donnell）。他是阿根廷的社會學家暨民主運動人士，曾在阿根廷、巴西與美國工作過。歐唐奈把赫緒曼描述的那種由顧客或公民向企業經理或政府官員提出的抗議，和另外一種使用於同儕之間的抗議做出了非常值得注意的區別。歐唐奈把前者稱為「縱向抗議」，後者則是「橫向抗議」。他對這項極為簡單但強而有力的區別做出進一步闡述，主張群體認同會在許多重要面向受到橫向抗議形塑，因為互相支持或者討論自己的觀點會在個人之間產生凝聚力。實際上，在不受政府限制也不危及自身安全的情況下運用橫向抗議的可能性，正是民主環境的「構成特徵」。如同歐唐奈所言，「擁有合理的自主性而不至於徹底受到『在上位者』控制的那種集體縱向抗議要能夠存在，橫向抗議絕對是必要條件。」[114]

舉例而言，在獨裁者魏德拉（Jorge Rafael Videla）統治下的阿根廷，雖然說抗議不免有其風險，成功機會也不高，但還是有可能把抗議聲音傳達到統治高層，只要是以帶有敬意並且不帶政治色彩的方式為之即可；「不過，運用橫向抗議則是幾乎確定會遭到處死。個人必須受到孤立。」[115] 因此，消除橫向抗議對於民主具有極為重要的影響，因為這是削減縱向抗議的充分條件；此外，一切只能以集體方式表達的抗議都自然受到壓抑。這點隱含了仍然可行的抗議類型將會受到進一步扭轉，導致個人**以及**社會各階級的處境每況愈下。歐唐奈指出，集體（橫向）抗議一旦遭到壓抑，「我們在社會階層當中愈往下層移動，就會感受到愈強烈的壓抑。因此，留存下來的縱向抗議不只會大幅減少，本質上也會有偏差」，因為只有社會金字塔的上層成員能夠行使縱向抗議（在小心謹慎的情況下）。[116]

歐唐奈密切觀察阿根廷政權及其運用的致命方法。不過，他從來不曾徹底喪失希望。他以一項典型的赫緒曼式轉折補充指出，橫向抗議不可能完全受到壓抑，因為「間接抗議」（這種抗議聲音意在讓「像我這樣的外人」聽到，而不是以高壓政權及其使者為訴諸對象）還是會持續削弱政權。[117]

第六章

市場社會的歷史與理論

馬克思在《政治經濟學批判》當中寫道：「人類總是只會處理他們能夠解決的問題，」因為經過省思之後，「只有在問題的解決方法所必需的物質條件早已存在，或者至少已在形成之中的情況下，問題本身才會出現。」[1] 赫緒曼在一九七〇年代晚期指出，這句名言充分概括了發展經濟學在戰後初年的誕生。[2] 由於去殖民化和冷戰，第三世界國家的狀況因此成為美國與蘇聯這兩大強權和其他國家的外交關係的中心議題，尤其在西方世界當中，美國的強大經濟擴張及其國民的物質福祉的改善，似乎顯示了擺脫貧窮與落後是一項普世都有可能達成的目標。換句話說，戰後時期首度為富國干預外國經濟體提供了一項具有說服力的理由以及一套該怎麼做的模板。如同另一位發展先驅在一本深具影響力的書裡所寫的，在西方的計畫當中，最重要的項目就是「證明目前成為共產主義主要希望焦點的低度發展國家能夠……

在民主世界的範圍裡達成穩固的經濟起飛」。[3]

不過，這種早期的信心卻在一九七〇年代徹底破滅。發展經濟學這個新領域不但沒有達到承諾的成果，經濟紀錄頂多也只能說是好壞參半，雖有若干成功案例，卻也有許多失敗的例子。更令人擔心的是，不論經濟成長是否有出現，許多發展程度較低的國家都經歷了一連串的軍事政變。赫緒曼熟悉的拉丁美洲深陷於危機當中。簡單舉幾個例子，巴西與玻利維亞的民主政府在一九六四年遭到軍政府推翻，阿根廷在一九六六年也是如此，然後還有一九六八年的祕魯、一九七二年的厄瓜多、一九七三年的智利與烏拉圭，接著阿根廷在一九七六年又重蹈覆轍。

發展經濟學家被迫面對他們先前的信念陷入危機，因為那些信念主張開發中國家的經濟成長將會帶來社會與政治生活的改善，幾乎就像是副產品一樣。更廣泛來說，這波獨裁政權的出現令人對資本主義的政治層面具有的性質產生了質疑。西方思想有一項漫長的傳統，向來頌揚貿易與經濟發展的文明化優點。即便是對工廠工作的異化效果以及勞動階級遭到的剝削提出最嚴厲批評的馬克思，也承認資產階級時代具有古老封建制度所沒有的進步本質。

赫緒曼深受這項發生在他眼前的危機所影響，因此開始對經濟成長與政治發展之間的關係提出追根究底的問題。這點促使他探究現代時期的西歐政治哲學家所進行的辯論，因為他們在時間上雖然距離遙遠，與當代議題的相關性卻又是如此接近。

經濟成長與政治危機

一九七〇年代初期，伊爾瑪．阿德爾曼（Irma Adelman；為了逃離納粹政權而離鄉背井的羅馬尼亞流亡人士）與辛西亞．莫里斯（Cynthia Taft Morris）這兩位計量發展經濟學家以幾個發展程度較低的國家為對象，針對經濟成長、所得分配與政治參與之間的互動進行了一項研究。他們不是社會經濟研究的新手，相當清楚經濟成長在社會、文化與生態領域造成的各種負面影響，但她們仍然抱持當時盛行的觀點，認為經濟成長對於各階層的人口有益，尤其有助於傳播議會民主。這項分析的結果令她們「大感震撼」。[4]

她們得到的發現令她們深感不安。她們寫道，不只「政治參與的增加……絕不是會自動隨著社會經濟發展而來的結果」，而且經濟成長還逐步排除了人口當中最貧窮的階層。[5] 她們的研究明白呈現出顧志耐（Simon Kuznets）的倒U曲線假說，也就是貧富差距先是會隨著經濟成長而提高，接著達到一個高原期，然後又會在經濟持續成長的情況下逐漸下降。不過，她們的研究為這項假說添加了一個重要的修飾。阿德爾曼與莫里斯發現，在經濟成長度低的情況下，貧富差距也只會緩慢提高，但經濟成長達到比較高的程度之後，貧富差距會在高原期停留很長一段時間。只有在達到非常高度的經濟發展之後，貧富差距才會開始下降。因此，這個倒U曲線是不對稱的型態，顯示「經濟現代化的進程會把所得分配導向對中產階級與高所得群體有利，但是對低所得群體不利」。她們下結論指出：「經濟發展的動態似乎不利於窮人。」[6]依照她們所言，這項發現的意涵「令人害怕」：「全世界數以億計的赤貧人口都遭到經濟發展的傷害，而不是幫助。」[7]

在歐唐奈的第一項重要研究裡（這是他在耶魯大學的政治學博士研究產生的結果），他也主張一九五〇年代那些強調經濟成長與政治自由的增加具有相關性的研究（例如李普賽〔Seymour Martin Lipset〕的著作就提出這樣的說法）必須大幅修改。經濟成長不會帶來政治民主，而是會帶來政治多元性。多元性雖然可以視為民主的關鍵元素，但歐唐奈認為多元性描述的是一種比較區隔性的社會，但不必然是比較民主的社會。實際上，歐唐奈認為拉丁美洲的政治多元發展與民主呈現**負**相關。他指出：「更多的社會經濟發展＝更有可能出現政治民主」應該改寫為「更多的社會經濟發展＝更高的政治多元性≠更有可能出現政治民主」。[8]

歐唐奈認為，不同階段的工業化會造成不同的政治結果，因為那些工業化階段會對不同階級群體造成不同的影響。舉例而言，以消費品生產為基礎的第一階段工業化，可以解釋從奠基於土地的寡頭制度轉變為平民主義制度的發展。這個工業化初期階段的特徵包括關稅保護與國家補助，政治方面則是會有一個平民聯盟，立基在各方的利益交會處，亦即工業家與工會都共同希望擴張內部消費以及提高工資，以此換取對於政治菁英的政治支持。不過，進口替代工業化政策的這個階段一旦走到盡頭，出現國內市場飽和以及因為中間財與資本財的進口而造成國際收支失衡的狀況，衝突即不免發生。理當會為了因應總體經濟失衡而實施的正統貨幣政策，再加上追求資本累積而壓抑工資的做法，將會造成勞動階級與政治菁英的利益因此出現分歧。[9]

根據歐唐奈的說法，高度現代化需要技術官僚在國家政府當中扮演更核心的角色。一套具有強大問題解決能力的技術官僚網絡因此發展出來，使其得以對關鍵部門與活動行使愈來愈大的控制權。[10]歐唐奈稱呼「分別在一九六四與一九六六年植入巴西與阿根廷的政治制度為『官僚威權政體』」。[11]如果說這個詞的「威權」部分包含了低度現代化當中的非民主政治制度，那麼其中的「官僚」部分指的就是「高度現代化的威權制度特有的關鍵特徵：許多社會部門的組織力量成長、政府藉由『封裝』進行控制的嘗試、大部分現任技術官僚的生涯模式與權力基礎，以及大型官僚體制（包括公部門與私部門）所扮演的關鍵角色」。[12]換句話說，官僚威權國家就是比較近期的文獻所稱的極度現代主義國家（high-modernist state）。

一九七五年，美國學術團體協會與社會科學研究理事會的拉丁美洲研究聯合委員會在赫緒曼主持下成立了一個工作小組，負責研究拉丁美洲的危機。其中的討論即是以歐唐奈的官僚威權國家概念為框架。為這項研究的結果編纂文集的印第安納大學政治學者柯利耶（David Collier）指出，軍事統治之所以會在阿根廷與巴西這兩個占拉丁美洲六五％人口以及七五％工業輸出的國家當中再度興起，其背景是先前對於經濟成長與政治民主化將會攜手並進的預期已然衰退。官僚威權主義在一九七〇年代期間又在這兩個國家進一步深化，而且類似的政權也出現在智利與烏拉圭。[13]

身為聯合委員會的主席，又是這項研究的早期支持者，並且是研究結果文集的非正式共同編輯，赫緒曼乃是這個工作小組的重要成員。他以這個身分針對發展經濟學的結束寫下了也許是最令人沮喪的評估：

「低度發展地區的經濟發展」在一九四〇年代末期與一九五〇年代初期成為一個新的研究領域。這件工作確實極為艱鉅，但兩項同時出現的發展為這件工作獲得成功的前景賦予了希望。當時認為，理論進展……為經濟學家提供了他們向政府提出有效建議所需的工具……第二，馬歇爾計畫在西歐獲得的成功似乎也證實了快速經濟轉型的可能性……過了二十五年左右，早期的那種樂觀在當今已大致煙消雲散，這樣的結果有幾個原因。成長雖然頗為可觀，卻絕對算不上是打破了把世界劃分成富裕的「北方」與低度發展的「南方」這項隔閡。此外，在南方當中，成長果實的分配更是比原本預期的還要不平均得多。而且，幻滅還有另一個經常沒有受到承認的理由：追求成長的努力不論成不成功，看起來都愈來愈會在政治領域造成災難性的副作用，不論是威權高壓政權對民主自由的剝奪，還是對基本人權的徹底侵犯。[14]

赫緒曼在一九七二至七三年前往普林斯頓高等研究院擔任訪問研究員，並且在一九七四年正式加入該院（這項工作對他而言非常理想，因為不必負擔教學職務），他在那裡與紀爾茲（Clifford Geertz）以及其他人進行的一場談話當中，坦承了自己對於「經濟發展與苦難的發展竟然具有明顯可見的相關性」感到沮喪又困惑，接著又指出「此處有某種密切關係令我深感驚恐又不解」。[15] 赫緒曼在智利的民主政府遭到推翻的幾個月後針對《邁向進步之旅》所寫的一項重新評估，也傳達了相同的灰心感受。那本出版於一九六三年的書帶有明顯的樂觀語調，但赫緒曼寫於十年後的〈回程之旅〉（Return Journey）則是陰鬱得多，其中強調的不是赫緒曼的拉丁美洲同僚懷有的**失敗情結**，而是實際上干預其中的**失敗**。赫緒曼尤其主張必須對「公共政策的決定因素與後果進行新一波的詳細研究」，以便「理解許多拉丁美洲國家當中的國家組織所演變成的那種格外『冷酷的怪物』」。[16]

面對幻滅的反應有許多不同形式。如同赫緒曼指出的，他的許多同僚都試圖藉著顯示政治威權主義產生了不良的經濟後果，以便找回原本的關聯。不過，這點說起來雖然容易，卻難以證明。赫緒曼的反應則是採取比較實踐性而且多管齊下的做法。舉一個我們先前看過的例子，他組織了一個跨學科的合作小組以研究新型態的威權政治。他也試圖為遭到政權壓迫或者身陷直接危險的機構與個人積極提供實際協助。赫緒曼數度前往聖地牙哥與布宜諾斯艾利斯向拉美研究公司（CIEPLAN）以及國家與社會研究中心（CEDES）發表演說：這兩個智庫都成立於一九七〇年代中期，並且抱持強烈反威權的立場。此外，他也幫助學者移居美國，邀請他們到哈佛大學以及普林斯頓高等研究院擔任研究員。由於赫緒曼的努力，這個工作小組的成員全都在高等研究院擔任了至少一年的研究員。[17]在這群人當中，有一人是巴西社會學家卡多索（Fernando Henrique Cardoso），另一人是謝拉（José Serra），他是工程師暨經濟學家，也在強烈抱持反政權立場的全國學生會（União Nacional dos Estudantes）擔任會長。當時四十幾歲的卡多索以及三十幾歲的謝拉那個世代的知識分子暨政治活躍人士，後來在巴西回歸民主的過程中扮演了領導角色。一九九〇年代上半，卡多索當上外交部長與財政部長，並且在一九九五至二〇〇二年間擔任巴西總統。謝拉是卡多索政府裡的計畫預算部長與衛生部長，接著又陸續擔任聖保羅市長、聖保羅州長，最後則是擔任參議員。

赫緒曼和他的許多同僚一樣，特別感到懊惱之處也是在於沒有人預見到這項危機，更遑論預測其嚴重性與範圍之廣：所以發展學者與實踐者之間才會瀰漫著失敗感受，更令人氣憤的也許是他們感到的困惑。身為致力發展的早期階段的參與觀察者，赫緒曼清楚記得這個領域在當時的熱情與樂觀。他在一九七三年寫了一篇文章，題為〈所得不均的容忍度在經濟發展過程中的變化〉（The Changing Tolerance for Income Inequality in the Course of Economic Development），試圖理解那種早期的樂觀，以及「我們在哪裡出了錯」。這種樂觀之後接著徹底失敗的經驗，促使赫緒曼把「per aspera ad astra」（歷盡艱辛抵達繁星）這句拉丁文格言改為

「per aspera ad disastra」（歷盡艱辛抵達災難）。[18]

赫緒曼把自己對所得不均容忍度的分析奠基在他所謂的「隧道效應」及其潛在的運動定律之上。隧道效應的名稱來自一種非常簡單而且相當普遍的經驗。假設我們開車行駛在一座有兩個同向車道的隧道裡，結果因為塞車而造成兩個車道的車流都停了下來。過了一陣子之後，我們如果看到另一個車道的車輛開始向前移動，通常會因此感到鬆一口氣，並且充滿希望：就算我們自己所在的這個車道還沒開始動，我們也假設塞車的原因已經排除，所以我們必定很快就會再度恢復前進。轉移到社會層次上，隧道效應可以解釋社會在出現經濟成長但貧富不均程度也日益上升的情況下（相當於在塞車當中只有一個車道的車輛得以前進），為什麼會對貧富不均程度的上升展現出高度的容忍。由這項隱喻可知，所有人都認為再過不久之後，大家就都可以一同前進。

回到塞車的情境，我們要是發現另一個車道的車輛持續前進，但我們這個車道卻一直卡著不動，一開始的寬慰感就可能瞬間轉變為挫折感，並且終究造成某種反應（例如藉由按喇叭表達不滿，或者違法跨越車道線）。在社會層次上，經濟成長一旦持續一段時間之後，就會在幾乎毫無預警的情況下造成那些未能獲得好處的人口發動抗議。語義探究雖然向來都是赫緒曼的興趣，但在他的下一本書《激情與利益》當中更是成為核心主題；這時的他也預先展現了對語義探究的特別關注，在發展詞彙數十年來如何改變各種用語和意義的方式當中看出這些突然轉變的徵象：「在五〇年代，佩魯創造的『成長極』（pole de croissance）一語廣泛用來描述開發中國家愈來愈工業化的城市。在下一個年代裡，這個意指成長的輻射發展的用語被『內部殖民主義』這個新用語取代，也就是說同樣的那些城市在這時都以這種做法對待其經濟影響範圍所及的區域。」[19]

赫緒曼指出，隧道效應的隱喻雖然簡單，卻有助於解釋經濟發展的經驗在有些國家為何會突然轉變為政治危機或是更糟的狀況。如同赫緒曼所言：「奈及利亞的內戰與巴基斯坦的血腥分裂只是這類『發展災難』最引人注目的例子而已。」[20]促使人民在經濟成長期間容忍貧富不均程度日益升高的隧道效應，和一群開明菁英的組合（那群菁英具備必要的眼光，能夠預見人民一旦突然間認為貧富不均的情形太嚴重或是不公平，內心的不滿即有可能爆發），正適合克服潛藏於經濟發展當中的政治危機。不過，赫緒曼主張隧道效應的存在以及強度都高度取決於不同國家的特定社會結構。

族裔界線分明的人口尤其難以發展出能夠促成隧道效應的那種充滿希望的心態。在經濟成長當中得利的群體如果屬於某一個色彩鮮明的族裔，其他族裔的成員就不會覺得自己也即將踏上進步的道路，而是會心感絕望，認為自己被排除於發展進程之外。相對於採取分權政治制度的國家，採行中央集權侍從主義的國家也會出現類似的負面回饋循環。

總而言之，赫緒曼試圖藉著建立一套詮釋框架以解讀一九六〇年代末期與一九七〇年代初期的危機。不同於大部分的傳統陳述，這套框架認為發展進程在本質上「就帶有危機以及也許是災難的可能性，即便經過長期的向前進展之後也是如此」。不意外，由於他的思考方式，他因此斷定「此處提議的觀點必然為政治分派了一個決定性的角色」。[21]赫緒曼的詮釋架構也可能有助於闡明特定社會動態的運作，但無法準確預測社會衝突的發展方向。唯有對一個特定國家的性質與發展進行詳細的歷史分析，才可望在這方面有所幫助。赫緒曼斷定指出：「一個國家是否會充分出現隧道效應，也許不可能事先預知……可以想像只有發展本身才會帶來答案。」[22]

探討隧道效應的這篇文章極具影響力，但也惹惱了左派學者，因為他們認為這篇文章過度迎合低度發展國家當中既有的貧富不均現象，尤其是拉丁美洲。[23]這是愈來愈激進的陣營在那個時候對赫緒曼的改革主義所採取的知名回應。

不過，赫緒曼直接面對這項危機的嘗試也產生了一個顯然是偶然造成的對應後果。如同他自己所言，他因此「退入」觀念史的領域，研究早期現代時期以及啟蒙時代的政治哲學家如何評論他們那個時代的經濟成長以及其可能帶來的政治後果。這項努力的結果，就是赫緒曼一九七七年出版的著作：《激情與利益》。

經濟成長的政治後果：《激情與利益》

赫緒曼對於十七與十八世紀的道德哲學家在那個經濟大幅擴張的時期如何探討其政治後果深感興趣。他認定當代社會科學已經證明無力闡釋這兩個領域的交會，因此推測在那樣的一個時代裡，政治哲學在不受學科藩籬限制而能夠將興趣從經濟議題延伸至政治議題的情況下，也許比較能夠有效探究商業與工業擴張如何影響國際和平以及政治與個人自由。[24]

工業與商業的時代經常被描述為理性主義文明，與先前那種激情不受節制的時期形成鮮明對比。熊彼得寫道：「資本主義文明不但理性又『反英雄』……沒有刀劍的舞動，沒有多少勇力，沒有機會騎著戰馬衝入敵軍陣中。」[25]這樣的反差並陳顯示了這兩個時代之間的深度斷裂。亞哲爾（Paul Hazard）把歐洲文化在十七與十八世紀之間的轉變描述為一項突然而且徹底的改變。「從來不曾有比這更鮮明的對比，從來不曾有比這更突然的轉變！」他出版於一九五二年的著作開頭這麼寫道。「一天，」他在幾行之後接著寫道：「法國幾乎所有人的思考方式都像波舒哀（Jacques-Bénigne Bossuet）一樣；但在第二天，他們的思考方式卻變成了伏爾泰。那可不是尋常的鐘擺式變動，而是一場革命。」[26]

赫緒曼在他的探究當中採取了非常不一樣的觀點。與其強調兩個徹底相異的時代之間的對比，他重新建構了一段敘事，講述商業、政府與個人道德的觀念出現的漫長轉變，如何由一個小小的步伐引領到另一個小小的步伐。在這段過程的結尾，觀點的全面改變確實令人嘆為觀止，但轉變的過程卻毫不喧鬧，而是以緩慢漸進的方式進行，當代人大體上都沒有意識到。一般雖然都把十八世紀的資產階級商業時代描繪成在性質上與先前的貴族時代徹底對立，但赫緒曼卻凸顯了前者如何誕生自後者當中，以及資產階級意識形態的核心元素如何在這個新興的勤奮階級立穩腳跟之前就已經存在。在一段從文藝復興時期持續至十八世紀的漫長轉變當中，關於美德與權力的重大觀念與態度顯然在無意的情況下緩慢變成了和其初始根源相差極遠的東西。這項發現完全出乎赫緒曼的意料之外；他稱之為自己這項探究的一個「奇特副產品」。他指出，資本主義的「精神」不是一種新的意識形態，取代了另一個老舊過時的意識形態，而是在一段原本與任何資產階級領域都相距極為遙遠的漫長觀念轉變過程中偶然冒出。[27]實際上，《激情與利益》的大部分內容都聚焦於這項「奇特副產品」。

赫緒曼的探究起點全然是在政治領域當中，但原本純粹針對政治的思索，後來卻擴展到廣泛的人性。他指出，文藝復興時期出現了一種新的關注，關注對象是奠基在馬基維利所謂「事物的有效真相」之上的「真實」政治過程。這種新態度與政治哲學家先前的關注形成對比，因為他們原本都聚焦於想像中的政府型態如何必須依循道德準則。[28]在後續的數百年裡，從霍布斯到維柯（Giambattista Vico）與斯賓諾莎，這種對事物真相的興趣逐漸從對於國家的研究擴展到對於人性的研究，尤其是人心當中那些惡劣又具有破壞性的激情如何能夠受到約束。維柯寫道：「哲學看待人應有的樣貌……立法則是看待人實際上的樣貌。」[29]不過，人實際上的樣貌一旦成為探究焦點，激情的顛覆力量就成了無可逃避的問題。強制與壓抑必定無效，因為君王怎麼可能免疫於蔚為人性特徵的那些激情？實際上，君王的權力使其激情能夠不受約束，從而變得更加危險。

那個時期的文獻仔細探討了這項可能性：在個人層次展現出來的負面激情，是不是有可能在社會層次造成意料之外的正面結果？巴斯卡、維柯與曼德維爾（Bernard Mandeville）雖然各自強調的重點極為不同，但他們全都思考過這種想法：也就是社會組織、天意，或者一名機敏的政治人物有可能把私人惡行轉變為對大眾有利。如同維柯所言：「利用凶猛、貪婪與野心……〔社會〕創造出了國防、商業與政治。」[30]就某個意義上而言，這些想法預示了亞當·斯密「看不見的手」概念，只不過涵蓋的活動不僅限於商業（但焦點比較狹隘，只關注惡行扮演的角色，至少曼德維爾是如此）。借用湯瑪斯·謝林（Thomas Schelling）的語彙，我們可以說所有那些作者全都主張惡性的「微觀動機」將會造就出有益的「宏觀行為」。[31]

不過，針對私人激情的世界如何有可能產生出一個秩序良好的社會所提出的另一種解釋，看起來比較有可能成立。激情如果是人類的一項根本性質，那麼就只有激情能夠抗衡激情。我們如果無法解釋激情如何演進、發展、多樣化、相互交織以及彼此衝突，那麼像以前的道德哲學家那樣稱揚德行而譴責惡行就是無用的做法。

在十八世紀期間，這種激情互相抗衡的觀念流傳極廣，也體現在形塑了美國憲政辯論的權力分立與相互制衡等原則當中。如同赫緒曼概述的，發展到當時為止的思路又回歸了起點：「這項發展始於國家，接著轉向思考個人行為的問題，後來這個階段產生的洞見又回頭注入政治理論當中。」[32]不過，另一個步伐也出現在十八世紀，亦即「利益」這項激情被認為最適合馴服其他激情。為什麼呢？基本上是因為這項激情能夠緩和攻擊性，並且驅使個人以及國家發展出和平的關係。

「利益」一詞起初並不容易界定。所有的人類志向都有可能是某個人或者君王所追求的部分利益。不過，利益也代表一種特定的計算與理性元素，免疫於不受約束的激情與混亂的渴求，至少受到的影響不大。如同赫緒曼後來在一場於法蘭西公學院舉行的會議上指出的，計算是「主要元素或者根本元素」；實際上，「也許就是因為這種對理性計算的強調，利益（受到利益支配的行為）才會」在十六世紀末與十七世紀初備受肯定。[33]就治國技藝而言，這種概念在兩個面向深具重要性。第一，這種概念使人能夠以世俗而且超然的態度討論君王為了達成特定政治目的而必須採取的不盡合乎道德的行為。換句話說，利益是馬基維利式治國手法的婉稱。

不過，利益的計算層面也暗示了對於莽撞、不受控制而又具有破壞性的激情有所節制。如果說君王可以標舉其自身利益（或者「國家需求」）而做出邪惡行為，那麼也應該只以經過計算的方式為之：也就是說，只有在殘酷、暴力與反叛等行為確實有助於國家利益的情況下才加以採行，而不是受到盲目的激情所驅使。

在利益能夠抗衡激情的這種概念愈來愈受重視的同時，其焦點也愈來愈集中於物質或經濟利益。這項發展背後有許多原因：包括金錢借貸活動當中指稱利息的字眼是「interest」，與「利益」是同一個詞；還有利益概念與商業實踐同樣都帶有理性計算的本質；乃至經濟成長在十八世紀下半葉愈來愈高的重要性。不論原因為何，尤其就個人層次而言，總之「利益」一詞與追求財富的觀念結合成為一項激情，能夠對其他更加凶暴的激情發揮抗衡效果（為「貪婪」或者「愛好金錢」這類道德色彩鮮明的字眼提供了委婉的稱呼），而理性計算的觀念則是一種本身即與激情對立的態度。[34]

利益最主要代表了可預測性與穩定性：這兩種性質當然算不上是英勇德行，但對於商業在個人之間的擴張具有決定性的影響。如同赫緒曼指出的，在只有些微矛盾的情況下，受到廣泛讚揚的正是這種平庸性質：「商業與經濟活動……受到比較和善的眼光看待，但不是因為這類活動受到的評價有所上升；恰恰相反，一切對於這些活動的偏好都表達了一種擺脫（災難性的）宏偉巨大的渴望。」[35]換句話說，商業帶有「doux」的性質：這個詞語很難翻譯，但傳達了「甜美、柔軟、平靜、和善，與暴力是反義詞」的概念。[36]對這種觀念最精妙的陳述，大概是孟德斯鳩在《法意》（*Esprit des lois*）當中的這段話：「舉凡眾人處事和善（moeurs douces）

之處，就有商業的存在；而舉凡有商業存在之處，眾人就會採取和善的處事方法。」[37]

在赫緒曼追蹤的那項思路裡，最早促成該項思路發展的那個問題，也就是治國技藝的問題，其解決方法就存在於這樣的和善當中。對激情的分析是馬基維利促成的結果，原因是他試圖為君主提供指引，做法是討論「事物的有效真相」，而不是「從來沒人見過也從來不曾存在過的那種想像中的共和國與君主國」。[38]兩百年後，「doux commerce」（和善商業）的概念承繼了馬基維利當初的衝動，為君主如何能夠帶著臣民（或者公民）一起昌盛發達提供了一項強而有力的原則。首先，商業使得君主行使獨斷權力的做法變得不切實際，甚至根本毫無效果。在國家層次上，複雜微妙的商業關係網絡使得君主一旦行使殘暴而任性的權威，就不免深深傷及國家經濟。此外，任何降低貨幣成色或者沒收財產的嘗試，恐怕都不免造成資源與財富的外流。在國際層面，戰爭則是毀掉商業的絕佳方法。

一如既往，赫緒曼特別欣賞他喜愛的這些作者所凸顯的那些出乎意料的商業後果。詹姆斯・斯圖亞特爵士（Sir James Steuart）表示，一開始促成國際貿易以及建立國家工業的力量，經常都是君主追求自我膨脹與自肥的渴望。不過，貿易與工業會造成一個商業階級的成長，而這個階級最重視的就是和平。在經濟發展得愈來愈錯綜複雜的情況下，君主一切獨斷專制的干預都會造成嚴重的破壞。斯圖亞特總結指出：

現代君主……一旦建立了我們在此處致力解釋的那種經濟計畫〔亦即貿易與工業〕，他的權力就會立刻受到限制。如果說他的權威在先前有如楔子一樣扎實而強大……那麼終究會變得像手錶一樣脆弱。……因此，現代經濟是有史以來針對專制主義的愚蠢行為所發明過最有效的約束。[39]

這項思路最後隨著重農主義者與亞當．斯密的著作出現而無疾而終。重農主義者揚棄了利益能夠約束君主充滿專制又不可預測的激情這種想法。他們採取一種比較冠冕堂皇（同時也比較天真）的觀點，想像君主會出於自利的原因而提倡公共利益。在一套他們稱為「合法專制」的體系裡，君主將會是他治下所有生產資源的共同擁有者，因而使他對那些資源的循序增長相當敏感，而司法秩序將確保君主頒布的法令不會牴觸國家的整體利益。亞當．斯密則是朝相反方向進行分析。與其想像一套把政治與經濟都包含在內的廣泛體系，赫緒曼強調斯密聚焦於追求個人自利的經濟理由。我們在此不得不以這樣的簡化方式描述赫緒曼對亞當．斯密的《國富論》所進行的討論，但赫緒曼本身也過度簡化了斯密的論點。赫緒曼的探究始於經濟成長與政治發展的關係，而他從這個視角發現斯密的著作當中沒有什麼引人注意的內容。「關於**中央**政府的獨斷決定以及有害政策，」赫緒曼指出：「斯密對於經濟發展本身能否帶來改善並不抱持多少希望。」[40]然而，在一段指涉好友休謨（David Hume）

的重要內容裡，斯密主張商業與製造活動帶來的「所有影響當中最重要的一項」，就是「逐步促成秩序和良好的治理行為，並且隨之帶來個人的自由與保障……從最高的君主乃至最低等的男爵都不能再恣意迫害平民。」[41]

亞當．斯密的著作對赫緒曼而言比較重要，因為孟德斯鳩與斯圖亞特主張資本主義精神能夠控制先前未受約束的激情從而促成政治改善的論點，遭到他的著作施以最後的致命一擊。這不是因為斯密認為只有經濟利益才真實存在（他的思想受到的諷刺描述經常如此強調）。在《道德情感論》（*The Theory of Moral Sentiments*）裡，亞當．斯密詳細探討了對經濟進展的追求背後的非經濟原因。如同他的一段著名文字：「我們主要是基於人類情感而趨富避貧。」[42]不過，根據赫緒曼所言，這項省思帶來了重大後果。亞當．斯密把經濟利益化約成僅是一種媒介，用於傳達其他更根本的激情，因此實際上削弱了先前的那種觀念，亦即一切社會秩序都是奠基在相互抗衡的激情或是利益與激情之間的對立。根據斯密的說法，一般人要不是沒有激情，不然就是其激情可以納入利益的概念之下。赫緒曼因此斷定指出，《國富論》「為利益動機對激情行為的影響受到的推測畫下了句點。斯密有些比較著名的前輩，都致力於那樣的推測」。[43]

如同我們在前一節結尾看到的，赫緒曼之所以對十七與十八世紀認為經濟成長會造成什麼政治後果的觀念史產生興趣，原因是他對發展政策在許多低度發展國家直接引發的災難性政治後果感到幻滅。身為發展經濟學最早那個時代的主要角色，赫緒曼對於這項紀錄深感不安。根據他的構想，他的這項研究乃是從當前的困境當中退出，藉由檢視過往的辯論來為戰後發展論述找尋某種詮釋觀點。

也許有人會納悶這種退入觀念史的做法是否也是一種拒絕接受現實的行為。那本書的第一句話指出，這部論著的起源在於「當代社會科學未能闡釋經濟成長的政治後果，也許更是在於經濟成長帶來的那些經常充滿災難性的相關政治發展」，但令人意外的是，接下來卻完全沒有提及那些災難性的相關政治發展：赫緒曼的焦點完全放在「和善商業」的正面後果。他只有在一個例子裡提及其負面面向。他寫道：「在那個時代，奴隸貿易正值巔峰，貿易就整體而言仍是一門充滿危險與冒險而且經常涉及暴力的行業，因此『和善商業』一詞的一再使用不禁讓人覺得是一種奇特的異常現象。」實際上，馬克思曾經語帶鄙夷地指出：「那就是和善商業！」[44]

明白可見，赫緒曼仍然致力於找出經濟發展的正向層面。在《激情與利益》出版幾年後發表的一篇重要文章裡，赫緒曼再度將此書概括為一項分析，探究過去的政治哲學家如何推測商業與工業的擴張將會約束君主的激情，從而造成「比較不那麼獨斷並且比較具有人性的政府」。經濟成長似乎自然而然會對獨斷與專制造成約束。從正面角度觀之，「繁榮的市場經濟將會是一種政治秩序的基礎，而在這種政治秩序當中，個人權利與自由的行使將可獲得確保」。[45]這本書的評論者也忽略了促成這本書的那個令人不安的問題，而是深受書中強而有力的論點所吸引，也就是如其副標題所言：支持資本主義的論點。幾乎沒有一篇書評提及經濟擴張與政治領域的衰敗甚至更糟的發展之間那種不幸的關聯。

不過，這點背後的原因也許是赫緒曼傾向於凸顯經濟與政治過程當中有可能出現的正面程序，儘管實現機率也許不高，而不是他對於事實真的有任何拒絕接受的態度。畢竟，許多開發中國家的政治災難既然確實明擺在眼前，那麼何不善加利用過往一項針對經濟成長如何有可能帶來正面政治後果所進行的辯論？實際上，在《激情與利益》的第三部分（這個部分幾乎可以算是這本書的後記，因為篇幅相當簡短，而且也獨立於書中的核心內容之外），赫緒曼又回到了那個初始的問題，儘管他使用的言詞揭露他懷有正面偏見的傾向：「孟德斯鳩與斯圖亞特推測經濟擴張會帶來有益的政治後果，是政治經濟學領域一項想像力的壯舉。儘管其推測內容也許遭到歷史證明錯誤，但仍然無損其傑出。」[46]

然而，經濟成長造成政治破壞的這個問題仍然無可避免。舉例而言，像佛格森（Adam Ferguson）這樣的蘇格蘭啟蒙運動倡導者，就提出許多例子說明關注個人財富如何有可能導致政治專制，包括過度的奢華享受與消費造成的價值觀腐化、對於向下社會流動的恐懼，以及一股愈來愈強烈的信念，認為只有不受干擾的政府能夠保證持續的繁榮。赫緒曼指出，斯圖亞特把經濟比喻為一項如鐘錶般脆弱的機制，正有可能引發這種威權反應，而這種反應實際上與斯圖亞特原本的想法恰恰相反：「為了確保平靜、穩定與效率而維持這項機制運作的必要性，不只會遏阻君主的任性。佛格森正確認知到這項必要性也有可能被引為威權統治的關鍵論點。」[47]赫緒曼在托克維爾的著作當中也發現同樣的憂慮：「一個國家對於政府的要求如果只有維持秩序，那麼這個國家在內心當中就已經是個奴隸了。」[48]令人意外的是，絕大多數的評論者都完全忽略這些深富見地的部分，儘管其中提出了許多重要問題。

赫緒曼對於這本書獲得的高度正面反應雖然樂在其中，卻也想必會對讀者在這一點上的盲目感到遺憾。實際上，公眾參與以及公民精神的健全這兩項議題尤其深受他的重視。所以，也就難怪他會在這本書的結論當中省思公民精神的萎縮所帶來的危險，尤其是因此打開通往暴政的大門。向來對此可能性抱持警覺的赫緒曼，曾在戰前的德國與歐洲、戰後年間的拉丁美洲，以及世界上其他許多國家見識過這樣的發展。如同他在一九七九年指出的，托克維爾曾經這麼概述他那個時代盛行的信條：「自由與工業之間存在著必然的緊密關聯。」[49]赫緒曼指出：「昨日充滿希望的信條，與當今的慘淡現實可謂天差地遠。托克維爾的這句話如果改成：『苦難與工業之間存在著必然的緊密關聯』，顯然比較能夠適用於當今的拉丁美洲經驗。」[50]

把政治理論史視為政治論述史

《激情與利益》一出版就被盛讚為一大成就，並且受到廣泛閱讀。政治學、經濟學、社會學、歷史學、經濟史學、發展經濟學以及哲學領域的各大期刊都刊登了此書的評論，確立了赫緒曼的跨領域智識地位。賴恩（Alan Ryan）在《政治理論》（*Political Theory*）期刊當中稱其為「一部非凡討人喜愛的觀念史論著」。[51] 其他評論者則說這是「一本難能可貴的思想史著作」、一部「智識傑作」、一項「傑出的貢獻」等等。[52] 才短短幾個月，《激情與利益》就和他的前一部著作一樣成了「時髦」書籍，而且還被奉為標準參考書，不只是在現代政治哲學研究當中，在其他許多領域也是如此，包括社會學認識論、法律和金融研究的交會領域，乃至國際政治經濟學當中的自發性失序理論。[53]

這本書的成功，有一部分必須歸功於其簡練、風趣又明晰的文字風格吸引了許多不同領域學者的興趣。一名評論者描述閱讀這本書的感覺像是「我們全都置身在一場令人興奮的公共休息室談話當中」。[54] 最重要的是，評論者很重視赫緒曼這部論著在方法論上的複雜性。赫緒曼把許多鮮為人知而且極少受到檢視的專著當中的元素，和他對知名哲學家充滿想像力的重新解讀結合起來，針對一組貿易與工業假設的「隱性層面」在現代前工業時期如何發展提出了一項具有說服力的論述。隱性知識是麥可．博蘭尼（Michael Polanyi）提出的著名概念，要研究隱性知識並不容易，但一般認為赫緒曼的歷史分析是一項傑作。舉例而言，經濟史學家德弗里斯（Jan de Vries）認為這部研究著作是「把一幅始自馬基維利而終於蘇格蘭政治經濟學家的智識拼圖拼合起來的精湛表演」。[55]不過，有一名評論者也提及書中的第一部分將這個隱性層面呈現為一項統一的智識發展，涵蓋兩個世紀的時間，但第二部分的討論卻讓人覺得這個層面彷彿由許多不同的**明確**觀點構成。然而，這兩部分似乎終究都沒有調和。[56]

赫緒曼這本書也以一種新穎的方式探討了社會變革過程當中的一項典型機制。長久以來，學者都相當熟悉意外後果的概念，也就是人類行為帶來的意外結果。在這本書裡，赫緒曼檢視貿易與工業理當達成但終究沒有達成的結果，從而指向這一點的反面，也就是「社會決策意圖達到但未能實現的效果」。[57]也許會令人回想起隱藏之手原則，赫緒曼強調了這種反面現象為何會引起社會科學家的興趣：「對於龐大利益的預期，儘管也許不切實際，卻顯然有助於促成特定的社會決策。」[58]

更具體來說，赫緒曼這本書被視為是對理解市場社會的合法信念如何演變的一大貢獻。當然，他自己心知肚明這種探究至少可以追溯到韋伯的《新教倫理與資本主義精神》。在書中的結尾，他試圖說明韋伯與他自己的觀點有何不同。韋伯認為資本主義行為是個人對於喀爾文的預定論所產生的出乎意料並且違反直覺的心理反應，但赫緒曼強調的是知識分子比較有意識的省思，因為他們對於賺錢活動當中有益的副作用有所認知。換句話說，韋伯把資本主義的傳播解釋為「對**個人救贖**的迫切追尋所帶來的結果」，但赫緒曼主張資本主義的傳播是源自於「一項同樣迫切的追尋，也就是追尋**避免社會崩毀**的方法」。[59] 這兩種觀點都有可能成立，並不互相排斥。不過，赫緒曼主張韋伯那項論點的廣為盛行實際上掩蓋了另外那個論點。因此，學者其實忽略了赫緒曼的探究核心，也就是資本主義論述的起源不是關注個人救贖，而是關注集體繁榮。

引人注意的是，這本書受到的批評經常來自於賦予它高度好評的同一群學者。換句話說，《激情與利益》在許多人眼中一方面深具啟發性，但同時也充滿問題，尤其是從方法論的觀點來看。此外，即便是最強烈的批評也深具建設性，顯示了進一步探究的方向，從而讓人得以看出學術社群對赫緒曼這部新作抱持的態度。兩項重大批評聚焦於赫緒曼的某種單面性以及他的內生觀點。

關於第一點，像是柯念蘭（Nannerl Keohane）這樣的評論者雖然對這本書相當熱中，卻認為赫緒曼對許多政治哲學家的思想所進行的探討都過於簡化（柯念蘭指的尤其是亞當．斯密與孟德斯鳩）。這樣的簡化讓赫緒曼更容易說明他的論點，但不免犧牲那些思想的複雜性。撒伯（Barry Supple）強調另一個具有相同影響的問題，也就是缺乏明確的時序模式，史奈德（Louis Schneider）也以類似的姿態指稱赫緒曼過於選擇性：「有時候，我們不禁覺得赫緒曼只想把注意力集中在引起他興趣的那些觀念的發展上。」斯蒂爾曼（Peter G. Stillman）感嘆佛格森只在後記才出現，「原因是他不符合赫緒曼的發展程序」。[60]

赫緒曼的選擇性有多高的問題，不但顯示了政治哲學的現代辯論過度簡化，更值得重視的是也顯示了那些辯論是否具有重要性。畢竟，任何歷史重建都不得不做出某種選擇，而且只要分析在最後確實行得通，那麼即便是大幅簡化也是正當的做法。實際上，如同許多人指出的，赫緒曼這本書之所以令人深感振奮，正是因為能夠在短短一百出頭頁的篇幅裡掌握大量的材料與龐大的歷史範圍。重要性的問題所提出的質疑，是赫緒曼究竟揭露了觀念史當中一項重要的思路，還是一項僅有邊緣地位的議題。

舉例而言，凱瑟（Thomas Kaiser）就主張赫緒曼無法釐清

> 經濟擴張會帶來良性政治效果的觀點在早期現代時期實際上有多麼普及，主張的強度又有多高。他確實在孟德斯鳩、斯圖亞特與米勒（John Millar）的著作裡發現了這項「信條」存在的證據；然而，如同赫緒曼所坦承的，即便是這些人也持續對商業活動擴張具有的影響力抱持高度的保留態度。他們為經濟擴張提出的政治辯護大概是赫緒曼找得到最強烈也最具影響力的論點，但如果連他們的論點都這麼軟弱無力，那麼我們自然應該問：這麼一項「信條」究竟有可能具有多高的重要性？[61]

換句話說，赫緒曼探討的信條在歷史上是否真的值得關注？那些觀念究竟在多高的程度上形塑了那個時代的智識架構，一直備受各方爭論。[62]

第二項批評則是基於社會學家波吉（Gianfranco Poggi）認為赫緒曼的重建當中欠缺的重要元素：也就是法律研究在闡述個人和君主的激情（以及利益）能夠如何受到約束所做出的許多不同貢獻。波吉主張法律研究構成「一項重大的智識傳統，在赫緒曼的敘事涵蓋的那數百年間（也包括那段期間的之前與之後）以富有創意的方式持續不斷發展，並且對他探討的主題帶有直接而具體的影響」。[63]羅馬法、絕對法制化、世俗法、自然法、公法以及憲政主義，在現代歐洲的文化生活當中都非常重要，而赫緒曼探討的那些作者對於法律和哲學思想的詮釋，實際上都具有至高的重要性。

波吉尤其批評他認為這項疏忽所造成的方法論缺陷。赫緒曼對思想史採取了極具一致性的內生式觀點，亦即他對每一項新論點的討論，都是為了回應或者修飾另一項先前的論點。不過，內生式觀點不會考慮那些受檢視的學者所處的社會情境，也不會考慮那個時期的政治、制度與經濟發展。波吉指出，對於歐洲法律傳統進行嚴肅分析將有助於避免這種內生偏見的過度解讀，至少也能夠予以調和。他在最後的結論指出：

有時候，要完全以內生方式理解一項時間如此之長而且重要性又如此之高的思想歷程，不免顯得幾乎毫無意義，因為就是會有大量的情境因素必須考慮，卻又必然會忽略。赫緒曼依據他採取的方法，強迫自己把各種巨大情境發展排除於他的論點之外，那些發展包括我們所稱的世俗化、商業化、個人化、國家與社會還有公領域和私領域的分離、從階層分化轉變為功能分化，以及從政體優先轉變為經濟優先。[64]

撒伯也提出一項類似的批評：我們不必對思想史採取唯物論的解釋，但與政治經濟的真實世界如此密切相關的觀念史，將會受益於比較不那麼內生式的觀點。[65]

史奈德強調另外兩項遭到忽略的傳統：也就是人文主義傳統與馬克思主義傳統。這兩項傳統對於市場能夠為一整個社會的生活（包括道德、文化與心理層面）提供一套足夠堅實的基礎這種想法提出質疑，因此抗衡了孟德斯鳩與斯圖亞特的論點。史奈德承認這兩項傳統不包含在赫緒曼那本書的時間架構裡，但仍然下結論指出：「若是能夠對過去和現在各種支持與反對市場的觀點當中純粹的意識形態元素進行嚴謹分析，並且分析相關的美好想像，必定可以更加充實他為我們提供的這項陳述。」[66]

針對批評者認為赫緒曼的內生觀點陷入的僵局，伍思諾（Robert Wuthnow）提出了可能的解方。赫緒曼的觀念史做法未能顯示發生在世界經濟當中的複雜變化，這點其實不算是毛病，而是他的前提。實際上，赫緒曼在撰寫手稿的過程中與史金納（Quentin Skinner）以及瓦爾澤（Michael Walzer）的通信，顯示赫緒曼是刻意採取這種明確的內生式觀點，並且非常清楚其優勢與限制。[67]另外一個更有用的做法，則是可以從知識社會學的觀點看待赫緒曼的分析，因為他的分析揭露了「一項引人注意的智識進展，大體上平行於歷史上從重商主義到自由市場體制的轉變」。[68]政治哲學家對人性提出的一連串分析，以及赫緒曼在現代時期追溯的那些相互抗衡的激情這種觀念愈來愈受到的強調，成了「針對構成世界秩序的那些對立政治力量所進行的微型省思。……在其原本樣貌當中，〔這種想法〕仍然是對當時重商主義思維的省思」。後來，從重商主義到自由市場資本主義的轉變正與重農主義者還有亞當・斯密的政治計畫互相平行。這兩者雖然非常不同，卻同樣都是「利用政治手段服務經濟利益」這種新觀念的例子。[69]

換句話說，赫緒曼的分析在觀念史當中反映了世界經濟史從重商主義到自由市場資本主義的轉變。伍思諾說得尤其明白：

簡言之，激情—利益論點在十七世紀至十八世紀末這段期間出現了細微的轉變，大體上符合世界經濟結構在同一段時期的變化。激情首先被描述為互相衝突，接著與利益衝突，最後則是與利益結合。在同樣這段期間，世界經濟先是受到核心強權之間的衝突支配，接著是政治與商業利益團體之間的國內衝突，最後則是政治與經濟利益依循自由放任與自由貿易的原則重新融合為一體。這兩者之間的相似性也許不是刻意造成，但許多著作把激情與權勢人物明確畫上等號，又把利益與商業人物畫上等號，則使得這項關聯顯得更加直接並且明顯可見。[70]

不論是赫緒曼那種內生觀點的批評者還是支持者，都強調赫緒曼這部研究著作一項特別創新的特質：赫緒曼極為注重他研究的那些作者所使用的確切語言。他使用了大量的直接引述，並且在他的分析當中把詞語的語義轉變視為現代時期頭三百年間的心態與政治理論轉變的根本指標。

這正是波考克（J. G. A. Pocock）與史金納在那些年間開始的做法，這種做法徹底改變了政治思想的研究。赫緒曼非常熟悉史金納的著作，因為史金納在一九七四至七五年是普林斯頓高等研究院的駐校學者，接著在一九七六至七九年間又擔任這項職務三年。波考克與史金納被視為政治思想史當中的「政治語言與論述史」這個新學門的先驅。如同波考克自己說的：「我們認為，如果我們聚焦於思想家身為口語世界的行為者所進行的表達與概念化行為，那麼這個領域的歷史就可以受到比較好的書寫。」[71]如此一來，傳統的觀念史將會受到語言史、詞彙史、意識形態史以及典範史所取代；赫緒曼也把凝結成為一套語言的特定意義集合視為如孔恩所謂的典範，並不是偶然的結果。[72]

正如波考克以「管窺歷史」的方式撰寫他的《馬基維利時刻》(*The Machiavellian Moment*)這部重要研究著作，把一項特定主題(也就是佛羅倫斯共和主義當中的『文明生活』具有的好處)視為「歷史自我瞭解的問題」加以探討，赫緒曼也研究激情與利益的廣泛概念如何在一連串的文本與情境當中出現以及重新出現，並且在過程中不斷改變其意義與角色，進而對於形塑新的世界觀有所貢獻。[73] 實際上，波考克與赫緒曼看起來乃是受到同樣類型的批評。波考克寫道：「所有的評論者，不管是指控我對歷史小題大作，還是指控我不夠重視歷史，都一致指控我以不符史實的方式從歷史結構當中提取出我打算撰寫其歷史的那些語言和思維模式。」[74] 但如同我們看過的，這項指控套用在波考克與史金納身上雖然明顯有誤，放在赫緒曼身上卻不是沒有根據。

無論如何，儘管有這些批評，赫緒曼的探究具有的創新性質仍然極為巨大。赫緒曼針對現代政治思想的一個關鍵時期提供了非常豐富的分析，「潛伏在學科領域之間的荒野當中」。[75] 學者把激情與利益的二分當成一個詮釋鏡片，用於探討當代的權力形式與暴政來源。舉例而言，伍思諾因為「專家」與技師掌握了複雜的規畫技術，而把他們視為一股新的力量，據說能夠約束中產階級的獨斷權力。「如同先前的市場，」伍思諾總結指出：「當今大部分的世界經濟所依賴的技術，也獲得各種名義賦予正當性，包括解放、無可避免、理性、和平與樂趣」，而與受到非理性激情與反民主誘惑所驅使的行為展現出來的不可預測性形成對比。[76]

不過，我們要是把目光轉向蘇聯，就會發現驅動暴政的力量看起來並不是統治者的激情。如同哲學家、人類學家暨史學家葛爾納（Ernest Gellner；他是在一九三九年從捷克斯洛伐克逃到倫敦的流亡人士）所寫的：「阻擋中央統治軟化的力量，不是蘇聯官僚心中某種無法控制的杜斯妥也夫斯基式激情。在布里茲涅夫的時代，那些黨政官僚看來不苟言笑，更遑論沉悶乏味，看起來一點都不像是適合《群魔》與《卡拉馬助夫兄弟們》描寫的對象。」[77] 不論是市場還是技術，都不可能把他們變得更為和善。葛爾納以完全符合歐唐奈分析的說法指出：「現代威權主義主要並非植根在人的激情當中。」[78]

赫緒曼也參與討論了經濟成長的意識形態與政治威權主義形式在當代世界的互動。如同先前提過的，他主要聚焦於拉丁美洲，主持那個由柯利耶在一九七九年編纂了文集的聯合委員會。赫緒曼也藉這個機會把他一九七七年著作當中的分析接續下去。

工業化與政治的對立觀點

《激情與利益》的第三部分完全在探討孟德斯鳩與斯圖亞特的分析可能會有的威權解讀，這最後的一部分也是赫緒曼的探究的原始核心。然而，如同我們先前看過的，他對這項論點談得極為簡略。如同一名深富洞察力的評論者所說，他彷彿「在即將挖到寶藏的時候，卻放下了鏟子」。[79]

不過，在一九七〇年代後半與一九八〇年代初期，赫緒曼又在兩篇重要的長文裡進一步闡述這些主題。在他探討拉丁美洲轉向威權的研究文章裡，赫緒曼主張經濟成長當中兩種互相對立的後果（經濟成長先是約束非理性行為與激情的力量，接著又成為威權統治的基礎），不但形塑了現代時期的歐洲政治論述，也可輕易在二十世紀的拉丁美洲辯論當中察覺。在一九五〇年代期間，觀察者強調經濟發展減少了政治內鬥，而且生產外銷用的主要產品需要政治上的成熟（一名學者寫道：「咖啡與無政府主義不相容」）。不過，隨著一九六〇與七〇年代相互伴隨發生的經濟與政治危機，許多人於是認定轉向威權的發展與經濟危機之間存在因果關係。[80]

如同我們在前一章看過的，赫緒曼在一九六〇年代晚期試圖調和戰後拉丁美洲工業化政策受到的失敗主義解讀，尤其針對所謂進口替代工業化政策的「耗竭」提出質疑。不過，事後回顧起來，赫緒曼理解到自己複雜的分析可能傳達了錯誤訊息。在他發表於一九六八年的文章裡，他凸顯了進口替代工業化政策是以階段化的程序發展，其中的初期階段比較容易，而從消費品轉變到中間財與資本財的過程會帶來重大的困難。總而言之，赫緒曼覺得自己對於終究有個特定門檻存在的觀念有所貢獻，所以也對歐唐奈和其他人提出的那種結論有所貢獻，也就是在那個特定的門檻時刻，經濟困境可能會引發一項以威權政變形式呈現的政治反應。

赫緒曼提出兩項論點對抗這種解讀。第一項論點是從歷史觀點反駁歐唐奈的詮釋。除了進口替代工業化政策早期階段的耗竭以外，經濟政策當中的其他變化也可能是階段改變的原因，例如實施其他不同的政策，像是更傳統的市場導向政策，或是透過不同社會群體不平均的消費擴張而為持續的國內工業化供應資金。在這兩種案例中（赫緒曼認為這兩者都比進口替代工業化政策耗竭的假設更具說服力），轉向威權的發展在原則上確實有可能是把不受喜愛的經濟政策強制施行於全體人口（或是其中一大部分）的一種方法。然而，這點雖然在理論上有其可能，赫緒曼卻也強調指出，那些政策在許多拉丁美洲國家受到採用並不必然是與威權政權的建立同時發生，而是有些在威權政權建立之前，有些在之後，更有些是在完全沒有威權政權的情況下受到採用。總而言之，歷史紀錄當中只有少數幾個案例是威權決策與捨棄進口替代工業化政策同時發生，但沒有證明這兩者之間存在任何因果關係。

不意外，赫緒曼想要知道意識形態層面是否能讓我們對拉丁美洲國家的政治過程獲得理解。赫緒曼長久以來都對拉丁美洲意識形態極為熱中，也數度在筆下探討過：例如一九六一年的文章〈拉丁美洲的經濟發展意識形態〉（Ideologies of Economic Development in Latin America），以及一九六三年的著作《邁向進步之旅》。這一次，赫緒曼強調經濟困境與轉向威權的發展可能不像前述那些理論所暗示的那樣具有直接關係，而是透過強化以及扭曲意識形態辯論的動態而產生間接關係。換句話說，拉丁美洲社會的知識分子、決策者以及其他富有影響力的人士做出的反應，和問題的性質以及嚴重性不成比例，因而終究扭曲了政治辯論。如同赫緒曼所言：「這種情形彷彿是價格層次的通膨影響了意識形態層次，於是對『根本解方』的產生造成通膨。在這種情況下提出的政策一旦大幅超出社會的能力之外，就很容易產生一種普遍的挫敗感。」[81]尤其是為拉丁美洲經濟體遭遇的問題提出的「根本解方」如果帶有敵對性的本質，例如國內財富或所得重分配，或是對國際經濟關係進行深層的重新思考（也就是讓人覺得是挖東牆補西牆的解決方案），那麼不同群體發生衝突並且終究造成威權政變的可能性就會提高。

明顯可見，赫緒曼並不是提倡反動式的解決方法，例如要求抗議現狀的抗爭者以及對令人不悅的現實提出譴責的知識分子自我克制。實際上，他是懷著「不太甘願」的態度討論這個意識形態層面，因為他非常清楚自己有可能遭到誤解；此外，他也無意聲稱純粹的意識形態解釋就已足夠。儘管如此，他還是主張「這種意識形態升溫的奇怪過程很有可能促成身陷絕望困境裡的普遍感受，而這種感受正是激烈政權更替的前提要件」。[82]

更廣泛來說，赫緒曼試探性地提議指出，拉丁美洲國家採取的各種路徑具有一項共同性質，就是透過經濟成長過程所啟動並且相互交替增益的兩種基本功能（一種是累積功能，會造成社會不平衡；另一種是改革功能，會促成社會的重新平衡），在歷史上都以極短的階段互相更迭，也都受到同一群知識分子支持。在歐洲，由企業家造成的累積功能有其本身的知識分子支持者，而且在改革功能出現的時候仍然相當活躍；但根據赫緒曼的說法，在拉丁美洲則是同一群的知識分子支持者先大力支持發展政策與工業化，然後在短短十年至二十年後即改變陣營，不但質疑工業化的效果，也疾呼要求推行改革主義與重分配政策。

如同先前的《激情與利益》，赫緒曼在此處也利用語言類別討論意識形態變化的政治後果。他假設指出，這種「意識形態突變」會強化企業階級「使用武力的意願……〔並且〕彌補流失的意識形態支持。因為，如同盧梭許久以前在《論語言的起源》（*Essay on the Origin of Languages*）當中指出的，武力是『口才』與『說服』的替代品」。[83] 赫緒曼暗示指出，經濟與政治發展的歷史又再度能夠透過經濟與政治論述史還有意識形態史的觀點加以詮釋。在赫緒曼的想像裡，結構與意識形態因素具有相等的地位。「我寧可廣納而不要寡取，」他說。[84]

政策結論又再度證明了赫緒曼對於預先制定的對策徹底缺乏信任。根本的問題在於如何依據累積功能與改革功能而調整不同階段的步調。改革壓力在累積階段過後出現的時機不恰當，這點在民主政權的崩潰當中扮演了重要角色；也就是說：

> 改革如果出現得「太早」，就會癱瘓企業力量……從而造成停滯、不滿，以及藉由威權政權鞏固累積與成長進程的嘗試。改革如果出現得「太晚」，那麼要求改革的壓力就會

> 因為遭到長期壓抑而猛烈爆發，並且因此造成同樣的政治形勢，除非有一場成功的革命（可能有其本身的威權色彩）能夠接管後續的發展。[85]

不過，在一九七〇年代期間，問題不只是要找出累積功能與改革功能的正確關係。在許多國家面對居高不下的通膨程度而遭遇成長的大幅減緩之際，這個問題也開始呈現出全新的樣貌。停滯與通膨這兩種現象的結合，是史無前例的狀況。歷史上，這兩種情形向來都彼此互斥；實際上，這兩種情形在一九七〇年代的同時發生促成了一個新詞的誕生：停滯性通膨。

布魯金斯學會請求政治學家林柏格（Leon N. Lindberg）與史學家麥爾（Charles S. Maier）針對這個問題組織一個工作小組，結果赫緒曼獲邀針對拉丁美洲提出意見，那裡是遭受停滯性通膨影響最嚴重的區域之一。如同麥爾與林柏格強調的，他們的目標在於理解這些現象的制度結構，把通膨與停滯的肇因視為內生因素（也就是政治權力與社會組織變化的後果，存在於政治與經濟行為者的預期當中，也在這些行為者的互動之中），而不是像傳統經濟分析那樣將其視為外來衝擊。[86]

總體經濟情勢變化得很快，因為在赫緒曼的用語當中，停滯代表累積階段的弱化，通膨則暗示了工資的實質降低以及隱藏性的所得重分配。赫緒曼依循他近期的分析，把注意力投向影響階級群體行為的潛在價值觀變化，把通膨解讀為利益團體之間持續不斷的拉扯造成的結果，是不同群體對於更大份額的國民所得愈來愈激烈的爭搶。不過，這個過程如果可以被視為陷入失控的狀態，那麼赫緒曼也凸顯出這種拉扯帶來的一項出乎意料而又重要的正面副作用：也就是在充斥深刻社會裂痕的社會當中，以相對不流血的方式進行衝突。[87]

赫緒曼針對拉丁美洲的威權主義以及通膨的政治經濟學所寫的文章，回應了他長久以來感受到的一項需求，也就是把《激情與利益》當中的分析延伸到工業成長的政治後果，同時也把時間範圍擴展到十八世紀末以外。他在一九七三年寫信向瓦爾澤指出：「也許應該要有人針對**工業**興起的政治後果撰寫一篇平行的文章，因為至少截至目前為止，我的著作主要探究的是商業的擴張。」[88]我們在這裡應該要記住這一點：那本書的副標題是「在資本主義獲勝**之前**為其提出的政治論點」（字體強調是我添加的）。尚待提出的，是資本主義終於獲勝之後為其提出的政治論點。

在一九八二年五月二十七日於巴黎社會科學高等學院發表的布洛赫講座（Marc Bloch Lecture）上，赫緒曼闡述了這個問題，把他在《激情與利益》當中採取的那種分析擴展到從亞當．斯密到二十世紀下半葉的這段時期。這場講座的內容在那年稍晚發表於《經濟文獻期刊》（*Journal of Economic Literature*），標題為〈市場社會的對立詮釋觀點：帶有文明化的效果、具有破壞性，還是羸弱無力？〉（Rival Interpretations of Market Society: Civilizing, Destructive, or Feeble?）。[89]

這場講座是「對於資本主義發展詮釋的大範圍概觀」，是用詞簡潔而且內容充滿洞察力的傑出演說。[90]赫緒曼在其中檢視了資本主義社會與經濟秩序受到的若干批評論點，以及那些論點的相互關係。那些理論的排列順序，讓人覺得彷彿每一項理論都是為了反駁前一項理論而提出。赫緒曼顯然又再度為一段全然內生的觀念史奠定了基礎。不過，這其實只是浮面的印象，因為這樣的排列順序並沒有歷史上的必要性；如果說這樣的排列有什麼效果，那麼就是赫緒曼顯示了每個論點都各有其本身的歷史演進過程。在他探討的所有案例當中，「互相抵觸的論點之間幾乎完全缺乏交流。密切相關的智識形構在漫長的時間裡持續發展，卻絲毫不曾互相注意到對方。」[91]

赫緒曼的起點是他在《激情與利益》裡探討過的和善商業。他主張這種概念在十八世紀的完全成熟，標誌了人類歷史上首度認定社會秩序是人類不幸的一個重要肇因，並且因此認定社會秩序的結構如果與商業深深緊密交織，將會造就若干德行，諸如勤奮、節儉、準時、誠信等等，能夠約束具有顛覆性以及對社會帶有其他危險性的激情。赫緒曼順口提及：「能夠達到完善程度的社會秩序這種觀念，和人的行為與決定具有意料之外的影響這種觀念差不多同時出現。」後者這種觀念看來彷彿是為了抵銷前者而興起，主張即便是意圖最良善的制度改革，也可能「透過那些無法預見的後果或者『悖謬效果』而導致各式各樣的災難性結果」。[92]

赫緒曼在這篇文章裡沒有進一步闡釋意料之外的後果這項觀念的出現所具有的重大意義，但這點從此在他腦海中縈繞不去。後來他在一九九一年出版《反動的修辭》，書中的三項秩序原則之一就是這種悖謬效果，堅持主張人類行為具有意料之外的負面後果，從而針對社會改革的嘗試提出強而有力的反對論點。這是一個特別引人注目的例子，顯示了赫緒曼思想當中的觀念產生過程：初步的直覺與小觀念先是以簡短的旁白或者順口提及的評論出現，然後暫時擱置（有時會擱置很長一段時間），最後才再度出現於後續的省思當中，成為中心論點。

根據赫緒曼的說法，和善商業論是工業革命的早期受害者。貿易擴張以幾乎有如產生副產品的方式協助形塑了一個比較不那麼暴力的環境以及比較有紀律的資產階級秩序，是一項僅適用於歐洲國家的真理，因為世界其他地區的商業擴張經常都伴隨著暴力以及人道與社會混亂。赫緒曼假設認為，工業革命代表「一股新的革命力量崛起於資本主義擴張的中心」，實際上是把混亂狀況帶回歐洲。這股力量經常被描述為「狂野、盲目、從不停歇、不受控制：因此絕非和善」。[93] 有幾項理論因此出現，顯示工業社會如何在本身內部產生毀滅性的力量，因而在長期會削弱工業社會本身的存在。赫緒曼把這些理論統合起來，稱之為自我毀滅論。

這方面最著名的一項陳述，是馬克思與恩格斯在一八五〇年向共產主義聯盟發表的致詞。他們在其中敦促無產階級勢力善用資本主義社會的矛盾，好讓「資產階級民主主義者的統治從一開始就帶有其本身的毀滅種子」。[94]在這個例子裡，馬克思與恩格斯強調的是資本主義社經秩序的物質矛盾。另一條思路也許更強烈，並且絕對更具天主教色彩，抱持者包括馬克思與恩格斯還有像熊彼得這樣的自由派學者。這條思路認為自我毀滅的種子存在於資本主義社會造成的道德腐化當中。

每一名作者都以自己的方式傳達這一點。馬克思與恩格斯在《共產黨宣言》當中寫道：

> 資產階級不論在哪裡取得上風，都會……毫不留情地撕裂把人和其「天然上位者」綁在一起的各種封建束縛，而在人與人之間唯一留下的連繫，就只有赤裸裸的自利，只有冰冷的「現金付款」。……資產階級把個人價值拆解成交換價值，也把無數不可剝奪的特許自由取代為單獨一項毫無道德良知的自由：也就是自由貿易。[95]

商業摧毀了個人之間的傳統連結，以金錢關係取代其他各種類型的關係。換句話說，自我毀滅論與和善商業論互相對立。

熊彼得聚焦於隨著資本主義而來的新式理性主義精神，強調這種理性主義態度摧毀了昔日的過時制度之後，終究會把目標轉向自己，而對資本主義社會的支柱展開攻擊，諸如「私人財產以及資產階級價值觀的整體架構」。[96]這個版本比其他版本的自我毀滅論更立基在意識形態解釋之上。

值得注意的是，赫緒曼發現當代經濟學家在找尋支持資本主義的論點方面有一項意識形態上的限制。在十九世紀末到二十世紀初之間，像是涂爾幹與齊美爾（Georg Simmel）這樣的社會學家都試圖對和善商業論的衰退做出反應，方法是強調資本主義雖然摧毀了傳統的連結，卻得以創造新的人際連結。不過，經濟學家則是證明了自己完全沒有能力解釋市場如何能夠強化社會整合。經濟學家提出以完全競爭為特色的理想市場這種理論，由為數龐大的經濟行為者在擁有完全資訊的情況下參與其中，但這樣的理論實際上徹底排除了「各方之間從事長時間的人際或社會接觸」這種可能性。[97]他們為市場體系成功建立了無懈可擊的**經濟**正當性，「卻犧牲了大部分市場在現實世界裡與完全競爭模式極為不同的運作方式所能夠合理主張的**社會學**正當性」。[98]

不過，另外還有第三項論點，而且矛盾的是還與前兩項論點有關。自我毀滅論雖然堅稱資本主義轉變會帶來暴力與混亂，有些觀察者卻強調許多社會遭遇的困境其實是來自資本主義革命的力道太弱。這些評論者指出，資本主義的制度與意識形態無法徹底消滅封建過往的殘跡。因此，民族資產階級與他們的世界觀仍然從屬於舊制度的強大價值觀以及社會結構，未能促成國家的現代化。赫緒曼稱之為封建阻礙論。

引人注意的是，主張自我毀滅論的作者也經常是封建阻礙論的有力支持者。眾所周知，馬克思主義思想認為資產階級革命是通往共產主義社會這條道路上的重要中途站。在這種觀點當中，資本主義社會無疑在自家當中帶來混亂，但也克服了封建生產模式，至少在資本主義核心地區是如此。更糟糕的狀況，是國家只經歷了有限的資本主義轉型，而最強力主張這項論點的學者都是來自晚期工業化或者更晚期工業化國家，這點絕非偶然。在義大利，葛蘭西（Antonio Gramsci）與塞雷尼（他是科洛尼的表親）探討義大利統一問題的角度，都是著眼於一場失敗的資產階級革命使得南方的封建莊園得以存續下來，從而強化了義大利社會與經濟的二元性。在中歐，盧卡奇（George Lukács）強調地方資產階級在封建地主的既得利益面前軟弱無力（此外，如同我們在第二章看過的，格申克龍雖然不是馬克思主義者，對於容克階級在德國歷史上扮演的角色卻抱持非常類似的解讀觀點）。在非歐洲社會裡，學者則是聚焦於地方資產階級以及他們在經濟、社會與意識形態上如何從屬於地主階級的利益與價值觀。舉例而言，法蘭克（Andre Gunder Frank）提及拉丁美洲「低度發展的發展」是社會與經濟少數的一種特定現象，原因在於自由派資產階級的羸弱無力，而且這種現象與那些從封建秩序成功轉型為全然資本主義社會秩序的核心工業國家原本的那種未開發狀態不同。[99]

不過，如果說封建阻礙論是自我毀滅論的反論，那麼也必須由和善商業論加以限定。就某方面來說，封建阻礙論可以視為是未能實現的和善商業論。這種想法認為，和善商業論要是能夠實現，必定就有可能避免導致國家無法現代化的封建阻礙。美國就是這種直覺想法的最佳例子，見證了在沒有任何封建阻礙的情況下能夠達成的強大現代化。

但赫緒曼指出，有一套思想傳統卻認為缺乏封建過往雖然看似幸運，實際上卻可能帶來禍害。如同哈茨（Louis Hartz）在二十世紀中葉所寫的，缺乏封建過往導致美國未能擁有社會與意識形態的多元性，而哈茨認為這樣的多元性乃是真實自由的一項主要成分：所以美國才會淪於「自由專制」，傾向「多數暴政」，而且美國政治也才會無力為完善的福利制度發展出強大而持久的共識。[100] 赫緒曼把這種思路稱為封建造福論。

如同以上的討論所示，赫緒曼把每一項論點都呈現為對前一項論點的反駁。自我毀滅論與和善商業論互相對立；封建阻礙論假設資本主義革命並非劇烈又強大，而是微弱又有限。最後，封建造福論又反駁封建阻礙論，主張缺乏封建過往雖然表面上看來對於美國歷史深具解放性，卻也導致美國欠缺真正多元的自由主義傳統。不過，赫緒曼選擇採取這種順序式的呈現方式，純粹只是為了方便說明，而不是因為他在其中看出任何實際上的歷史定律或是觀念史的不同階段與不同歷史時期有任何互相對應。

只有兩項理論的排列順序也許可以比較可信地解釋為和實際上的歷史階段有所對應，也就是和善商業論在十八世紀臻於巔峰（在工業革命之前一段貿易蓬勃發展的時期），接著是自我毀滅論在十九世紀的盛行（當時工廠制度對勞工的生活造成的後果，以及伴隨而來的種種狄更斯式苦難與貧困開始變得明顯可見）。然而，即便是這項特定的排列順序，也無法完

圖6.1 赫緒曼，一九八二年五月二十七日於巴黎社會科學高等學院發表布洛赫講座。提供：Katia Salomon。

全窮盡這兩個論點各自的複雜性。赫緒曼明白指出了這一點。他的概要呈現，或是對於不同論點的定位安排，有助於釐清那些論點之間的相互關係，以及「在幾項意識形態形構之間建立連繫：這些意識形態形構雖然實際上緊密相關，**卻都是在完全獨立的情況下演變而成**」。[101]

不過，赫緒曼的目標不只是純粹針對不同的意識形態與論點確立排列順序。他不只是意識形態理論的旁觀者與記錄者，也承認自己對於「其中哪一項**正確**」這個問題深感興趣。[102] 赫緒曼對於看似互相對立的不同元素之間的細微差異以及無數組合的熱愛，在此處展現無遺。不同的論點雖然被呈現為彷彿每一個都在某方面與前一個論點彼此相反或者互相反駁，但在現實生活中，絕對很有可能是多項不同論點當中的元素經常會同時並存。當然，不是所有可能的組合都會如此（例如和善商業論與封建造福論就確實互相牴觸），但經常有人指出資本主義與前資本主義的價值觀與規範有可能存在於同一個社會裡，而且這些不同元素的混合不必然會帶來負面的後果。

這項結論尤其具體適用於和善商業論與自我毀滅論當中的元素在特定情境中的存在。舉例而言，商業交易一方面有助於發展出信任與可靠的行為準則，但也會促成「算計和工具理性這種元素」的普及。赫緒曼指出，從這個角度來看，資本主義社會的道德基礎可以視為「一再同時遭到耗盡又獲得補充」，而適當的平衡乃是一項可動而且不穩定的目標。[103]當然，這項分析使得社會科學家更加難以針對社會變革過程的方向與結果得出任何「確切無疑」的結論。實際上，這種不確定性是赫緒曼的分析所帶來的另一項重要副產品：「經過那麼多失敗的預言之後，擁抱複雜性難道不是對社會科學有利的做法嗎？就算不免稍微犧牲社會科學號稱的預測能力又何妨？」[104]

第七章

民主的運作

赫緒曼在一九七八年春季獲邀到普林斯頓大學發表一九七九年的艾略特·詹韋歷史經濟學講座（Eliot Janeway Lectures in Historical Economics）之時，媒體與書店滿滿都是紀念一九六八年十週年的文章與書籍，探討一九六八年的精神、街頭示威、公共議題受到的廣泛關注、社會規範的變革，以及對過往慣例的棄絕。評論者談及突然出現的強烈社會意識，取代了前一個年代的個人主義。「個人之事即政治之事」（The personal is political）這句口號，意指個人經驗與廣大社會情境之間密不可分的連結，就體現了這種新感受。

如果說一九五〇年代與一九六〇年代初期這段時期的特色是扎實的經濟成長、大眾消費，以及各階層人口都愈來愈能夠取得耐久財，尤其是在北美與西歐（家庭富庶的夢想前所未有地近在眼前），那麼一九六〇年代晚期的特色即是揚棄個人私利而把公共議題與社會層面置於中心地位，拒絕守在家裡而偏好走上街頭。接著，在一九七〇年代，所謂的逆流隨之出現。潮流轉向，於是眾人又再度把關注焦點轉回自己的私人利益。不過，這不是單純的鐘擺現象，並沒有就此回歸一九五〇年代那種樂觀的私人觀點。普林斯頓大學史學家羅傑斯（Daniel T. Rodgers）以精湛的文筆指出，一九七〇年代的特色是從根本上重塑了看待社會的觀念，包括社會的「性格」、社會的制度與文化辯論，還有社會的根本經濟結構。如他所言：

> 後二戰時期的人性觀充滿了情境脈絡、社會環境、制度與歷史的考量，這時則被強調選擇、主體性、表現和欲望的人性觀所取代。強烈的社會隱喻也代換為力道較弱的隱喻。想像的集體性縮小了；結構與權力的概念逐漸淡化。由心智活動觀之，過去二十五年乃是一段解體的時期，一個大分裂的時代。[1]

政治光譜各面向的智識環境都出現改變，因此左派與右派都必須依據國際經濟關係的根本變化、福利國家危機、全球化的早期案例、長期戰後成長的結束，以及貧富不均開始急遽增大（這種情形一路持續至今）等等現象重新評估自己的角色。在一九六八年之後才短短十年，所有人都一致認為彷彿已經過了一整個地質年代。[2]

赫緒曼對現代時期觀念史的探究以《激情與利益》這部著作（一九七七）與〈市場社會

的對立詮釋〉（Rival Interpretations of Market Society）這場講座（一九八二）達到高峰，然後他就回頭研究二十世紀下半葉的民主政體。這項主題對他而言並不新穎。民主政體如何發展、茁壯或者崩垮的問題不只是他學術生涯的一項核心議題，他自青少年時代以來的個人經驗也是如此。民主的問題有時明確出現（例如在一九六三年的《邁向進步之旅》、一九六八年的〈對於外援的批評與建議〉、一九七〇年的《叛離、抗議與忠誠》，以及一九七九年的〈拉丁美洲的威權轉向〉〔The Turn to Authoritarianism in Latin America〕），有時則是潛伏在背景當中，但仍然是促進研究的一股強大推力（例如一九四五年的《國家權力和對外貿易的結構》、一九五八年的《經濟發展策略》，以及一九六八年的〈拉丁美洲進口替代工業化的政治經濟學〉）。

不過，如同我們簡略概述過的，文化環境已經出現深刻變化，赫緒曼顯然也注意到了這一點。獲邀到普林斯頓大學發表艾略特·詹韋講座，讓他有機會省思自己目睹的深層社會變革，並且探究這個問題：除了察覺私人—公共循環，是否還能加以解釋？這項講座發表於一九七九年十二月。他寫道，由此產生的手稿也許未能針對他選擇探討的主題提供無懈可擊的全面性詮釋。儘管如此，這項探究仍然對戰後期間若干根本的社會變革過程開啟了新觀點。赫緒曼以略帶促狹的態度坦承指出，他甚至無法確定自己在一九八二年出版的《搖擺不定的參與：私人利益與公共行動》是否算得上是一部社會科學著作；真要說的話，這本書

「極為直接涉及個人與社會的變革與動盪，我有時不禁覺得自己是在寫一部成長小說的概念大綱」。[3]

西方民主政體的公共參與和私人利益：《搖擺不定的參與》

赫緒曼指出，一九五〇與六〇年代的精神變動令人不禁要問：「我們的社會是否在某個方面易於在兩種不同時期之間擺盪，時而高度關注公共議題，時而完全聚焦於個人處境的改善以及私人福利目標？」[4]擺盪是循環的委婉說法，而循環則是非常棘手的詞語，因為經濟史上充滿了對經濟活動的固定循環提出描述的嘗試。不過，赫緒曼真正感興趣的不是找出任何循環性社會變革的鐵律，而是要解釋一個特定階段的特有性質如何引發一項過程，促成優先次序和整體態度出現變化：從關注私利轉變為參與導向，或是相反的發展。再一次，赫緒曼的目標在於揭露能夠解釋這種轉變的內生機制，也就是一個階段如何植根在前一個階段的若干特定性質當中。他尤其想要聚焦於「經濟結構與發展」當中能夠解釋這種轉變的特定面向。[5]

不過，如果說赫緒曼從經濟角度框架他的分析，並且探究了像是消費者偏好這樣的標準個體經濟學概念，那麼我們現在已經知道他採取的手法其實遠遠算不上是正統。首先，赫緒曼喜歡拆解偏好變化背後的機制，而主流經濟學則是把偏好視為既定條件。經濟學家對於個人**為什麼**購買（偏好）這件或那件物品不感興趣。第二，赫緒曼尤其意在檢視身為偏好變化根源的消費者公民所感到的失望如何運作。在這一點上，他仰賴賽門（Herbert Simon）、賽爾特（Richard Cyert）、林布隆以及其他人的研究，他們都凸顯了經濟行為者的「有限理性」、無知，以及情境不確定性等狀況。[6]這雖是一項值得重視而且備受敬重的探究，卻絕對不算主流。

赫緒曼怎麼探究消費者公民搖擺不定的參與？他的基本前提是：「消費行為和參與公共事務的行為一樣，雖然從事這些行為的時候都期望會帶來滿足，卻也會帶來失望與不滿。……由於立即降低期望未能完全消除失望，任何消費或時間利用的模式都會如同那個著名隱喻所說的那樣，帶有『其本身的毀滅種子』。」[7]

赫緒曼以西托夫斯基一九七六年的著作《無快樂的經濟》（*The Joyless Economy*）作為分析起點，首先羅列出消費者可能感到的各種失望。西托夫斯基寫作這本書的目標在於納入生理學與心理學的貢獻，用來解釋消費者行為的個體基礎。簡言之，每當個人的基本需求（諸如口渴、饑餓、保護自己免於惡劣天氣和極端溫度的傷害）沒有受到滿足，或是在需求滿足之後開始覺得煩悶（這是富裕社會的情形），個人就會感到不適。不適需要新的刺激，也就是額外的消費。追求這些新刺激的過程會產生愉悅感，並且終究帶來舒適。不過，愉悅和舒適雖然深深相關，在功能上卻是互相對立。愉悅是在追求舒適的過程中得到的感受，而舒適則是只有在克服不適的過程（也就是產生愉悅的過程）結束之後才會達到。[8]

赫緒曼主張大眾消費社會的耐久財性質特別適合創造舒適，但不會帶來多少愉悅。真正的非耐久財，例如食物、性交與睡眠，這類東西的消費為人帶來的主要是愉悅，但只有非常暫時性的舒適；而冰箱與冷氣機這類耐久財帶來的愉悅相對較少，卻可讓生活舒適得多。這種舒適多過愉悅的情形需要進一步的刺激。實際上，耐久財（赫緒曼將其區分成多種不同類別）易於帶來失望：耐久財會老化、褪流行、變得不夠可靠，最重要的是不會帶來「愉悅」。此外，赫緒曼指出，這種失望感在體驗到新式耐久財的第一個世代身上恐怕會特別強烈，因為這個世代可能對大眾消費的魔力懷有過高的期待。

這項討論奠基其上的生理心理學探討手法，對於一九七〇年代中期的經濟學科而言乃是一種新奇的方法。對快樂經濟學這個子領域以及行為經濟學的若干分支而言，西托夫斯基的書至今仍是一部經典。不過，聽在非經濟學家耳中，這項討論卻顯得相當有限又天真。耶魯大學政治學家暨國際政治心理學協會前會長連恩（Robert E. Lane）有效概述了試圖為消費者滿足感提出模型的經濟理論所遭到的批評。首先，那些模型採用的人類選擇理論並不符合心理學家與行為學家得到的研究發現。第二，那些模型沒有把不同種類的人類需求連結起來，因此為人類行為提供了一種分散而不合乎真實的人類行為模型。最後也最重要的一點是，市場機制與財貨「和自主、自尊、家庭和樂、無壓力休閒以及友誼這類為人帶來快樂的東西之間只有薄弱的關聯」。[9] 此外，如同赫緒曼也體認到的，私領域和公領域的二分只是許多劃分方式的其中一種。舉例而言，物質生活與精神生活的劃分又該怎麼說？這兩者都是指私領域，但與西托夫斯基還有赫緒曼的分析當中深具中心地位的刺激─愉悅─舒適機制之間的關係卻極為不同。面對這項批評，赫緒曼單純採取了閃躲的反應。「總是要有個起點嘛，」他寫道。但他接著又以比較具有說服力的方式指出，由私領域轉向公領域的轉變尤其和戰後數十年間目睹的社會變革機制有關。

赫緒曼從那個模型本身得出的觀察，讓他的分析變得更有意思。他指稱相對落後的社會未必比較容易發生社會不滿，暗指現代化理論那種愈來愈趨目的論的觀點。相反的，「在耐久財剛開始大幅擴散的社會裡，失望有可能特別普及。這點當然顯得頗為矛盾，因為一批人口當中的大部分成員一旦首度獲得羅斯托（Walt Rostow）提出的那種備受稱頌的『高度大眾消費』福祉，我們可能會預期這批人應該會懷有好心情。」[10] 赫緒曼接著表示，好心情和失望也可能同時存在，一方面是年齡較高的世代對於自己達成的進步心懷自豪，另一方面則是年輕世代對於父執輩那種看來「空虛」的物質性生活方式感到不滿。「由於這些截然不同的心情，」赫緒曼的結論指出：「轉變至『高度大眾消費』的過渡時期可能會在政治上特別不穩定。」[11]

赫緒曼最有說服力的分析，涉及公共服務（例如教育和衛生）擴散程度愈來愈高所帶來的後果以及消費者公民可能感到的失望。隨著經濟愈來愈繁榮，那些服務會出現重大轉型，從經常帶有私人性質的菁英享受轉變為普遍的公共服務。不過，在此一轉型過程中，那些服務的可靠度和品質也會因為前所未有的大幅擴張而出現明顯可見的退化。如此一來，社會需求與服務的供給和品質之間的矛盾關係就再度變得清楚可見：「社會一旦決心推廣特定服務的供給，那些服務的品質即不免下滑。」[12]

這項分析以赫緒曼的典型手法探究了當時廣受辯論的福利國家危機，不論是左派還是右派都對這項危機提出強烈批評。左派作者強調國家機器的內部矛盾，亦即必須一方面保證資本累積，另一方面又必須提供社會服務為自己賦予正當性。奧康納（James O'Connor）一九七三年出版的《國家財政危機》（*The Fiscal Crisis of the State*），就是這種觀點的首要例子。在意識形態上對大政府抱持敵意的保守派學者，則是譴責社會服務造成政府資源的過度負擔，還有其缺乏效用，甚至可能帶來負面影響。這種觀點最著名的例子，也許是墨瑞（Charles Murray）的《節節敗退》（*Losing Ground*）；這本書雖然出版於一九八四年，其中的論點卻在赫緒曼一九八二年出版《搖擺不定的參與》之時就已經深植於公共辯論當中。赫希（Fred Hirsch）在一九七六年於《成長的社會限制》（*The Social Limits to Growth*）這部著作裡又從另外一種觀點凸顯這個問題，也就是有限的資源以及「地位財」（例如獨家學位或者不擁擠的海灘）不可能讓愈來愈多人取得。[13]

一九七九年十二月（正是赫緒曼發表詹韋講座的時候）於美國經濟學會舉行的研討會上，赫緒曼把所有這些批評概稱為「結構主義（或基要主義）謬誤」：也就是一種不具正當性的傾向，喜於診斷根本性的毛病並開立激進的藥方。[14]用一種沒那麼斬釘截鐵的方式以及更為改革主義的態度，赫緒曼提議把這項危機視為經濟與社會進步帶來的暫時性影響，也許違反直覺，卻是自然而然的結果。毋庸置疑，那個年代的停滯性通膨問題，以及既有的凱因斯式解方失去效果，看來的確證實了奧康納與墨瑞這類學者的批評。[15]然而，赫緒曼主張福利國家並沒有遭遇「系統性危機」，只是經歷了比較良性的「成長陣痛」而已。[16]

赫緒曼試圖向他的同僚傳達這種想法，他在美國經濟學會用「品質的產出彈性」來指稱服務品質的衰退。如果說他在《叛離、抗議與忠誠》當中聚焦於公民對公共服務衰退的反應，那麼他在美國經濟學會就是更詳細檢視了組織衰退的機制。赫緒曼先前在《叛離、抗議與忠誠》當中探討過的公立學校，又再度成為一個重要的例子。他主張指出，公共教育的迅速擴張明顯經歷了肉眼可見的品質衰退，尤其是因為這種服務在投入方面出現明顯短缺與瓶頸的情況下仍然持續在提供。由於教師的需求愈來愈大，只好以平庸的教師彌補高品質教師在數量上的不足；教室短缺而且過度擁擠；圖書館設施也不夠大；如此等等。投入的可替代性讓教育擴張變得可行，卻不免出現品質衰退的情形。

不過，赫緒曼認為這點讓標準經濟理論的限制性假設面臨一個問題。「既然可替代性是新古典經濟學世界裡的常態，」他譏刺道：「產出品質的改變竟然沒有受到更多注意，也許不免令人感到意外。」[17] 然而，只要考慮到競爭市場當中存在著完全資訊乃是主流經濟學的普遍假設，那麼這種情形就並非無法解釋。在這項假設之下，經濟行為者會立即依據服務的衰退品質調整自己的行為。實際上，如同真實世界所示，教育體系是一套慣性更高且又複雜許多的機制，消費者沒有完全的知識，也缺乏關鍵資訊，而投入的變動經常發生在非競爭市場當中。[18]

這一切討論都與赫緒曼在《搖擺不定的參與》當中的探究直接有關。他聲稱消費者公民體驗到的失望開啟了通往各種不同幸福追求形式的大門。他指出，在富裕的民主社會裡，這種追求幸福的形式經常是社會參與和政治行動。

這種變動無法由標準的經濟理論解釋。這不只是單純的品味轉變，不只是過往的經驗造成一套新的偏好。赫緒曼主張，主流經濟學的顯示性偏好（revealed preference）理論，就算能夠解釋品味的改變（例如對於蘋果或西洋梨的喜好），也顯然無法解釋生活型態與價值觀的改變。要探討這些問題，就必須援引經濟學以外的概念，像是意識形態的角色，或是法蘭克福（Harry G. Frankfurt）提出的「第二序欲望」這項哲學概念：也就是種種個別意志，有助於界定「我們對自己身為人的概念」。[19] 法蘭克福解釋道：

> 除了想要、選擇以及受到推促去做這件或那件事情，人也可能會想要擁有（或者不要有）特定的欲望與動機。他們有能力想要改變自己的偏好與目的。許多動物似乎都有能力……決定要做或不做一件事，但顯然只有人類擁有反省性自我評價的能力。[20]

沈恩也批評純粹只考慮「個別選擇行為」的顯示性偏好觀點。[21] 沈恩接著指出，像是同情心以及更重要的全心投入與道德等概念，在判定一個人的行為當中都具有關鍵重要性，而由於這些概念實際上很有可能會違反個人的利益，因此也就很難單純將其界定為偏好。沈恩所謂偏好的「後設排序」或者「對於排序的排序」當中所出現的變動，涉及標準經濟學無法解釋的整體觀點變化。[22] 赫緒曼在一篇文章裡進一步闡述《搖擺不定的參與》當中談及的部分要點，他指出：「品味幾乎被定義為一種你不會爭辯的偏好……『de gustibus non est disputandum』（品味無可爭辯）。你如果對一項品味提出爭辯，不管爭辯的對象是別人**還是你自己**，這項品味在事實上就已不再成其為品味，而是會轉變為**價值觀**。」[23]

這項複雜的探討，以及數度指涉法蘭克福這類哲學家或是像沈恩這樣的非正統經濟學家所提出的概念，讓赫緒曼得以前進到他分析的下一個階段。反覆失望的經驗可以視為不斷累積的理由，最終促使人叛離消費主義的生活型態，而改採在公共場域發聲抗議作為新的指導態度。赫緒曼出乎意料扭轉了他著名的叛離與抗議二分法，體認到在這樣的情況下，叛離與抗議並非互相對立的概念，而是同一項過程當中兩個互補的階段。抗議成為對叛離的需求所做的正面回應。[24]

赫緒曼認為奧爾森與西托夫斯基的分析當中存在的缺陷，就是欠缺這項個人轉變的過程：在赫緒曼看來，他們筆下的行為者似乎沒有任何歷史，不然就是被迫必須追尋更多相同的事物（例如更多的消費）以獲取滿足，因此在天性上無法投身於特定的人生觀，也無法擁有特定的價值偏見。[25] 簡言之，赫緒曼認為奧爾森與西托夫斯基的分析無法解釋**政治**行動。實際上，赫緒曼的模型在核心階段當中預先假設公民對公共領域都有高度的參與，「對於坐等搭便車的誘惑嗤之以鼻，與奧爾森的說法並不相同」。[26] 赫緒曼對奧爾森的批評其實不正確，因為奧爾森沒有提出任何鐵律，只是試圖以一套簡單（但是強而有力）的模型解釋集體行動為什麼有可能在特定情況下不會發生，而且還進一步說明自己討論的是一種可能性，而不是必要性。[27]

無論如何，赫緒曼指稱公共參與的失望終究也會增加。為什麼？在赫緒曼的說法當中，公共參與的所有可能結果都有可能會把公民推離公共生活：未能達到重要目標自然令人失望，可能會造成幻滅以及退回私人生活的結果；不過，成功也可能導致動機消失或是原本目標的轉變。無論如何，此處存在著兩項基本機制：過度投入以及參與不足。過度投入指的是對公共目標的追求經常會產生的激情，從而把參與以及投注於那項目標的時間轉變為一種利益，而不是成本：直到行動疲勞打破這種感受為止。參與不足指的是另一個相反的概念，也就是制度安排的目標在於冷卻過度激動的行為，在民主社會當中尤其如此。即便是投票制度，以及這套制度把個別公民不同程度的政治激情轉變為同一項政治結果（也就是投票結果）的能力，也可能是在許多成熟民主政體當中造成冷漠程度愈來愈高的原因之一。[28]

然而，失望如果不是存在於事實當中的先天元素，而是公民行動者的感受，那麼是由什麼原因造成？根據赫緒曼的說法，改革主義者之所以退入私領域，原因是未能抱持切合實際的期望，也未能具體想像「中間的結果與半途的停靠站」。[29]赫緒曼隱含的意思是，真正具有遠見的行為不是預想全面革命（這經常是一種簡化而概略的想像），而是設想微小進展的可能性，並且建立政治上的韌性。「矛盾的是，我們就是因為想像力貧乏，才會在心目中產生『徹底』變革的願景，而不是微幅的期望，」他寫道。[30]赫緒曼的改革主義也來自於另一項考量。私人層面與公共層面之間的擺盪本身並不令人擔憂。如果說赫緒曼看出了問題，那麼問題就在於過度的擺盪，尤其是西方社會的那種模式，也就是在漫長的時間裡一直把私人利益擺在首位，接著才突然爆發出對公共事務的猛烈投入。他認為這種情形「不太可能會具有建設性」。[31]

赫緒曼描述的那種反覆不斷經歷熱情與失望的消費者公民，終究和標準經濟理論當中的「理性行為者」非常不一樣。不過，這樣的經歷絕非缺陷，實際上乃是一種豐富性。赫緒曼的消費者公民「**優於**『理性行為者』，因為他們能夠想像**各種**不同的快樂狀態，並且能夠超越其中一種狀態以達到另一種狀態」。[32]這種更複雜的行為，明顯可見是在私領域和公領域的擺盪當中經驗到許多失望所造成的結果。赫緒曼的年輕同事歐唐奈強調赫緒曼的新書之所以重要，原因是其中「針對經濟理論有關穩定且具遞移性的個人偏好的常見假設提出了強而有力的批評」。[33]他凸顯赫緒曼那項分析當中的失望原則，寫道：「焦慮、無能為力、對死亡的否認、傲慢，以及無數相關的用語，都指向一種個體，和主流經濟學呈現的那種在兩項以上的偏好之間從事選擇的人物（政治科學在相當程度上也呈現了這樣的人物）相較之下更加不滿而又緊張不已。」[34]

整體而言，《搖擺不定的參與》獲得了略偏正面的評價。許多人認為這本書深富洞見、引人深思，帶有令人耳目一新的論點與廣博的學識。赫緒曼新出版的作品總是令各方預期其中會有極度流暢、簡潔、風趣並且發人深省的文字。[35]不過，如果說評論者在這方面確實沒有失望，這本書仍然讓許多人感到不解。有兩項主要批評確實並非無的放矢。其中一項聚焦於赫緒曼的循環理論，許多人都認為這項理論相當薄弱。布東（Raymond Boudon）稱之為一項「不牢靠的理論」。[36]的確，赫緒曼自己在這本書一開頭就提出警告，體認到「這整項探究帶有試探與臆測的性質」。[37]他承認自己無法以任何直截了當的方式「證明」規律循環的存在；他的探究頂多只能說類似於康德拉季耶夫（Nikolai Kondratieff）劃分出極長循環的嘗試：

由於橫跨的時間範圍非常之長，從而難以確定那種循環是否真的存在。赫緒曼表示，自己唯一的目標是要為失望以及不斷變動的參與提供一種「現象學」。[38]然而，這整本書描述了赫緒曼所謂的私人—公共循環，而評論者也不出意外地認真看待他的論述。

許多評論者尤其質疑失望的經驗與生活型態還有價值觀的變動之間的關聯。赫緒曼似乎暗示了失望必然有助於這類改變，但實際上並非如此。一名評論者指出，如果未能證明失望與變動的因果關係，那麼赫緒曼就不免犯了事後歸因的謬誤（亦即主張失望如果出現在一項變化之前，就必然是因為前者造成後者）。[39]如同有些人所言，其他機制也可以為一九六〇年代出現的公共行動提供可信的解釋：舉例而言，輿論也許認為越戰看起來比韓戰更荒謬，所以才會引發一場在一九五〇年代未能掀起風潮的和平運動。在這個例子裡，歷史現實比偏好的變動更能夠解釋公共投入。此外，在針對這本書所寫的一篇最為條理清晰的評論當中，社會學家史丁康（Arthur Stinchcombe）指出對公共場域的參與不必然是個人偏好的改變所造成的結果，也有可能是因為大眾看見了新的政治可能性。如同史丁康所言：「社會學近來的潮流，也就是奧貝斯查爾（Anthony Oberschall）、蒂利（Charles Tilly）與斯考切波（Theda Skocpol）帶起的潮流，是藉由資源（可能性）的變化解讀社會運動，而不是藉由人心的變化來解讀。」[40]

在不少評論者眼中看來同樣沒有證明的，則是個人經驗與集體變革過程之間的關聯。個人循環與廣大的社會循環真的有可能證明是同步進行嗎？一篇大體上非常正面的評論認為這本書「冥頑植根於方法論個人主義當中」。[41]史學家麥爾在更為晚近針對這本書指出：「其中的討論堅決採取原子式觀點。赫緒曼心中想的雖然必定是大規模的大眾情緒擺盪，但他在書中討論的卻完全是個人選擇。」[42]

赫緒曼試圖以首度達到大眾消費階段的社會為例，把私人與集體連結起來。在這樣的情況當中，失望程度日益提高的經驗必定會由整體社會感受到，至少是由其中一個重要的次群體感受到，例如年輕世代。但除此之外，赫緒曼並沒有真正提出能夠證實這項主張的歷史解讀。如同一名社會學家感嘆指出的，赫緒曼的社會變革模型必須要由歷史資料加以驗證。[43]不過，赫緒曼這本書卻引人注目地欠缺歷史分析。麥爾表示，《搖擺不定的參與》「把循環式行為的聚合視為理所當然。不過，對史學家而言，必須解釋的正是那種聚合；個人的往復變動只是一半的故事而已」。[44]

第二項批評則是針對歷史紀錄提出質疑，而且可以分為兩個子問題。第一個問題涉及歷史紀錄的現實：赫緒曼提及的擺盪是否真的發生過？除非我們把一九五〇年代與七〇年代的私人導向與一九六〇年代的公共導向這種刻板印象視為理所當然，否則學術研究其實揭示了一幅複雜許多的圖像。史丁康指出，從許多重要的角度根本看不出那種擺盪，像是黑人公民的民權擴張受到的大眾支持就是一個例子。這點在一九五〇至七〇年代期間呈現出非凡的直線發展，儘管民權運動不免有所起伏。公共支出在一九五〇與六〇年代期間的持續增加也是如此。史丁康質疑赫緒曼的架構能否普遍適用，但也認為這套架構有助於理解一九六〇年代晚期發生在美國大學的青年抗議活動這項特定案例，尤其是「六〇年代的學生為什麼和五〇年代還有七〇年代的學生有所不同」。[45]其他人則是批評赫緒曼的循環始於私人與公共的二分，特別是在福利國家危機的辯論這項情境當中。舉例而言，如果考慮到能夠提供類似公部門服務的志願性非營利部門所出現的成長，那麼私人與公共擺盪所內含的二分法就會損失至少部分的解釋力。[46]

第二個問題涉及赫緒曼的分析具有的內生性。如同他主張的，他必須藉由一項內生理論，才能夠為奠基在失望的週期性集體經驗之上的參與變動提出支持論據。然而，外生事件（歷史事件）仍是解釋集體行為的根本要素。赫緒曼自己也體認到這一點，因此主張這部著作的目標只在於「矯正」外生偏見。「無可否認，」他坦承指出，戰爭與革命在強化眾人對公共生活的參與確實扮演了關鍵角色，或是相反，經濟的迅速成長也確實會促使人退入私領域。[47]不過，他究竟想要證實什麼並不清楚，而這個問題也沒有逃過幾個評論者的注意。例如帕奇（Massimo Paci）就寫道，只要稍微看看國家福利制度的演變，即可證實外生因素的重要性，因此他斷定赫緒曼想要為參與的變動建立一套內生模型的嘗試還言之過早，甚至根本不可能，至少就大眾對福利國家的堅定追求而言是如此。[48]其他人則是指出內生與外生肇因之間的界線頗為模糊。[49]

不過，對於這本書的大多數讀者而言，終究吸引他們的不是其中的理論建構或是史丁康所謂的「有時真實的理論」，而是因為這本書在社會科學當中協助開啟的新觀點。[50] 預設偏好是既有而穩定的，是經濟學、社會學與心理學共有的特色。價值觀的週期性變化對於社會科學家而言雖然不是新現象，在新古典經濟學與帕森思式社會學當中卻是一種僅有邊緣地位的概念。史丁康感嘆道，社會理論「對於大批人口為什麼會改變一項主要的社會價值觀念完全無話可說」。[51] 赫緒曼的著作雖然有其本身的種種限制（即便是最讚賞這本書的評論者，也注意到其中的嚴謹度有所不足），卻促使社會科學家認真看待文化變革的過程。[52]

如同在《叛離、抗議與忠誠》當中，赫緒曼顯示了純粹的經濟觀點對社會變革只能有非常有限的理解。再一次，他選擇的目標是貝克論述的經濟帝國主義，因為那項論述認為「經濟觀點提供了一套有用的架構，能夠理解一切的人類行為」。赫緒曼反駁指出，擁有穩定偏好的理性行為者是解釋人類行為最沒有用的概念。如他所言（原文即以強調字體寫出）：「**我試圖要理解的世界……其中的人都認為自己想要一件事物，但得到之後卻沮喪地發現自己沒有原本以為的那麼想要那件事物，或是根本就不想要，而他們真正想要的其實是另一件他們先前沒有意識到的東西。**」[53] 赫緒曼的分析翻轉了局面：套用塔羅（Sidney Tarrow）的話，赫緒曼堅持價值觀與不可預測性，「為理性選擇理論提供了一個令人興奮的不同選項。」[54]

總之，如史丁康所言：「赫緒曼這本書的問題可以表述如下：『把人類想成一種對於何謂良善、真實、美麗、公正而且討人喜愛的事物經常集體改變心意的動物，有時是不是一種有用的做法？』」[55]許多學者對此雖然有其疑慮，但仍然提出肯定的答案。

民主與發展：《集體向前進》

一九八三年初，阿爾伯特與莎拉．赫緒曼回到哥倫比亞，駕車行駛於科爾多瓦（Córdoba）這座北部省分的大農場之間。在加勒比海沿岸，他們來到克里斯托雷伊（Cristo Rey）這座小漁村。看在像赫緒曼夫婦這樣出身自歐洲的人士眼中，漁民世世代代都從事著與祖先相同的工作，但阿爾伯特與莎拉很快就發現克里斯托雷伊的居民並非如此。直到幾年前，他們原本都是以耕作為生，每個家庭一方面在自家的一小塊地種植自己食用的作物，另一方面也在鄰近的農場從事雇傭勞動工作。一九七五年，一群村民占據了一塊屬於一座農場但已荒廢多年的土地。占據土地在一九六〇年代的哥倫比亞相當常見，而且經常獲得成功的結果。不過，風向到了一九七〇年代已經改變，所以克里斯托雷伊的農民很快就遭到驅逐。

這項早期的經驗雖以失敗收場，卻為後續另一項較為成功的活動播下了種子。農民在爭取土地的抗爭當中發展出來的凝聚力沒有消散，於是他們做出一項非常務實的決定，也就是既然無法占據土地，那就乾脆占據海洋。他們成立一個合作社，從幾個私人與公共協會獲得財務資助，結果這群從農夫轉型為漁民的人口就成了一項非凡的成功案例。赫緒曼欣喜指出：「當地已在規劃開設一家海鮮餐廳和一間小旅館！」[56]

這段故事雖然簡單得略嫌乏味，卻相當值得注意。赫緒曼從中得出一系列的省思，探究社會變革動態當中的一個特定子類別：也就是社會行動具備的力量，能夠轉變看似無可改革的狀況（像是克里斯托雷伊的農民欠缺足夠資源以及生產手段的情形），並且改善群體和個人的生活條件。

阿爾伯特與莎拉在一九八三年初走訪了六個拉丁美洲國家（多明尼加共和國、哥倫比亞、祕魯、智利、阿根廷與烏拉圭）當中四十五個左右的草根發展計畫，克里斯托雷伊的漁民合作社只是其中之一。如同我們所知的，實地研究是他們廣為人知的一種探究方法。如果沒有這類直接經驗，《邁向進步之旅》和《發展專案觀察報告》就不可能寫成，而且如同阿德爾曼所示，赫緒曼在數十年間一再走訪拉丁美洲各國。如同先前的旅程，赫緒曼夫婦的目標是要從他們走訪的特定計畫以及他們從事的「大量觀察」當中汲取洞見（如同先前的旅程，莎拉也是伴隨阿爾伯特同行、參與訪談，並且撰寫實地筆記）。

當然，集體動員受到大量研究。一九七八年，蒂利出版了一整本書探討集體行動以及社會運動當中的不同動員型態。「防衛性動員」尤其是一種經常可以觀察到的半自發性措施，用於召集力量對抗外來威脅。糧食暴動、抗稅運動以及反抗徵兵都可以用這種方法解釋，而如蒂利所言，這對「一般常見的假設」提出了質疑：那種假設認為「動員必然是一種由上而下的現象，由領導者與煽動者組織而成」，例如「預備性」與「攻擊性」動員。[57]十年之前，摩爾（Barrington Moore, Jr.）與沃爾夫（Eric Wolf）提供了眾多例子示範防衛性動員如何是農民起義的根源。[58]這些都是結構扎實的研究（根據赫緒曼的說法，其中有些甚至結構化**過頭**，以致不太具有說服力，例如摩爾的研究就是如此）。然而，和過去比起來，赫緒曼這次計畫撰寫的著作更是要保有新鮮印象的鮮明性：他後來把因此寫出的這本書描述為比較是一部「理性思辨的遊記」，而不是「學術專著」。[59]

不出意外，阿爾伯特與莎拉挑選的研究地區是一座他們擁有深入瞭解並且也熟悉其語言的大陸。為了盡可能減少後勤問題，他們取得美洲基金會（Inter-American Foundation）的支持：那是一個美國政府組織，成立於一九六九年，目的在於資助拉丁美洲與加勒比海地區的地方社群所發起的草根發展計畫，作為一種替代傳統外援的措施，運作於政府間的層次。[60]

這趟旅程為阿爾伯特提供了一個機會，得以省思他在前幾本書裡闡述的若干想法，例如合作社如何為抗議扮演了支持性的角色，又為強迫性的叛離扮演了對應的保護性角色；對急迫的社會、政治與經濟問題所做的回應，如何能夠出現在「結構性」的全面改革之前，而不是單純跟隨於其後（這個問題在《邁向進步之旅》受到詳細討論）；明顯可見的失敗嘗試如何引發出乎意料而且富有創意的回應（這是《發展專案觀察報告》與《邁向進步之旅》共有的主題）；以及前來克服棘手困境的社會組織當中如何存在著未知的隱藏資源（這個問題在《經濟發展策略》與《發展專案觀察報告》當中受到討論）。

最重要的是，這趟旅程以及據此寫成的《集體向前進》這本書，讓赫緒曼有機會從一個與《發展專案觀察報告》相反的觀點檢視發展專案（《報告》採取的是世界銀行的捐助者觀點）。美洲基金會雖然資助了這項探究，赫緒曼在此處感興趣的卻不是捐助者與受助者之間的關係。實際上，他採取的觀點不是由上而下，也不是由下而上。說得更精確一些，他是與那些自行發動發展專案的人士站在同一個層次上進行觀察。換句話說，赫緒曼感興趣的是草根發展專案的參與面向：也就是社會行動如何出現，以及眾人如何為了一項共同目標而集結起來。他想要探究的是由當地大眾強力主導的發展專案所具有的特定性質，並且對各種經驗做出比較分析。

此外，他也想要探究草根發展專案強化政治多元性並且削弱威權政權基礎的潛力。社會聚合的過程對於私人利益與公共利益之間的關係雖然具有關鍵重要性，赫緒曼卻未能在他的前一本書《搖擺不定的參與》當中加以探討，而是在《集體向前進》當中才將其奉為核心。

實際上，如同赫緒曼指出的，亞當·斯密曾經提出這項著名的主張：「改善自身處境的渴望……雖然一般而言處於平和冷靜的狀態，卻是天生就伴隨著我們，並且持續終生。」[61]在斯密的論點當中，這項省思主要涉及個人。可是，改善生活條件的集體層面呢？畢竟，赫緒曼認為「行動實際上構成一套連續光譜，從完全私人的行動乃至最強力發聲的公共行動，其中還有許多介於中間的混合行動，而這些行動……全都出自參與者的構想，用意是要藉此完成『改善他們的處境』這項目標」。[62]

在《集體向前進》當中，赫緒曼的注意力完全受到集體行動所吸引：什麼因素會引發這種行動，後果又是什麼。赫緒曼尤其想要揭露草根集體行動促成的那些出乎意料的機制以及反向程序。同樣令他感興趣的，還有集體行動在一開始的出現是由哪些過程所促成。

一個簡單的答案，是逆境會迫使個人團結合作。自然環境的狀況變化就是顯而易見的例子，像是河水上漲而突然對鄰近的聚落造成威脅。赫緒曼提及科爾多瓦區域一條河邊的少數幾個農民家庭因為這樣的情形而不得不搬離家園，結果因此促成一整串的過程，不但深深改變受害家庭的生活，也轉變了他們所處的社會環境。搬遷到遠離河邊的新住處之後，這幾個原本都能取得可飲用水的家庭，立刻就面臨了長期缺水這種令人苦惱的情形；為了因應這個問題，他們於是合作建立一套公共供水系統。不過，由此帶來的後果還不止於此。建立水分配網絡所獲得的成功以及這套系統的可靠性，使他們能夠接納新家庭移入，從而擴大了他們的社區。由於一項為了遷離危險地區而進行的合作，這個僅由幾間簡陋房屋構成的無名聚落，就在幾年後發展成為一座有自身名稱的小村莊：拉梅爾塞（La Merced）。

不過，比起先天的攻擊性，赫緒曼感興趣的乃是群體會怎麼對別人的攻擊行為做出反應。不意外，土地所有權在拉丁美洲是極其重要的問題，因此所有權的詐騙與訴訟從來都沒有少過。赫緒曼凸顯了爭取土地所有權的共同奮鬥如何經常會引發其他各種原本不會出現的社群行為，像是改善公用事業、建造社群聚會場所，以及文化和教育活動。

引人注意的是，赫緒曼沒有從一種特定理論的角度解釋這些發展：那種理論認為所有權會改變農民的經濟誘因，原因是他們取得所有權之後，對於改善自身土地的資本稟賦就懷有直接的利益。赫緒曼的做法是呈現起初的合作行動得以引發的一連串出人意料的額外社會效益。合作的行為本身會喚起原本處於蟄伏狀態的倡議與力量。赫緒曼強調指出，在所有權獲得確立**之前**，除了追求所有權的共同奮鬥之外，也還有其他許多公眾活動，那些活動都是那場奮鬥本身建立的連結所造成的直接後果。換句話說，那些活動是一項社會經驗而非經濟經驗所造成的結果。除了重新安排田地、建造一座小水壩，以及規劃一間消費商店之外，赫緒曼提及「討論與集體決策的技藝也慢慢培養了出來」。[63] 他描述智利軍事政權剝奪該國南方馬普切族人口（Mapuche）的公有財產與耕作活動的激烈做法，強調軍事政府無意間引發了「一股團結與追求集體進步這種渴望的新感受」。[64]

在這整本書裡，赫緒曼提及經濟推論在解釋草根行動的邏輯與功能方面有其限制。全然從經濟角度為合作事業提出的解釋，也許會聚焦於動員一筆最小額資本的必要性。然而，赫緒曼的例子顯示，「一項更為根本的需求是……消除孤立與互不信任的若干經驗」。[65] 實際上，在他的觀點裡，草根發展源自於「厭惡大家信奉『國民生產毛額』與『成長率』為經濟與人類進步的唯一仲裁標準」。[66]

不同於這些總體經濟措施，草根發展實際上是對於個體層次的社會互動與合作這種必要性所做的重新肯定。這不是赫緒曼第一次與歐唐奈所見略同：才一年前，歐唐奈就主張「除了發生在國家生活的重大情境當中的『大政治』具有的關鍵重要性以外」，也必須「探究民主的價值觀與實踐在**總體**與**個體**層次上擴散所可能產生的回饋迴路機制」。[67]

赫緒曼從一九六〇年代以來即開始對成本效益分析提出批評，尤其是在《發展專案觀察報告》當中；這時他又進一步補充這項批評，強調合作活動的「無形」成本與效益。他認為這些成本與效益至少和直接經濟成本與效益一樣重要。舉例而言，在那些成本當中，我們應該考慮參與者所喪失的部分自由，因為他們在市場上買賣的能力必定會受到限制。不過，另一方面也有無形的自由。合作事業如果成功，不只能夠改善其中成員的物質生活，讓他們更能夠對抗強大勢力的侵犯，而且還具有一種「象徵價值」：合作事業將會是「一項自我肯定之舉，令人充滿自豪」，而且「〔對於〕長久遭受苦難與壓迫的群體也能夠代表解放的開始」。[68]

明顯可見，赫緒曼特別喜歡的合作事業，是針對剝奪農民土地的欺詐詭計或者改變以及摧毀農民文化的強硬政策所做的回應。他寫道：「遭人占便宜、詐騙或者傷害的共同經驗，有時會促成令加害者大吃一驚的集體反應。」[69] 此處呼應了赫緒曼在二十年前的《邁向進步

圖7.1 赫緒曼夫婦，為《集體向前進》從事的實地旅程當中攝於多明尼加共和國，一九八三年。提供：Katia Salomon。

之旅》當中對改革販子的定義：「一個在『客觀上』已經落敗，但仍然凶猛地繼續奮鬥的棋士，而且偶爾還會反敗為勝！」[70] 這種反應本身所具有的尊嚴，以及獲得成功之後額外帶來的滿足，在赫緒曼的感受當中是非常重要的元素：「窮人對自己的貧窮習以為常，而默默獨自承受；但遭到不公的對待有可能會引發意料之外的憤慨、反抗與共同行動的能力。」[71]

然而，隱藏的社會資源受到出乎意料的動員，以及沒人料想到的集體反抗能力，也許不是赫緒曼在這場旅程最重要的發現。阿爾伯特與莎拉找上草根發展計畫的參與者談話之後，從中發現的一項比較引人注目的性質，大概是他們多多少少都有過社會行動的經驗，但不必然是參與合作事業或者抗爭的經驗。實際上，赫緒曼注意到他和莎拉攀談的許多對象都強調足球對於他們的社會化具有的重要性，以及參與規畫還有共同興建社區足球場經常是他們在社會行動方面的初體驗，讓他們因此獲得能力與自信，而能夠因應比較困難的專案。[72]

如同赫緒曼所言，不論原本的經驗是什麼，「感覺就像是這些主角人物先前對於社會變革的抱負，以及他們喜愛集體行動的傾向，都沒有真的離他們而去。」[73]對赫緒曼而言，值得注意的是這種「社會能量」可能會在後續以不同形式重新出現，因而很難把後來的經驗和先前的經驗連結起來。赫緒曼在結論當中指出：「我們可能會因此很難注意到此處存在的是一種特殊的程序，一種能量的**再生**，而不是一項全新的爆發。」[74]在表面上看來互無關聯的社會不滿事件以及對無可忍受或不公的狀況所做的反應當中，赫緒曼看出了一種模式，與他的改革主義觀點以及可能主義態度特別能夠產生共鳴。他稱之為社會能量守恆與突變原則。

如同他在一九六七年以《發展專案觀察報告》這本書一開頭的隱藏之手原則顯示過的，他對社會變革原則的闡述一方面證實了社會行為當中有行為準則存在，但另一方面也貶低了這些準則。先前提過，在一九九四年為《發展專案觀察報告》新版所寫的序裡，赫緒曼坦承把隱藏之手原則放在書中第一章而賦予其最重要的地位，是一項「近乎挑釁」的舉動。[75]在一項類似的做法當中，赫緒曼立刻否認新提出的社會能量守恆與突變原則具有任何普世適用性。然而，這項概念在修辭上相當有效，因為赫緒曼的重點是要把讀者的注意力導向個人生活中一種社會行動態度的持久存在（或是如他所稱的「守恆」），以及個人把這種態度社會化的能力。

這不必然與赫緒曼先前的觀察互相牴觸，亦即一項侵犯性的事件，不論是由自然界還是人為造成，都會在先前各自孤立的個人身上引發群體反應。畢竟，赫緒曼這項原則的重點不只在於社會能量的守恆，也在於其突變。因此，社會行動與動員的經驗就像岩溶河一樣，有時肉眼可見並且水流強勁，有時則潛伏在地底下，經過一段蜿蜒曲折並且無可預測的水道之後，才又出人意料地再度出現。

以先前的克里斯托雷伊漁民為例，赫緒曼問道：「要是沒有當初那個第一步，也就是占據土地的失敗嘗試，這樣的結果有可能會發生嗎？」[76] 占據土地也許需要更多勇氣，因為這種舉動隱含了與地主還有警方或者民兵團體的直接衝突。不過，成立一個捕魚合作社卻是複雜得多。就某方面而言，過往的經驗建立了一項連結和一道願景，儘管那項特定的嘗試沒有成功。接著，「創造了一項**改變的願景**之後，〔克里斯托雷伊的農民〕現在已有能力從事複雜度更高並且需要更多堅持的集體奮鬥」。[77]

赫緒曼夫婦見到的其他許多案例背後也都存在這樣的機制。此外，赫緒曼注意到這項原則相當適合用來反制他先前所稱的「失敗情結」。明白可見，一旦在社會改革或動員的失敗嘗試與社會能量的創造之間假設出一項連結，能夠在後續促成一項成功的事業，那麼那種陰鬱的失敗情結所倚靠的基礎就會因此削弱。

在總體層次上，赫緒曼也個別凸顯出一種福利服務的形成與擴散過程的樣貌；那種過程雖然不是特別直接，卻絕非無效。如果說在比較先進的國家裡，私人在地方上致力的社會推廣經常為後續的全面性政府措施扮演領路的角色，那麼在拉丁美洲國家裡，通往社會福利的道路則是比較呈現出擺盪的樣貌。由於缺乏強而有力的中產階級，這項過程因此經常始於某種由國家引領的改革主義方案，而那樣的方案則會創造出一套專精於福利推廣這個新部門的官僚體系。接著，在改革主義階段結束之後，福利官僚與國家機構就會試圖在私下繼續這樣的工作。一套由社團與合作社構成的新網絡（經常藉由企業關係、資金與決策而連結於一套更廣大的國際網絡）將會因此出現，在福利服務的供給方面對國家政府發揮補充或是更常見的取代效果。[78]這是赫緒曼善於發現「反向程序」的另一個例子，也可以說是修改自格申克龍所謂的後進工業化國家當中的「替代要素」。一如在其他作品，尤其是《邁向進步之旅》，赫緒曼也揚棄失敗敘事，改採拉丁美洲自有一套福利推廣方式的觀點。

不過，事情的發展也有可能令人失望。如同茱蒂絲．滕德勒在赫緒曼這本書出版之前先在一篇內容極為清晰明白的報告當中顯示的，政府也有可能在後續重新進入原本由地方行動組織占據的社會部門。在這種案例當中，便有可能產生緊張狀況。「政府一旦突然進入先前由民間志願組織平和占據的區域，」滕德勒寫道：「有時會無法容忍民間志願組織在其中擁有的權力或聲望。如此一來，關係就有可能會惡化。」[79] 更麻煩的是，回歸多元主義政權、由改革主義政府取代高壓政府，有可能會瞬間改變地方行動事業的政治意義：「在高壓政府之下，民間志願組織可能會被視為改革主義者，是窮人唯一的捍衛者；但在新政府底下卻可能突然顯得具有反動色彩。」[80]

此處必須額外提出兩項評論。首先，應該指出的是赫緒曼對於福利服務這項主題的興趣，在相當程度上與兩個現象重疊，一是發展論述在近期出現了一種「基本需求」觀點，二是人權作為全球論述受到的重視。這兩者都出現於一九七〇年代下半（至少是重拾能見度）。[81] 在赫緒曼綜合這兩者的論點當中，一套「新人權」（包括糧食、獲取飲用水、住處、教育、醫療，以及參與決策）進一步補充了廣獲接納的宗教信仰權、表達權與個人自由權。赫緒曼在結論指出：「無數拉丁美洲人口的實際生活狀況，與他們愈來愈覺得自己有**權利**享有的生活狀況之間的巨大落差，是那座大陸上存在高度緊張關係的來源。」[82] 這句評論雖然對發展論述與較為晚近的人權論述之間的交會展現了深刻的洞察力，但赫緒曼並沒有進一步闡釋。

與阿爾伯特及莎拉的分析比較有關的，反倒是民主的議題。他們近期的拉丁美洲之旅背後的一個中心問題，就是草根發展專案是否對拉丁美洲國家的整體政治情勢有所影響。這個問題的答案毫無疑問是肯定的。赫緒曼尤其注意到一九六〇年代與七〇年代期間許多拉丁美洲威權政權（儘管絕非全部）的高度私人層面，因為那些政權的穩定都取決於「公民生活的徹底**私有化**」。[83] 極權政權治下的人民處於永久動員的狀態，但拉丁美洲各國的政權則是傾向於復員大眾，並且把個人推入私領域。政權經常把社會推廣措施當成一種轉移注意力的非政治性措施，藉此轉移公民對於政治參與的關注。如同滕德勒所言：「民間志願組織也許是對窮人的協助與組織當中唯一受到容忍的型態。」[84] 不過，政府可能沒有意識到，單是集結成一個合作社這樣的行為，就算是純粹聚焦於社會議題而沒有直接政治要求，也有助於擴散一種「**關懷性更高**而且**私人程度更低**」的社會關係，在本質上牴觸了「那些政權本身的結構性要求」。[85] 換句話說，草根行動在威權政權當中成為一匹「危險的特洛伊木馬」，夾帶了民主價值觀。[86]

從這個觀點來看，赫緒曼這本書填補了文獻當中的一個空白。絕大部分研究拉丁美洲鄉下地區的社會科學家，都把焦點放在農業不滿最明顯可見而且又戲劇性的表達方式，諸如起義行動、占據土地，以及鄉村暴力。致力推動可行的經濟、社會與政治改革，又不依賴政府方案的鄉下草根運動，並沒有受到那麼高度的研究。赫緒曼於一九八四年出版的這本書是一大貢獻，把眾人的注意力重新導向這些比較沒有那麼戲劇性但仍然深具關鍵重要性的活動。[87]

值得再次提起的是，赫緒曼偏好的分析有如是對潛在變革機制與草根改革活動的追尋。相較之下，滕德勒在一九八三年同樣由資助赫緒曼那趟旅程的美洲基金會出版的作品裡，對於拉丁美洲的社會合作社提出的描述就陰暗得多：

> 合作社如果獲得成功，即有可能轉變為它本身志在消滅的那種怪物。合作社也許滿口宣揚參與和社群意識，號稱自己代表全體人口，但實際上卻只照顧人口當中一小撮比較富裕的群體。……良好的特性雖然看來似乎存在於這項活動的本質裡，那些特性卻經常只有在合作社歷史的特定階段才會出現，並且是在特定的社會與經濟環境當中才會出現。[88]

這段描述在語氣和展望上與赫緒曼的差異之大不禁讓人深感震驚，而且批評者無疑也可輕易證明赫緒曼對樣本的選擇受到過度樂觀的偏見影響，或是犯了把樣本建立在因變數之上的技術錯誤：也就是只挑選出早已證實成功的草根合作社，藉此證明成功的草根行動在拉丁美洲已然成為事實。

這樣的批評不能算是不準確，但不表示赫緒曼的研究因此毫無價值（《發展專案觀察報告》的批評者也以非常類似的基礎提出這樣的主張）。說得更簡單一點，赫緒曼的興趣在於什麼樣的做法可能會有效：也許在全面性有所損失，卻能夠獲得改革主義方面的洞見。

滕德勒與赫緒曼對於研究發展程序採取了非常類似的做法，對於經濟與政治動態之間的關係具有的重要性也懷有相當一致的觀點。他們抱持相同的自由主義價值觀，而且我們也應該記住，在一九八〇年代初期已是出色學者的滕德勒，當初就是在一九六〇年代中期於赫緒曼指導下寫出她的博士論文。此處的重點不在於他們兩人的分析彼此歧異；實際上沒有這樣的情形。滕德勒那份報告主張大部分的合作事業終究都造成了正面的社會影響，儘管那些合作事業並未實踐自己宣稱的合作原則。

赫緒曼的分析具有的獨特性（包括其特色以及局限）存在於一項刻意的選擇當中，也就是強調有效或者可能會有效的做法，而不惜犧牲其他觀點。實際上，在《集體向前進》出版才幾個月後，赫緒曼就在聖保羅的一場會議上明確指出書中一項沒有明言但頗為清楚可見的觀點：亦即他「思考的是可能發生的事，而不是發生機率高的事」。[89]

對於拉丁美洲實際出現民主化的可能性，赫緒曼終究還是保持有些模稜兩可的態度。儘管有不少國家看似穩固的威權政權在不久之前垮臺，包括厄瓜多（一九七七至一九七九）、祕魯（一九七八至一九八〇）、玻利維亞（一九八二）、阿根廷（一九八三）、烏拉圭（一九八四）與巴西（一九八四），赫緒曼在聖保羅那場會議當中的演說卻覺得有必要在一開頭指出：「關於民主在拉丁美洲是否有機會鞏固，任何嚴肅的思索必然都不能不以悲觀作為起點。」[90]由於拉丁美洲政治最重要的特性是不穩定性，因此沒有人能夠保證這波新的「民主化浪潮」（借用杭廷頓〔Samuel Huntington〕後來提出的說法）不會在出乎意料的情況下迅速消退。畢竟，先前的浪潮都以拉丁美洲國家特有的循環模式而在後面接著出現威權反撲。杭廷頓稱這種模式為民粹式民主政府與保守軍事政權之間的擺盪。杭廷頓以他愛好矛盾的特有論述方式指出：「在這些國家，政權的改變因此發揮了和穩定民主制度當中的政黨輪替一樣的功能。這些國家不是在民主與威權政治制度之間交替；民主與威權的交替**就是**這些國家的政治制度。」[91]

然而，赫緒曼雖然採取謹慎的立場，卻還是忍不住找尋可能會強化民主化進程的「狹窄道路」和「局部進展」。[92]他在聖保羅尤其強調不確定性的重要，並且提出兩種不同但彼此互補的變化。首先，結果的不確定性是民主決策當中一項正常而且無可避免的特徵，因為多元選舉可能會把國家帶往一個方向或是另一個完全不同的方向。只有威權政權才會知道（或者假裝知道）自己要朝什麼目標前進。第二，更加重要的是，真正的民主決策過程要求觀念必須透過審議過程本身形成。依循法國政治學家馬南（Bernard Manin）的論點，赫緒曼強調公民與政治人物必須體認到國家路線的不確定性是民主審議的一項根本元素。同樣的，只有威權政權會假裝自己在這方面擁有確定性。如同赫緒曼所說：「這種不確定性的完全欠缺，以及對新資訊和別人的意見缺乏開放包容態度，對於民主社會的運作是一項真實的危險。」[93]

這種對於民主政治本質上的開放道路以及可能會透過觀念的自由交流與審議過程而出現的新可能性所抱持的厭惡（換句話說，就是這種拒不妥協的態度），在後續多年間仍是赫緒曼關注的核心問題。他雖然持續研究拉丁美洲議題，也偶爾寫作其他文章，但拒絕妥協、封閉、不對話的態度所造成的民主論述衰退在他的思索當中成為一項中心議題。[94] 柏林圍牆倒塌雖然令人振奮，但赫緒曼卻看到政體的不同部分之間豎起了能見度沒那麼高但仍然危險的其他壁壘。因此，他後續的書完全投注於解析以及揭露不妥協的政治論述所採用的修辭機制。

反對不妥協政治的論點：《反動的修辭》

雷根在一九八〇年十一月四日當選為美國第四十任總統，標誌了一項重大轉變，也就是偏離自從新政以來持續推行的社會福利政策。一九八一與一九八二年的立法和預算改變，尤其對那些以人口當中最貧窮的階層為目標的方案大幅削減了資源。雷根在一九八四年十一月當選連任，對於美國福利國家的前景而言看來並不樂觀。

對社會福利政策的幻滅始於一九七〇年代，接著在一九八〇年代期間不斷加強。如同兩名觀察者在一九八〇年代末期指出的，許多人都認為「大社會計畫」以及「對貧窮宣戰」頂多只能算是「立意良善的失敗」，其「方案設計有著象牙塔式的天真，方案的執行帶有官僚的惰性與特殊利益的籠絡，而方案結果則是只有微不足道的成就、意料之外的後果，以及進一步強化的病狀」。[95] 批評社福方案的政策研究遠遠多過正面評價，而且這種態度的分布範圍遍及整個政治光譜：「保守派認為這樣的批評證明了政府干預是愚蠢的做法；激進派認為社福方案是一種壓迫性的社會控制與籠絡行為；自由派也愈來愈從先前那種堅持度過難關的樂觀態度轉變為認定社福方案被搞砸了，並改稱自己為『進步人士』好跟過往的樂觀切割開來。」[96]

當然，美國福利制度仍然有其辯護者，但這些辯護者也覺得這套制度如同一本書的標題所示，是一項「隱藏的成功」。[97]不過，對這項議題流傳最廣的分析，是墨瑞針對福利制度提出強烈批評的著作《節節敗退》，出版於一九八四年。在這本書裡，墨瑞主張美國個人福祉的基本指標在一九六〇年代出現惡化，而且這種情形「在窮人身上發生得最為一致也最為劇烈」。[98]他聲稱原因是福利方案改變了「遊戲規則」，從而改變了謀生、養家，以及形塑自身人生的誘因。「這是一種策略性的錯誤，」他寫道，因為福利方案為窮人提供了一項誘因，促使他們在短期內做出會在長期上有害的行為；更糟的是，福利補助的提供掩蓋了這項根本性的錯誤。墨瑞下結論指出：「我們試圖為窮人提供更多保障，結果反倒製造了更多窮人。我們試圖消除脫離貧窮的障礙，卻無意間打造了一個陷阱。」[99]

面對這股愈來愈強烈的幻滅與挫折感受，福特基金會於是在一九八五年發動一項特殊計畫，稱為「社會福利與美國未來專案」。這項專案邀集一群學術界與私領域的專家成立一個小組，針對如何改善美國的福利制度提出政策建議；赫緒曼也獲邀參與其中。這個小組看到福利制度中的許多缺陷。其最終報告指出：「健康保險保障的落差、缺乏全面協調的技能發展措施以迎合變化中的勞動力需求，還有長期照護的高昂成本，顯示我們必須檢視社會福利制度的適當性。」[100]不過，問題在於這套制度如何能夠改革及改善，而不是像保守派人士建議的那樣徹底加以拆毀。

如同最終報告的起草人所言，美國正面臨一項「社會赤字」，必須對福利政策進行全面性的檢視，而不是對個別福利範疇從事零碎的討論：「我們認為社會問題交互相關，而且每個人在人生中的某個階段都會需要社會福利制度。這不是一種為了別人而設置的制度……對兒童的良好投資能夠為成人帶來幫助，對年邁公民的良好投資也能夠為身為子孫的我們帶來幫助。」這個小組指出，在一九三〇至一九六〇年代期間創立的方案都設計得相當良好，但畢竟屬於一個不同的時代。這套制度不該拆毀，但必須徹底現代化。[101]

除了專家小組的集體研究之外，福特基金會也資助了不少貢獻具體政策建議的獨立研究。舉例而言，政治學家暨歷史學家卡茨尼爾森（Ira Katznelson）探究了美國國家建立史上的關鍵時刻，社會學家斯考切波則寫了〈美國社會供應的政治〉。這兩人在一九九〇年代期間都出版了不少關於這些主題的著作。[102]

對赫緒曼而言，福特基金會發動的這種省思成了一個機會，讓他得以研究反對福利制度的論點採取的修辭結構。這項分析後來成為他一九九一年出版的《反動的修辭》這本書的主題。身為美國的自由派，赫緒曼在這本書的序言裡陳述了自己對於新保守主義者針對社會福利政策提出的惡毒攻擊深感擔憂。除了對特定政策抱持不同意見之外，赫緒曼也對自由派與保守派看待若干社會基本要素的觀點出現愈來愈深刻而且顯然無可修補的歧異感到困惑。不過，他刻意避免「探究保守派的心理」，而是選擇聚焦於外在表面，也就是保守派論述的修辭現象（還有進步派修辭，這點我們在後續將會看到），希望藉此強化對立陣營之間的溝通。[103]

就某個意義上而言，《反動的修辭》探討的是社會科學當中一項根本概念在政治上受到的誤用，這項概念就是社會行動帶來的意外後果。一九三六年，社會學家莫頓寫了〈目的性社會行動的非預期結果〉這篇一發表就蔚為經典的短文；他率先體認到，「在社會思想的漫長歷史當中，幾乎每個有分量的貢獻者都探討過目的性行動的非預期結果這個問題」，儘管是在不同的情境並且使用不同的字眼。[104] 赫緒曼這本書是一項博學而高深的分析，分析對象包括意外後果的許多變體，以及存在於那些變體之間的差異與邏輯上的不相容性。

這本書的結構非常簡單。赫緒曼的起點是英國社會學家馬歇爾（Thomas H. Marshall）在一九四九年針對英國公民權的進步所發表的一場講座。馬歇爾區分了公民權的三個不同層面：民事、政治與社會層面。每個層面都在不同的時代取得中心地位，並且成為進步派與保守派的爭執點。民事公民權在十八世紀隨著專制時代的結束而勝出，建立了新的價值觀與自由。政治公民權（也就是投票權）在十九世紀期間出現巨大的擴張。最後，二十世紀則目睹了社會公民權這種新觀念的綻放，體現在福利國家的制度當中。馬歇爾的講座發表於第二次世界大戰結束後，正值福利國家在貝弗里奇動爵（Lord Beveridge）與工黨內閣的努力下於英國蓬勃發展之際。不過，一九七〇與八〇年代顯示了維繫及改善這第三種公民權元素的重大困難。此外，赫緒曼指出這樣的反撲不是第三階段獨有的現象。實際上，我們可以輕易主張公民權在擴張過程中向前邁出的每一步都面對了保守勢力的大量抗拒。

赫緒曼在反動論點當中辨識出三種不同的形式類別。他語帶促狹地指出：「我必定懷有一股根深柢固的衝動想追求對稱。針對馬歇爾的論述當中那三項接連出現的『進步主義』要旨遭到批評、攻擊與嘲諷的主要方式進行調查的過程中，我又找出了另外一套三要素。」[105]赫緒曼把這三項反動論點稱為「悖謬論」、「無效論」與「危害論」。這三項論點雖然有些整體上的相似之處，卻很明確地各自不同：

> 根據悖謬論，任何意在針對政治、社會或經濟秩序當中的部分特徵加以改善的目的性行動，都只會導致個人希望矯正的問題更加惡化。無效論主張追求社會轉變的嘗試必定只是徒勞，不會有「絲毫效果」。最後，危害論主張受到提議的改變或改革必須付出的代價太高，因為這種做法將會危及先前的某些珍貴成就。[106]

敘明了民事、政治與社會進展的三個階段（根據馬歇爾的說法）以及反對這三種進展的三項反動論點之後，赫緒曼接著在這本書的核心章節著手探究每一項論點在三個歷史階段當中如何開展。赫緒曼的用意不是要否認社會與政治倡議恐怕會帶來意外負面後果的可能性，而是要揭露特定政治修辭當中的「系統性偏見」。[107]

連同《激情與利益》，《反動的修辭》是赫緒曼最平易近人的著作之一。這兩本書都聚焦於觀念史以及一套深深植根於現代歐洲思想的文獻；這兩本書的出版時間雖然相距十五年，卻具有高度的關聯，而且能夠吸引懷有許多不同興趣的讀者。有幾項元素在赫緒曼的討論當中顯得特別突出，為看似簡潔明瞭的三階段與三論點搭配組合添加了複雜性。

討論悖謬論的時候，赫緒曼提及這項論點源自「意外後果」這個比較具有天主教色彩的概念在其歷史發展過程中的一項重要改變。在十七世紀以及大半的十八世紀期間，意外後果最常見的討論都強調自私又道德低劣的激情如何有可能在許多情況下產生正面的社會結果。最著名的一個例子，就是亞當．斯密的《國富論》經常受到引用的一段內容：「我們的晚餐不是來自於屠夫、釀酒商或麵包師傅的善心，而是來自於他們對自身利益的關注。我們不是訴諸他們的人性，而是訴諸他們的自愛，也從來不會對他們談論我們的需要，而是只談他們可以得到的好處。」[108]

不過，在斯密之後就不再有什麼人從這種正面觀點使用這項概念了。意外後果的主要意義原本偏向良性，但是十八世紀末的政治與社會革命卻將其轉變為帶有確切的負面含意。赫緒曼主張這項意義的變化不只是同一項觀念的變體，而是那項觀念的根本轉變，實際上是「對那項觀念的否定與背叛」。如同赫緒曼所言，「意外後果的概念原本把不確定性與開放性引進社會思想當中」，而認為這項概念主要會造成悖謬效果的人士，則是「退回了再度把社會宇宙視為全然不可預測的觀點」。[109]

赫緒曼在他的書中提到悖謬論如何從其本身與古老神話的情節所具有的近似性當中汲取力量，像是伊底帕斯的故事，或是由傲慢引來報應女神（也就是高傲帶來懲罰）；差不多在同一個時間，赫緒曼在劍橋大學達爾文學院的同僚沈恩提出這個概念的一項引人注意的發展：源自達爾文的自然汰擇論對那個時代社會與政治思想的影響。自然汰擇的觀念顯示生存競爭如何產生出物種進步這樣的副作用。把焦點放在「物種的適應」，而不是針對物種生存之處進行「環境的調整」，這項理論也促使社會達爾文主義者把任何追求目的性社會改變的嘗試視為不當的行為，干預了社會調節的「自然」機制，因此必然會產生悖謬效果。[110]

社會行動可能造成的一項意外後果，就是徹底缺乏後果。這就是赫緒曼的無效論，而且從這個意義來看，這項論點可以視為純粹只是意外後果這項廣泛主題的一個變體。不過，如果把無效論和悖謬效果擺在一起比較，就會發現一項鮮明的差異：這兩種針對人類行為如何影響社會秩序的思考方式，其實在基本上互相對立。悖謬論隱含一種高度不穩定的社會秩序，任何想要加以改變的嘗試都會產生意料之外的悖謬反應。另一方面，無效論則是隱含一種穩定而且看似不可變的社會秩序；不論個人多麼努力想要加以改變，都不會產生任何效果。在前者當中，人類行為會引發一切可能的負面後果；在後者當中，人類行為則是單純無力產生任何效果：赫緒曼指出，這點也許可以解釋無效論為何對變革的倡導者深具侮辱性。[111]

赫緒曼雖然在不同歷史階段當中探討了他所有的這三項論點，危害論卻無疑是從歷史觀點看來最複雜的一個。在《反動的修辭》裡，赫緒曼詳細討論英國在一八三二至一八六七年間採行的改革法案如何深深轉變了該國的選舉制度，從而指出，主張英國政治制度的民主化會危害個人自由的維繫這種論點確實極為普及，而且也終究是錯誤的看法。在同樣的基礎上，赫緒曼對二十世紀中葉反對福利國家的保守主義修辭提出譴責，因為那種修辭聲稱福利國家將會危及個人自由乃至民主治理。針對西方民主國家在一九七〇年代遭遇的政治不穩定或者「弊病」，赫緒曼不費吹灰之力就列出了其他一些更有可能是肇因的事件：水門醜聞、英國保守黨與工黨內閣的無力，或是西德與義大利的政治恐怖主義。[112] 這個章節的歷史層面後來促使赫緒曼探究危害論的其他變體，像是政治與經濟改革的程序可能會因為在先前的階段裡有助於推進改革的性質而「卡住」。[113]

不過，危害論的分析之所以特別引人注意，還有另一個原因：也就是這項分析針對赫緒曼這本書中的根本論點向他自己揭露了一個令人驚訝的新觀點。赫緒曼在撰寫探討危害論的章節之時，體認到這個論點不只是反動修辭的元素，而是一種更廣泛的修辭姿態，也適用於進步主義論述。反動的版本主張新改革將會危及先前更重要的成就；進步主義的版本則是主張必須推動新改革，才能鞏固先前的成就。

赫緒曼的省思當中出現的這項意料之外的新轉折，開啟了對他的分析進行全面重新評價的大門：除了危害論以外，悖謬論與無效論也都有相對應的進步主義論點。面對反動人士的悖謬論，進步主義者會主張唯有改變才能夠避免社會與政治秩序的徹底崩潰。面對無效論，進步主義者會主張改變無可避免，原因是歷史「定律」必然會造成改變發生，所以抗拒完全沒用。這是一個特別明白的例子，彰顯了赫緒曼在《反動的修辭》出版才一年後即聲稱他自己具有的自我顛覆傾向：也就是他習於大幅重新思考自己的分析，從而揭露先前沒有發現的元素，那些元素不但會導向意料之外的方向，有時也會與原本的分析方向相反（由於這是赫緒曼身為社會科學家的風格當中的核心要素，因此下一章還會進一步加以探討）。

發現一種「進步主義」的反動修辭，對改革主義陣營當中的辯論具有直接影響。赫緒曼傳達給改革主義暨進步主義計畫的訊息，基本上就是強調在使用修辭式論證之時懂得自我節制的重要性。阻擋災難（反悖謬論）不是提倡改變的一項積極論點。更加誘人的做法，是聚焦於改革帶來的效益，而不是針對最低的損害提出評估。此外，到了這本書出版的時候，所謂的歷史「鐵律」（反無效論）已因為共產世界的突然崩解而不再具有可信度。赫緒曼語帶譏諷地指出：「隨著最新的動盪，只能向法蘭西斯．福山（Francis Fukuyama）致歉，因為歷史潮流顯然強烈違反歷史潮流的歷史觀！」[114]鞏固先前的改革這項論點（反危害論）其實並非不合理；赫緒曼先前的著作就曾數度應用這項論點（例如他在《邁向進步之旅》當中對拉丁美洲改革主義政策的分析）。然而，赫緒曼堅稱即便是這項修辭式論點也必須謹慎處理，因為不同的政策就算一樣主張改革主義理念，也還是會由於重要的取捨差異而可能引發衝突。舉例而言，若是假裝認為刺激經濟成長與矯正貧富不均這兩種目標不可能發生衝突或摩擦，就不免有虛偽與天真之嫌。

不過，對赫緒曼而言，比政治虛偽更糟的是進步主義政治可能會轉變為某種威權態度的這項危險。他解釋指出：「由互惠論點所產生的信念，認為一項改革沒有可以想見的代價，所以不會受到任何阻擋，有可能會輕易轉變為另一種感受，認為這項改革**不該**受到任何阻擋。」[115]因此，不同的目標之間如果發生衝突，堅定不移的改革主義者就可能會把其他政策視為必須不計代價排除的障礙。「然後，那項變革的倡導者就會忍不住依據『只要目的正當即可不擇手段』這句格言行事。然而，由於他們為了自己所認定的特定前進步驟而不惜犧牲社會的正面成就，結果很可能反倒會**證明危害論的正確**。」[116]這種態度違反了民主審議的核心，而赫緒曼堅稱民主審議的本質就是妥協。赫緒曼這本書的性質在最後出現了改變，從探討反動修辭轉變為廣泛研究「拒絕妥協的修辭」。[117]哈佛大學出版社反對他提議的這個新書名（他們認為「拒絕妥協」〔intransigence〕一詞對美國大眾來說太過艱澀），但巴西、義大利與墨西哥的譯本都把書名取為《拒絕妥協的修辭》。

不出意料，赫緒曼的三項論點廣獲接受，從此在許多不同領域受到使用，不只是在分析美國及各個國家福利政策的辯論時受到使用，也在討論南非的經濟重整以及馬克思主義思想歷久不衰的重要性時受到使用。[118]

有些讀者認為這本書及其風格帶有「典型的赫緒曼特色……博學、簡潔又深富見地」，並且為人帶來「大思考的智識刺激」。[119] 聚焦於修辭層面的做法也受到欣賞，不只是因為他對修辭主題的博學討論，也因為赫緒曼把他的分類和一項深具吸引力的討論綁在一起：一名評論者認為那項討論的目標是「反動人士面對的典型修辭情境，也就是無法在原則上反對某些改變，卻還是想要加以反對」。[120]

不過，就是在這一點上（也就是他的修辭策略），各方的意見卻充滿分歧。即便是對這本書給予好評的評論者，也難以認同赫緒曼決定完全聚焦在修辭上的做法。舉例而言，普林斯頓大學的政治與公共事務教授暨國內與比較政策研究中心主任迪尤利奧（John DiIulio, Jr.）就指出，焦點如此集中所隱含的意義，就是反動與進步主義論點之間的選擇在本質上主要是一項意識形態選擇，而且「公共政策功效的事實極少能夠不言自明」。但他斷定指出：「除了冥頑不靈的意識形態分子之外……實際上根本不是這麼一回事。」[121]《哈佛法律評論》刊登了一篇類似的批評。完全把焦點放在政治辯論的修辭面向，是一種貼標籤的做法，但「這樣的標籤不會告訴我們這項論點是否具有說服力：也就是負面效果是否確實大於正面效果」。[122]

其他人則是針對赫緒曼這項寫作計畫的根基提出質疑。如同赫緒曼在序裡所寫的，他這本書的目的在於嘗試揭露形塑政治論述的力量經常「不是根本的性格特徵，而單純是論點的必要性」。他的希望是，藉著「揭露這些束縛可能實際上有助於加以鬆綁，從而修正論述並且恢復」對立政治派別之間的溝通。[123]不過，許多人都納悶一項政治論點的修辭層面是否有可能和其實質「核心」區分開來。一名評論者寫道：

> 建議……公共審議應該在技術上高深複雜並且在修辭上保持公平，其實是搞錯了民主的一項重點。基於容許不同黨派積極爭取公民在情緒和理念上的認同，民主制度其實樂見各式各樣修辭上的過度誇大與濫用，尤其隨著資訊和溝通模式變得愈來愈豐富又愈來愈複雜而更是如此。……一如往常，其目的乃是在於強化理性論述的說服力。[124]

另一人問道：「在個別議題上的衝突以及在基本意識形態上的黨派合作，難道不是常態嗎？」[125]換句話說，這些評論指控赫緒曼若非天真就是虛偽：所謂的天真，是指他抱持的希望，認為在修辭上要求更多的自覺即可提升政治論述；而所謂的虛偽，意思是揭露反動修辭本身其實就是一種修辭舉動。

劍橋大學政治理論家鄧恩（John Dunn）雖然認同赫緒曼以及這本書，卻也強調了這個問題。鄧恩指出，一如《激情與利益》，赫緒曼運用歷史文獻的目標也不在於重現過往的辯論，而是要找出可能會對他的分析計畫有用的論述型態。鄧恩寫道，對觀念史學家的珍藏做出這種「平靜的投機式剝削」，在一九七七年的那本書特別成功，但在《反動的修辭》則是顯得沒有那麼具有說服力，也不完全能夠免於自利的嫌疑。鄧恩寫道，聚焦於修辭「極有助於強化對政治對手的謬誤懷有的敏感度，但也有助於擴展這種敏感度，讓人察覺到自己的政治盟友（甚至是我們自己）有可能多麼輕易犯下同樣的錯誤」。[126]

總而言之，讀者指出了赫緒曼一項可能頗為模稜兩可的立場。他雖然聲稱自己的寫作計畫是要削弱拒絕妥協的修辭，並且在對立的黨派之間建立溝通的橋梁，但是看來他也免不了使用自己的修辭分析攻擊與嘲諷保守主義立場，貶抑其正當性而不管其論點的特定內容。

一項特別嚴厲的駁斥來自布東，他完全不同意赫緒曼的這本書。他寫道：「我們當然必須承認，吸引作者注意的這三項修辭主題……確實經常受到使用。不過，我和赫緒曼的意見相同之處僅止於此。」[127]他接著提出一長串的批評。布東不只覺得赫緒曼對於修辭原則的挑選過於主觀，僅限於一小批修辭形式樣本，而且討論「反動」修辭的目標本身在布東看來也根本是個錯誤：修辭一如語言，和政治論述不可區分，而且政治光譜上任何一種立場的行為者都會加以使用。如同布東所言，「根本沒有所謂的『反動』修辭和『進步主義』修辭，而是單純只有修辭。」[128]

布東也指控赫緒曼把修辭形式和實質分析混為一談。他指出，托克維爾單純藉著指涉悖謬效果的概念，就得以調和法國革命分子的良善意圖和標舉革命名義的暴行之間的矛盾。不過，這到底是修辭手段，還是比較實質的詮釋類別？布東認為，赫緒曼似乎「看不出」修辭與認知論點之間的細膩關係。[129]此外，他也指控赫緒曼把像是邁斯特（Joseph De Maistre；實際上的反動分子）和托克維爾（保守主義者）這樣差別極大的人物全部混在反動思想家這個類別當中。

布東不只近乎指控赫緒曼天真幼稚或者學術研究不扎實，更令人不安的是，也近乎指控他欺詐。布東寫道：「每一位社會學家都知道……一項政治論述的立場不管在意識形態光譜上位於何處，都絕對不可能沒有意識形態或修辭。他也知道最常見的修辭方法就是聲稱別人在運用修辭手法。」[130]布東總結指出：

從他的書可以明顯看出……赫緒曼不只是不喜歡美國的保守主義者，他也不喜歡所有的保守主義者。這種感覺就和其他一切感覺同樣合理，而且他也不是唯一有這種感受的人。不過，他到底為什麼（pourquoi diable）沒有針對保守主義者提出批判性探討或是直率抨擊他們，而是採用我們有充分理由稱之為（horresco referens）懷疑的「修辭」這種拐彎抹角的間接方法？[131]

我們不清楚布東為什麼決定正面抨擊赫緒曼。他先前就認為《搖擺不定的參與》太薄弱，所以這次的再度失望也許令他無法承受。阿德爾曼提及嫉妒與憎恨，原因是赫緒曼顯然未能「適當尊崇」並重視布東本身對悖謬效果與意外後果的討論。[132]無論如何，這項衝突明白可見是鬧得沸沸揚揚又毫不客氣。赫緒曼在回應當中寫道：「布東文章的懷恨語調，令我無意迴避論戰。」[133]赫緒曼覺得對方指控他說了他其實沒說過的話，而且更不尋常的是，還指控他沒說他實際上有說的話，於是以同樣強烈的語氣駁斥那些指控。舉例而言，他反駁布東聲稱他未能注意到反動思想與保守主義思想之間的深刻差異這項說法。赫緒曼指出，邁斯特在《反動的修辭》裡被列為也許是悖謬效果論最純粹的代表，而托克維爾則是無效論的代表。赫緒曼接著指出：「這兩項論點的差別在我看來具有根本重要性，」但「布東卻能夠援引一項減輕事由：他看起來並不瞭解這項差別」。[134]

史學家穆勒（Jerry Muller）是學識高深的資本主義與觀念史學者，也是赫緒曼的長期仰慕者。他徹底反對赫緒曼有可能受到欺詐或不誠實的動機所驅使。儘管如此，他也覺得這本書特別令人失望，原因是其中把兩種東西混為一談，一方面是對修辭形式的一項顯然超然客觀的分析，另一方面則是赫緒曼在整本書裡對保守主義立場的抨擊。穆勒尤其感嘆赫緒曼對反動作者的論點所做的呈現，和那些作者實際上的主張之間存在著巨大落差；他寫道，這是這本書「最令人不安的特徵之一」。[135] 穆勒最後指出，赫緒曼的目標如果是要對一項比較溫文儒雅又有建設性的公共辯論有所貢獻，那麼結果顯然並不成功。他寫道，《反動的修辭》「向進步主義者說明他們為什麼完全不必應付保守主義者，甚至是保守主義者為什麼應該被排除於嚴肅的智識辯論之外。……赫緒曼對於『反動分子』的負面心理描述強化了保守主義者背負的汙名，而這點又使得那些自認為是自由主義者的人士更不可能質疑被呈現為具有進步主義色彩的觀點，唯恐自己因此被人稱為保守主義者、新保守主義者，或者反動分子」。[136]

穆勒把這本書的失敗解釋為經濟史學家藍迪斯（David Landes）所謂的「回音室效應」：在這種回饋循環機制當中，個人對於世界的觀感「會藉著完全只和那些與自己懷有相同基本假設的人士溝通，而不斷受到增強」。[137] 從書中的序和致謝內容看來，赫緒曼並沒有和保守主義的同僚或讀者討論過自己的草稿。在《反動的修辭》一開頭，赫緒曼從他在《紐約客》雜誌裡讀到金凱德（Jamaica Kincad）的一則短篇故事當中借用了一句話：「一個人怎麼會變成那樣？」穆勒以令人生不了氣的諷刺語氣指出，「明顯可見的解決方法就是問問對方。」[138]

阿爾伯特．赫緒曼在一九八五年以七十歲之齡從高等研究院退休。他在該院的同事暨好友紀爾茲在退休派對上說道：「不論就個人層面還是學術層面來說，阿爾伯特都是我最要好也是對我影響最大的朋友。」[139] 赫緒曼保有他的辦公室、行政助理，以及一筆豐厚的研究基金，而且如同我們已經看過的，他仍然持續從事研究並發表重要的分析。這些分析作品包括對拉丁美洲與第三世界的經濟與政治發展所寫的幾篇干預文章、幾篇重要的方法論文章、探討民主與公共論述的文章，還有他最後的一本書：《反動的修辭》。其他書籍也陸續出現：包括許多的文集，收錄演說、講座，以及先前發表於期刊的文章；還有一篇原本在義大利出版為一本獨立書籍的長篇訪談。[140]

對高等研究院而言，找人接替赫緒曼可不是一件簡單的工作。紀爾茲、瓦爾澤（他在一九八〇年加入該院）與赫緒曼「把高等研究院打造成詮釋社會科學的殿堂」，而那樣的特殊魔力是不可能複製的。[141]他們終究創立了一個阿爾伯特・赫緒曼經濟學教席，第一位受銜人是馬斯金（Eric S. Maskin；二〇〇〇至二〇一二），然後羅德里克（Dani Rodrik）只接任了短短兩年（二〇一三至二〇一五）。這個教席在二〇一五年之後即處於懸缺狀態，也有可能是已經取消。

退休對於赫緒曼自己而言則是簡單得多，因為「這也正是他打出國際名號的時候」。根據阿德爾曼所言，「很難想像有別的社會科學家能夠在世界上那麼多地區獲得比赫緒曼更多的敬重。」[142]他開始獲取名譽學位以及其他各種榮銜，也被視為諾貝爾經濟學獎的下一位可能得主。阿德爾曼指出，到了一九八〇年代末期，「赫緒曼獲得諾貝爾獎提名的傳言甚囂塵上。」[143]然而，他終究沒有得到諾貝爾獎。阿德爾曼寫道，他為了撰寫赫緒曼的傳記「從事

圖7.2 赫緒曼在法國阿爾卑斯山，一九九一年。提供：Katia Salomon。

長達十年的研究，其間最常出現的就是這個問題」，他也列出了知情人士提出的幾項可能的解釋：赫緒曼雖然備受仰慕也深富影響力，卻沒有建立「學派」；他很少採用數學方法；而且又過於跨越學科領域。[144]另外還可以再添加一項解釋：赫緒曼的仰慕者有可能認為他不是真的有機會獲獎，所以到了提名時刻，他們就把票投給自己的第二或第三選擇，原因是他們認為那個人選可望獲得比較廣泛的支持。[145]換句話說，赫緒曼的潛在支持者選擇了得獎機率比較高的人選，而不是只具得獎可能性的赫緒曼。從這方面來看，赫緒曼未能獲得諾貝爾獎乃是一項自我實現的預言：他的支持者不是像他那樣的「可能主義者」。

赫緒曼夫婦開始更常回到德國，尤其是柏林，因為赫緒曼在他的好友勒佩尼斯（Wolf Lepenies）這位著名社會學家主持的柏林高等研究院是實質上的成員。智利在一九九〇年回歸民主，以及巴西在一九九四年選出卡多索擔任總統，都令他們夫妻大感振奮。此外，他們自從一九七〇年代初期就開始培養出一個習慣，定期到法國探望女兒卡蒂亞與她的先生薩羅蒙（Alain Salomon）。到阿爾卑斯山爬山是他們全家人都熱愛的活動。

一九九六年六月，在一次出遊的時候，赫緒曼不慎跌倒，因為頭部撞到石頭造成腦部血腫，導致他的言語、步履和平衡感都受到影響。阿德爾曼寫道，自此以後，「他的健康狀況就無可避免地持續惡化，不只聽力和言語衰退、寫字變得極度困難，而且也無法傳達感受或表情。」[146]他的女兒麗莎是加州的傑出心理學家，她在一九九九年五十二歲時死於腦瘤，更對赫緒曼造成沉重打擊。阿德爾曼憶述指出，到了二〇〇〇年代初期，赫緒曼仍然神智清明，但已不太能夠讀寫，不過他倒是開始畫畫。

阿爾伯特．赫緒曼又活了許多年，但愈來愈與世隔絕。莎拉比他先走一步，在二〇一二年一月死於癌症，赫緒曼則在二〇一二年十二月十日追隨她而去。

第八章

赫緒曼對後世的影響

赫緒曼在二〇一二年十二月以九十七歲高齡去世，被頌讚為二十世紀其中一位最重要的社會科學家。他的直覺以及他所形塑的概念，都在許久以前就已進入許多學術領域的標準語彙當中。「赫緒曼離去，」《經濟學人》寫道，「離去」（exit）一詞同時向赫緒曼其人以及他所留下的影響致敬。他的思想獨立性以及原創性廣獲所有人稱許；他被描述為一位「水平思考者」、「不尋常的思想家」，以及「離經叛道」。[1]實際上，他之所以會獲得這些稱號，是因為幾項優美的突破性分析，以及不尋常的書寫風格（如同《經濟學人》以俏皮的言詞指出的：「赫緒曼先生以他的第三語言寫作，還勝過大多數經濟學家以母語所寫的作品。」不過，英文其實是他的第四或第五語言）；但他為此付出的代價，則是冒了在職業上遭到邊緣化的風險（而且這樣的風險有時也會成真）。[2]然而，他卻在自己的職業當中攀上巔峰，成為普林斯頓高等研究院的教職員，全體同事與學生都認為他獨樹一格。二〇〇七年，位於美國的社會科學研究理事會設立了該會的最高榮譽：阿爾伯特．赫緒曼獎。

赫緒曼的重要性雖然獲得幾乎所有人的一致認同，但要描述他的遺緒以及對他人的影響卻並不容易：也許正是因為他確實獨樹一格。許多人都指出過，他對新觀點的追尋極為兼容並蓄，因而沒有任何可以辨認的學派從他那邊發展出來（儘管他有許多的「同行者」。簡單舉幾個例子，像是林布隆、伯頓．克萊因〔Burton Klein〕、滕德勒、斯特里頓，以及舍恩〔Donald Schön〕）。如同麥弗森（Michael McPherson）針對赫緒曼的「方法」所寫的一篇優美文章指出的，這點並不令人意外：「一個學派的主要學說如果是要找出這個學派當中各學說所忽略的東西，將如同無政府主義者大會。」[3] 我們也可以進一步仿效馬克思所說的話，指稱真正的赫緒曼主義者絕不可能想要加入一個會接納自己為成員的學派。[4]

儘管如此，我們還是有可能提出幾項觀察，包括針對赫緒曼的研究與方法，以及他對社會科學思想的發展所造成的影響，有助於理解他的遺緒有多麼龐大。

第一點，同時也是最簡單的一點，就是赫緒曼對於既有處方以及標準解釋的抗拒。這不表示他必然喜愛「唱反調」，號稱自己的頭腦比別人更清楚。他經常只是單純不讓自己捲入辯論當中，而依循自己的理路。我們先前已經根據阿德爾曼所言而提及一個例子，也就是赫緒曼對於凱因斯學派與正統經濟學家在一九三六年於倫敦發生的爭執絲毫不感興趣。不過，我們在赫緒曼對二戰之後的歐洲貨幣政策所進行的分析當中也強調了這一點，並提議一項與阿德爾曼不盡相同的解讀。在這裡，赫緒曼不純粹只是對於像是法國的季德（Charles Gide）或者義大利的伊諾第那樣的通貨緊縮經濟學者所採取的正統立場抱持異議。相反的，他贊同那些政策，並且認為那些政策相當有用，前提是能夠依照情勢檢討那些政策：也就是說，會為了因應特定狀況而調整特定政策，並且注定會在一定時間之後改變。

換句話說，赫緒曼其實不是離經叛道，只是如他對自己的界定那樣，經常扮演「異議者」的角色而已。當然，這點在實務上也表示經常與當下的正統思想意見不一致。赫緒曼反對的正統思想，其首要特性就是一種靜態性質，傾向於「利用相同的處方與相同的療法解決各式各樣的不同問題；從不承認複雜性的存在，總是試圖盡可能降低複雜性，同時又忽略事情在實際上總是會比較複雜的事實」。[5]

基於同樣的理路，赫緒曼認為一九五〇年代成形中的發展經濟學新領域是對主流經濟學的直接且離經叛道的挑戰。不過，如同我們在第三章看過的，他也提及這種離經叛道的觀點逐漸成為新的正統。赫緒曼繼而對主流經濟學的離經叛道挑戰者抱持異議。

證明哈姆雷特的錯誤

年老的赫緒曼回憶了自己許多年前的迷惘，當時他才十二或十三歲，而父親說自己無法明確回答他剛提出的一個問題。阿爾伯特於是跑去找姊姊，向她告知自己得到的這項無法解釋的發現，亦即他們父親竟然沒有「Weltanschauung」（世界觀）。[6] 赫緒曼之所以在那麼多年後仍然記得這一小句不是特別高明的評語，原因如他自己所寫，他從小受到的德國教養促使他認為擁有一套全面性的世界觀極為重要。[7] 然而，在青少年時期以及二十歲出頭那段期間，他經歷的許多事件導致他喪失了早年的那種確定性。實際上，懷疑成為他看待世界的根本元素。

在這方面對赫緒曼影響尤其大的一個人，就是他的姊夫暨好友科洛尼。如同赫緒曼所寫，科洛尼和他的朋友都是「堅定的反法西斯主義者。然而，他們卻沒有僵固奉行任何意識形態，也完全不會聲稱自己對於當時的經濟、社會與政治議題擁有一切的答案。此外，這種狀況看起來也沒有特別令他們感到難過或者困擾」。[8] 比赫緒曼年長六歲的科洛尼，「似乎……培養了一種智識風格，也就是除了自己的懷疑之外不把任何事物視為理所當然，而且對此樂在其中。」[9]

羅希多利亞也注意到他性情中的這個面向。在寫給妻子的一封信裡，羅希多利亞強調科洛尼如何「捨棄了……一切僵固的思想結構」。[10] 阿爾伯特的姊姊烏蘇拉同樣記得科洛尼的智識自由。烏蘇拉和自己的弟弟不一樣，她在巴黎曾有一小段時間加入共產黨，對正統觀點的同志從意識形態的確定性當中獲得的力量深感著迷。不過，她在科洛尼身上看到一種解放性的能量：「我愛上了他看待各種禁忌那種歡樂又玩世不恭的方法，以及他把文化的自由完全帶進政治問題當中的做法。他在政治上的投入並沒有因此降低，反倒更加深入，雖然缺少教條上的確定性，卻增添了更多的活力和想像力。」[11]

這種智識開放性與投入反法西斯政治運動之間的「緊密關聯」，對赫緒曼造成了深刻影響。他巧妙地指出，科洛尼和他的朋友似乎立志「證明哈姆雷特的錯誤：他們執意要證明懷疑可以**激發**行動，而不是削弱以及阻礙行動」。[12]

赫緒曼對科洛尼態度的回憶，以及赫緒曼對自己的研究提出的評價，在很大的程度上可以畫上等號。看看他職業生涯中的各個不同階段，包括在一九三〇年代晚期以年輕的「自由研究者」身分旅居義大利與法國、在柏克萊的博士後研究、在戰後任職於聯準會、一九五〇年代期間在哥倫比亞，以及後續在學術界從事的工作，即可輕易看出懷疑的概念是貫穿其中的主題。他的寫作也是如此。如同麥弗森所說，赫緒曼的著作同時具備「統一性與多元性」。我們已經見過赫緒曼的著作如何展現出各式各樣的主題以及不同的論證結構。但麥弗森指出，赫緒曼所有的書寫都帶有「一種高度獨特而且幾乎不會錯認的思想風格」。[13] 麥弗森把這種獨特風格界定為赫緒曼著作中的「對位」或「反應」性質：也就是他傾向於找尋學門主要思想所忽略的事物，「而發掘這件事物所揭露的現實具有的隱藏特徵」。[14]

此一說法儘管真實無虛，對於赫緒曼的「風格」卻是一項過度狹隘的定義。赫緒曼不認同這個說法，但不得不承認自己「經常有一種反應，也許接近於反射……屬於『不必然是這樣』的類型」。[15]不過，這仍然是一項有用的定義，強調了抱持懷疑的心智會有的主要症狀，對於任何受到高度頌揚與敬重的理論命題顯然帶有的穩固性不感滿足，並且滿心好奇想要探索更廣泛的領域以及別人沒有走過的道路。

證明哈姆雷特錯誤的這項想法很重要，因為這個想法不只描述赫緒曼的懷疑態度，也描述了他的一種傾向，就是使用懷疑所開啟的新空間來闡述理論，能夠以比主流論點更真實也更洞明世事的方式解釋社會變革的過程，並且想像出改革道路與執行步驟，邁向「標準」理論未能看出的那種更令人滿意的社會相互關係安排。一如科洛尼，赫緒曼也認為懷疑不是一股促成空泛與癱瘓的力量，而是投身行動的基礎。

動盪時期的政治

換句話說，對赫緒曼而言，證明哈姆雷特是錯的，就是他深具改革主義色彩的信念所奠基的想法。如同赫緒曼思索科洛尼以及他那些反法西斯主義的朋友所抱持的態度而寫下的：「這種把參與公共事務和智識的開放性結合起來的做法，在我看來是民主政治最理想的個體基礎。」[16]

舉例而言，在一九八〇年代晚期，有幾位民主理論家強調**審議**對於民主的適當運作具有的根本重要性。如同赫緒曼所主張，「一個民主政體如果要運作良好並且長久持續，那麼……意見就絕對**不能**在審議過程**之前**完全成形。」[17] 因此，審議過程的參與者對於自己的意見應當保持一定程度的猶豫，並且對那些意見可能會在獲得新資訊之後受到修正抱持開放的態度。總而言之，他們應該以開放的心胸接納懷疑。

赫緒曼主張指出，這種態度不同於我們通常把擁有完善意見視為相當重要的文化。形成強烈的意見也許有助於強化個人自信以及獲取社會認可，但是在社會層次上卻會帶來可能具有危險性的副作用，也就是削弱審議過程這項民主程序的核心支柱。赫緒曼因此總結指出：「振振有詞地主張個人特色、性格與身分認同具有多少好處的那些社會科學家與心理學家，也許應該探究如何把這些引人嚮往的性質和各種民主特質結合起來，包括智識開放性、彈性，以及欣賞新論點的意願，甚至是樂於接納新論點。」[18]

赫緒曼的著作雖然提出了各式各樣的論點，也採用了各種不同方法（包括《邁向進步之旅》當中深植於歷史的分析，乃至《叛離、抗議與忠誠》當中比較抽象的討論方式），但他聚焦於決策過程的觀點卻是奠基在這種對於開明審議、廣泛參與以及智識開放性所懷有的願景之上，這種願景也深植於他的思想當中。我們可以把赫緒曼一生的智識進程總結為一項嘗試，就是試圖理解審議性決策過程以及設法找出並且啟動能夠促成這種過程的社會資源。

赫緒曼對於可能主義概念的強調，堪稱是他對自己的貢獻提出的最明確陳述，說明了他認為自己對於作為改革主義行動的審議過程，還有將其視為社會科學加以研究所做的貢獻。赫緒曼指出，大多數的社會科學家都聚焦於解釋社會動態的規律性，這也確實明白可見是一項重要的工作。不過，赫緒曼強調另一種相反的努力：「凸顯人類冒險精神的多元性以及創意混亂狀態，呈現出一種特定現象的獨特性，並且察覺到歷史轉型的全新方式。」[19] 這點看來尤其可望能夠對社會變革的過程提出解釋，因為他接著指出，除非出現「新穎、創意而且獨特的做法」，否則大規模的社會變革不可能發生。首先，如果社會動態的所有元素都已為人所知，反動勢力就可以輕易預見這些元素而加以遏制。第二，他寫道：「激進改革者如果要產生達成改變所需的非凡社會能量，就必須振奮不已地意識到自己正在為人類歷史書寫全新的一頁。」[20]

這段文字不只是一項注解，說明赫緒曼「對於可能性的熱愛」（這句話出自十九世紀丹麥哲學家齊克果（Søren Kierkegaard），赫緒曼在一九四四年於義大利閱讀了他的作品），而是實際上顯示了赫緒曼為社會與政治行動的源頭賦予的中心地位。即便是赫緒曼看似最天真的政策提議（例如第五章討論過的成立泛美撤資公司以及重整外援政策的計畫），也都是一種嘗試，企圖把看起來可能對政治行為者造成過度束縛的社會政治現實降低重要性。如他所言：

這種不可知論的原因是……觀察到決策者在若干可以想見的歷史組合當中受到的束縛，比在「正常」時期還要來得更加寬鬆。此外，這類組合要真正產生改變的一個重要條件，就是「激進改革」想法必須預先存在並且受到討論（接著當然是遭到嗤之以鼻），而能夠在事情突然變得不再正常之時隨即受到採用。[21]

再一次，赫緒曼顯示了他經常使用的分析工具，諸如意外的好處（或者壞處）這種概念、認知失調（根據這種說法，信念與態度的變化不必然是社會變革的前提要件，有可能是跟隨在社會變革之後才出現），以及人類行為的意外後果，全都有助於擺脫社會動態當中的可預測性和規律性這種桎梏，而偏好「一種看待社會世界的方式，強調獨特性、出乎意料的事物以及可能發生的事物，而不是一般性、意料之中的事物以及發生機率高的事物」。[22]

這種想法在赫緒曼的思想當中具有很深的根源。早在閱讀齊克果之前，赫緒曼就知道了梵樂希，並且相當欣賞他的一句格言，指稱和平在民族國家凶悍的權力政治之前脆弱不已。如同我們在第二章看過的，赫緒曼在《國家權力和對外貿易的結構》當中引用了梵樂希的這句話：「和平是一項實質的、靜默的而且持續不斷的勝利，由可能的力量壓制對發生機率高的事物的愛好。」[23]

赫緒曼比較關注可能發生的事情而不是發生機率高的事情，比較關注情勢而不是結構，又是他另一項根深柢固的偏好背後的基礎，也是他的認知風格當中的一項根本元素：這種認知風格就是歷史的重要性。與第二次世界大戰之後成形的社會分析標準恰恰相反，他認為研究歷史對於理解社會變革而言是一個極度豐富而又無可避免的泉源。我們在本書已多次凸顯過這一點，最明確的也許是在我們對《邁向進步之旅》還有《發展專案觀察報告》的討論當中：這兩部研究著作的認識論基礎就是政策辯論與發展專案數十年來的歷史進程。這種對歷史的關注不只是一九六〇年代初期特有的方法論偏好，而是深度影響了赫緒曼的分析風格。赫緒曼強調他對於「行為者自主性的高度尊重」。如他所言，「社會事件的發展……導致預測極度困難，也促成歷史特有的那種結局不確定性，從而令著迷於典範的社會科學家絕望不已。」[24]

他所謂的「歷史上許多原本有可能發生的事情」，是人類行為的基本不可預測性要維持開放的必要元素。[25]舉例而言，在一九八九年的東歐革命之後，赫緒曼指出「沒有人預見那些革命的發生」。冷戰的結束令專家、政治人物以及尋常百姓都大感意外，顯示「在預言人類社會的未來之時，必須懷著最深沉的謙卑」。[26]實際上，「歷史的創新性」正是赫緒曼「對於可能性的熱愛」所奠立其上的基礎。[27]

如同我們在本書一再看到的，赫緒曼對於發展經濟學與社會科學的各項貢獻成功程度不一。如果說關聯以及叛離—抗議的二分受到學術社群立即採用，那麼隱藏之手就令許多人感到困惑，並且遭到嚴厲批評。像是撤資公司這樣的政策提議，更是實質上遭到置之不理。赫緒曼的方法論立場，也就是他的「可能主義」，似乎也遭遇同樣的命運。[28]不過，他在歷史與社會科學方面的理念，在近來卻比他的其他洞見都更具啟發效果。近期出版的兩本非常不一樣的書籍，顯示了赫緒曼的可能主義如何不只是建立在跨學科的基礎上，而且還受到不同的研究採用為核心的方法論立場：可以說是不同學科一致認同的一項統一觀點。

在二〇一七年一部針對全球金融危機如何在國際金融體系的若干面向造成初步斷裂的開創性分析著作當中，國際政治經濟學家艾琳．格拉貝爾（Ilene Grabel）聲稱「我們當今正置身於一個赫緒曼式的時刻」：也就是說，當今這段時期出現了全球金融治理的基本紊亂現象（儘管頗具生產力）。[29]此外，她又接著指出，赫緒曼式時刻的另一個特徵是，不穩定而且持續演變的制度情勢雖然可能帶有危險性，卻也提供了意料之外的改變可能性，並且讓新興市場有機會在全球金融治理領域當中參與觀念、政策與制度上的實驗。如同格拉貝爾所言：「新興的赫緒曼式世界是一個宜居的美好世界，遠比完全一致的體系更適合發展。」[30]

格拉貝爾以赫緒曼式的傳統創造了一個新的矛盾修辭，把自己的「具有生產力的紊亂論點」呈現為對一項「新興組合」（這是赫緒曼相當喜愛的一個用語）的分析：這項組合當中的金融治理制度與政策都帶有「反覆無常、互相矛盾、多餘、趕鴨子上架而且又貧弱」的變化，對於制度情勢的動盪也只有「試探性」的反應。不過，這種紊亂是「受到歡迎的動盪，能夠讓人擺脫整體化的觀點」，因為「許多新興市場與開發中經濟體在一個世代以來首度擺脫了由具有支配性的理論正統所加諸的束縛，以及其所開立的狹隘處方，包括適切的制度形式以及政策實踐」。[31] 在世事沒有崩解的情況下（格拉貝爾為她的書取了這個貼切的書名），具有創意的改革主義政策就會獲得新的空間。[32]

同樣在二〇一七年，政治學家凱瑟琳．希金克（Kathryn Sikkink）出版了《希望的證據》（*Evidence for Hope*）這本書，探討二十一世紀的人權。希金克指出，當前人權論述的主調是悲觀。政府、學者、一般大眾乃至人權運動者似乎全都一致認為人權已然失敗，要不是招致了正當性危機（爭取人權是錯誤的戰役，因為這項戰役沒有解決不平等的問題，甚至還更糟糕，亦即人權在強調個人的情況下，成為新自由主義崛起的一大助力），就是證明缺乏效果。不過，希金克認為這樣的悲觀不但不準確（人權**確實**有所進步），而且也沒有幫助。「我比其他人更抱持希望，」她寫道，明確指涉了赫緒曼的可能主義。[33]

如同赫緒曼，希金克不只把大量注意力投注在依據事實駁斥那些比較悲觀的同僚，也投注在討論他們的意識形態態度。希金克主張指出，如果說人權其實有所進展（儘管不是在所有地方以及所有方面都是如此），但世人卻廣泛認為人權侵害狀況愈來愈糟，這是因為學者和社運人士對於理想目標和真實成就做了錯誤的比較。[34] 強調有限的成就和不受限的理想之間的落差，在希金克眼中看來是一種意識形態上的錯誤，就像赫緒曼描述拉丁美洲知識分子的那種典型特徵：失敗情結。失敗情結不只是對憂鬱的知識分子提出的巧妙描述，同時也是一項有用的概念，有助於理解改革者面對的困難。舉例而言，希金克引用一位南非法官的話：「一名學者提出了什麼都沒有效果的批評，結果那些想要逃避罪責的人就承接了這個說法。」[35]

社會分析的目標如果不只是要提供「中立」意見，而且還要為決策、改革以及社會行動建立更堅實的基礎，如同赫緒曼終其一生展現出來的那樣，那麼顯然就不能把道德排除於社會科學之外。價值觀不只是在所謂的科學分析完成之後才會介入，而是會影響研究問題、方法論、各式各樣的命題，甚至是風格要素。這點不該過度簡化。由於赫緒曼長久以來相當熟悉自己偏好的現代時期哲學家的作品，因此他很清楚現代社會科學乃是誕生自道德省思與政治分析的分家。

赫緒曼在一九八〇年寫道，現代社會科學「在相當程度上是產生自企圖把自己從傳統道德教誨**解放**出來的過程當中」。[36] 如同他早已在《激情與利益》當中指出的，朝著這個方向邁出的一個關鍵步伐來自馬基維利，因為他宣稱自己書寫的是真實存在的政治制度，而不是由道德準則所規制的想像國家。十七世紀的巴斯卡與十八世紀的孟德斯鳩也都強調指出，以道德、理性與正義論點探討政治是無用的做法。馬克思同樣認為道德論述太薄弱，比不上他的科學社會主義以科學方法證明歷史定律。儘管這也許是他最缺乏可信度的面向，但也因此更具說服力：「基本上，馬克思用難以解釋的方法把這些『冰冷』的科學命題和『熱烈』的道德憤慨混合在一起。他的作品之所以會在一個沉迷於科學又缺乏道德價值觀的時代具有那麼非凡的吸引力（不論當時還是現在都是如此），也許就是因為這個古怪的混合體，連同其中一切沒有化解的內在緊張關係。」[37]

赫緒曼看到現代時期的歐洲思想史當中，努力把「應然」與「實然」區分開來的重要性。實際上，他探討道德與社會科學的作品（內容主要聚焦於道德與經濟學）針對把這兩個層次結合起來的困難提出了許多思索。如同一句法國諺語所說：「懷著美麗的情感會寫出拙劣的文學。」[38]不過，赫緒曼也贊同十六到十八世紀的那些現代思想家欠缺僵固區隔的特性，而且頗具揭露性的是，那些思想家都被稱作道德哲學家。此外，到了二十世紀的最後二十五年間，道德在對市場行為的解釋當中具有無可避免的角色，這點受到愈來愈多的研究著作探討（例如梭羅〔Robert M. Solow〕對勞動市場以及「適當行為原則」在薪資協商當中為勞工扮演的角色進行的研究）。[39]道德重新進入社會科學當中，這個發展雖然顯得猶疑而零散，卻是無可否認。赫緒曼寫道，道德「在我們的研究當中具有中心地位」。[40]他希望道德與社會科學重新整合的那些初期案例能夠成長為一場強大的運動。

> 如此一來，我們即有可能想像未來出現一種社會科學，和我們大多數人實踐的這種社會科學非常不一樣：一種道德社會科學，道德考量在其中不會受到壓抑或者被排除在外，而是系統性地和分析性論證混合在一起……；從說教轉換到證明、再從證明轉換到說教的過程會經常出現，而且是輕而易舉；此外，道德考量也不再必須以偷偷摸摸的方式偷渡，或是在無意識的情況下表達，而是以公開並且吸引人的方式展現出來。[41]

赫緒曼在文章的最後改寫了凱因斯的一句話，宣稱這就是他「為我們的兒孫輩所夢想的社會科學」。[42]

發展經濟學的重生

赫緒曼在柏克萊與聯準會針對歐洲經濟體以及國際經濟關係從事了那些早期的研究之後，他第一個專精的重大領域是發展經濟學。發展問題是他在後續十年裡出版的三本重要著作以及他學術生涯裡許多重要文章的基礎。即便在他深入探究其他議題的時候（例如資本主義的意識形態或是民主政體與民主辯論的轉型），赫緒曼也從來不曾捨棄發展問題。他那些努力在當今還留下多少，需要稍加闡述，因為我們必須討論他在兩個方面留下的影響，一方面是他的智識計畫（亦即他對發展經濟學抱持的願景），另一方面是他對特定發展問題做出的具體貢獻，包括內容與方法論上的貢獻。且讓我們先來分析赫緒曼在發展經濟學當中的智識計畫。

赫緒曼一度把發展經濟學定義為抱持兩大立場：「反對**單一經濟學論點**而肯定**互惠論點**。」[43] 第一種立場是指低度發展國家的經濟在根本上不同於先進工業國家的經濟，所以「聚焦於工業國家的傳統經濟分析一旦套用在低度發展國家，就必須重塑其中的重要面向」。[44] 換句話說，發展經濟學家反對只要單獨一套理論體系就足以用來分析已開發經濟體以及開發程度較低的經濟體這種觀念。至於第二種立場，則是指兩個群體之間的經濟關係能夠以特定方式形塑成對雙方都有利；那些關係不必然有利，但沒有排除互惠互利。這兩種論點受到的反對或肯定構成四種組合，而針對研究低度發展國家的發展採用的主要理論方式描述了「一套完整的類型」（表八．一）。[45]

正統經濟學肯定這兩種論點：也就是一套能夠同時處理已開發與低度發展國家的理論體系，以及假設這兩種國家都可受益的一項國際經濟關係理論。正統立場尤其主張「經濟學由若干簡單但『強大』的普遍有效性定理構成：所以只有一種經濟學（『正如物理學也只有一

表 8.1 發展理論類型

		單一經濟學論點	
		肯定	**反對**
互惠論點	**肯定**	正統經濟學	發展經濟學
	反對	馬克思？	新馬克思主義理論

來源：Hirschman 1981b, 3.

種』)」。[46]

馬克思後面的那個問號顯示要把他局限在一個框架裡有多麼困難，這點可見於他對落後區域遭到資本主義區域劫掠的描述（對互惠論點的反駁），以及他對英國資本主義在印度扮演的客觀進步角色所抱持的觀點（對互惠論點的肯定）。不過，赫緒曼這項分析帶來的一項出人意料的結果，就是把他所界定的新馬克思主義理論（亦即結構主義與依賴理論）排除於發展經濟學的界線之外。這的確是對這門學科非常狹隘的定義，而且也很難令人認同。不過，我們如果檢視這些分析命題背後的政治立場，就可以解釋赫緒曼的論點。

赫緒曼的觀點向來深具改革主義色彩。對於自己在一九六三年出版的《邁向進步之旅》這部研究拉丁美洲決策行為的著作，他將其定義為一種「兜售改革手冊」，不只是一件反對保守主義右翼政策的工具，而且更重要的是，這本書也和那些年的革命精神所產生的大量「教導革命、政變與游擊戰技術的手冊直接競爭」。[47]

因此，赫緒曼看待發展經濟學的觀點符合他的改革主義態度：亦即發展經濟學的目標在於追尋能夠促進發展的壓力機制、投資程序，以及決策過程，不論那樣的發展有多麼混亂。在赫緒曼看來，革命觀點是對這種努力的否定。他對發展機制的研究如果是為了瞭解一件事物如何引致另一件事物，那麼革命的概念在這方面無話可說，因為革命只是單純承諾掃除錯誤的社會經濟結構，代之以另一套正確的結構。實際上，赫緒曼和許多結構主義學者採取相同的分析方式，並且深深尊敬依賴理論的許多創立者以及他們的著作。不過，他也假定許多分析的革命主旨和其分析力量的愈發萎縮具有互相對應的關係。一個例子是法蘭克，他豐富的歷史分析不論在深度還是說服力方面，都遠遠勝過他探討革命的論文當中那些比較概略的分析。[48]

事後回顧起來，赫緒曼想要把發展經濟學形塑成在理論上明顯不同於正統經濟學的這項智識計畫已然徹底失敗。從一九七〇年代開始，發展經濟學就逐漸喪失其作為一項獨特理論建構的地位，而成為新古典經濟學愈來愈廣的涵蓋範圍底下的眾多應用領域之一。如同巴克豪斯（Roger Backhouse）與貝亞翠絲．謝里耶（Béatrice Cherrier）以深具說服力的方式指出的，經濟學幾乎所有的次學門都有這種向心性的現象，也就是在理論上愈來愈同質化，同時又由於是同一套理論制度的應用性次領域而保有自己的特色。發展經濟學就是如此。[49]

只要稍微看看一九八〇年代以來的發展經濟學教科書，就可以明白看出這種採用新古典經濟學方法的趨勢。舉例而言，一九八三年的《發展經濟學》(*Economics of Development*)指出：「本書大量運用古典與新古典經濟學的理論工具，原因是我們認為這些工具非常有助於我們理解發展問題以及其解決方式。」[50]一九九〇年代中期，阿根諾(Pierre-Richard Agénor)與蒙蒂爾(Peter J. Montiel)在《發展總體經濟學》(*Development Macroeconomics*)的引言裡指稱他們把「標準總體經濟分析」套用在開發中國家的狀況上；而多恩布希(Rudiger Dornbusch)則主張，「從某些深層面向來看，所有地方的問題都差不多一樣」，而且「『這個國家不一樣』的這種口號」只不過是「一種惡棍的請求，目的在於保護過時的詮釋或者政治化的政策建議免於外來的智識競爭」。[51]

二〇〇七年，羅德里克出版了《一種經濟學，多種配方》(*One Economics, Many Recipes*)，如同他在一個小標為「某種信條」的段落當中所說，這本書「完全立基在新古典經濟分析之上」。[52]從這本書的書名開始，羅德里克似乎就直接指涉了赫緒曼提及的單一經濟學論點。就這個意義上而言，社會科學研究理事會把二〇〇七年設立的第一屆阿爾伯特・赫緒曼獎(先前提過，這是該會的最高榮譽)頒給羅德里克，看起來可能頗為諷刺。

不過，這項決定實際上卻是完全合理，因為羅德里克的著作其實具有鮮明的赫緒曼式色彩。我們如果把關注焦點從發展經濟學的智識計畫(赫緒曼雖然對此念茲在茲，但其成敗畢竟取決於許多截然不同的因素)轉向赫緒曼的發展觀點當中的其他面向(也就是他的改革主義態度與方法論），那麼這兩者之間的關聯即明白可見。赫緒曼與羅德里克對於發展經濟學該不該是一個獨立的學門（以及是不是真的只有「一種」經濟理論）雖然表達了不同看法，但他們在重要的方法論問題上卻展現了非凡的近似性。

舉例而言，赫緒曼致力於理解決策在實務上的運作方式，也是羅德里克探討發展議題與國際政治經濟的著作當中的核心特色。如前所述，羅德里克在他的理論信條當中提到他的分析和多數共識之間的許多差異：「我如果經常偏離『主流』經濟學家在發展政策方面達成的共識，那麼原因不是我使用了不同的分析形式，而是我對證據採取不同的解讀，也對開發中國家的『政治經濟』抱持不同的評價。」[53] 如果再加上羅德里克向來賦予深度歷史分析的重要性，認為唯有如此才能瞭解社會與經濟變革如何發生於特定情境當中，那麼我們便可開始看出赫緒曼與羅德里克的觀點具有的深層一致性。[54]

在不少干預措施當中，羅德里克強調了發展研究如何愈來愈以診斷為務，而不是進行推測，只聚焦於對哪些做法有效以及哪些做法無效的詳細研究，而無意提出全面性的解釋。他也強調了依情境而異的分析具有的重要性，並且聚焦於在特定情形下阻礙成長的瓶頸與束縛，還有監督與評估的重要性、對於「最佳實踐」或普世藥方抱持的懷疑，以及強調目標相對狹隘的選擇性改革：就像他說的，「擊中正確的目標，而不是同時什麼都做。」[55]

隨著羅德里克這類更洞悉世情的探究觀點所產生的重要性，赫緒曼在發展經濟學當中留下的影響也持續增長，而且更甚於一九八〇與九〇年代（也就是主流的新自由主義華盛頓共識盛行的那段時期），當時認為赫緒曼的發展研究與實務沒有太大關聯。[56]

赫緒曼受到的關注雖然如此擺盪不定，但其中一個例外也許是他對拉丁美洲發展問題的研究受到的重視。這方面的文獻極為龐大，並且把赫緒曼視為必要的參考來源，不論是為了從歷史角度檢視拉丁美洲的發展政策，還是為了對這個區域當前的發展策略提出新想法。歷史分析有一個特別詳盡記載的例子，就是赫緒曼與歐唐奈在一九七〇年代下半於所謂的發展國家時代這個大脈絡當中針對拉丁美洲的官僚威權國家理論進行辯論。[57] 費拉洛（Augustin Ferraro）與森特諾（Miguel Centeno）近來從那項分析當中得出一項和普遍看法相反的結論，指稱拉丁美洲的發展型國家其實相當成功，而那些國家之所以會陷入危機，乃是因為其「政策風格愈來愈趨恣意獨斷、捉摸不定而且威權專制」。[58] 如同費拉洛與森特諾指出的，這項歷史分析對於拉丁美洲國家未來數十年的制度發展可能會產生重要影響。新發展思維的一個例子，就是美洲開發銀行主辦的論壇，藉此提供機會為拉丁美洲的發展策略激發新點子，而其探討起點就是赫緒曼的研究。另外還有一場比較近期的論壇，探討主題是赫緒曼為拉丁美洲從事的工作（尤其是哥倫比亞）所具有的重要性，這場論壇就是由安地斯大學（Universidad de los Andes）與位於波哥大的哥倫比亞中央銀行合辦的研討會，由烏魯蒂亞（Miguel Urrutia）、奧坎波（José Antonio Ocampo）以及其他人發表演說。[59]

埃勒曼（David Ellerman）對世界銀行的發展援助政策提出的分析，把赫緒曼的評論延伸到拉丁美洲以外。埃勒曼的著作討論不平衡成長理論背後的認知假設，將其解讀為一項在一種充滿不確定性以及廣泛缺乏資訊的情境下從事的學習過程。他指出，如果這是發展組織面對的典型狀況，那麼像是賽門的有限理性、林布隆把決策分析為一種努力因應的方式，以及舍恩的分散式社會學習理論這類認識論觀點，就應該和赫緒曼的觀點共同運用，而對發展融資與決策採取比較務實的做法。[60]但值得注意的是，埃勒曼也提到大型組織的發展實踐難以改變，因此赫緒曼的願景仍然只有邊緣的地位。如他所言，「語言的改變比實質的改變還要多。」[61]

不過，赫緒曼的部分發展概念卻出現相反的情形。舉例而言，關聯的概念獲得廣大成功，並受到大量文獻採用。另一方面，這項概念也受到改動及擴大，包含了比赫緒曼原本在《經濟發展策略》當中設想的還要更加廣泛的各種現象。在這種案例當中，語言維持不變；至於實質內容，也許沒有完全改變，但無疑有所成長。[62]

一項新穎的社會科學

赫緒曼對於跨越學科界線的興趣，從他的第一本書便相當清楚。一九七〇年代初期，當時仍然新穎而且蓬勃發展的國際政治經濟學領域就有兩名創立者感嘆指出，國際研究當中的政治分析與經濟分析總是冥頑不靈地彼此分立，而且這樣的分立毫無任何邏輯可言：

指稱國際政治與國際經濟具有密切關係的說法尋常可見，而且針對其中任一者的深度分析必然也需要對兩者都有些理解。儘管如此，卻極少有作者實際上把這兩者連結起來。經濟學家傾向於假設政治結構、徹底忽略政治，頂多是企圖利用高度簡化的政治概念來分析政治對經濟過程的影響。政治學家在學科上的視野狹隘更是嚴重。國際政治的大多數職業學者對於國際經濟所知都相當有限。一般而言，政治分析者就像三度空間井字棋的新手玩家，雖然在形式上認知權力的經濟層面，實際上卻還是臣服於向來的習慣，只在熟悉的軍事外交層面上玩這個遊戲。[63]

早在三十年前，赫緒曼就以《國家權力和對外貿易的結構》彌合了這項分歧。在這本書出版的幾個月前，康德里夫談及赫緒曼及其同僚所抱持的精神：也許在第二次世界大戰之前的世界裡，「權力平衡與國際收支平衡」是思想與行動這兩個各自分立的領域當中的支配概念；但我們必須體認到，在第二次世界大戰之後，已經「不可能……再回到這種國際經濟與國際政治分立的狀態」。[64]

值得注意的是，康德里夫指稱赫緒曼及其同僚之所以比較容易採取跨學科的態度，可能是奠基在一種歐陸特有的心態上。在漫長的十九世紀期間，英語國家的外交實踐主要都是奠基在自由放任的哲學之上，致力於把政府對於經濟事務的干預降到最低。貿易雖然從來不曾完全與國家政策脫鉤，但值得一提的是，外交部與國務院卻都沒有任何經濟人員。

不過，歐洲大陸的狀況卻是不同。在歐陸各國的國內和國外政策當中，經濟與政治的分立從來都不是那麼明確。策略元素在經濟規畫與國際經濟關係當中總是相當重要，而作為英國經濟實力基礎的多邊貿易體系則持續擴張。康德里夫指出：「歐洲的權力平衡雖然明顯正在變動，國際收支平衡則持續受到國際金本位制度的貨幣機制所調節，」但當時只有少數人注意到這一點。[65]

那些早期的思考與學術經驗對赫緒曼而言無疑相當重要，因為有幸生活在學科壁壘造成大學體系僵固之前那個時代的他，總是像現代時期的道德哲學家那樣不斷游移於不同的學科領域之間。在《國家權力和對外貿易的結構》裡，跨越學科界線使他能夠以一種新穎的方式探討國際貿易的政治層面；在發展三部曲當中，跨越學科界線的做法藉由人類學文獻的協助而對個人與社會晉升的不同方式開啟了新觀點（在《經濟發展策略》當中，必須歸功於莎拉的必要貢獻），還有發展策略的政策層面（《邁向進步之旅》）以及在專案管理當中提出認識論上的不確定性（《發展專案觀察報告》）也都是如此。在〈反簡約：將部分類別的經濟論述加以複雜化的三個簡易方法〉（Against Parsimony: Three Easy Ways of Complicating Some Categories of Economic Discourse）這篇標題明確的一九八四年文章裡，赫緒曼重新檢視了他在兩年前於《搖擺不定的參與》當中提出的若干想法，例如後設偏好的概念。原本在哲學領域討論的後設偏好概念，展現了標準經濟理論的部分重要限制。赫緒曼首先指出，顯示性偏好以及理性行為者這類標準經濟學概念導致我們不可能嚴肅探討價值觀如何形塑以及改變人類行動：價值觀造成的影響，和西洋梨與蘋果之間的選擇這種簡單偏好的改變並不相同。第二，在政策層次上，把價值觀視如簡單偏好可能會導致我們對若干集體問題（例如汙染）提出缺乏效率的解決方法。赫緒曼指出，比起像是提高工業家汙染成本的行動，法律會在更深的層次上形塑價值觀以及影響集體行為，原因是只著眼於需求面的行動，造成的影響遠遠比不上形塑價值觀的力量。

我們也可以針對不同類型的活動提出類似的論點，像是工具性與非工具性活動。在前者這類活動裡，手段與目的、代價與報酬都受到明確定義並且區分開來。這類活動是標準經濟分析的自然領域。不過，許多活動的手段與目的之間並沒有那麼明確的區分，或是我們為了達到目標而付出的代價以及從該活動中得到的報酬也是如此。舉例而言，非工具性活動遭到的忽略，以及這類活動經常具有的「努力與達成相互融合」的特性，就造成主流經濟學家那種「訓練有素的無能」（套用范伯倫〔Thorstein Veblen〕的用語），難以對集體行動提出具有說服力的解釋。[66]即便是像例行公事這種典型的工具性經濟活動，也帶有一項非工具性元素，對於尋求解釋勞動生產力以及工業管理有效性的波動而言非常重要。

明白可見，對赫緒曼而言，集體社會變革的問題特別重要。他聚焦於社會行動的集體層面，經常以一種對搭便車概念感到不耐的形式呈現自己的觀點。赫緒曼主張指出，這項概念在「正常時代」也許有些用處：所謂的正常時代，就是公民雖然可能對公共財的決策感興趣，但他們的時間與精力卻必須投注在私人生活。不過，如同赫緒曼在一九七一年所言（其中適切指涉了一九六四年的經濟危機）：「時代……極少完全正常；在不少情況下……時代不但不正常，而且還『不斷變化』。」[67]對赫緒曼而言，唯有把經濟、政治與社會心理學結合起來，才能夠以有意義的方式探究社會變革與集體行動的問題。

因此，公共道德與公民行為是赫緒曼在〈反簡約〉當中所舉的第三個例子，這點並不出人意料。舉例而言，這兩者有助於解釋捐血的經濟學，以及其他許多奠基在信任與尊重特定道德規範之上的機制，那些道德規範對於市場的良好運作其實具有關鍵重要性。漠視公共道德恐怕會導致公共道德的萎縮，但過度堅持公共道德也會造成反效果，因為公共道德不可能無盡成長，所以如果要求過度，公共道德可能會因此變得稀缺。赫緒曼如此總結這種兩難：

愛、慈善以及公民精神在定量供給的情況下都不是稀缺要素，也不像技術與能力那樣會隨著練習而出現或多或少看不見盡頭的進步與擴張；而是會展現出一種複雜的混合式行為：這些要素一旦沒有受到掌權的社經體系充分實踐和訴求，就會因此萎縮；但如果受到過度鼓吹與依賴，就會再度變得稀缺。更糟的是，這兩種危險地帶的確切所在處……卻沒人知道，而且這兩種地帶也絕非穩定不變。[68]

一如赫緒曼典型的思考方式，他認為我們必須要有足夠的敏感度，才能理解這些潛藏的門檻以及那些門檻如何隨著時間與地點的不同而變。

我們可以斷定赫緒曼的方法所追求的目標不在於提高我們的預測能力，而是要把對社會與社會變革的分析變得更真實也更有說服力。如同赫緒曼在一九八四年那篇文章的結論所寫的：「所有的複雜問題都來自單一來源，也就是人性的極度複雜。傳統理論因為非常充分的理由而對人性的複雜度置之不理，但我們必須把這一點強制擺回傳統發現當中，才能獲得更高的真實性。」[69]人不只是有效率的經濟主體，不只是如亞羅所說的「優異統計員」，而是能夠主張以及闡述意見與價值觀、具有自我反思能力，而且內心存在著自私與利他的拉扯、自利與公民意識的拉扯，也受到工具性與非工具性行動的驅使。這些行為全都會影響經濟過程，所以赫緒曼主張這些行為都必須重新納入經濟學以及更廣泛的社會科學當中。

不過，赫緒曼雖然批評過度簡約的模型，卻不表示他毫不容忍模型或者理論性的思考。

在一九九二年一場針對他的著作舉行的研討會上，他自己就提到這一點，並以明白可見的自豪列出自己在學術生涯中闡述過的許多理論性概念。實際上，赫緒曼認為自己被說成非理論或反理論社會科學家是一種不當的說法。就連「制度性」一詞他都認為相當局限又未能切中要點；而且我們在他的著作裡也不難發現典範、理論、原則，以及廣泛的分析類別。實際上，他的許多著作都把這些類別擺在首要位置，從書名開始就是如此（《叛離、抗議與忠誠》；《激情與利益》；《反動的修辭：悖謬論、無效論、危害論》）。就算他採取的理論方法沒有直接在封面上宣告（《經濟發展策略》；《發展專案觀察報告》），只要一讀內容也可明白看出。[70]

赫緒曼的理論論述不是以產出嚴密而重大的社會變革定律為目標，而是要建構中程模型，具有足夠的抽象性而能夠分離出特定元素並且展現其解釋潛力，但又不至於太過特殊化而捨棄其分析性角色。[71]赫緒曼所有的模型與原則都是詮釋鏡片，能夠協助我們理解歷史過程，但必須填入歷史材料才會有用。要適當運用赫緒曼的分析，以及評估那些分析在產生新知識以及提出有用的新觀點方面所具備的能力，情境化是不可或缺的根本元素。對赫緒曼而言，專案是事件的「獨特組合」，還有決策過程、針對福利政策的具體辯論與關於公共服務品質的協商，以及政府在國內貧富不均日益加劇的情況下能夠號召的支持，也都是如此。以上這些都「適合典範式思考」，他寫道，但「只有在非常特殊的意義下才是這樣」。[72]

赫緒曼的模型沒有針對一個特定情境究竟會朝什麼方向發展提出任何現成的預測。他的模型發揮的功能，是協助確立分析的框架，好讓辯論與決策能夠更有事實基礎。不過，這點唯有透過研究具體的歷史材料以及特定情境的意識形態狀況才有可能達成。這種做法能夠幫助觀察者提高自己對社會過程的複雜性具有的敏感度，而如同我們在許多篇章當中已經看過的，赫緒曼認為這種敏感度是一種隱性知識，只能產生自經驗當中。不過，這種敏感度一旦產生出來，即是開放的心胸與好奇心不可或缺的要素，從而能夠對擴大政治行動空間的歷史意外進行探究：換句話說，這是赫緒曼那種可能主義的一個首要來源。

自我顛覆

在《反動的修辭》最後一章，赫緒曼探究了他依據公共辯論當中的保守與新保守立場而詳細加以分析的悖謬論、無效論與危害論，如何能夠在進步主義論述當中見到若干相對應的修辭建構。因此，赫緒曼寫下了一個起初沒有規劃的章節，而在某些方面顛覆了他這本書原本的意圖。

赫緒曼以這個章節實踐了他後來所謂的「自我顛覆」。他重新起用「顛覆」這個原本帶有貶意的冷戰用語，以反身自省的模式運用，描述了他喜於和自己提出的命題爭辯的性格（別忘了他對別人的理論抱持的那種「不必然是這樣」的反應）。實際上，赫緒曼注意到這是許多學者都有的一種共同特徵。[73]

赫緒曼發現自己的著作特有的一種性質，是他一直都習於重新考慮以及修正自己過往的主張，甚至從事方向相反的推論，而不是只一心找尋證據證明他自己的核心理論。我們在本書看過許多這種態度的例子。舉例來說，我們在第五章注意到赫緒曼如何在他針對一九八九年的眾多革命所進行的分析當中修正了叛離與抗議的概念。叛離與抗議在他一九七〇年出版的那本書裡被呈現為兩種相互替代的行為，但在一九八九年的大批人口逃向西方（叛離）以及愈來愈盛大的反共產政權群眾示威（抗議）當中卻具有互相強化的效果。不過，如同這個例子所示，這樣的自我顛覆並沒有導致赫緒曼原本的理論遭到徹底推翻。赫緒曼認為這種自我顛覆「有益而充實」，因為這種做法不是駁斥原本的論點，而是促成「在社會世界當中界定出原本假設的關係並不適用的新領域」。[74]換句話說，這種自我顛覆的態度強化了解讀世界的能力，而不是加以削弱。

對赫緒曼而言，這又是另一種重要態度，可讓我們賴以建立一個更民主的社會，奠基在公民衝突以及對社會的審議能力抱持的根深柢固的信任之上。他寫道：「我相信我在這裡所謂的自我顛覆，能夠對一個更民主的文化有所貢獻，公民在其中不但有權表達自己個別的意見與信念，更重要的是，也願意依據新的論點與證據而質疑那些意見與信念。」[75]

56. Rodwin and Schon 1994, 288.
57. 見O'Donnell 1973; Hirschman 1979b.
58. Ferraro and Centeno 2019, 423.
59. 見*Development y Sociedad*, vol. 62 (2008)當中的文章。
60. Ellerman 2005. 另見Ellerman 2001, 2004.
61. Ellerman 2005, 209.
62. 同樣的說法也可以套用在赫緒曼的隧道效應。
63. Keohane and Nye 1973, 115.
64. Condliffe 1944, 3.
65. Condliffe 1944, 2.
66. Hirschman 1984b, 19.
67. Hirschman 1971b, 5.
68. Hirschman 1984b, 26.
69. Hirschman 1984b, 28.
70. Hirschman 1994c.
71. 另見Pasquino 2014開頭的探討。
72. Hirschman 1970b, 339.
73. Hirschman 1994c, 278.
74. Hirschman 1994c, 282.
75. Hirschman 1994c, 282.

13. McPherson 1986, 307.
14. McPherson 1986, 307.
15. Hirschman 1994c, 278.
16. Hirschman 1987a, 119.
17. Hirschman 1989b, 77（字體強調為原文即有）。
18. Hirschman 1989b, 77.
19. Hirschman 1971a, 27.
20. Hirschman 1971a, 28.
21. Hirschman 1971a, 29.
22. Hirschman 1971a, 28.
23. Paul Valery, *Regards sur le monde actuel* (Paris: Librairie Stock, Delamain et Boutellau, 1931), 55，引用於 Hirschman 1945, 80.
24. Hirschman 1970b, 335, 340.
25. Hirschman 1980a, 171–172.
26. Hirschman 1990a, 20.
27. Hirschman 1971a, 37.
28. 例外是 Meldolesi 1990, 1995; Roncaglia 2014.
29. Grabel 2017, 52–53.
30. Grabel 2017, 53.
31. Grabel 2017, 4–5.
32. Grabel 2017, 9.
33. Sikkink 2017, 9.
34. Sikkink 2017, 153.
35. Sikkink 2017, 43.
36. Hirschman 1980c, 294（字體強調為原文即有）。
37. Hirschman 1980c, 296.
38. 引用於 Hirschman 1980c, 303.
39. Hirschman 1980c, 303–304. 關於赫緒曼對道德與社會科學的觀點，另見 Hess 1999; Trigilia 2014.
40. Hirschman 1980c, 305.
41. Hirschman 1980c, 305–306.
42. Hirschman 1980c, 306.
43. Hirschman 1981b, 3.
44. Hirschman 1981b, 3.
45. Hirschman 1981b, 3.
46. Hirschman 1981b, 4.
47. Hirschman 1963, 256.
48. 收錄於 Frank 1967, 1969.
49. Backhouse and Cherrier 2017.
50. Gillis et al. 1983, xv–xvi.
51. Agénor and Montiel 1996, 3–4; Dornbusch 1996, xxi.
52. Rodrik 2007a, 3.
53. Rodrik 2007a, 3.
54. Rodrik 2003.
55. Rodrik, 2007b, 5; Rodrik 2008.

121. DiIulio 1992, 722.
122. Harvard Law Review 1991, 588.
123. Hirschman 1991, x–xi.
124. Lynn 1992, 651.
125. Bronner 1993, 135.
126. Dunn 1991, 523.
127. Boudon 1992, 92.
128. Boudon 1992, 93.
129. Boudon 1992, 90.
130. Boudon 1992, 93.
131. Boudon 1992, 95.
132. Adelman 2013, 636.
133. Hirschman 1992, 96.
134. Hirschman 1992, 97.
135. Muller 1991, 85.
136. Muller 1991, 91.
137. Muller 1991, 92.
138. Muller 1991, 83.
139. Clifford Geertz，引用於Adelman 2013, 601. 更廣泛而言，本節參考自Adelman 2013, chap. 20.
140. Hirschman 1986b, 1995, 1998.
141. Adelman 2013, 600.
142. Adelman 2013, 599.
143. Adelman 2013, 613.
144. Adelman 2013, 613.
145. 與一九八〇年代擔任諾貝爾獎提名顧問的一位經濟學家的私人通信。
146. Adelman 2013, 644.

第八章：赫緒曼對後世的影響

1. "Exit Albert Hirschman," *Economist* 405, no. 8816 (December 22, 2012): 97; Cass R. Sunstein, "An Original Thinker of Our Time," *New York Review of Books*, May 23, 2013; Malcolm Gladwell, "The Gift of Doubt," *New Yorker*, June 24, 2013.
2. "Exit Albert Hirschman," 97.
3. McPherson 1986, 307.
4. 匿名評論者認為我應該說明我在此處指的是喜劇演員格魯喬・馬克思（Groucho Marx），而不是卡爾・馬克思。
5. Hirschman 1994a, 110.
6. Hirschman 1988a.
7. Hirschman 1987a.
8. Hirschman 1987a, 118.
9. Hirschman 1987a, 118. Colorni的部分書寫在近來被譯入英文；見Colorni 2019a, 2019b.
10. Manlio Rossi-Doria to his wife, Irene Nunberg, March 11, 1942，引用於Omiccioli 2018, 180.
11. U. Hirschmann 1993, 146.
12. Hirschman 1987a, 118–119（字體強調為原文即有）。

79. Tendler 1982, 95.
80. Tendler 1982, 97.
81. 關於人權在一九七〇年代的誕生，見Moyn 2010；這種觀點後來受到質疑，例如Sikkink 2017。關於人權、基本需求與經濟不平等之間遠非直截了當的關係，見Moyn 2018。
82. Hirschman 1984c, 101（字體強調為原文即有）。
83. Hirschman 1984c, 97（字體強調為原文即有）。
84. Tendler 1982, 95.
85. Hirschman 1984c, 97–98（字體強調為原文即有）。
86. Hirschman 1984c, 99.
87. 見Bray 1991當中的探討。例外包括Siebel and Massing 1976; Cernea 1981.
88. Tendler 1983a, 260.
89. Hirschman 1985d, 177.
90. Hirschman 1985d, 176.
91. Huntington 1991, 42（字體強調為原文即有）。
92. Hirschman 1985d, 177.
93. Hirschman 1985d, 181.
94. 關於赫緒曼對於拉丁美洲的持續關注，見Hirschman 1987c.
95. Harpham and Scotch 1988, 194.
96. Harpham and Scotch 1988, 194.
97. Schwartz 1983.
98. Murray 1984 [1994], 8.
99. Murray 1984 [1994], 9.
100. Ford Foundation 1989, v.
101. Meyer 1989, 40–41, 45.
102. Katznelson, Geiger, and Kryder 1993; Katznelson and Pietrykowski 1991; Skocpol 1991, 1992a, 1992b, 1993, 1995; Skocpol, Howard, Goodrich Lehmann, and Abend-Wein 1993.
103. Hirschman 1991, x.
104. Merton 1936, 894.
105. Hirschman 1991, 7.
106. Hirschman 1991, 7.
107. Hirschman 1993d, 294.
108. Smith 1776 [1976], I.ii.2.
109. Hirschman 1991, 36–37.
110. Sen 1993, 132.
111. Hirschman 1993d.
112. Hirschman 1991, 117.
113. Hirschman 1993d, 297–302.
114. Hirschman 1993d, 311.
115. Hirschman 1993d, 312（字體強調為原文即有）。
116. Hirschman 1993d, 312–313（字體強調為原文即有）。
117. Hirschman 1991, 168.
118. Harvard Law Review 1994; Sender 1994; Eldridge 1996.
119. Wolfe 1992, 31–32; DiIulio 1992, 720.
120. Garver 1991, p. 49.

34. O'Donnell 1986, 257.
35. 舉例而言，見Buttrick 1982; Ginzberg 1982; Schott 1983; Bolton 1984.
36. Boudon 1986, 238.
37. Hirschman 1982b [2002], 4.
38. Hirschman 1982b [2002], 4, 8.
39. Axinn 1983, 242.
40. Stinchcombe 1983, 691.
41. Hickerson 1983, 259. 另見Schott 1983; Smith 1983.
42. Maier 2017, 5.
43. Greek 1983.
44. Maier 2017, 5.
45. Stinchcombe 1983, 690.
46. Paci 1982，尤其是指Weisbrod 1978。
47. Hirschman 1982b [2002], 6, 15.
48. Paci 1982.
49. 例如Maser 1984.
50. Stinchcombe 1983, 689.
51. Stinchcombe 1983, 691；另見Scitovsky 1983.
52. Ginzberg 1982.
53. Hirschman 1982b [2002], 21.
54. Tarrow 1988, 422.
55. Stinchcombe 1983, 691.
56. Hirschman 1984c, 47.
57. Tilly 1978, 73.
58. Moore 1966; Wolf 1969.
59. Hirschman 1984c, 8.
60. 美洲基金會至今仍然持續運作，見www.iaf.gov.
61. Smith 1776 [1976], II.iii.28.
62. Hirschman 1984c, ix.
63. Hirschman 1984c, 36.
64. Hirschman 1984c, 41.
65. Hirschman 1984c, 57.
66. Hirschman 1984c, 95.
67. O'Donnell 1983, 17–18（字體強調為原文即有）。
68. Hirschman 1984c, 58–77，引文出自第59頁。
69. Hirschman 1984c, 33.
70. Hirschman 1963, 271.
71. Hirschman 1984c, 33（字體強調為原文即有）。
72. Hirschman 1984c, 66–68.
73. Hirschman 1984c, 43.
74. Hirschman 1984c, 43（字體強調為原文即有）。
75. Hirschman 1994b, xvii.
76. Hirschman 1984c, 48.
77. Hirschman 1984c, 49（字體強調為原文即有）。
78. 另見Tendler 1983b.

98. Hirschman 1982a, 1473–1474（字體強調為原文即有）。
99. 舉例而言，見Frank 1967.
100. Hartz，引用於Hirschman 1982a, 1479.
101. Hirschman 1982a, 1481（字體強調為原文即有）。
102. Hirschman 1982a, 1481（字體強調為原文即有）。
103. Hirschman 1982a, 1483.
104. Hirschman 1982a, 1483.

第七章：民主的運作

1. Rodgers 2011, 3.
2. Hirschman 1982b [2002], 3.
3. Hirschman 1982b [2002], xv.
4. Hirschman 1982b [2002], 3.
5. Hirschman 1982b [2002], 12.
6. 舉例而言，見Simon 1957; Cyert and De Groot 1975.
7. Hirschman 1982b [2002], 10.
8. Scitovsky 1976.
9. Lane 1978, 814–815.
10. Hirschman 1982b [2002], 33.
11. Hirschman 1982b [2002], 33.
12. Hirschman 1982b [2002], 41.
13. O'Connor 1973; Hirsch 1976; Murray 1984 [1994]. 另見Habermas 1975.
14. Hirschman 1980b, 113.
15. 見Katznelson 1980.
16. Hirschman 1980b.
17. Hirschman 1980b, 115.
18. Hirschman 1980b, 115.
19. Frankfurt 1971, 6.
20. Frankfurt 1971, 7.
21. Sen 1977, 322.
22. Sen 1972, 1977.
23. Hirschman 1984b, 145（字體強調為原文即有）。
24. Hirschman 1982b [2002], 65.
25. 見Olson 1965 [1971]; Scitovsky 1976；以及赫緒曼的討論，Hirschman 1982b [2002]，尤其是77–87。
26. Hirschman 1982b [2002], 92.
27. 關於這種中程模型的用處，像是Olson的*Logic of Collective Action*以及赫緒曼自己的許多分析，見Boudon 1982。
28. Hirschman 1982b [2002].
29. Hirschman 1982b [2002], 95.
30. Hirschman 1982b [2002], 95.
31. Hirschman 1982b [2002], 132.
32. Hirschman 1982b [2002], 134（字體強調為原文即有）。
33. O'Donnell 1986, 257.

58. Hirschman 1977b [1997], 131.
59. Hirschman 1977b [1997], 130（字體強調為原文即有）。
60. Keohane 1978; Supple 1978; Schneider 1978, 402; Stillman 1978, 1028.
61. Kaiser 1979, 421.
62. Wuthnow 1979.
63. Poggi 1978, 398.
64. Poggi 1978, 399.
65. Supple 1978.
66. Schneider 1978, 401–402.
67. Michael Walzer to Albert O. Hirschman, July 19, 1973; Albert O. Hirschman to Michael Walzer, August 1, 1973; Quentin Skinner to Albert Hirschman，日期不詳，全都收錄於AOHP。
68. Wuthnow 1979, 427.
69. Wuthnow 1979, 428.
70. Wuthnow 1979, 429.
71. Pocock 1981, 50.
72. Hirschman 1977b [1997], 42；另見Hampsher-Monk 1984, 104.
73. Pocock 1981, 53.
74. Pocock 1981, 52; 1975, vii–viii.
75. Hampsher-Monk 1984, 89.
76. Wuthnow 1979, 430.
77. Gellner 1979, 469.
78. Gellner 1979, 469.
79. De Vries 1979, 141.
80. Luis Eduardo Nieto Arteta，引用於Hirschman 1979c, 64.
81. Hirschman 1979c, 83.
82. Hirschman 1979c, 85–86.
83. Hirschman 1979c, 91–92.
84. Hirschman 1979c, 98.
85. Hirschman 1979c, 94–95.
86. Lindberg 1985; Maier 1985.
87. Hirschman 1985c.
88. Albert O. Hirschman to Michael Walzer, August 1, 1973, AOHP.
89. Hirschman 1982a.
90. Hirschman 1982a, 1480.
91. Hirschman 1982a, 1464.
92. Hirschman 1982a, 1463.
93. Hirschman 1982a, 1470.
94. Karl Marx and Frederick Engels, "Address of the Central Committee to the Communist League," March 1850，取用於December 26, 2019, https://www.marxists.org/archive/marx/works/1847/communist-league/1850-ad1.htm.
95. Karl Marx and Frederick Engels, "Manifesto of the Communist Party," February 1848，取用於December 26, 2019, https://www.marxists.org/archive/marx/works/download/pdf/Manifesto.pdf.
96. Schumpeter，引用於Hirschman 1982a, 1469.
97. Hirschman 1982a, 1473.

17. Albert O. Hirschman, "Lisa's Questions," 1998, AOHP. Adelman描述了赫緒曼如何把拉丁美洲研究聯合委員會當成「一件救援工具」，並且把普林斯頓高等研究院的獎學金計畫「當成遭迫害的社會科學家的避難所」。Adelman 2013, 470.
18. "Where We Went Wrong," The Four W Club, founded by A.O.H., 1972, AOHP.
19. Hirschman 1973, 533.
20. Hirschman 1973, 544.
21. Hirschman 1973, 561.
22. Hirschman 1973, 561.
23. Adelman 2013, 465–467.
24. Hirschman 1977b [1997], 3.
25. Schumpeter 1942 [2008], 127–128.
26. Hazard 1952 [1990], xv. 此處提及Schumpeter與Hazard的內容乃是參考Castrillón 2013。
27. Hirschman 1977b [1997], 3–4.
28. Machiavelli，引用於Hirschman 1977b [1997], 13.
29. Vico，引用於Hirschman 1977b [1997], 14.
30. Vico，引用於Hirschman 1977b [1997], 17.
31. Schelling 1978.
32. Hirschman 1977b [1997], 31.
33. Hirschman 1985a, 36–37.
34. Hirschman 1985b, 39.
35. Hirschman 1977b [1997], 59.
36. Hirschman 1977b [1997], 59.
37. Montesquieu，引用於Hirschman 1977b [1997], 60.
38. Machiavelli，引用於Hirschman 1977b [1997], 13.
39. Steuart，引用於Hirschman 1977b [1997], 84–85.
40. Hirschman 1977b [1997], 102（字體強調為原文即有）。
41. Smith 1776 [1976], III.iv.4–5.
42. Smith，引用於Hirschman 1977b [1997], 108.
43. Hirschman 1977b [1997], 112.
44. Hirschman 1977b [1997], 62；馬克思的引文摘自同一頁。
45. Hirschman 1979c, 62.
46. Hirschman 1977b [1997], 117.
47. Hirschman 1977b [1997], 122.
48. Tocqueville，引用於Hirschman 1977b [1997], 124.
49. Tocqueville，引用於Hirschman 1979c, 62–63.
50. Hirschman 1979c, 63.
51. Ryan 1977, 535.
52. Seddig 1978, 339; Coser 1978, 397.
53. 舉例而言，見Elster 1978; Bertilsson and Eyerman 1979; Suttle 1987; Martin 1990; Hoffman 1991; Elster 1994; Daston 1994; Inayatullah 1997; Bowles 1998; Force 2003; Mathiowetz 2007; Bridel 2009; Friedman 2011.
54. Keohane 1978, 776.
55. De Vries 1979, 140.
56. Stillman 1978.
57. Hirschman 1977b [1997], 131.

99. Orbell and Uno 1972. 叛離與抗議的概念也受到Lyons, Lowery, and Hoogland DeHoog 1992用於研究公民對都市服務的滿意與不滿意。關於公民對都市服務的反應，還有另一項更晚近的分析也大幅仰賴赫緒曼的架構，見Dowding and John 2012.
100. 舉例而言，見Migdal 1980; Peleg and Waxman 2011; Ophir 2019; and Zolberg, Suhrke, and Aguayo 1989.
101. Rokkan 1975. 關於這一點的進一步省思，見Rokkan 1974b。關於國家內部採取這種由上而下的做法所受到的描述，見Coleman 1974。關於赫緒曼後來針對叛離—抗議二分的應用領域所進行的省思，見Hirschman 1986a，尤其是85–99。
102. Barry 1974, 92–95.
103. Olson [1965] 1971, 159–162.
104. Hirschman 1994a, 108.
105. Tullock 1970.
106. Mancur Olson to Albert O. Hirschman, February 20, 1973，引用於Adelman 2013, 448.
107. Hirschman 1974, 9（字體強調為原文即有）。
108. Hirschman 1974, 10.
109. Hirschman 1993c.
110. Adelman 2013, 621.
111. Hirschman 1993c, 198.
112. Hirschman 1993c, 198.
113. Hirschman 1993c, 202.
114. O'Donnell 1986, 252.
115. O'Donnell 1986, 254.
116. O'Donnell 1986, 260.
117. O'Donnell 1986, 261.

第六章：市場社會的歷史與理論

1. Marx 1859 [1904], 12–13.
2. Hirschman 1979b, xv.
3. Rostow 1960 [1990], 134.
4. Adelman and Morris 1973, vii.
5. Adelman and Morris 1973, 139.
6. Adelman and Morris 1973, 188.
7. Adelman and Morris 1973, 192.
8. O'Donnell 1973, 8.
9. O'Donnell 1973; Collier 1979.
10. O'Donnell 1973, 84.
11. O'Donnell 1973, 91.
12. O'Donnell 1973, 91.
13. Collier 1979.
14. Hirschman 1979c, 61–62.
15. "A Conversation with Clifford Geertz, Albert Hirschman and Colleagues on 'The Hungry, Crowded, Competitive World,' " Institute for Advanced Study, Princeton, NJ, January 26, 1976, AOHP.
16. Hirschman 1975, 386, 402.

61. Hirschman 1990b, 158–159.
62. Hirschman 1970a, 16.
63. Milton Friedman，引用於Hirschman 1970a, 16.
64. Hirschman 1970a, 17.
65. Hirschman 1970a, 18（字體強調為原文即有）。
66. Hirschman 1970a, 19（字體強調為原文即有）。
67. Hirschman 1970a, 19.
68. Hirschman 1974, 8.
69. Barry 1974, 85–86.
70. Rokkan 1974a, 27.
71. Hirschman 1970a, 1（字體強調為原文即有）。
72. Hirschman 1970a, 3.
73. Hirschman 1970a, 25.
74. Hirschman 1970a, 107–108.
75. Adelman 2013, 435–437.
76. 我們也可以推測，叛離的決定一旦付諸實踐，就會出現一定程度的慣性與路徑依賴，例如在後續再轉回公立學校會變成一個不可行的選項。換句話說，逆轉叛離的成本會變得太高或是被視為太高。
77. Hirschman 1970a, 79.
78. Hirschman 1970a, 80.
79. Hirschman 1970a, 59（字體強調為原文即有）。
80. Hirschman 1970a, 59–61. 不過，獨裁政權鼓勵政治外移，也恐怕會導致所謂的獨裁者的兩難更加惡化。
81. Hirschman 1970a, 53.
82. Hirschman 1970a, 54.
83. Hotelling 1929, 45.
84. Hotelling 1929.
85. Hirschman 1970a, 72.
86. 心理學家Philip Zimbardo與他教導的研究生Mark Snyder，和赫緒曼合作針對「加入難度對於社會行動的影響」設計了一項實驗。這項實驗從未施行，但Zimbardo在兩年後進行了著名的史丹佛監獄實驗，把大學生分成兩組，一組扮演警衛，一組扮演囚犯，藉此重現監獄裡的動態。赫緒曼、Snyder與Zimbardo設計的實驗翻印為Appendix E of Hirschman 1970a, 146–155.
87. Adelman 2013, 446.
88. Hirschman 1994d, 206.
89. Hirschman 1994d, 211.
90. Hirschman 1994d, 216.
91. Baer 1970, 814.
92. Hanson 1970, 1275.
93. Deutsch 1971, 25.
94. Barry 1974, 79.
95. Barry 1974, 79, 82.
96. Rokkan 1974a, 27.
97. 尤其見Williamson 1975, 1976，以及Nelson 1976的評論。
98. Matthews and Prothro 1966, 450.

25. Hirschman and Lindblom 1962, 222.
26. Hirschman 1969, 6.
27. Hirschman 1969, 6.
28. Hirschman 1969, 11.
29. Hirschman 1969, 13.
30. Hirschman 1969, 15.
31. Zahniser and Weis 1989, 181.
32. Milton S. Eisenhower, Report to the President, "United States-Latin American Relations," December 27, 1958, Department of State Publication 6764, 1959, 15.
33. Hirschman 1960, 61.
34. John F. Kennedy, "Address at a White House Reception for Members of Congress and for the Diplomatic Corps of the Latin American Republics," March 13, 1961，取用於November 11, 2019, https://www.jfklibrary.org/archives/other-resources/john-f-kennedy-speeches/latin-american-diplomats-washington-dc-19610313.
35. Hirschman 1961c, 179.
36. Adelman 2013, 413.
37. Hirschman and Bird 1968, 3.
38. "A Modest Proposal"，日期不詳，AOHP.
39. Hirschman and Bird 1968, 21.
40. 如同這份名單所示，那些年間的發展辯論頗為引人注目地幾乎完全由男性主導。
41. Sherman Robinson, Rapporteur, "Institute of Politics: Study Group on Foreign Aid," Report of the Meeting of December 4, 1967, AOHP.
42. Stanley Please to Alexander Stevenson, "Foreign Aid—A Critique and a Proposal," paper Prepared by Albert O. Hirschman and Richard M. Bird, December
26, 1967, AOHP; John A. Holsen to Alexander Stevenson, A Reaction to Hirschman and Bird ("Foreign Aid—A Critique and a Proposal"), December 26, 1967, AOHP.
43. Alexander Stevenson to Albert O. Hirschman, December 29, 1967, AOHP.
44. Fritz Machlup to Albert O. Hirschman, February 20, 1968, AOHP.
45. Albert Hirschman to Fritz Machlup, January 28, 1968, AOHP.
46. Albert O. Hirschman to Robert Heilbroner, August 15, 1969, AOHP.
47. Albert O. Hirschman to Martin M. Rosen, June 8, 1961; Martin M. Rosen to Albert O. Hirschman, July 6, 1961, AOHP.
48. Samuel Bowles to Albert O. Hirschman, January 14, 1970, AOHP.
49. Albert O. Hirschman to Samuel Bowles, January 22, 1970, AOHP.
50. Adelman 2013, 422–433.
51. Adelman 2013, 423.
52. Albert O. Hirschman to Ursula Hirschmann, September 8, 1968，引用於Adelman 2013, 428.
53. Hirschman 1967a, p. 148.
54. Adelman 2013, 393.
55. Adelman 2013, 393.
56. Hirschman 1958, 142.
57. Hirschman 1967a, 147.
58. Hirschman 1970a, vii.
59. Lazear 1999, 12.
60. Becker 1957, 1960, 1964, 1976, 1981; Gilber and Becker 1975; Stigler and Becker 1977.

September 15, 1965, WBGA.
108. 引用於Grasso, Wasty, and Weaving 2003, 43.
109. Kopp 2003, 55.
110. Sunstein 2015, xi.
111. Sunstein 2013.
112. 舉例而言，見Sunstein 1999, 23, 46.
113. Sunstein 2018, xi（字體強調為原文即有）。
114. Streeten 1984, 116; Picciotto 1994, 221–222.
115. Picciotto 1994, 222（字體強調為原文即有）。
116. Sunstein 2015, xii; Sandilands 2015, 32.
117. Picciotto 1994, 224.
118. 關於這整項討論，見Sunstein 2015; Flyvbjerg and Sunstein 2016, 991; Flyvbjerg 2016, 2018; Ika 2018; Lepenies 2018; Room 2018.
119. Gasper 1986, 473, 470.
120. Kenyon and Criscuolo 2017. Honig 2018對於外援組織如何能夠在不確定的環境裡有效推行援助計畫提供了具有啟發性的新觀點。

第五章：一門跨學科的社會科學

1. Hirschman 1971a, ix.
2. Hirschman 1971a.
3. Hirschman 1970a.
4. Hirschman 1971b, 2.
5. Hirschman 1970a, 15.
6. Hirschman 1971b, 8.
7. Hirschman 1971b, 24, 10.
8. 由Hoffman的助理Marge Fonyi轉述，引用於Murphy 2006, 112.
9. Hirschman 1963, 238.
10. Hirschman 1970b, 336–337（字體強調為原文即有）。
11. Hirschman 1963, 238.
12. Hirschman 1968b, 88–89. 關於這種失敗情結或者自認有罪的態度在早期受到的討論，見Hirschman 1961b, 1963.
13. ECLA 1950; Prebisch 1950; Singer 1950; Hadass and Williamson 2003.
14. Furtado 1966.
15. Hirschman 1968b.
16. Hirschman 1968b, 32.
17. Hirschman 1968b, 9.
18. Hirschman 1968c, 926（字體強調由我所加）。
19. Hirschman 1968c, 930（字體強調為原文即有）。
20. Hirschman 1990a.
21. Hirschman 1968c, 932.
22. da Conceicao Tavares 1964; Macario 1964; Furtado 1966. 另見進口替代工業化的左派批評者受到的討論，Love 1996.
23. Little, Scitovsky, and Scott 1970.
24. 舉例而言，John Knapp寫及開發中國家的「過度借貸」。Knapp 1957.

73. A. D. Spottswood to Bernard Chadenet, "Comments on Dr. Hirschman's 'Interim Observations,' " September 8, 1965, WBGA.
74. Hans A. Adler to Warren C. Baum, "Comments on Professor Hirschman's 'Study of Selected World Bank Projects—Some Interim Observations,' " September 22, 1965, WBGA.
75. 引述於 Robert E. Asher to Albert O. Hirschman, May 27, 1966, WBGA.
76. Asher 1962, 217.
77. Albert O. Hirschman to his daughters Katia and Lisa, April 4, 1965, AOHP（字體強調為原文即有）。
78. 原以義大利文寫成，Albert Hirschman to Katia and Lisa, April 4, 1965, AOHP.
79. "Advisory Committee for *Development Projects Observed* by Albert O. Hirschman," September 21, 1966, AOHP. "The Principle of the Hiding Hand" 也發表為一篇獨立文章，刊登於 *The Public Interest*, Hirschman 1967b.
80. Walter S. Salant to Albert O. Hirschman, "More on 'The Hiding Hand' and other comments on *Development Projects Observed*," January 26, 1967, AOHP.
81. Hirschman 1994b, ix.
82. Albert O. Hirschman to Katia and Lisa, January 1, 1965, AOHP（字體強調為原文即有）。
83. Hirschman 1967a, 161.
84. Hirschman 1967a, 162.
85. Hirschman 1967a, 169.
86. Hirschman 1967a, 179.
87. Hirschman 1967a, 186（字體強調為原文即有）。
88. Richard H. Demuth to Robert E. Asher, September 13, 1966, WBGA.
89. Killick 1978, 27（字體強調為原文即有）。
90. Herman G. van der Tak to Albert O. Hirschman, December 20, 1966, WBGA.
91. Porter 1995, 148–189.
92. Marglin 1967, 18；另見 Porter 1995.
93. Hammond 1966, 222.
94. Little and Mirrlees 1968, 1974.
95. Kornai 1979, 76.
96. Dasgupta, Marglin, and Sen 1972.
97. Dasgupta 1972, 41; Kornai 1979, 76. 關於這兩種觀點的差異，見 Dasgupta 1972 對經合組織與聯合國工業發展組織採取的做法所進行的比較，以及 Frances Stewart and Paul Streeten 1972 對經合組織那本手冊的評論。
98. Hirschman and Lindblom 1962, 83–84.
99. UNESCO 1978, 124.
100. Schaffer and Lamb 1978, esp. 70–79.
101. Hall 1980, 8.
102. Little and Mirrlees 1974, 379.
103. Squire and Van der Tak 1975.
104. Cracknell 1984, 17–18.
105. Mario Piccagli to H. B. Ripman, "Comments on Mr. Hirschman's Observations," September 22, 1965, AOHP.
106. Warren C. Baum to B. Chadenet, "Comments on Mr. Hirschman's Paper," September 17, 1965, WBGA.
107. D. S. Ballantine to B. Chadenet, "Comment on Interim Observations by A. O. Hirschman,"

39. IBRD 1972.
40. William H. Becker與Marie T. Zenni在二○○○年十一月一日訪談Robert Picciotto的文字抄本，Oral History Program, WBGA, 16.
41. Hirschman 1958, vi; 1963, ix.
42. Albert O. Hirschman to Don K. Price, October 19, 1964, AOHP.
43. Albert O. Hirschman, "A Study of Selected World Bank Projects—Some Interim Observations," August 1965, WBGA.
44. Hirschman, "A Study of Selected World Bank Projects."
45. Hirschman, "A Study of Selected World Bank Projects."
46. "Ideas—Miscellaneous"，日期不詳，AOHP.
47. Hirschman, "A Study of Selected World Bank Projects."
48. "Ideas—Miscellaneous"，日期不詳，AOHP.
49. "Uganda"，日期不詳，AOHP.
50. Sarah Hirschman, "Latin America," April 19, 1965, AOHP.
51. Sarah Hirschman, "Nigeria," August 18, 1965, AOHP.
52. "Ideas—Miscellaneous"，日期不詳，AOHP.
53. Sarah Hirschman, "Latin America," April 19, 1965, AOHP.
54. Hirschman, "A Study of Selected World Bank Projects." .
55. Sarah Hirschman, "Ethiopia," August 19, 1965, AOHP.
56. Hirschman, "A Study of Selected World Bank Projects."
57. Sarah Hirschman, "Ethiopia," August 19, 1965, AOHP.
58. "Ideas—Miscellaneous"，日期不詳，AOHP.
59. A. D. Spottswood to Bernard Chadenet, "Comments on Dr. Hirschman's 'Interim Observations,' " September 8, 1965, WBGA.
60. D. S. Ballantine to B. Chadenet, "Comment on Interim Observations by A. O. Hirschman," September 15, 1965, WBGA.
61. P. A. Reid to L. J. C. Evans, November 16, 1965, WBGA.
62. Hirschman, "A Study of Selected World Bank Projects."
63. A. D. Spottswood to Bernard Chadenet, "Comments on Dr. Hirschman's 'Interim Observations,' " September 8, 1965, WBGA.
64. C. P. McMeekan to H. B. Ripman, "Project Study—A. O. Hirschman," September 22, 1965, WBGA.
65. Hans A. Adler to Warren C. Baum, "Comments on Professor Hirschman's 'Study of Selected World Bank Projects—Some Interim Observations,' " September 22, 1965, WBGA.
66. Hirschman, "A Study of Selected World Bank Projects."
67. A. D. Spottswood to Bernard Chadenet, "Comments on Dr. Hirschman's 'Interim Observations,' " September 8, 1965, WBGA（字體強調為原文即有）。
68. C. P. McMeekan to H. B. Ripman, "Project Study—A. O. Hirschman," September 22, 1965, WBGA.
69. D. S. Ballantine to B. Chadenet, "Comment on Interim Observations by A. O. Hirschman," September 15, 1965, WBGA.
70. Hirschman, "A Study of Selected World Bank Projects."
71. Dragoslav Avramovic to Department Heads, IBRD and IFC, "Investment in Developing Countries—Effects, Expectations and Reality," February 18, 1964, WBGA.
72. Hirschman, "A Study of Selected World Bank Projects."

5. Hirschman 1963, 1.
6. Hirschman 1963, 2.
7. Hirschman 1980a, 171–172.
8. Hirschman 1967a, 3.
9. Hirschman 1963, 227.
10. Hirschman 1963, 228.
11. Hirschman 1961a, 1961b.
12. Adelman 2013, 369.
13. Albert O. Hirschman, "Making the Best of Inflation"，這篇論文發表於Conference on Inflation and Growth in Latin America, Rio de Janeiro, Brazil, January 3–11, 1963, AOHP.
14. Hirschman 1963, 232.
15. Albert O. Hirschman, "Making the Best of Inflation"，這篇論文發表於Conference on Inflation and Growth in Latin America, Rio de Janeiro, Brazil, January 3–11, 1963, AOHP.
16. Hirschman 1963, 242.
17. Hirschman 1963, 256.
18. Hirschman 1963, 256.
19. Hirschman 1963, 260.
20. Hirschman 1963, 4.
21. Hirschman 1963, 4.
22. Olson 1965.
23. Seers 1964, 158.
24. Seers 1964, 159.
25. Seers 1964, 159–160.
26. Adelman 2013, 383.
27. Don K. Price to Albert O. Hirschman, November 12, 1963; Albert O. Hirschman to Dean Price, December 9, 1963; Harold Barger to Albert O. Hirschman, December 30, 1963; Don K. Price to Albert O. Hirschman, March 9, 1964; Harvard University News office, Morning Papers of Thursday, March 19, 1964, all in AOHP.
28. 見Feijoó and Hirschman 1984以及這項計畫（現已是非營利法人）的網站：https://peopleandstories.org.
29. Albert O. Hirschman to J. Burke Knapp, March 14, 1963, AOHP.
30. Albert O. Hirschman, "A Study of Completed Investment Projects Which Have Received Financial Support from the World Bank," June 1963, WBGA.
31. Hirschman 1967a, 1.
32. Hirschman 1967a, 4.
33. Albert O. Hirschman, "A Study of Completed Investment Projects Which Have Received Financial Support from the World Bank," June 5, 1963, WBGA.
34. Hirschman 1967a, 3.
35. Dragoslav Avramovic to Department Heads, IBRD and IFC, "Investment in Developing Countries—Effects, Expectations and Reality," February 18, 1964, WBGA.
36. Robert E. Asher to Robert D. Calkins, "Hirschman Project," April 8, 1964, AOHP.
37. P. M. Mathew to William Diamond, "Investment in Developing Countries—Effects, Expectations and Reality," February 24, 1964, WBGA.
38. Robert F. Skillings to Syed S. Husain, "Professor Hirschman's Forthcoming Study," February 26, 1964, WBGA.

86. Harberger 1972, 637.
87. Harberger 1972, 637.
88. Hirschman 1994a, 81.
89. Paul Rosenstein-Rodan在一九六一年八月十四日接受口述歷史訪談的文字抄本，Oral History Program, WBGA.
90. Harberger 1972; Singer 1965; Hirschman 1968b.
91. Little 1982, 44.
92. 近期的例子為Meier 2005 and Clark 2006（舉例而言，見Osvaldo Feinstein針對Albert O. Hirschman所寫的條目）。
93. Krugman 1994, 40；另見Krugman 1993.
94. Hirschman 1958, v. Currie與赫緒曼在哥倫比亞的衝突有一項重新評價，見Alvarez, Guiot-Isaac, and Hurtado 2020.
95. IBRD 1950a, 423–425.
96. IBRD 1950a, 427.
97. Comite de Desarrollo Economico, *Informe de la mision para el Comite. Fomento de una industria colombiana de acero*, draft, December 15, 1950, LBCP.
98. Comite de Desarrollo Economico, *Informe preliminar sobre el establecimiento de una planta siderurgica*, Bogota, Diciembre 14 de 1950, LBCP.
99. Hirschman 1954b.
100. Hirschman 1954b, 49.
101. Hirschman 1958, chap. 10.
102. George Rosen, "The Plan for Industry," Center for International Studies, MIT, Economic Development, India Project, A/56–36, September 1956.
103. Merton [1961] 1973, 56.
104. Merton [1961] 1973, 56.
105. Killick 1978, 19
106. Merton [1961] 1973, 51.
107. Hirschman 1958, 51.
108. Sen 1960, 591.
109. Sen 1960, 592（字體強調為原文即有）。
110. Hirschman 1958, ix（字體強調為原文即有）。
111. William Diebold, Jr. to Albert O. Hirschman, August 17, 1983, AOHP.
112. Diebold, Jr. to Hirschman, August 17, 1983. 見Currie 1981.
113. Streeten 1986, 240.
114. Streeten 1986, 243.
115. Paul P. Streeten，私人電子郵件通訊，二〇〇四年十月十五日。

第四章：重塑發展經濟學

1. 關於發展經濟學的入門文本，見Arndt 1987; Meier 2001, 2005; Meier and Seers 1984; Oman and Wignaraja 1991; Hirschman 1981b. 對於早期發展辯論的一項重新評價，見Alacevich 2011. 近期的一項評價為Alacevich and Boianovsky 2018.
2. Hirschman 1981b.
3. Hirschman 1968a, vii–viii.
4. Tendler 1968.

44. Hirschman 1958, 25.
45. Hirschman 1958, 25.
46. Hirschman 1965, 386.
47. Gershenkron 1962，其中含有寫於一九五二與一九五七年的重要論文。
48. Hirschman 1965.
49. Hirschman 1958, 28.
50. Hirschman 1965, 391. 另見Hirschman 1984a, 91–94.
51. 感謝Ilene Grabel建議我強調這一點。
52. Hirschman 1977a, 80.
53. Hirschman 1958, 105–108; Chenery and Watanabe 1958.
54. Hirschman 1985a概述了關聯做法。
55. Hirschman 1958, 122（字體強調為原文即有）。
56. Hirschman 1958, 124.
57. Hirschman 1958, 109.
58. Hirschman 1977a; 1985a, 64–66; Watkins 1963.
59. Hirschman 1977a.
60. Hirschman 1958, 209.
61. Hirschman 1958, 210.
62. Hirschman 1977a, 90–91.
63. 舉例而言，見Higgins, Kafka, and Britnell 1959.
64. Mukherji 1959, 85; Goodman 1959, 468; Hill 1959, 72.
65. Reubens 1959, 462; Frank 1960.
66. Jacques J. Polak to Albert O. Hirschman, August 10, 1959, AOHP，以及前述那些人物所寫的信件。
67. Roy Harrod to Albert Hirschman, September 8, 1963, AOHP.「Legenda」是拉丁文動詞狀形容詞，意為「待閱讀」。
68. Knox 1960, 99.
69. Watkins 1961, 111.
70. Chenery 1959, 1064.
71. Chenery 1959, 1064–1065.
72. Goodman 1959, 468. 針對Chenery解讀《經濟發展策略》的觀點所提出的評價，見De Marchi 2016.
73. Shannon 1959, 125.
74. Higgins 1960, 114.
75. Lewis 1955, 384.
76. Lewis 1955, 264–265.
77. Mannheim 1936, 265.
78. Staley 1939, 149.
79. Dasgupta 1965.
80. Galbraith 1958, 591.
81. Rosenstein-Rodan 1963, 1.
82. Hirschman and Bird 1968.
83. Hirschman and Bird 1968, 8.
84. Singer 1965.
85. Hirschman and Bird 1968, 9.

Position of the Empresas Municipales de Cali," February 25, 1955; "La demanda para gas en Cali y en el Valle del Cauca," February 1956; "Situacion financiera actual y prospective de las Empresas Municipales de Cali," March 1956; "The Market for Paper and Pulp in Colombia," June 1956; "El nivel de remuneraciones para posiciones directivas en la empresa privada en Colombia," August 1956，全都收錄於AOHP.

16. Albert H. to Professor Condliffe, December 18, 1945, JBCP.
17. Albert O. Hirschman to J. Burke Knapp, "Personal," May 1, 1954, AOHP（字體強調為原文即有）。
18. Emilio Toro to Mr. Robert L. Garner, November 28, 1952, WBGA.
19. Hirschman 1954b, 47.
20. Lloyd G. Reynolds to Albert O. Hirschman, August 21, 1956; Flora M. Rhind to Provost E. S. Furniss, April 12, 1957; Secretary of Yale Corporation, June 10, 1957, all in AOHP.
21. Hirschman 1958, v, vi.
22. Hirschman 1984a, 94.
23. Albert O. Hirschman, "Case Studies of Instances of Successful Economic Development in Colombia," March 8, 1954, AOHP；另見Albert O. Hirschman to Professor Condliffe, April 18, 1953, JBCP.
24. Albert O. Hirschman to Professor Condliffe, April 18, 1953, JBCP.
25. Hirschman 1958, 50.
26. Rosenstein-Rodan 1943, 202.
27. Rosenstein-Rodan 1943, 204.
28. Rosenstein-Rodan 1943, 206.
29. Lewis 1954, 140–142, 146–147.
30. Lewis 1954, 155.
31. 對於「起飛」這項隱喻的普及貢獻最大的學者，可以說是Walt W. Rostow 1960.
32. Nurkse [1953] 1962, 11.
33. Nurkse [1953] 1962, 13.
34. Hirschman 1984a, 87.
35. 見Hirschman 1971a, 1971b. 關於赫緒曼對發展程度較低國家的外來經濟學家所抱持的看法，見Bianchi 2011.
36. 關於查塔姆研究所在全球發展論述方面的貢獻具有的重要性，見Alacevich 2018。有一項針對中歐在戰間期的發展辯論進行的分析，尤其是Manoilescu扮演的角色，見Love 1996.
37. Rosenstein-Rodan 1957, 1961; Nurkse 1961, 74.
38. Adelman 2013, 333.
39. Hirschman 1958, 51–52（字體強調為原文即有）。
40. Hirschman 1958, 5. 這不是一項全新的概念，也可見於赫緒曼所批評的那些學者的書寫當中。Rosenstein-Rodan與Nurkse關注農業當中的「隱藏性失業」，顯然是試圖揭露隱藏的或是未充分運用的資源。
41. Streeten 1959, 182–183.
42. Hirschman 1958, 25.
43. Hirschman 1958, 25. 赫緒曼提及自己的書和Streeten的文章是各自獨立寫成，但Streeten承認自己寫下那篇文章的初稿之後讀了赫緒曼的書，因此最後的完稿受益於赫緒曼的想法；見Hirschman 1984a, 87 n. 1, and Paul P. Streeten to Albert Hirschman, November 4, 1982, AOHP.

爾計畫的五十週年紀念團聚暨研討會準備的油印文件，贊助者為Elliott School of International Affairs, George Washington University, Monday, June 2, 1997, AOHP。關於經合署團體參與歐洲支付聯盟成立過程的討論，見Milward 1984, 282–298; Hogan 1987, esp. 271–273; Bissell 1996.

106. Albert O. Hirschman, "Proposal for the Establishment of a European Monetary Authority," AOHP.
107. Hirschman 1950b, 1.
108. Hirschman 1950b; Flexner 1955.
109. Albert O. Hirschman, "Harmonization of Economic Policies," October 16, 1950, AOHP.
110. Hirschman, "Harmonization of Economic Policies."
111. Flexner 1955, 61.
112. Diebold 1952, 410.
113. Bissell 1996, 65.
114. Albert O. Hirschman to Governor Szymczak, "Interim Appraisal of EPU," March 21, 1951, AOHP. 另見AOH, "O.E.E.C. Memorandum on 'Urgent Economic Problems,' " October 9, 1950, AOHP.
115. 關於Manlio Rossi-Doria，見Bernardi 2010; Misiani 2010.
116. Albert O. Hirschman to Manlio Rossi-Doria, July 13, 1951, in Rossi-Doria 2011, 64.
117. Hirschman to Rossi-Doria, July 13, 1951, 64.
118. Hirschman to Rossi-Doria, July 13, 1951, 66.
119. Hirschman to Rossi-Doria, July 13, 1951, 64.
120. Hirschman 1997, 42–43.

第三章：發展的先驅

1. Albert O. Hirschman to H. W. Singer, March 29, 1982, AOHP; Hirschman 1950c and 1952.
2. Hirschman and Solomon 1950, 1.
3. Hirschman 1994a, 81.
4. International Bank for Reconstruction and Development (IBRD; the World Bank) 1950a, xv. 有一項針對世界銀行在一九四九年派往哥倫比亞的代表團所從事的分析，以及赫緒曼在哥倫比亞的經驗，見Alacevich 2009, 2011.
5. IBRD 1950a, 1950b. 關於Lauchlin Currie，見Sandilands 1990.
6. Currie 1950, 5.
7. Albert O. Hirschman to Mr. Richard H. Demuth, August 23, 1952, WBGA.
8. Albert O. Hirschman to Mr. J. Burke Knapp, September 20, 1952, WBGA.
9. Albert O. Hirschman to Mr. J. Burke Knapp, September 20, 1952, WBGA.
10. J. Burke Knapp to Mr. Albert O. Hirschman, November 7, 1952, WBGA.
11. J. Burke Knapp to Mr. Albert O. Hirschman, November 7, 1952, WBGA.
12. 見下列信件：Albert O. Hirschman to Professor Condliffe, December 29, 1952; June 30, 1953; May 3, 1956; and Albert to Jack [Condliffe], April 7, 1957, JBCP. 引自Adelman 2013的內容取自第336、363與419頁。
13. Hirschman 1954a, 540.
14. Hirschman 1994a, 81–82.
15. Hirschman and Kalmanoff 1956; Albert O. Hirschman to J. Burke Knapp, May 19, 1954, AOHP. 另見Albert Hirschman and George Kalmanoff的報告："Present and Prospect Financial

71. Hirschman 1978, 49.
72. Hirschman 1978, 47.
73. Hirschman 1978, 49–50.
74. Baldwin 1985, 212.
75. Albert O. Hirschman to Professor Condliffe, December 22, 1941, JBCP.
76. Albert H. to Professor Condliffe, April 29, 1943; Albert Hirschman to Professor Condliffe, May 29, 1943, JBCP.
77. Albert H. to Professor Condliffe, April 7, 1943, JBCP.
78. Albert Hirschman to Sarah, June 25, 1944，以及赫緒曼在其私人日記當中的記錄，兩者都引述於Adelman 2013, 231.
79. Hirschman 1970a, v.
80. 為了養家，赫緒曼在一九四六年春季於華府的American University擔任兼任教授，教授一門以當代世界政治為主題的課程。Albert H. to Professor Condliffe, April 15, 1946, JBCP.
81. 引用於Adelman 2013, 288.
82. 舉例而言，Hirschman 1947a, 1949a, 1950a, 1950b.
83. Hirschman 1947b, 1947c；最早發表於Hirschman 1987b.
84. 舉例而言，關於歐洲貿易模式的資料不可靠性，詳細的分析可見於Hirschman 1947d以及Hirschman and Roberts 1947.
85. Hirschman 1947b, 15.
86. Hirschman 1947b, 15.
87. Hirschman 1947a, 6.
88. Hirschman 1948a, 8. 這份報告有個加長版，出版為Hirschman 1948b.
89. Hirschman 1948a, 8.
90. Hirschman 1948a, 8（字體強調為原文即有）。
91. Hirschman 1948c. 連同Hirschman 1948f，這份報告出版為Hirschman 1948d。其中部分面向的一項正式闡釋可見於Hirschman 1949b.
92. Hirschman 1948e, 16（字體強調為原文即有）。
93. Hirschman 1948e, 3.
94. Hirschman 1948e, 13.
95. 另見Asso and De Cecco 1987; Meldolesi 1990.
96. 不過，一定程度的利潤確曾受到考慮。如同Diebold指出的：「為了避免雙邊確切平衡……的僵化，每個國家通常同意持有一定數額的對方國貨幣。不過，為了避免貿易變得太傾向於單邊，協議經常規定一國對另一國的貿易債務如果超過特定金額，則應以美元或黃金償還該項差額。」Diebold 1952, 20.
97. Diebold 1952, 15.
98. Carli 1996, 72.
99. Eichengreen 2007, 73; Diebold 1952, 19. 這一段以及後續段落由Alacevich 2014的sections 3–5綜合而成。
100. Hirschman 1947e, 358.
101. Hirschman 1947e.
102. Bissell 1996, 31（字體強調由我所加）。
103. Milward 1984, 285.
104. Marjolin的話語引用於Bissell 1996, 57。關於歐洲支付聯盟的分析，見Diebold 1952, 87–136; Eichengreen 1993, 1995; Kaplan and Schleiminger 1989.
105. Hirschman 1997; Theodore Geiger, "Marshall Plan Experiences of Theodore Geiger"，為馬歇

27. Hirschman 1945, 39.
28. Asso 1988, 109.
29. Hirschman 1945, 75.
30. Albert H. to Professor Condliffe, August 18, 1942, JBCP.
31. Hirschman 1945, 79.
32. Hirschman and Bird 1968, 14.
33. Condliffe 1940, 39.
34. Condliffe 1940, 44; Hirschman 1945, 75.
35. Condliffe 1940, 392.
36. Laves 1940, 174; Carr 1942, 259.
37. Meade 1940, 179.
38. Meade 1940, 9–10.
39. Basch 1941, 182.
40. 舉例而言，Condliffe的提議所出現的演變可見於Condliffe 1940, 1942, 1943b, 1946.
41. 這項指數的出現過程有一段簡短說明，見Hirschman 1964.
42. 如前所述，這一章早已出現於Hirschman 1943b.
43. Hirschman 1945, 146.
44. 見Prebisch 1950 and Singer 1950.
45. Hirschman 1978.
46. Hirschman 1945, 27（字體強調由我所加）。
47. Oliver 1946, 304.
48. Mann 1946, 91; Brown 1947, 91; Buck 1946, 223; Weiller 1954, 119.
49. Hoselitz 1948, 269; Gottlieb 1949, 159.
50. Brown 1947, 91; Buck 1946; Mann 1946.
51. Florinsky 1946, 274.
52. Oliver 1946, 304.
53. Hirschman 1978, 46.
54. Stinebower 1946, 420.
55. Bidwell 1945, 19.
56. Hirschman 1945, 78.
57. Hirschman 1945, 75.
58. Paul Valery, *Regards sur le monde actuel* (Paris: Librairie Stock, 1931), 55, in Hirschman 1945, 80.
59. 舉例而言，見Michaely 1960, 1962; Kindleberger 1962; Murphy 1961; Spiegelglas 1961; Kuznets 1964.
60. Stolper 1946, 562.
61. Hirschman 1979a, v–vi.
62. 引用於Cohen 1990, 263.
63. Baldwin 1985, 53.
64. 引用於Cohen 2007, 197.
65. Cohen 2008, 21.
66. Keohane and Nye 1972.
67. Krasner 1976; 見Cohen 2008, 74的參考文獻。
68. Kindleberger 1973.
69. Hirschman 1981b.
70. Hirschman 1978.

114. Fry 1945, 151.
115. 這些事件記載於Alfred Hamilton Barr Jr. to Archibald MacLeish, May 9, 1941; Hugh S. Fullerton, American General Consul in France, to Varian Fry, June 23, 1941; "Paraphrase of Telegram Sent to Department of State through Embassy in Vichy by American Consulate at Marseille on or about June 13, 1941," attached to Hugh S. Fullerton, American General Consul in France, to Varian Fry, June 23, 1941; Varian M. Fry to Frank Kingdon, President of the Emergency Rescue Committee, June 24, 1941, all in VFC.
116. "Memorandum," September 25, 1942, VFC.
117. Gold 1980, 398–400.

第二章：權力政治

1. O. Albert Hirschmann to Professor Condliffe, January 14, 1941, JBCP.
2. Hirschmann to Condliffe, January 26, 1941.
3. Gerschenkron 1943. 關於Gerschenkron，見Dawidoff 2002 and McCloskey 1992.
4. Lind Olsen 2003.
5. "Antonin Basch, World Bank Aide," *New York Times*, March 19, 1971, 43.
6. Adelman 2013, 193.
7. Albert Hirschman to Ursula, July 21, 1941，引用於Adelman 2013, 195.
8. 關於為Trade Regulation Project準備的報告，資訊來自於Inter-Allied Information Center, Section for Information on Studies in Postwar Reconstruction, *Research and Postwar Planning in the U.S.A. List of Agencies. Bibliography*, New York〔出版者與出版日期不詳，可能是一九四二年〕。
9. Hirschman 1943a, 1943b.
10. 關於這場辯論，見Rosenboim 2017.
11. Gerschenkron 1943, 173.
12. Albert H. to Professor Condliffe, July 6, 1942, JBCP.
13. Condliffe 1940, 16.
14. Condliffe 1940, 16–17.
15. Toynbee 1939; Staley 1939; Condliffe 1940, 56.
16. Condliffe 1943a, xi.
17. Hirschman 1945, ix.
18. Hirschman 1945, 12.
19. Hirschman 1945, 16. Lionel Robbins也使用了「politicalization」一詞，並且指稱這麼做是「向一個政治化程度勝過大多數人的民族借用了這個非常醜陋的字眼」。Robbins 1937, 91.
20. Hirschman 1945, 18–29.
21. 另見Condliffe在International Studies Conference 1938, 23當中的省思。
22. Hirschman 1945, 30–31.
23. Viner 1940, 52.
24. Viner 1940, 52–53.
25. Viner 1940, 53.
26. Hirschman 1945, 34–40. 針對納粹在多瑙河盆地與巴爾幹半島的「經濟滲透方法」進行討論的另一件作品，是Einzig 1938（引文出自第17頁）。另見Royal Institute of International Affairs 1939, 1940.

Cecco並且為這本文集寫了引言；見Hirschman 1987b。
76. Hirschmann 1939a, 2–3.
77. Hirschmann 1939a, 4.
78. Hirschmann 1939a, 9.
79. Hirschman 1938b.
80. Hirschmann 1939a, 71.
81. Hirschmann 1939a, 73.
82. Hirschmann 1939a, 62.
83. Ellis 1934.
84. Hirschmann 1939b.
85. Hirschmann 1939b, 1；翻譯於Pier Francesco Asso, 111.
86. Asso 1988.
87. Asso 1988, 85.
88. Asso 1988；另見Condliffe 1940, 282–283.
89. Hirschmann 1939b, 14 and table II.
90. Hirschmann 1939b, 15；翻譯於Pier Francesco Asso, 122.
91. Condliffe 1940.
92. O. A. Hirschmann to Professor Condliffe, February 28, 1940, JBCP.
93. Otto A. Hirschmann to Professor Condliffe, October 7, 1939, JBCP.
94. 關於這段經歷，見Fry 1945; Marino 1999; Isenberg 2001; McClafferty 2008。另外還有*Varian's War*這部二〇〇一年的電影，導演為Lionel Chetwynd，由William Hurt與Julia Ormond主演。Fry的著作在一九九三年再版，附有赫緒曼寫的引言；見Hirschman 1993a。
95. Isenberg 2001, 26.
96. Marino 1999, 115.
97. "The Emergency Rescue Committee in France"，摘自駐馬賽的急難救援委員會代表在一九四〇年九月底至十二月初這段期間寫給紐約辦公室的信件，VFC。
98. Varian M. Fry to Otto Albert Hirschman, November 30, 1941, VFC.
99. Fry 1945, 26.
100. Fry 1945, 24.
101. Isenberg 2001, 71; Marino 1999, 122.
102. Gold 1980, 160, 158.
103. 赫緒曼的自我描述，記述於Isenberg 2001, 29.
104. Otto Albert Hirschmann to Mr. Wheeler-Bennett, British Press Service, 30 Rockefeller Plaza, New York City, January 17, 1941, VFC；另見Fittko 1991.
105. "Auxiliary Services"，日期不詳，但可確定是在一九四一年下半年，VFC；另見Isenberg 2001; Marino 1999.
106. Marino 1999, 211.
107. "Auxiliary Services."
108. Varian Fry to Mildred Adams, September 1940, VFC.
109. 引自一份關於其遭遇的未署名報告，日期為一九四一年二月十四日，VFC。
110. 未署名報告，一九四一年二月十四日，VFC。
111. Hirschman 1993b；另見O. Albert Hirschmann to Professor Condliffe, January 14, 1941, JBCP.
112. Hirschman 1994a, 77.
113. Varian Fry to Eileen Fry, February 9, 1941, VFC.

tober 18, 1938, 5。*La difesa della razza*報導了*Corriere della Sera*這篇文章的摘錄內容，並且針對猶太文化對義大利學術體系造成的危險提出評論，"Eredità ebraica," *La difesa della razza*, Anno 2, no. 1, 5 November XVII (1938), 46.

53. "Dal diario di Pierpaolo Luzzatto Fegiz," 31 ottobre 1937，隨附於Pierpaolo Luzzatto Fegiz to Albert O. Hirshman [*sic*], 11 marzo 1983, AOHP.
54. Fubini 2014, 38–39, 174–175. Mortara也遭到開除而移居巴西；見Baffigi and Magnani 2009.
55. Fubini在一九三九年向洛克斐勒基金會申請獎學金，卻因為無法證明自己能夠回歸全職工作而遭到拒絕。在那份申請書裡，他提議的研究主題就是赫緒曼的論文探究的主題：普恩加萊法郎；見Fubini 2014, 50, 178–181.
56. Hirschmann 1938c, 1938d.
57. Hirschman 1987a, 118.
58. Hirschman 1987a, 117–119.
59. Adelman 2013, 144–145.
60. Marino 1999, 78.
61. Giuseppe Berti, "Elementi di un'inchiesta sul lavoro dei quadri negli anni 1935–38," mimeo, Arch. PCI, posiz. 1496，引用於Finzi 2004, 115–116。Finzi查閱了第里雅斯特大學歷史檔案裡的「赫緒曼」資料夾，針對他在那裡度過的那些年提供了許多有趣的資訊。
62. Hirschman 1994a, 68; 1997, 36.
63. O. Albert Hirschmann, "Curriculum Vitae" ; Hirschman 1987a, 118; 1997, 36–37. 關於經濟及社會研究科學院，見Rist 1934。如同牛津統計學院，經濟及社會研究科學院也受到洛克斐勒基金會資助；見Craver 1986.
64. Jean Albert [Otto Albert Hirschmann] 1938e, 1236.
65. Hirschmann 1938f, 255.
66. 另見J. B. Condliffe, "Memorandum on a Programme of International Economic Research"，為Geneva Research Centre所寫的機密備忘錄，mimeo〔日期不詳，但不是一九三七就是一九三八年〕; J. B. Condliffe, "A Survey of International Research in Europe"，機密文件，mimeo〔日期不詳，但不是一九三七就是一九三八年〕。
67. Fleming 1998.
68. "Memoranda Submitted to the Twelfth Session of the International Studies Conference"，隨附於International Studies Conference 1939的開頭。
69. Condliffe 1940, 395–396.
70. Piatier 1939, 1.
71. International Studies Conference 1938, 46.
72. International Studies Conference 1938, 10–11.
73. Questore di Trieste, Antonio Gorgoni, all'On.le Ministero dell'Interno, Direzione Generale della P.S.—Divisione Polizia Politica, Roma, "Oggetto: Movimento socialista," Assicurata Riservatissima, doppia busta, 8 settembre 1938, AOHP.
74. Urgentissimo Espresso, Questori, Padova-Vicenza-Verona-Belluno-Alessandria-Aosta-Cuneo-Novara-Torino-Vercelli, 23 settembre 1938, 500.31475, AOHP.
75. 赫緒曼的義大利報告不只沒有署名。Piatier 1939, i收錄的所有報告都注記了作者的姓名，唯一的例外只有義大利的這一份。此外，由André Piatier所寫的總結報告列出了所有國家報告的作者姓名，但沒有提及赫緒曼；見Piatier 1939。Condliffe 1940, 398把義大利報告的作者列為O. A. Hirschmann。這份報告在五十年後才首度發表，收錄於赫緒曼與Pier Francesco Asso還有Marcello De Cecco聯合出版的一本早期文集，Marcello De

16. Evans 2004, 237.
17. Adelman 2013, 49.
18. Evans 2004, 264.
19. Hirschman 1994a; Adelman 2013, 65.
20. Hirschman 1994a, 67.
21. Hirschman 1994a, 53.
22. Hirschman 1994a, 51–52, quote at 55.
23. Adelman 2013, 76.
24. Evans 2004, 354.
25. 赫緒曼的話語，引用於Adelman 2013, 80.
26. Adelman 2013, 87.
27. Hirschman 1989a, 113.
28. Adelman 2013, 88.
29. Adelman 2013, 90.
30. Hirschman 1989a, 116.
31. Hirschman 1989a, 116.
32. Adelman 2013, 98.
33. 引用於Moure 1991, 27.
34. Moure 1991, 31–38.
35. Hirschman 1994a, 60.
36. "Hans Landsberg, 88: Economist, Expert in Energy Data Analysis," *Los Angeles Times*, October 23, 2001, https://www.latimes.com/archives/la-xpm-2001-oct-23-me-60629-story.html; Carson 1993.
37. Hirschman 1988b, 102.
38. 舉例而言，見Hayek 1935.
39. Hirschman 1994a, 61.
40. 赫緒曼敘述於一九四三年左右，引用於Adelman 2013, 133.
41. Adelman 2013, 134.
42. O. Albert Hirschmann, "Curriculum Vitae"，未注明日期，但應是在一九四二年左右，Harvard University Archives, Department of Economics, Correspondence & Papers 1902–1950, Box 5, Folder "H"，由Irwin Collier發表於網路上，取用於September 29, 2019, http://www.irwincollier.com/harvard-curriculum-vitae-submitted-by-albert-o-hirschman-ca-1942/.
43. Albert Hirschman to Pierpaolo Luzzatto Fegiz, April 22, 1983, AOHP（字體強調為原文即有）；另見Department of Defense, Personnel Security Questionnaire submitted by Albert O. Hirschman, 1 July 1957, AOHP，第里雅斯特大學的學位在其中被描述為「博士學位」。另見Hirschman 1994a, 60; Adelman 2013, 142–143.
44. 關於Renzo Fubini，見Da Empoli 1998; Fubini 2014.
45. Hirschmann 1938a [2004], 89.
46. Hirschmann 1938a [2004], 85.
47. Hirschmann 1938a [2004], 10.
48. Hirschmann 1938a [2004], 63.
49. De Cecco 2004; Hirschmann 1939a [1987b].
50. Hirschmann 1938b.
51. Luzzatto-Fegiz 1937, 111.
52. "La trama giudaico-antifascista stroncata dalla vigile azione della polizia," *Corriere della Sera*, Oc-

注釋

前言

1. Hirschman 1994c, 278.
2. Adelman 2013.
3. Adelman 2013, 9–10.
4. 舉例而言，見*Desarrollo y Sociedad*, vol. 62 (2008)；還有赫緒曼論壇的內容，收錄於*Humanity* 6, no. 2 (Summer 2015), ed. Michele Alacevich，以及*Research in the History of Economic Thought and Methodology*, vol. 34B (2016), ed. Marina Bianchi and Maurizio Franzini.
5. Hirschman 1998, 8.
6. Adelman 2013, xiv.
7. Adelman 2013, 580, 590.

第一章：一位國際政治經濟學家的形成

1. U. Hirschmann 1993, 37；此處以及其他引自非英文文獻的內容，除非另有注明，否則皆是由我自己翻譯。
2. 這是阿爾伯特・赫緒曼的描述，引用於Adelman 2013, 31；另見烏蘇拉的回憶錄，U. Hirschmann 1993, 77–93.
3. Adelman 2013, 21–25.
4. U. Hirschmann 1993, 66.
5. 關於Gerty Simon在近期受到重新發現，見Mark Brown, "UK Show Revives Lost Work of Photographer Who Fled Nazis," *Guardian*, May 26, 2019, https://www.theguardian.com/artanddesign/2019/may/26/gerty-simon-uk-show-revives-lost-work-of-photographer-who-fled-nazis.
6. Adelman 2013, 46.
7. Adelman 2013, 18.
8. U. Hirschmann 1993, 81.
9. Adelman 2013, 67.
10. Adelman 2013, 60.
11. Erna von Pustau與Pearl Buck的對談，收錄於Pearl S. Buck, *How It Happens: Talk About the German People, 1914–1933* (New York: John Day, 1947)，引用於Overy 2017, 130.
12. 關於威瑪共和的危機，見Evans 2004，我的事實與資料皆取自其中；另見Calvocoressi, Wint, and Pritchard 1989.
13. 關於德國在戰間期的脆弱狀態以及一九二九年大崩盤，有一項簡潔但非常明白的討論，見Clavin 2000, 88–109.
14. Feinstein, Temin, and Toniolo 1997, 106.
15. 引用於Mazower 2000, 114.

縮寫詞語

AOHP: Albert O. Hirschman Papers, Seeley G. Mudd Manuscript Library, Princeton University, Princeton, NJ

JBCP: John B. Condliffe Papers, The Bancroft Library, University of California, Berkeley

LBCP: Lauchlin B. Currie Papers, David M. Rubenstein Rare Book & Manuscript Library, Duke University, Durham, NC

VFC: Varian Fry Collection, Rare Book and Manuscript Library, Columbia University, New York

WBGA: World Bank Group Archives, Washington, DC

Tilly, Charles. 1978. *From Mobilization to Revolution*. New York: Random House.

Toynbee, Arnold J. 1939. "A Turning Point in History." *Foreign Affairs* 17, no. 2 (January): 305–320.

Trigilia, Carlo. 2014. "Albert Hirschman e la scienza socio-morale." *Moneta e Credito* 67 (266): 191–203.

Tullock, Gordon. 1970. "Review of *Exit, Voice and Loyalty: Responses to Decline in Firms, Organizations, and States* by Albert O. Hirschman." *Journal of Finance* 25, no. 5 (December): 1194–1195.

Viner, Jacob. 1940. "International Economic Relations and the World Order." June 26, 1940. In *The Foundations of a More Stable Order*, ed. Walter H. C. Laves, 33–73. Chicago: University of Chicago Press, 1941.

Watkins, Melville H. 1963. "A Staple Theory of Economic Growth." *Canadian Journal of Economics and Political Science / Revue canadienne d'economique et de science politique* 29, no. 2 (May): 141–158.

——. 1961. "Review of *The Strategy of Economic Development* by Albert O. Hirschman." *Canadian Journal of Economics and Political Science / Revue canadienne d'economique et de science politique* 27, no. 1 (February): 110–112.

Weiller, Jean. 1954. "Review of *British Overseas Trade, from 1700 to the 1930's* by Werner Schlote, W. O. Henderson and W. H. Chaloner." *Revue économique* 5, no. 1 (January): 118–119.

Weisbrod, Burton. 1978. *The Voluntary Nonprofit Sector: An Economic Analysis*. Washington, DC: Lexington Books.

Williamson, Oliver E. 1976. "The Economics of Internal Organization: Exit and Voice in Relation to Markets and Hierarchies." *American Economic Review* 66, no. 2 (May): 369–377.

——. 1975. *Markets and Hierarchies: Analysis and Antitrust Implications*. New York: Free Press.

Wolf, Eric. 1969. *Peasant Wars of the Twentieth Century*. New York: Harper & Row.

Wolfe, Alan. 1992. "Review of *The Rhetoric of Reaction: Perversity, Futility, Jeopardy* by Albert O. Hirschman." *Contemporary Sociology* 21, no. 1 (January): 30–32.

Wuthnow, Robert. 1979. "Legitimating the Capitalist World Order: Review of *The Livelihood of Man*, by Karl Polanyi and Harry W. Pearson, and *The Passions and the Interests: Political Arguments for Capitalism Before Its Triumph*, by Albert O. Hirschman." *American Journal of Sociology* 85, no. 2 (September): 424–430.

Zahniser, Marvin R., and W. Michael Weis. 1989. "A Diplomatic Pearl Harbor? Richard Nixon's Goodwill Mission to Latin America in 1958." *Diplomatic History* 13, no. 2 (Spring): 163–190.

Zolberg, Aristide R., Astrid Suhrke, and Sergio Aguayo. 1989. *Escape from Violence: Conflict and the Refugee Crisis in the Developing World*. New York: Oxford University Press.

Squire, Lyn, and Herman G. Van der Tak. 1975. *Economic Analysis of Projects*. Baltimore: Johns Hopkins University Press.

Staley, Eugene A. 1939. *World Economy in Transition: Technology vs. Politics, Laissez Faire vs. Planning, Power vs. Welfare*. New York: Council on Foreign Relations.

Stewart, Frances, and Paul Streeten. 1972. "Little–Mirrlees Methods and Project Appraisal." *Bulletin of the Oxford University Institute of Economics and Statistics* 34, no. 1 (February): 75–91.

Stigler, George J., and Gary S. Becker. 1977. "De Gustibus Non Est Disputandum." *American Economic Review* 67, no. 2 (March): 76–90.

Stillman, Peter G. 1978. "Review of *The Passions and the Interests: Political Arguments for Capitalism Before Its Triumph* by Albert O. Hirschman." *American Political Science Review* 72, no. 3 (September): 1027–1028.

Stinchcombe, Arthur L. 1983. "Review of: *Shifting Involvements: Private Interests and Public Action* by Albert O. Hirschman." *Theory and Society* 12, no. 5 (September): 689–692.

Stinebower, Leroy D. 1946. "Review of *National Power and the Structure of Foreign Trade* by Albert O. Hirschman." *American Economic Review* 36, no. 3 (June): 418–420.

Stolper, Wolfgang F. 1946. "Review of *National Power and the Structure of Foreign Trade* by Albert O. Hirschman." *Journal of Political Economy* 54, no. 6 (December): 562–563.

Streeten, Paul P. 1986. "Suffering from Success." In Foxley, McPherson, and O'Donnell 1986, 239–246.

——. 1984. "Comment." In *Pioneers in Development*, ed. Gerald M. Meier and Dudley Seers, 115–118. New York: Oxford University Press.

——. 1959. "Unbalanced Growth." *Oxford Economic Papers* 11 (2): 167–190.

Sunstein, Cass R. 2018. *The Cost-Benefit Revolution*. Cambridge, MA: MIT Press.

——. 2015. "Albert Hirschman's Hiding Hand." Foreword to *Development Projects Observed*, by Albert O. Hirschman, vii–xiii. Washington, DC: Brookings Institution Press.

——. 2013. "An Original Thinker of Our Time." *New York Review of Books* 60, no. 9 (May 23, 2013): 14–17.

——. 1999. "Cognition and Cost-Benefit Analysis." John M. Olin Law & Economics Working Paper No. 85 (2nd Series), Law School, University of Chicago.

Supple, Barry. 1978. "Review of *The Passions and the Interests: Political Arguments for Capitalism Before Its Triumph* by Albert O. Hirschman." *Journal of Modern History* 50, no. 4 (December): 723–725.

Suttle, Bruce B. 1987. "The Passion of Self-Interest: The Development of the Idea and Its Changing Status." *American Journal of Economics and Sociology* 46, no. 4 (October): 459–472.

Tarrow, Sidney. 1988. "National Politics and Collective Action: Recent Theory and Research in Western Europe and the United States." *Annual Review of Sociology* 14: 421–440.

Tendler, Judith. 1983a. *What to Think About Cooperatives: A Guide from Bolivia* (in collaboration with Kevin Healy and Carol Michaels O'Laughlin). Arlington, VA: Inter-American Foundation.

——. 1983b. "Ventures in the Informal Sector, and How They Worked Out in Brazil." A.I.D. Evaluation Special Study No. 12 (March). Washington, DC: U.S. Agency for International Development.

——. 1982. "Turning Private Voluntary Organizations Into Development Agencies: Questions for Evaluation." A.I.D. Program Evaluation Discussion Paper No. 12 (April). Washington, DC: U.S. Agency for International Development.

——. 1968. *Electric Power in Brazil: Entrepreneurship in the Public Sector*. Cambridge, MA: Harvard University Press.

America by Albert O. Hirschman." *American Economic Review* 54 (2): 157–160.

Sen, Amartya K. 1993. "On the Darwinian View of Progress." *Population and Development Review* 19, no. 1 (March): 123–137.

——. 1977. "Rational Fools: A Critique of the Behavioral Foundations of Economic Theory." *Philosophy & Public Affairs* 6, no. 4 (Summer): 317–344.

——. 1972. "Choice, Orderings and Morality." In *Choice, Welfare and Measurement*, 74–83. Cambridge, MA: Harvard University Press.

——. 1960. "Review of *The Strategy of Economic Development*, by A. O. Hirschman; *The Struggle for a Higher Standard of Living: The Problems of the Underdeveloped Countries*, by W. Brand; and *Public Enterprise and Economic Development*, by A. H. Hanson." *Economic Journal* 70, no. 279 (September): 590–594.

Sender, John. 1994. "Economic Restructuring in South Africa: Reactionary Rhetoric Prevails." *Journal of Southern African Studies* 20, no. 4 (December): 539–543.

Shannon, Lyle W. 1959. "Review of *The Strategy of Economic Development* by Albert O. Hirschman." *Annals of the American Academy of Political and Social Science* 325 (September): 125–126.

Siebel, H. D., and Andreas Massing. 1976. *Traditional Organizations and Economic Development*. New York: Praeger.

Sikkink, Kathryn. 2017. *Evidence for Hope: Making Human Rights Work in the Twenty-First Century*. Princeton, NJ: Princeton University Press.

Simon, Herbert A. 1957. *Models of Man*. New York: Wiley.

Singer, Hans W. 1965. "External Aid: For Plans or Projects?" *Economic Journal* 75, no. 299 (September): 539–545.

——. 1950. "The Distribution of Gains Between Investing and Borrowing Countries." *American Economic Review* 40, no. 2 (May): 473–485.

Skocpol, Theda. 1995. *Social Policy in the United States: Future Possibilities in Historical Perspective*. Princeton, NJ: Princeton University Press.

——. 1993. "Is the Time Finally Ripe? Health Insurance Reforms in the 1990s." *Journal of Health Politics, Policy, and Law* 18 (Fall): 531–550.

——. 1992a. *Protecting Soldiers and Mothers: The Political Origins of Social Policy in the United States*. Cambridge, MA: Belknap Press.

——. 1992b. "State Formation and Social Policy in the United States." *American Behavioral Scientist* 35, no. 4/5 (March–June): 559–584.

——. 1991. "Targeting Within Universalism: Politically Viable Policies to Combat Poverty in the United States." In *The Urban Underclass*, ed. Christopher Jencks and Paul E. Peterson, 411–436. Washington, DC: Brookings Institution.

Skocpol, Theda, Christopher Howard, Susan Goodrich Lehmann, and Marjorie Abend-Wein. 1993. "Women's Associations and the Enactment of Mothers' Pensions in the United States." *American Political Science Review* 87 (3): 686–701.

Smith, Adam. 1776 [1976]. *An Inquiry Into the Nature and Causes of the Wealth of Nations*. Oxford: Oxford University Press.

Smith, Jan. 1983. "Review of: *Essays in Trespassing: Economics to Politics and Beyond* by Albert O. Hirschman; *Shifting Involvements: Private Interest and Public Action* by Albert O. Hirschman." *American Journal of Sociology* 89, no. 1 (July): 225–228.

Spiegelglas, Stephen. 1961. "The Commodity Structure of World Trade: Comment." *Quarterly Journal of Economics* 75, no. 1 (February): 157–165.

Rosenboim, Or. 2017. *The Emergence of Globalism. Visions of World Order in Britain and the United States, 1939–1950.* Princeton, NJ: Princeton University Press.
Rosenstein-Rodan, Paul N. 1963. "National Planning." Unpublished manuscript, Massachusetts Institute of Technology, November 1963.
——. 1961. "Notes on the Theory of the 'Big Push.' " In *Economic Development for Latin America*, ed. Howard S. Ellis and Henry C. Wallich, 57–67. New York: St. Martin's.
——. 1957. "Notes on the Theory of the 'Big Push.' " Italy Project, MIT Center for International Studies.
——. 1943. "Problems of Industrialisation of Eastern and South-Eastern Europe." *Economic Journal* 53, no. 210/211 (June–September): 202–211.
Rossi-Doria, Manlio. 2011. *Una vita per il sud: Dialoghi epistolari 1944–1987*, ed. Emanuele Bernardi. Rome: Donzelli.
Rostow, Walt W. 1960 [1990]. *The Stages of Economic Growth: A Non-Communist Manifesto*. Cambridge: Cambridge University Press.
Royal Institute of International Affairs. 1940. *South-Eastern Europe. A Brief Survey*. Information Department Papers No. 26. London: Royal Institute of International Affairs.
——. 1939. *South-Eastern Europe. A Political and Economic Survey*. Prepared by the Information Department of the Royal Institute of International Affairs in collaboration with the London and Cambridge Economic Service. London: Royal Institute of International Affairs.
Ryan, Alan. 1977. "Review of *The Passions and the Interests* by Albert O. Hirschman." *Political Theory* 5, no. 4 (November): 535–538.
Sandilands, Roger J. 2015. "The 1949 World Bank Mission to Colombia and the Competing Visions of Lauchlin Currie (1902–1993) and Albert Hirschman (1915–2012)." *History of Economic Thought and Policy* 2015 (1): 21–37.
——. 1990. *The Life and Political Economy of Lauchlin Currie: New Dealer, Presidential Adviser, and Development Economist*. Durham, NC: Duke University Press.
Schaffer, Bernard, and Geoff Lamb. 1978. *Can Equity Be Organized? Equity, Development Analysis and Planning*. Paris: UNESCO.
Schelling, Thomas C. 1978. *Micromotives and Macrobehaviors*. New York: Norton.
Schneider, Louis. 1978. "On Human Nature, Economy, and Society: Review of *The Passions and the Interests: Political Arguments for Capitalism Before Its Triumph*, by Albert O. Hirschman." *Contemporary Sociology* 7, no. 4 (July): 400–402.
Schott, Kerry. 1983. "Review of: *Shifting Involvements: Private Interest and Public Action* by Albert Hirschman." *Economic Journal* 93, no. 372 (December): 941–942.
Schumpeter, Joseph A. 1942 [2008]. *Capitalism, Socialism and Democracy*. New York: Harper.
Schwarz, John E. 1983. *America's Hidden Success: A Reassessment of Twenty Years of Public Policy*. New York: Norton.
Scitovsky, Tibor. 1983. "Review of: *Shifting Involvements: Private Interest and Public Action* by Albert O. Hirschman." *Economica* (New Series) 50, no. 199 (August): 372–373.
——. 1976. *The Joyless Economy: An Inquiry Into Human Satisfaction and Consumer Dissatisfaction*. New York: Oxford University Press.
Seddig, Robert G. 1978. "Review of *The Passions and the Interests: Political Arguments for Capitalism Before Its Triumph* by Albert O. Hirschman." *Annals of the American Academy of Political and Social Science* 435 (January): 339–340.
Seers, Dudley. 1964. "Review of *Journeys Toward Progress: Studies of Economic Policy-Making in Latin*

University Press.
Piatier, André. 1939. "Report on the Study of Exchange Control." In International Studies Conference, Twelfth Session, Bergen, August 27–September 2, 1939, *Economic Policies in Relation to World Peace*, Memoranda, Exchange Control No. 7–8. Paris: International Institute of Intellectual Co-operation, League of Nations.
Picciotto, Robert. 1994. "Visibility and Disappointment: The New Role of Development Evaluation." In Rodwin and Schön 1994, 210–230.
Pocock, J. G. A. 1981. "The Machiavellian Moment Revisited: A Study in History and Ideology." *Journal of Modern History* 53, no. 1 (March): 49–72.
——. 1975. *The Machiavellian Moment: Florentine Political Thought and the Atlantic Republican Tradition*. Princeton, NJ: Princeton University Press.
Poggi, Gianfranco. 1978. "Economy and Polity: A Chastened Reflection of Past Hopes: A Review of *The Passions and the Interests: Political Arguments for Capitalism Before Its Triumph*, by Albert O. Hirschman." *Contemporary Sociology* 7, no. 4 (July): 397–399.
Porter, Theodore M. 1995. *Trust in Numbers: The Pursuit of Objectivity in Science and Public Life*. Princeton, NJ: Princeton University Press.
Prebisch, Raúl. 1950. *The Economic Development of Latin America and Its Principal Problems*. UN document no. E/CN.12/89/Rev.1. Lake Success, NY: United Nations.
Reubens, Edwin P. 1959. "Review of *Economic Planning in Underdeveloped Areas: Government and Business* by Edward S. Mason; *The Strategy of Economic Development* by Albert O. Hirschman." *Political Science Quarterly* 74, no. 3 (September): 461–463.
Rist, Charles. 1934. "L'Institut scientifique de recherches économiques et sociales." *Revue d'économie politique* 48 (6): 1769–1774.
Robbins, Lionel. 1937. *Economic Planning and International Order*. London: Macmillan.
Rodgers, Daniel T. 2011. *Age of Fracture*. Cambridge, MA: Belknap Press.
Rodrik, Dani. 2008. "The New Development Economics: We Shall Experiment, but How Shall We Learn?" Paper presented at the Brookings Development Conference, May 29–30, 2008.
——. 2007a. *One Economics, Many Recipes: Globalization, Institutions, and Economic Growth*. Princeton, NJ: Princeton University Press.
——. 2007b. "One Economics, Many Recipes: What We Have Learned Since Albert Hirschman." *Items and Issues* 6 (1–2): 1–7.
——, ed. 2003. *In Search of Prosperity: Analytical Narratives on Economic Growth*. Princeton, NJ: Princeton University Press.
Rodwin, Lloyd, and Donald A. Schön, eds. 1994. *Rethinking the Development Experience: Essays Provoked by the Work of Albert O. Hirschman*. Washington, DC: Brookings Institution.
Rokkan, Stein. 1975. "Dimensions of State Formation and Nation-Building: A Possible Paradigm for Research on Variations within Europe." In Charles Tilly, ed., *The Formation of National States in Western Europe*, Princeton, NJ: Princeton University Press, 1975, pp. 562–600.
——. 1974a. "Politics Between Economy and Culture: An International Seminar on Albert O. Hirschman's *Exit, Voice and Loyalty*." *Social Science Information* 13, no. 1 (February): 27–38.
——. 1974b. "Entries, Voices, Exits: Towards a Possible Generalization of the Hirschman Model." *Social Science Information* 13, no. 1 (February): 39–53.
Roncaglia, Alessandro. 2014. "Hirschman e l'Italia." *Moneta e Credito* 67 (266): 153–157.
Room, Graham. 2018. "The Hiding Hand: A Rejoinder to Flyvbjerg on Hirschman." *World Development* 103 (March): 366–368.

Mukherji, V. 1959. "Review of *The Strategy of Economic Development* by Albert O. Hirschman." *Indian Economic Review* 4, no. 3 (February): 84–89.

Muller, Jerry Z. 1991. "Albert Hirschman's Rhetoric of Recrimination." *Public Interest* 104 (Summer): 81–92.

Murphy, Craig N. 2006. *The United Nations Development Programme: A Better Way?* New York: Cambridge University Press.

Murphy, George G. S. 1961. "On Satelliteship." *Journal of Economic History* 21, no. 4 (December): 641–651.

Murray, Charles. 1984 [1994]. *Losing Ground: American Special Policy 1950–1980*. New York: Basic Books.

Nelson, Richard R. 1976. "Discussion." *American Economic Review* 66, no. 2 (May): 389–391.

Nurkse, Ragnar. 1961. "Further Comments on Professor Rosenstein-Rodan's Paper." In *Economic Development for Latin America*, ed. Howard S. Ellis and Henry C. Wallich, 74–78. New York: St. Martin's.

——. [1953] 1962. *Problems of Capital Formation in Underdeveloped Countries*. 3rd ed. Oxford: Basil Blackwell and Mott.

O'Connor, James. 1973. *The Fiscal Crisis of the State*. New York: St. Martin's Press.

O'Donnell, Guillermo. 1986. "On the Fruitful Convergences of Hirschman's *Exit, Voice, and Loyalty* and *Shifting Involvements*: Reflections from the Recent Argentinian Experience." in Foxley, McPherson, and O'Donnell 1986, 249–268.

——. 1983. "Democracia en la Argentina: Micro y Macro." Working Paper No. 2 (December), Kellogg Institute for International Studies. Accessed on January 3, 2020. https://kellogg.nd.edu/sites/default/files/old_files/documents/002_0.pdf.

——. 1973. *Modernization and Bureaucratic-Authoritarianism: Studies in South American Politics*. Berkeley, CA: Institute of International Studies.

Oliver, Henry. 1946. "Review of *National Power and the Structure of Foreign Trade* by Albert Hirschman." *Southern Economic Journal* 12, no. 3 (January): 304–305.

Olson, Mancur. 1965 [1971]. *The Logic of Collective Action*. Cambridge, MA: Harvard University Press.

——. 1965. "Some Social and Political Implications of Economic Development." *World Politics* 17 (3): 525–554.

Oman, Charles P., and Ganeshan Wignaraja. 1991. *The Postwar Evolution of Development Thinking*. Basingstoke, UK: Macmillan.

Omiccioli, Massimo. 2018. *La "strana" biblioteca di uno "strano" economista: Viaggio tra i libri di Ernesto Rossi*. Rome: Banca d'Italia.

Ophir, Adi. 2019. "Exit, Voice, Loyalty: The Case of the BDS." *Philosophy and Social Criticism*, first published online November 14, 2019.

Orbell, John M., and Toro Uno. 1972. "A Theory of Neighborhood Problem Solving: Political Actions vs. Residential Mobility." *American Political Science Review* 66, no. 2 (June): 471–489.

Overy, Richard. 2017. *The Inter-War Crisis*. 3rd ed. London: Routledge.

Paci, Massimo. 1982. "Onde lunghe nello sviluppo dei sistemi di welfare." *Stato e mercato*, no. 6 (December): 345–400.

Pasquino, Gianfranco. 2014. "Hirschman politologo (per necessità e virtù)." *Moneta e Credito* 67 (266): 167–189.

Peleg, Ilan, and Dov Waxman. 2011. *Israel's Palestinians: The Conflict Within*. Cambridge: Cambridge

Chicago: Charles H. Kerr.
Mazower, Mark. 2000. *Dark Continent: Europe's Twentieth Century*. New York: Vintage.
McClafferty, Carla Killough. 2008. *In Defiance of Hitler: The Secret Mission of Varian Fry*. New York: Farrar, Straus and Giroux.
McCloskey, Deirdre N. 1992. "Alexander Gerschenkron." *American Scholar* 61, no. 2 (Spring): 241–246.
McPherson, Michael S. 1986. "The Social Scientist as Constructive Skeptic: On Hirschman's Role." In Foxley, McPherson, and O'Donnell 1986, 305–315.
Meade, James E. 1940. *The Economic Basis of a Durable Peace*. New York: Oxford University Press.
Meier, Gerald M. 2005. *Biography of a Subject: An Evolution of Development Economics*. New York: Oxford University Press.
——. 2001. "The Old Generation of Development Economists and the New." In *Frontiers of Development Economics: The Future in Perspective*, ed. Gerald M. Meier and Joseph E. Stiglitz, 13–50. New York: Oxford University Press.
Meier, Gerald M., and Dudley Seers. 1984. *Pioneers in Development*. New York: Oxford University Press.
Meldolesi, Luca. 1995. *Discovering the Possible: The Surprising World of Albert O. Hirschman*. Notre Dame, IN: University of Notre Dame Press.
——. 1990. "Una passione per il possibile." In *Tre continenti: Economia politica e sviluppo della democrazia in Europa, Stati Uniti e America Latina*, by Albert O. Hirschman. Turin: Einaudi.
Merton, Robert K. 1973. "Social Conflict Over Styles of Sociological Work." In *The Sociology of Science: Theoretical and Empirical Investigations*, 47–69. Chicago: University of Chicago Press. [Originally published in Fourth World Congress of Sociology, *Transactions* 3 (1961): 21–46. Louvain, Belgium: International Sociological Association.]
——. 1936. "The Unanticipated Consequences of Purposive Social Action." *American Sociological Review* 1, no. 6 (December): 894–904.
Meyer, Jack A. 1989. "Statement." In *Public Investment in Human and Physical Infrastructure*. Hearing Before the Joint Economic Committee, Congress of the United
States, One Hundred First Congress, First Session, July 19, 1989. Washington, DC: Government Printing Office, 1990.
Michaely, Michael. 1962. *Concentration in International Trade*. Amsterdam: North-Holland.
——. 1960. "The Shares of Countries in World Trade." *Review of Economics and Statistics* 42, no. 3 (August): 307–317.
Migdal, Joel S. 1980. *Palestinian Society and Politics*. Princeton, NJ: Princeton University Press.
Milward, Alan S. 1984. *The Reconstruction of Western Europe, 1945–51*. Berkeley: University of California Press.
Misiani, Simone. 2010. *Manlio Rossi-Doria: un riformatore del Novecento*. Soveria Mannelli, Italy: Rubbettino.
Moore, Barrington, Jr. 1966. *Social Origins of Dictatorship and Democracy: Lord and Peasant in the Making of the Modern World*. Boston: Beacon Press.
Mouré, Kenneth. 1991. *Managing the Franc Poincaré: Economic Understanding and Political Constraint in French Monetary Policy, 1928–1936*. Cambridge: Cambridge University Press.
Moyn, Samuel. 2018. *Not Enough: Human Rights in an Unequal World*. Cambridge, MA: Harvard University Press.
——. 2010. *The Last Utopia: Human Rights in History*. Cambridge, MA: Harvard University Press.

25–50.
Lindberg, Leon N., and Charles S. Maier, eds. 1985. *The Politics of Inflation and Economic Stagnation: Theoretical Approaches and International Case Studies*. Washington, DC: Brookings Institution.
Lind Olsen, Pernille. 2003. "Nonny Wright (1909–2003)." *Dansk kvindehistorie: Dansk kvindebiografisk leksikon*. Accessed September 30, 2019. http://www.kvinfo.dk/side/597/bio/1693/origin/170/.
Little, Ian M. D. 1982. *Economic Development: Theory, Policy, and International Relations*. New York: Basic Books.
Little, Ian M. D., and James A. Mirrlees. 1974. *Project Appraisal and Planning for Developing Countries*. New York: Basic Books.
——. 1968. *Manual of Industrial Project Analysis in Developing Countries, Vol. II, Social Cost Benefit Analysis*. Paris: Development Centre of the Organisation for Economic Co-operation and Development.
Little, Ian M. D., Tibor Scitovsky, and Maurice Scott. 1970. *Industry and Trade in Some Developing Countries: A Comparative Study*. London: Oxford University Press.
Love, Joseph L. 1996. *Crafting the Third World: Theorizing Underdevelopment in Rumania and Brazil*. Stanford, CA: Stanford University Press.
Luzzatto-Fegiz, Pierpaolo. 1937. "La Politica Demografica del Fascismo." *Annali di Economia*, Vol. 12, Dieci anni di Economia fascista: 1926–1935: La formazione dell'Economia corporativa, 109–124.
Lynn, Laurence E., Jr. 1992. "Welfare Reform and the Revival of Ideology: An Essay Review." *Social Service Review* 66, no. 4 (December): 642–654.
Lyons, William E., David Lowery, and Ruth Hoogland DeHoog. 1992. *The Politics of Dissatisfaction: Citizens, Services, and Urban Institutions*. Armonk, NY: M. E. Sharpe.
Macario, Santiago. 1964. "Protectionism and Industrialization in Latin America." *Economic Bulletin for Latin America* 9, no. 1 (March): 62–102.
Maier, Charles S. 2017. "On the Applicability of Albert Hirschman's Shifting Involvements for the Historian: Notes for a Research Proposal." Paper presented at the Conference on Albert Hirschman's Legacy: Theory and Practice, Boston University, October 6–7, 2017.
——. 1985. "Inflation and Stagnation as Politics and History." In Lindberg and Maier 1985, 3–24.
Mann, Fritz Karl. 1946. "Review of *National Power and the Structure of Foreign Trade* by Albert O. Hirschman." *Journal of Economic History* 6, no. 1 (May): 91–93.
Mannheim, Karl. 1936. *Ideology and Utopia: An Introduction to the Sociology of Knowledge*. New York: Harcourt, Brace.
Marglin, Stephen A. 1967. *Public Investment Criteria: Benefit-Cost Analysis for Planned Economic Growth*. London: George Allen & Unwin.
Marino, Andy. 1999. *American Pimpernel: The Man Who Saved the Artists on Hitler's Death List*. London: Hutchinson.
Martin, David A. 1990. "Economics as Ideology: On Making 'The Invisible Hand' Invisible." *Review of Social Economy* 48, no. 3 (Fall): 272–287.
Maser, Steven M. 1984. "Review of: *Shifting Involvements: Private Interests and Public Action* by Albert O. Hirschman." *American Political Science Review* 78, no. 2 (June): 590–591.
Mathiowetz, Dean. 2007. "The Juridical Subject of 'Interest.' " *Political Theory* 35, no. 4 (August): 468–493.
Matthews, Donald R., and James W. Prothro. 1966. *Negroes and the New Southern Politics*. New York: Harcourt, Brace and World.
Marx, Karl. 1859 [1904]. *A Contribution to the Critique of Political Economy*. Translated by N. I. Stone.

Kenyon, Tom, and Alberto Criscuolo. 2017. "Social Learning and the World Bank." Paper prepared for the First Hirschman-Colorni Conference, Boston University, October 6–7, 2017.

Keohane, Nannerl O. 1978. "Review of *The Passions and the Interests: Political Arguments for Capitalism Before Its Triumph* by Albert O. Hirschman." *Journal of Interdisciplinary History* 8, no. 4 (Spring): 776–778.

Keohane, Robert O., and Joseph S. Nye. 1973. "World Politics and the International Economic System." In *The Future of the International Economic Order: An Agenda for Research*, by C. Fred Bergsten, 115–179. Lexington, MA: Lexington Books.

——, eds. 1972. *Transnational Relations and World Politics*. Cambridge, MA: Harvard University Press.

Killick, Tony. 1978. *Economic Development in Action: A Study of Economic Policies in Ghana*. London: Heinemann.

Kindleberger, Charles P. 1973. *The World in Depression 1929–1939*. Berkeley: University of California Press.

—— 1962. *Foreign Trade and the National Economy*. New Haven, CT: Yale University Press.

Knapp, John. 1957. "Capital Exports and Growth." *Economic Journal* 67, no. 267 (September): 432–444.

Knox, A. D. 1960. "Review of *The Strategy of Economic Development* by Albert O. Hirschman." *International Affairs* 36, no. 1 (January): 99–100.

Köpp, H. Eberhard. 2003. "Promoting Professional and Personal Trust in OED." In Grasso, Wasty, and Weaving 2003, 55–60.

Kornai, János. 1979. "Appraisal of Project Appraisal." In *Economics and Human Welfare: Essays in Honor of Tibor Scitovsky*, ed. Michael J. Boskin, 75–99. New York: Academic Press.

Krasner, Stephen D. 1976. "State Power and the Structure of International Trade." *World Politics* 28, no. 3 (April): 317–347.

Krugman, Paul. 1994. "The Fall and Rise of Development Economics." In Rodwin and Schön 1994, 39–58.

——. 1993. "Toward a Counter-Counterrevolution in Development Theory." In *Proceedings of the World Bank Annual Conference on Development Economics 1992*, ed. Lawrence H. Summers and Shekhar Shah, 15–61. Washington, DC: World Bank.

Kuznets, Simon. 1964. "Quantitative Aspects of the Economic Growth of Nations: IX. Level and Structure of Foreign Trade: Comparisons for Recent Years." *Economic Development and Cultural Change* 13, no. 1, part 2 (October): 1–106.

Lane, Robert E. 1978. "Markets and the Satisfaction of Human Wants." *Journal of Economic Issues* 12, no. 4 (December): 799–827.

Laves, Walter H. C. 1940. "The Institutional Requirements for a More Stable World Order." In *The Foundations of a More Stable Order*, ed. Walter H. C. Laves, 157–185. Chicago: University of Chicago Press, 1941.

Lazear, Edward P. 1999. "Economic Imperialism." *NBER Working Paper Series*, 7300 (August).

Lepenies, Philipp H. 2018. "Statistical Tests as a Hindrance to Understanding What the Controversy Around the 'Hiding Hand' Reveals About Research in the Social Sciences and Conceals About Project Management." *World Development* 103 (March): 360–365.

Lewis, W. Arthur. 1955. *The Theory of Economic Growth*. London: Allen & Unwin.

——. 1954. "Economic Development with Unlimited Supply of Labour." *Manchester School of Economic and Social Studies* 22, no. 2 (May): 139–191.

Lindberg, Leon N. 1985. "Models of Inflation-Disinflation Process." In Lindberg and Maier 1985,

shall Plan Countries.' " *Review of Foreign Developments*, August 26, 1947, Board of Governors of the Federal Reserve System, Division of Research and Statistics, International Section, 8–11.

Hirschman, Albert O., and Robert Solomon. 1950. "The Influence of U.S. Economic Conditions on Foreign Countries." *Review of Foreign Developments*, September 12, 1950, Board of Governors of the Federal Reserve System, Division of International Finance, 1–20.

Hoffman, Paul. 1991. "Three Dualist Theories of the Passions." *Philosophical Topics* 19, no. 1 (Spring): 153–200.

Hogan, Michael J. 1987. *The Marshall Plan: America, Britain, and the Reconstruction of Western Europe, 1947–1952*. Cambridge: Cambridge University Press.

Honig, Dan. 2018. *Navigation by Judgment: Why and When Top Down Management of Foreign Aid Doesn't Work*. New York: Oxford University Press.

Hoselitz, Bert F. 1948. "Review of *Problèmes d'économie internationale: Les Échanges du capitalism libéral* by Jean Weiller." *Journal of Political Economy* 56, no. 3 (June): 269–271.

Hotelling, Harold. 1929. "Stability in Competition." *Economic Journal* 39, no. 153 (March): 41–57.

Huntington, Samuel P. 1991. *The Third Wave: Democratization in the Late Twentieth Century*. Norman: University of Oklahoma Press.

IBRD: see International Bank for Reconstruction and Development.

Ika, Lavagnon A. 2018. "Beneficial or Detrimental Ignorance: The Straw Man Fallacy of Flyvbjerg's Test of Hirschman's Hiding Hand." *World Development* 103 (March): 369–382.

Inayatullah, Naeem. 1997. "Theories of Spontaneous Disorder." *Review of International Political Economy* 4, no. 2 (Summer): 319–348.

International Bank for Reconstruction and Development (IBRD). 1972. "Operations Evaluation Report: Electric Power." March 10, 1972, Report No. 2–17, Programming & Budgeting Department, Operations Evaluation Division.

——. 1950a. *The Basis of a Development Program for Colombia: Report of a Mission Headed by Lauchlin Currie, and Sponsored by the International Bank for Reconstruction and Development in Collaboration with the Government of Colombia*. Washington, DC: IBRD.

——. 1950b. *The Basis of a Development Program for Colombia: Report of a Mission: The Summary*. Washington, DC: IBRD.

International Studies Conference. 1939. *Twelfth Session, 1939, General Study Conference on Economic Policies in Relation to World Peace*, Memoranda, Argentine No. 1, Australia No. 1–5. Paris: International Institute of Intellectual Co-operation, League of Nations.

——. 1938. *Economic Policies in Relation to World Peace. A record of the meetings held in Prague on May 25th and 26th 1938*. Paris: International Institute of Intellectual Cooperation, League of Nations.

Isenberg, Sheila. 2001. *A Hero of Our Own: The Story of Varian Fry*. New York: Random House.

Kaiser, Thomas E. 1979. "Review of *The Passions and the Interests: Political Arguments for Capitalism Before Its Triumph* by Albert O. Hirschman." *Eighteenth-Century Studies* 12, no. 3 (Spring): 419–422.

Kaplan, Jacob J., and Günther Schleiminger. 1989. *The European Payments Union: Financial Diplomacy in the 1950s*. Oxford: Clarendon Press.

Katznelson, Ira. 1980. "Accounts of the Welfare State and the New Mood." *American Economic Review* 70, no. 2 (May): 117–122.

Katznelson, Ira, Kim Geiger, and Daniel Kryder. 1993. "Limiting Liberalism: The Southern Veto in Congress, 1933–1950." *Political Science Quarterly* 108, no. 2 (Summer): 283–306.

Katznelson, Ira, and Bruce Pietrykowski. 1991. "Rebuilding the American State: Evidence from the 1940s." *Studies in American Political Development* 5, no. 2 (Fall): 301–339.

——. 1943a. "On Measures of Dispersion for a Finite Distribution." *Journal of the American Statistical Association* 38, no. 223 (September): 346–352.

——. 1943b. "The Commodity Structure of World Trade." *Quarterly Journal of Economics* 57, no. 4 (August): 565–595.

Hirschmann, Otto Albert [not mentioned as author]. 1939a. "Mèmoire sur le Contrôle des Changes en Italie," juin 1939, Conférence permanente des hautes études internationales, XIIème session, Bergen 1939, Conférence générale d'études sur les politiques économiques et la paix. Paris: Institut International de Coopération Intellectuelle. Société des Nations, in International Studies Conference, Twelfth Session, 1939, *General Study Conference on Economic Policies in Relation to World Peace*, Memoranda, Exchange Control No. 1–5. Paris: International Institute of Intellectual Co-operation, League of Nations. An Italian translation is available in Hirschman 1987b, 161–255.

——. 1939b. "Étude statistique sur la tendance du Commerce extérieur vers l'équilibre et le bilatéralism," aoÛt 1939, Conférence permanente des hautes études internationales, XIIème session, Bergen 1939, Conférence générale d'études sur les politiques économiques et la paix. Paris: Institut International de Coopération Intellectuelle, Société des Nations. In International Studies Conference, Twelfth Session, 1939, *General Study Conference on Economic Policies in Relation to World Peace*, Memoranda, Exchange Control No. 7–8. Paris: International Institute of Intellectual Co-operation, League of Nations. Also available at https://colornihirschman.org/dossier/article/75/etude-statistique-sur-la-tendence-du-commerce-exterieur-vers-lequilibre-et-lebilateralisme. English translation from the French original by Pier Francesco Asso: Albert O. Hirschman. 1988. "Statistical Study of the Trend of Foreign Trade Toward Equilibrium and Bilateralism." *Political Economy. Studies in the Surplus Approach* 4 (1): 111–124. http://www.centrosraffa.org/pe/4,1/4,1.5.%20Hirschman.pdf.

——. 1938a. *Il franco Poincaré e la sua svalutazione*, a cura di Giorgio Gilibert. Rome: Edizioni di Storia e Letteratura, 2004.

——. 1938b. "Nota su due recenti tavole di nuzialità della popolazione italiana." *Giornale degli Economisti e Rivista di Statistica*, Serie quarta, 78, no. 1 (January): 40–47.

—— [unsigned]. 1938c. "Les Finances et l'économie italiennes—Situation actuelle et erspectives." *Bulletin Quotidien*, Supplément, no. 123 (1 juin 1938), Société d'Études et d'Informations Économiques.

—— [unsigned]. 1938d. "L'Industrie textile italienne et l'autarcie." *Bulletin Quotidien*, Supplément, no. 248 (2 novembre 1938), Société d'Études et d'Informations Économiques.

—— [under the pseudonym Jean Albert]. 1938e. "Crise de la colonisation italienne en Éthiopie." *L'Europe Nouvelle* 21, no. 1083 (12 novembre 1938): 1235–1236.

—— [unsigned]. 1938f. "Italie." *L'Activité Économique* 4, no. 15 (31 octobre 1938): 250–255.

Hirschmann, Ursula. 1993. *Noi Senzapatria*. Bologna: Il Mulino.

Hirschman, Albert O., and Richard M. Bird. 1968. "Foreign Aid—A Critique and a Proposal." Essays in International Finance No. 69 (July). Princeton, NJ: Princeton University, Department of Economics, International Finance Section.

Hirschman, Alberto [*sic*] O., and George Kalmanoff. 1956. "Demanda de energia electrica para la C.V.C." *Economia Colombiana*, Año III, vol. 9 (June): 507–519.

Hirschman, Albert O., and Charles E. Lindblom. 1962. "Economic Development, Research and Development, Policy Making: Some Converging Views." *Behavioral Science* 7, no. 2 (April): 211–222.

Hirschman, Albert O., and M. J. Roberts. 1947. "Trade and Credit Arrangements Between the 'Mar-

——. 1952. "Effects of Industrialization on the Markets of Industrial Countries." In *The Progress of Underdeveloped Areas*, ed. Bert F. Hoselitz, 270–283. Chicago: University of Chicago Press.
——. 1950a. "Multilateralism and European Integration." *Review of Foreign Developments*, April 25, 1950, Board of Governors of the Federal Reserve System, Division of Research and Statistics, International Section, 1–19.
——. 1950b. "The European Payments Union." *Review of Foreign Developments*, August 15, 1950, Board of Governors of the Federal Reserve System, Division of International Finance, 1–9.
——. 1950c. "The Long-Run Effect of Development and Industrialization Abroad on the United State." *Review of Foreign Developments*, July 25, 1950, 1–17.
——. 1949a. "The New Intra-European Payments Scheme." *Review of Foreign Developments*, July 19, 1949, Board of Governors of the Federal Reserve System, Division of Research and Statistics, International Section, 1–5.
——. 1949b. "Devaluation and the Trade Balance: A Note." *Review of Economics and Statistics* 31, no. 1 (February): 50–53.
——. 1948a. "Credit Restrictions and Deflation in Italy." *Review of Foreign Developments*, April 20, 1948, Board of Governors of the Federal Reserve System, Division of Research and Statistics, International Section, 5–9.
——. 1948b. "Inflation and Deflation in Italy." *American Economic Review* 38, no. 4 (September): 598–606.
——. 1948c. "Inflation and Balance of Payments Deficit." *Review of Foreign Developments*, August 24, 1948, Board of Governors of the Federal Reserve System, Division of Research and Statistics, International Section, 6–8.
——. 1948d. "Disinflation, Discrimination, and the Dollar Shortage." *American Economic Review* 38, no. 5 (December): 886–892.
——. 1948e. "Economic and Financial Conditions in Italy." *Review of Foreign Developments*, December 14, 1948, Board of Governors of the Federal Reserve System, Division of Research and Statistics, International Section, 1–17.
——. 1948f. "Dollar Shortage and Discrimination." *Review of Foreign Developments*, September 7, 1948, Board of Governors of the Federal Reserve System, Division of Research and Statistics, International Section, 1–4.
——. 1947a. "Swiss Foreign Economic Policy." *Review of Foreign Developments*, June 3, 1947, Board of Governors of the Federal Reserve System, Division of Research and Statistics, International Section, 13–20.
——. 1947b. "Exchange Control in Italy." *Review of Foreign Developments*, March 11, 1947, Board of Governors of the Federal Reserve System, Division of Research and Statistics, International Section, 11–17.
——. 1947c. "Exchange Control in Italy—II." *Review of Foreign Developments*, May 6, 1947, Board of Governors of the Federal Reserve System, Division of Research and Statistics, International Section, 11–14.
——. 1947d. "Trade Structure of the 'Marshall Plan Countries.' " *Review of Foreign Developments*, August 12, 1947, Board of Governors of the Federal Reserve System, Division of Research and Statistics, International Section, 7–11.
——. 1947e. "France and Italy: Patterns of Reconstruction." *Federal Reserve Bulletin* 33, no. 4 (April): 353–366.
——. 1945. *National Power and the Structure of Foreign Trade*. Berkeley: University of California Press.

minants." In *The New Authoritarianism in Latin America*, ed. David Collier, 61–98. Princeton, NJ: Princeton University Press.
——. 1978. "Beyond Asymmetry: Critical Notes on Myself as a Young Man and on Some Other Old Friends." *International Organization* 32, no. 1 (Winter): 45–50.
——. 1977a. "A Generalized Linkage Approach to Development, with Special Reference to Staples." *Economic Development and Cultural Change* 25, supplement (August): 67–98.
——. 1977b. *The Passions and the Interests: Political Arguments for Capitalism Before Its Triumph*. Princeton, NJ: Princeton University Press [1997, twentieth anniversary edition].
——. 1975. "Policymaking and Policy Analysis in Latin America—A Return Journey." *Policy Sciences* 6, no. 4 (December): 385–402.
——. 1974, " 'Exit, Voice, and Loyalty': Further Reflections and a Survey of Recent Contributions." *Social Science Information* 13, no. 1 (February): 7–26.
——. 1973. "The Changing Tolerance for Income Inequality in the Course of Economic Development." *Quarterly Journal of Economics* 87, no. 4 (November): 544–566.
——. 1971a. *A Bias for Hope: Essays on Development and Latin America*. New Haven, CT: Yale University Press.
——. 1971b. "Introduction: Political Economics and Possibilism." In Hirschman 1971a, 1–37.
——. 1970a. *Exit, Voice, and Loyalty: Responses to Decline in Firms, Organizations, and States*. Cambridge, MA: Harvard University Press.
——. 1970b. "The Search for Paradigms as a Hindrance to Understanding." *World Politics* 22, no. 3 (April): 329–343.
——. 1969. "How to Divest in Latin America, and Why." *Essays in International Finance*, no. 76 (November), International Finance Section, Department of Economics, Princeton University.
——. 1968a. "Foreword." In *Electric Power in Brazil: Entrepreneurship in the Public Sector*, by Judith Tendler. Cambridge, MA: Harvard University Press, vii–x.
——. 1968b. "The Political Economy of Import-Substituting Industrialization in Latin America." *Quarterly Journal of Economics* 82, no. 1 (February): 1–32.
——. 1968c. "Underdevelopment, Obstacles to the Perception of Change, and Leadership." *Daedalus* 97, no. 3 (Summer): 925–937.
——. 1967a. *Development Projects Observed*. Washington, DC: Brookings Institution Press.
——. 1967b. "The Principle of the Hiding Hand." *Public Interest* 6 (Winter): 10–23.
——. 1965. "Obstacles to Development: A Classification and a Quasi-Vanishing Act." *Economic Development and Cultural Change* 13, no. 4, part 1 (July): 385–393.
——. 1964. "The Paternity of an Index." *American Economic Review* 54, no. 5 (September): 761–762.
——. 1963. *Journeys Toward Progress*. New York: Twentieth Century Fund.
——, ed. 1961a. *Latin American Issues: Essays and Comments*. New York: Twentieth Century Fund.
——. 1961b. "Ideologies of Economic Development in Latin America." In Hirschman 1961a, 3–42.
——. 1961c. "Second Thoughts on the Alliance for Progress." In Hirschman 1971a, 175–182.
——. 1960. "Abrazo Versus Coexistence." In Hirschman 1961a, 59–63.
——. 1958. *The Strategy of Economic Development*. New Haven, CT: Yale University Press [1961 ed. with new preface].
——. 1954a. "Guia para el análisis y la confección de recomendaciones sobre la situación monetaria." *Economia Colombiana*, Año I, vol. 2 (October): 531–540.
——. 1954b. "Economics and Investment Planning: Reflections Based on Experience in Colombia." In Hirschman 1971a, pp. 41–62.

——. 1990a. "Good News Is Not Bad News." *New York Review of Books*, October 11, 1990, 20–22.
——. 1990b. "Albert O. Hirschman." Interview by Richard Swedberg. In *Economics and Sociology: Redefining Their Boundaries: Conversations with Economists and Sociologists*, by Richard Swedberg, 152–166. Princeton, NJ: Princeton University Press.
——. 1989a. "Studies in Paris, 1933–1935." In Hirschman 1995, 113–116.
——. 1989b. "Having Opinions—One of the Elements of Well-Being?" *American Economic Review* 79, no. 2 (May): 75–79.
——. 1988a, "My Father and Weltanschauung, circa 1928." In Hirschman 1995, 111–112.
——. 1988b. "Four Reencounters." In Hirschman 1995, 95–110.
——. 1987a. "Doubt and Antifascist Action in Italy, 1936–1938." In Hirschman 1995, 117–119.
——. 1987b. *Potenza nazionale e commercio estero: Gli anni trenta, l'Italia e la ricostruzione*. Ed. Pier Francesco Asso and Marcello De Cecco. Bologna: Il Mulino.
——. 1987c. "The Political Economy of Latin American Development: Seven Exercises in Retrospection." *Latin American Research Review* 22 (3): 7–36.
——. 1986a. "*Exit and Voice*: An Expanding Sphere of Influence." In Hirschman 1986b, 77–101.
——. 1986b. *Rival Views of Market Society and Other Recent Essays*. Cambridge, MA: Harvard University Press [paperback ed. 1992].
—— O. 1985a. "Linkages in Economic Development." In Hirschman 1986b, 56–76.
——. 1985b. "The Concept of Interest: From Euphemism to Tautology." In Hirschman 1986b, 35–55.
——. 1985c. "Reflections on Latin American Experience." In Lindberg and Maier 1985, 53–77.
——. 1985d. "Notes on Consolidating Democracy in Latin America." In Hirschman 1986b, 176–182.
——. 1984a. "A Dissenter's Confession: *The Strategy of Economic Development* Revisited." In Meier and Seers 1984, 87–111.
——. 1984b. "Against Parsimony: Three Easy Ways of Complicating Some Categories of Economic Discourse." *Bulletin of the American Academy of Arts and Sciences* 37, no. 8 (May): 11–28.
——. 1984c. *Getting Ahead Collectively: Grassroots Experiences in Latin America*. New York: Pergamon Press.
——. 1982a. "Rival Interpretations of Market Society: Civilizing, Destructive, or Feeble?" *Journal of Economic Literature* 20, no. 4 (December): 1463–1484.
——. 1982b. *Shifting Involvements: Private Interest and Public Action*. Princeton, NJ: Princeton University Press [2002, twentieth-anniversary edition].
——. 1981a. *Essays in Trespassing: Economics to Politics and Beyond*. Cambridge, MA: Harvard University Press.
——. 1981b. "The Rise and Decline of Development Economics." In Hirschman 1981a, 1–24.
——. 1980a. "In Defense of Possibilism." In Hirschman 1986b, 171–175.
——. 1980b. "The Welfare State in Trouble: Systemic Crisis or Growing Pains?" *American Economic Review* 70, no. 2 (May): 113–116.
——. 1980c. "Morality and the Social Sciences: A Durable Tension." In Hirschman 1981a, 294–306.
——. 1979a. "Preface to the Expanded Edition." In *National Power and the Structure of Foreign Trade*, v–xii. Berkeley: University of California Press, [1945] 1980.
——. 1979b. "Foreword." In *Toward a New Strategy for Development: A Rothko Chapel Colloquium*, ed. Albert O. Hirschman et al., xv–xviii. New York: Pergamon Press.
——. 1979c. "The Turn to Authoritarianism in Latin America and the Search for Its Economic Deter-

nomic Development and Cultural Change 20, no. 4 (July): 631–640.
Harpham, Edward J., and Richard K. Scotch. 1988. "Rethinking the War on Poverty: The Ideology of Social Welfare Reform." *Western Political Quarterly* 41, no. 1 (March): 193–207.
Harvard Law Review. 1994. "Dethroning the Welfare Queen: The Rhetoric of Reform." *Harvard Law Review* 107, no. 8 (June): 2013–2030.
——. 1991. "Review: *The Rhetoric of Reaction: Perversity, Futility, Jeopardy* by Albert O. Hirschman." *Harvard Law Review* 105, no. 2 (December): 585–590.
Hayek, Friedrich A., ed. 1935. *Collectivist Economic Planning: Critical Studies on the Possibilities of Socialism*. London: Routledge.
Hazard, Paul. 1952 [1990]. *The European Mind: The Critical Years, 1680–1715*. New York: Fordham University Press.
Hess, Andreas. 1999. " 'The Economy of Morals and Its Applications': An Attempt to Understand Some Central Concepts in the Work of Albert O. Hirschman." *Review of International Political Economy* 6, no. 3 (Autumn): 338–359.
Hickerson, Steven R. 1983. "Review of: *Shifting Involvements: Private Interest and Public Action* by Albert O. Hirschman." *Journal of Economic Issues* 17, no. 1 (March): 256–259.
Higgins, Benjamin. 1960. "Review of *The Strategy of Economic Development* by Albert O. Hirschman." *Social Research* 27, no. 1 (Spring): 112–115.
Higgins, Benjamin, Alexandre Kafka, and George E. Britnell. 1959. "Discussion." *American Economic Review* 49, no. 2 (May): 169–178.
Hill, Lewis E. 1959. "Review of *The Strategy of Economic Development* by Albert O. Hirschman." *Southern Economic Journal* 26, no. 1 (July): 72.
Hirsch, Fred. 1976. *Social Limits to Growth*. Cambridge, MA: Harvard University Press.
Hirschman, Albert O. 1998. *Crossing Boundaries: Selected Writings*. New York: Zone Books.
——. 1997. "Fifty Years After the Marshall Plan: Two Posthumous Memoirs and Some Personal Recollections." In Hirschman 1998, 33–43.
——. 1995. *A Propensity to Self-Subversion*. Cambridge, MA: Harvard University Press.
——. 1994a. "Trespassing: Places and Ideas in the Course of a Life." Interview with Carmine Donzelli, Marta Petrusewicz and Claudia Rusconi. In Hirschman 1998, 45–110. [Original edition: Albert O. Hirschman. *Passaggi di Frontiera. I luoghi e le idee di un percorso di vita*, a cura di Carmine Donzelli, Marta Petrusewicz e Claudia Rusconi. Rome: Donzelli Editore, 1994.]
——. 1994b. "A Hidden Ambition." In *Development Projects Observed*, 2015 ed., xv–xx. Washington, DC: Brookings Institution.
——. 1994c. "A Propensity to Self-Subversion." In Rodwin and Schön 1994, 277–283.
——. 1994d. "Social Conflicts as Pillars of Democratic Market Society." *Political Theory* 22, no. 2 (May): 203–218.
——. 1993a. "Introduction." In Varian Fry, *Assignment: Rescue*. New York: Scholastic.
——. 1993b. "Escaping Over the Pyrenees, 1940–41." In Hirschman 1995, 123–126.
——. 1993c. "Exit, Voice, and the Fate of the German Democratic Republic: An Essay in Conceptual History." *World Politics* 45, no. 2 (January): 173–202.
——. 1993d. " 'The Rhetoric of Reaction'—Two Years Later." *Government and Opposition* 28, no. 3 (Summer): 292–314.
——. 1992. "L'argument intransigeant comme idée reçue: En guise de réponse à Raymond Boudon." *Le Débat* 1992/2 (69): 96–102.
——. 1991. *The Rhetoric of Reaction: Perversity, Futility, Jeopardy*. Cambridge, MA: Belknap Press.

Fry, Varian. 1945. *Surrender on Demand*. New York: Random House.

Fubini, Federico. 2014. *La via di fuga: Storia di Renzo Fubini*. Milan: Mondadori.

Furtado, Celso. 1966. "U.S. Hegemony and the Future of Latin America." *World Today* 22, no. 9 (September): 375–385.

Galbraith, John K. 1958. "Rival Economic Theories in India." *Foreign Affairs* 36 (4): 587–596.

Gasper, Des. 1986. "Programme Appraisal and Evaluation: The Hiding Hand and Other Stories." *Public Administration and Development* 6, no. 4 (October/December): 467–474.

Garver, Eugene. 1991. "Review of *The Rhetoric of Reaction: Perversity, Futility, Jeopardy* by Albert O. Hirschman." *Rhetoric Society Quarterly* 21, no. 4 (Autumn): 46–51.

Gellner, Ernest. 1979. "The Withering Away of the Dentistry State: Review of *The Passions and the Interests: Political Arguments for Capitalism Before Its Triumph* by Albert O. Hirschman." *Review (Fernand Braudel Center)* 2, no. 3 (Winter): 461–472.

Gerschenkron, Alexander. 1962. *Economic Backwardness in Historical Perspective*. Cambridge, MA: Belknap Press.

——. 1943. *Bread and Democracy in Germany*. Berkeley: University of California Press.

Ghez, Gilber R., and Gary S. Becker. 1975. *The Allocation of Time and Goods Over the Life Cycle*. New York: Columbia University Press.

Gillis, Malcolm, Dwight H. Perkins, Michael Roemer, and Donald R. Snodgrass. 1983. *Economics of Development*. New York: Norton.

Ginzberg, Eli. 1982. "Review of: *Shifting Involvements: Private Interest and Public Action* by Albert O. Hirschman." *Journal of Economic Literature* 20, no. 4 (December): 1563–1564.

Gold, Mary Jayne. 1980. *Crossroads Marseilles 1940*. New York: Doubleday.

Goodman, Bernard. 1959. "Review of *The Strategy of Economic Development* by Albert O. Hirschman." *Journal of Farm Economics* 41, no. 2 (May): 468–469.

Gottlieb, M. 1949. "Optimum Population, Foreign Trade and World Economy." *Population Studies* 3, no. 2 (September): 151–169.

Grabel, Ilene. 2017. *When Things Don't Fall Apart: Global Financial Governance and Developmental Finance in an Age of Productive Incoherence*. Cambridge, MA: MIT Press.

Grasso, Patrick G., Sulaiman S. Wasty, and Rachel V. Weaving, eds. 2003. *World Bank Operations Evaluation Department: The First 30 Years*. Washington, DC: World Bank.

Greek, Cecil E. 1983. "Review of: *Shifting Involvements: Private Interest and Public Action* by Albert O. Hirschman." *Contemporary Sociology* 12, no. 6 (November): 671.

Habermas, Jürgen. 1975. *Legitimation Crisis*. Boston: Beacon Press.

Hadass, Yael S., and Jeffrey G. Williamson. 2003. "Terms-of-Trade Shocks and Economic Performance, 1870–1940: Prebisch and Singer Revisited." *Economic Development and Cultural Change* 51, no. 3 (April): 629–656.

Hall, Peter. 1980. *Great Planning Disasters*. London: Weidenfeld and Nicolson.

Hammond, Richard J. 1966. "Convention and Limitation in Benefit-Cost Analysis." *National Resources Journal* 6, no. 2 (April): 195–222.

Hampsher-Monk, Iain. 1984. "Political Languages in Time—The Work of J. G. A. Pocock." *British Journal of Political Science* 14, no. 1 (January): 89–116.

Hanson, Roger A. 1970. "Review of Albert O. Hirschman, *Exit, Voice, and Loyalty: Responses to Decline in Firms, Organizations, and States*." *American Political Science Review* 64, no. 4 (December): 1274–1276.

Harberger, Arnold C. 1972. "Issues Concerning Capital Assistance to Less-Developed Countries." *Eco-*

Elster, Jon. 1994. "Rationality, Emotions, and Social Norms." *Synthese* 98, no. 1 (January): 21–49.

——. 1978. "Exploring Exploitation." *Journal of Peace Research* 15 (1): 3–17.

Evans, Richard J. 2004. *The Coming of the Third Reich*. New York: Penguin.

Feijoó, María del Carmen, and Sarah Hirschman. 1984. *Gente y Cuentos: educación popular y literature*. Buenos Aires: Centro de Estudios de Estado y Sociedad.

Feinstein, Charles H., Peter Temin, and Gianni Toniolo. 1997. *The European Economy Between the Wars*. New York: Oxford University Press.

Ferraro, Agustin E., and Miguel A. Centeno. 2019. "Authoritarianism, Democracy, and Development in Latin America and Spain, 1930–1990." In *State and Nation Making in Latin America and Spain: The Rise and Fall of the Developmental State*, ed. Agustin E.

Ferraro and Miguel A. Centeno, 405–427. Cambridge: Cambridge University Press.

Finzi, Roberto. 2004. "Uno studioso studente a Trieste: Otto Albert Hirschman." In Otto A. Hirschmann. *Il Franco Poincaré e la sua svalutazione*, a cura di Giorgio Gilibert, 109–134. Rome: Edizioni di Storia e Letteratura.

Fittko, Lisa. 1991. *Escape Through the Pyrenees*. Evanston, IL: Northwestern University Press.

Fleming, Grant. 1998. "Condliffe, John Bell." *Dictionary of New Zealand Biography*. https://teara.govt.nz/en/biographies/4c28/condliffe-john-bell.

Flexner, Kurt Fisher. 1955. "The European Payments Union from 1950 to 1954: An Analysis and Evaluation." PhD diss., Faculty of Political Science, Columbia University.

Florinsky, Michael T. 1946. "Review of *National Power and the Structure of Foreign Trade* by Albert O. Hirschman." *Political Science Quarterly* 61, no. 2 (June): 272–274.

Flyvbjerg, Bent. 2018. "Planning Fallacy or Hiding Hand: Which Is the Better Explanation?" *World Development* 103 (March): 383–386.

——. 2016. "Did Megaproject Research Pioneer Behavioral Economics? The Case of Albert O. Hirschman." In *The Oxford Handbook of Megaproject Management*, ed. Bent Flyvbjerg, 155–193. Oxford: Oxford University Press.

Flyvbjerg, Bent, and Cass R. Sunstein. 2016. "The Principle of the Malevolent Hiding Hand; or, the Planning Fallacy Writ Large." *Social Research* 83, no. 4 (Winter): 979–1004.

Force, Pierre. 2003. *Self-Interest Before Adam Smith: A Genealogy of Economic Science*. Cambridge: Cambridge University Press.

Ford Foundation. 1989. *The Common Good: Social Welfare and the American Future: Policy Recommendations of the Executive Panel*. New York: Ford Foundation.

Foxley, Alejandro, Michael S. McPherson, and Guillermo O'Donnell, eds. 1986. *Development, Democracy, and the Art of Trespassing: Essays in Honor of Albert O. Hirschman*. Notre Dame, IN: University of Notre Dame Press.

Frank, Andre Gunder. 1969. *Latin America: Underdevelopment or Revolution: Essays on the Development of Underdevelopment and the Immediate Enemy*. New York: Monthly Review Press.

——. 1967. *Capitalism and Underdevelopment in Latin America: Historical Studies of Chile and Brazil*. New York: Monthly Review Press.

——. 1960. "Built in Destabilization: A. O. Hirschman's *Strategy of Economic Development*." *Economic Development and Cultural Change* 8, no. 4, part 1 (July): 433–440.

Frankfurt, Harry G. 1971. "Freedom of the Will and the Concept of a Person." *Journal of Philosophy* 68, no. 1 (January): 5–20.

Friedman, Benjamin M. 2011. "Economics: A Moral Inquiry with Religious Origins." *American Economic Review* 101, no. 3 (May): 166–170.

Daston, Lorraine. 1994. "Enlightenment Calculations." *Critical Inquiry* 21, no. 1 (Autumn): 182–202.

Dawidoff, Nicholas. 2002. *The Fly Swatter. How My Grandfather Made His Way in the World.* New York: Pantheon.

De Cecco, Marcello. 2004. "Prefazione." In Otto A. Hirschmann, *Il Franco Poincaré e la sua svalutazione*, a cura di Giorgio Gilibert, vii–xv. Rome: Edizioni di Storia e Letteratura, 2004.

De Marchi, Neil. 2016. "Models and Misperceptions: Chenery, Hirschman and Tinbergen on Development Planning." *Research in the History of Economic Thought and Methodology*, Vol. 34B, 91–99.

Deutsch, Karl W. 1971. "On Political Theory and Political Action." *American Political Science Review* 65, no. 1 (March): 11–27.

De Vries, Jan. 1979. "Spotlight on Capitalism: A Review Article of *The Passions and the Interests: Political Arguments for Capitalism Before Its Triumph* by Albert O. Hirschman; and *Afterthoughts on Material Civilization and Capitalism* by Fernand Braudel." *Comparative Studies in Society and History* 21, no. 1 (January): 139–143.

Diebold, William, Jr. 1952. *Trade and Payments in Western Europe: A Study in Economic Cooperation, 1947–51.* New York: Council on Foreign Relations.

DiIulio, John J., Jr. 1992. "Review of *The Rhetoric of Reaction: Perversity, Futility, Jeopardy* by Albert O. Hirschman." *Journal of Policy Analysis and Management* 11, no. 4 (Autumn): 720–723.

Dornbusch, Rudiger. 1996. "Foreword." In *Development Macroeconomics*, by Pierre-Richard Agénor and Peter J. Montiel. Princeton, NJ: Princeton University Press.

Dowding, Keith, and Peter John. 2012. *Exits, Voices and Social Investment: Citizens' Reaction to Public Services.* Cambridge: Cambridge University Press.

Dunn, John. 1991. "Review: *The Rhetoric of Reaction: Perversity, Futility, Jeopardy* by Albert O. Hirschman." *Government and Opposition* 26, no. 4 (Autumn): 520–525.

Economic Commission for Latin America (ECLA). 1950. *Economic Survey of Latin America, 1949.* New York: United Nations.

Eichengreen, Barry. 2007. *The European Economy Since 1945: Coordinated Capitalism and Beyond.* Princeton, NJ: Princeton University Press.

——. 1995. "The European Payments Union: An Efficient Mechanism for Rebuilding Europe's Trade?" In *Europe's Postwar Recovery*, ed. Barry Eichengreen, 169–196. Cambridge: Cambridge University Press, 1995.

——. 1993. *Reconstructing Europe's Trade and Payments: The European Payments Union.* Manchester: Manchester University Press.

Einzig, Paul. 1938. *Bloodless Invasion. German Economic Penetration Into the Danubian States and the Balkans.* London: Duckworth.

Eldridge, John. 1996. "Review of *Rhetoric and Marxism* by James Arnt Aune." *American Journal of Sociology* 101, no. 5 (March): 1461–1462.

Ellerman, David. 2005. *Helping People Help Themselves: From the World Bank to an Alternative Philosophy of Development Assistance.* Ann Arbor: University of Michigan Press.

——. 2004. "Revisiting Hirschman on Development Assistance and Unbalanced Growth." *Eastern Economics Journal* 30, no. 2 (Spring): 311–331.

——. 2001. "Helping People Help Themselves: Toward a Theory of Autonomy-Compatible Help." World Bank Policy Research Working Paper No. 2693. Washington, DC: World Bank.

Ellis, Howard S. 1934. *German Monetary Theory, 1905–1933.* Cambridge, MA: Harvard University Press.

——. 1990. "The Political Economy of International Trade." *International Organization* 44, no. 2 (Spring): 261–281.

Coleman, James S. 1974. "Processes of Concentration and Dispersal of Power in Social Systems." *Social Science Information* 13, no. 2 (February): 7–18.

Collier, David. 1979. "Introduction." In *The New Authoritarianism in Latin America*, ed. David Collier, 3–16. Princeton, NJ: Princeton University Press.

Colorni, Eugenio. 2019a. *Critical Thinking in Action: Excerpts from Political Writings and Correspondence*, ed. Luca Meldolesi and Nicoletta Stame. New York: Bordighera Press.

——. 2019b. *The Discovery of the Possible: Excerpts from Political Writings and Correspondence II*, ed. Luca Meldolesi and Nicoletta Stame. New York: Bordighera Press.

Condliffe, John B. 1946. "Proposals for Consideration by an International Conference on Trade and Employment." *National Economic Problems*, No. 423. New York: American Enterprise Association.

——. 1944. "The Foreign Economic Policy of the United States." Memorandum No. 11, September 25, 1944, Yale Institute of International Studies.

——. 1943a. "Introduction: East of the Rhine." In *The Danube Basin and the German Economic Sphere*, by Antonín Basch. New York: Columbia University Press.

——. 1943b. *Problems of Economic Reorganization*. New York: Commission to Study the Organization of Peace.

——. 1942. *Agenda for a Postwar World*. New York: Norton.

——. 1940. *The Reconstruction of World Trade*. New York: Norton.

Coser, Lewis A. 1978. "A Superb Contribution to the History of Ideas, Review of *The Passions and the Interests: Political Arguments for Capitalism Before Its Triumph* by Albert O. Hirschman. *Contemporary Sociology* 7, no. 4 (July): 395–397.

Cracknell, Basil E. 1984. "Learning Lessons from Experience: The Role of Evaluation in the Administration of the U.K. Aid Programme." *Public Administration and Development* 4, no. 1 (January/March): 15–20.

Craver, Earlene. 1986. "Patronage and the Directions of Research in Economics: The Rockefeller Foundation in Europe, 1924–1938." *Minerva* 24, no. 2/3 (June): 205–222.

Currie, Lauchlin B. 1981. *The Role of Economic Advisers in Developing Countries*. Westport, CT: Greenwood Press.

——. 1950. "Some Prerequisites for Success of the Point Four Program." Address before the American Academy of Political and Social Sciences, Bellevue Stratford Hotel, Philadelphia, April 15. Published in *Annals of the American Academy of Political and Social Sciences*, no. 270 (July): 102–109.

Cyert, Richard M., and Morris H. De Groot. 1975. "Adaptive Utility." In *Adaptive Economic Models*, ed. R. H. Day and T. Groves, 223–246. New York: Free Press.

da Conceiç.o Tavares, Maria. 1964. "The Growth and Decline of Import Substitution in Brazil." *Economic Bulletin for Latin America* 9, no. 1 (March): 1–61.

Da Empoli, Domenico. 1998. "Fubini, Renzo." *Dizionario Biografico degli Italiani*, Vol. 50. http://www.treccani.it/enciclopedia/renzo-fubini_(Dizionario-Biografico).

Dasgupta, Amiya Kumar. 1965. *Planning and Economic Growth*. London: George Allen & Unwin.

Dasgupta, Partha. 1972. "A Comparative Analysis of the UNIDO Guidelines and the OECD Manual." *Bulletin of the Oxford University Institute of Economics and Statistics* 34, no. 1 (February): 33–51.

Dasgupta, Partha, Stephen A. Marglin, and Amartya K. Sen. 1972. *Guidelines for Project Evaluation*. New York: United Nations.

rior: From Yalta to the Bay of Pigs. New Haven, CT: Yale University Press.

Bolton, Craig J. 1984. "Review of: *Shifting Involvements, Private Interest and Public Action* by Albert O. Hirschman." *Social Science Quarterly* 65, no. 1 (March): 216–217.

Boudon, Raymond. 1992. "La rhétorique est-elle réactionnaire?" *Le Débat* 1992/2 (69): 87–95.

——. 1986. *Theories of Social Change: A Critical Appraisal*. Cambridge, UK: Polity Press.

——. 1982. "Intérêts privés et action publique." *Analyses de la Sedeis* 29 (September): 1–4.

Bowles, Samuel. 1998. "Endogenous Preferences: The Cultural Consequences of Markets and Other Economic Institutions." *Journal of Economic Literature* 36, no. 1 (March): 75–111.

Bray, David Barton. 1991. " 'Defiance' and the Search for Sustainable Small Farmer Organizations: A Paraguayan Case Study and a Research Agenda." *Human Organization* 50, no. 2 (Summer): 125–135.

Bridel, Pascal. 2009. " 'Passions et intérêts revisités: La suppression des 'sentiments' est-elle à l'origine de l'économie politique?" *Revue européenne des sciences sociales* 47 (144): 135–150.

Bronner, Stephen Eric. 1993. "Review of *The Rhetoric of Reaction: Perversity, Futility, Jeopardy* by Albert O. Hirschman." *Political Theory* 21, no. 1 (February): 132–135.

Brown, A. J. 1947. "Review of *National Power and the Structure of Foreign Trade* by Albert O. Hirschmann [*sic*]." *International Affairs* 23, no. 1 (January): 91–92.

Buck, Philip W. 1946. "Review of *National Power and the Structure of Foreign Trade* by Albert O. Hirschman." *Annals of the American Academy of Political and Social Science* 244 (March): 222–223.

Buttrick, John A. 1982. "Review of: *Shifting Involvements: Private Interest and Public Action* by Albert O. Hirschman." *Canadian Journal of Political Science / Revue Canadienne de science politique* 15, no. 4 (December): 837–838.

Calvocoressi, Peter, Guy Wint, and John Pritchard. 1989. *Total War. The Causes and Courses of the Second World War*. Rev. 2nd ed. New York: Viking.

Carli, Guido. 1996. *Cinquant'anni di vita italiana*. Rome: Laterza.

Carr, Edward Hallett. 1942. *Conditions of Peace*. New York: Macmillan.

Carson, Carol S. 1993. "IN MEMORIAM George Jaszi (1915–1992)." *Review of Income and Wealth* 39 (2): 225–227.

Castrillón, Alberto. 2013. "Mercado y virtud o cómo complicar la economia: A propósito de *Las Pasiones y Los Intereses*, de Albert Hirschman." *Revista de Economía Institucional* 15 (28): 79–93.

Cernea, Michael. 1981. "Modernization and Development Potential of Traditional Grass Roots Peasant Organizations." In *Direction of Change: Modernization Theory, Research, and Realities*, ed. Mustafa O. Attir, Burkart Holzner, and Zdenek Suda, 121–139. Boulder, CO: Westview Press.

Chenery, Hollis B. 1959. "Review of *The Design of Development* by Jan Tinbergen; *The Strategy of Economic Development* by Albert O. Hirschman." *American Economic Review* 49, no. 5 (December): 1063–1065.

Chenery, Hollis B., and Tsunehiko Watanabe. 1958. "International Comparisons of the Structure of Production." *Econometrica* 26, no. 4 (October): 487–521.

Clark, David A., ed. 2006. *The Elgar Companion to Development Studies*. Cheltenham, UK: Edward Elgar.

Clavin, Patricia. 2000. *The Great Depression in Europe, 1929–1939*. Basingstoke, UK: Macmillan.

Cohen, Benjamin J. 2008. *International Political Economy: An Intellectual History*. Princeton, NJ: Princeton University Press.

——. 2007. "The Transatlantic Divide: Why Are American and British IPE So Different?" *Review of International Political Economy* 14, no. 2 (May): 197–219.

ics: A Historical Perspective, Supplement to *History of Political Economy* 50, Durham, NC: Duke University Press.

Álvarez, Andrés, Andrés M. Guiot-Isaac, and Jimena Hurtado. 2020. "The Quarrel of Policy Advisers That Became Development Experts: Currie and Hirschman in Colombia." *History of Political Economy* 52 (2): 275–306.

Arndt, Heinz W. 1987. *Economic Development: The History of an Idea*. Chicago: University of Chicago Press.

Asher, Robert E. 1962. "In Conclusion." In *Development of the Emerging Countries. An Agenda for Research*, ed. Robert E. Asher et al., 215–226. Washington, DC: Brookings Institution.

Asso, Pier Francesco. 1988. "Bilateralism, Trade Agreements and Political Economists in the 1930s: Theories and Events Underlying Hirschman's Index." *Political Economy: Studies in the Surplus Approach* 4 (1): 83–110. http://www.centrosraffa.org/pe/4,1/4,1.4.%20Asso.pdf.

Asso, Pier Francesco, and Marcello De Cecco. 1987. "Introduzione." In *Potenza nazionale e commercio estero: Gli anni trenta, l'Italia e la ricostruzione*, by Albert O. Hirschman. Bologna: Il Mulino.

Axinn, Sidney. 1983. "Review of: *Shifting Involvements: Private Interest and Public Action* by Albert O. Hirschman." *Annals of the American Academy of Political and Social Science* 467 (May): 241–242.

Backhouse, Roger E., and Béatrice Cherrier. 2017. "The Age of the Applied Economist: The Transformation of Economics Since the 1970s." *History of Political Economy* 49 (Supplement): 1–33.

Baer, Werner. 1970. "Review of *Exit, Voice, and Loyalty: Responses to Decline in Firms, Organizations, and States* by Albert O. Hirschman." *Journal of Economic Literature* 8, no. 3 (September): 811–814.

Baffigi, Alberto, and Marco Magnani. 2009. *Giorgio Mortara*, in *Le leggi antiebraiche del 1938, le società scientifiche e la scuola in Italia*, Atti del Convegno, Roma, 26–27 novembre 2008, 237–254. Rome: Biblioteca dell'Accademia Nazionale delle Scienze.

Baldwin, David A. 1985. *Economic Statecraft*. Princeton, NJ: Princeton University Press.

Barry, Brian. 1974. "Review of *Exit, Voice, and Loyalty: Responses to Decline in Firms, Organization, and States* by Albert O. Hirschman." *British Journal of Political Science* 4, no. 1 (January): 79–107.

Basch, Antonín. 1941. *The New Economic Warfare*. New York: Columbia University Press.

Becker, Gary S. 1981. *A Treatise on the Family*. Cambridge, MA: Harvard University Press.

——. 1976. *The Economic Approach to Human Behavior*. Chicago: University of Chicago Press.

——. 1964. *Human Capital*. New York: Columbia University Press.

——. 1960. "An Economic Analysis of Fertility." In *Demographic and Economic Change in Developed Countries*, A Conference of Universities–National Bureau Committee for Economic Research, 209–240. New York: Columbia University Press.

——. 1957. *The Economics of Discrimination*. Chicago: University of Chicago Press.

Bernardi, Emanuele. 2010. *Riforme e democrazia. Manlio Rossi-Doria dal fascismo al centro-sinistra*. Soveria Mannelli, Italy: Rubbettino.

Bertilsson, Margareta and Ron Eyerman. 1979. "Interest as a Problematic Concept in Marxist Social Science." *Acta Sociologica* 22, no. 4: 361–375.

Bianchi, Ana Maria. 2011. "Visiting-Economists Through Hirschman's Eyes." *European Journal of the History of Economic Thought* 18, no. 2 (May): 217–242.

Bidwell, Percy W. 1945. "A Commercial Policy for the United Nations." Papers Submitted to the Committee on International Economic Policy, in cooperation with the Carnegie Endowment for International Peace, No. 6 (February 7, 1945). New York: Committee on International Economic Policy.

Bissell, Richard M., Jr., with Jonathan E. Lewis and Frances T. Pudlo. 1996. *Reflections of a Cold War-*

書目

關於參考文獻：

寫作本書時，我從自己過去十年來寫的文章摘錄並修改了部分內容。這些納入本書手稿內的材料，原本發表於以下的刊物：

"Theory and Practice in Development Economics." *History of Political Economy* 49, Supplement (2017): 264–291.

"Albert O. Hirschman and the Rise and Decline of Development Economics." *Research in the History of Economic Thought and Methodology*, Vol. 34B (2016), 13–39. Republished in slightly different form as "Albert Hirschman." In *Elgar Handbook of Alternative Theories of Economic Development*, ed. Jayati Ghosh, Rainer Kattel, and Erik Reinert, 456–474. Cheltenham, UK: Edward Elgar, 2016.

"Visualizing Uncertainties, or How Albert Hirschman and the World Bank Disagreed on Project Appraisal and What This Says About the End of 'High Development Theory.' " *Journal of the History of Economic Thought* 36, no. 2 (June 2014): 137–168.

"Il Piano Marshall, l'Italia e il Mezzogiorno." In *La Cassa per il Mezzogiorno: Dal recupero dell'archivio alla promozione della ricerca*. Rome: Svimez, 2014.

"Early Development Debates Revisited." *Journal of the History of Economic Thought* 33, no. 2 (June 2011): 145–171.

以上材料皆經同意翻印。

資料來源：

Adelman, Irma, and Cynthia Taft Morris. 1973. *Economic Growth and Social Equity in Developing Countries*. Stanford, CA: Stanford University Press.

Adelman, Jeremy. 2013. *Worldly Philosopher: The Odyssey of Albert O. Hirschman*. Princeton, NJ: Princeton University Press.

Agénor, Pierre-Richard, and Peter J. Montiel. 1996. *Development Macroeconomics*. Princeton, NJ: Princeton University Press.

Alacevich, Michele. 2018. "Planning Peace: The European Roots of the Post-War Global Development Challenge." *Past & Present* 239 (1): 220–264.

——. 2014. "Il Piano Marshall, l'Italia e il Mezzogiorno." In *La Cassa per il Mezzogiorno: Dal recupero dell'archivio alla promozione della ricerca*. Rome: Svimez, 2014.

——. 2011. "The World Bank and the Politics of Productivity: The Debate on Economic Growth, Poverty, and Living Standards in the 1950s." *Journal of Global History* 6 (1): 53–74.

——. 2009. *The Political Economy of the World Bank: The Early Years*. Stanford, CA: Stanford University Press.

Alacevich, Michele, and Mauro Boianvosky, eds. 2018. *The Political Economy of Development Econom-*

春山之巔　O25

拆解反動修辭的大師：赫緒曼思想傳記

Albert O. Hirschman: An Intellectual Biography

作　　者　米凱勒・阿拉切維奇 Michele Alacevich
譯　　者　陳信宏
總 編 輯　莊瑞琳
責任編輯　吳崢鴻
行銷企畫　甘彩蓉
業　　務　尹子麟
封面設計　盧卡斯
內文排版　藍天圖物宣字社
出　　版　春山出版有限公司
地址：11670 台北市文山區羅斯福路六段297號10樓
電話：02-29318171
傳真：02-86638233
法律顧問　鵬耀法律事務所戴智權律師
總 經 銷　時報文化出版企業股份有限公司
地址：33343 桃園市龜山區萬壽路二段351號
電話：02-23066842
製　　版　瑞豐電腦製版印刷股份有限公司
印　　刷　搖籃本文化事業有限公司
初版一刷　2024年3月

定　　價　新臺幣580元
I S B N　978-626-7236-88-8（紙本）
978-626-7236-89-5（PDF）
978-626-7236-90-1（Epub）

填寫本書線上回函

Email　SpringHillPublishing@gmail.com
Facebook　www.facebook.com/springhillpublishing/

國家圖書館出版品預行編目資料

拆解反動修辭的大師：赫緒曼思想傳記／米凱勒・阿拉切維奇（Michele Alacevich）著；
陳信宏譯. -- 初版. -- 臺北市：春山出版有限公司, 2024.03
432面；14.8×21公分. --（春山之巔；25）
譯自：Albert O. Hirschman : an intellectual biography
ISBN 978-626-7236-88-8（平裝）
1.CST：赫緒曼（Hirschman, Albert O.）2.CST：經濟學家 3.CST：學術思想 4.CST：傳記

785.28　　113001688

World as a Perspective

世界作為一種視野